P O S A D A

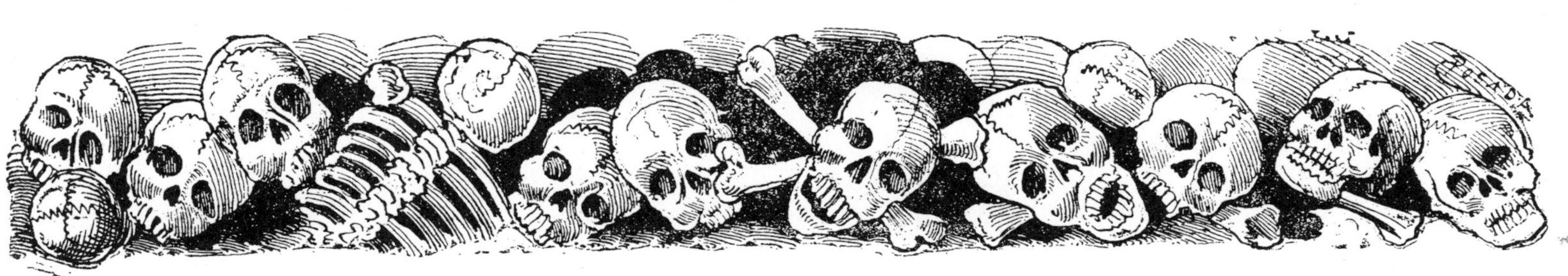

CATALOGUE
José Lebrero Stals
Ramón Reverté

COORDINATION
Ma. Concepción Pérez de Celis Herrero

DESIGN
GALERA / José Luis Lugo

DIGITALIZATION
Alejandro Flores

TRANSLATION
Gregory Dechant

PUBLICATION COORDINATION
Isabel Garcés

BIBLIOTECA DE ILUSTRADORES MEXICANOS (BIM)
Number six

ISBN: 978-968-5208-84-0 Editorial RM (Mexico and USA)
ISBN: 978-84-934426-8-2 RM Verlag (Spain and Latin America)

Printed in China
Everbest Printing Co. Ltd.
C5 10/F Ko Fai, Industrial Building
Tau Yong, Hong Kong, China
Date: April 2008

Exhibition

José Guadalupe Posada
20 October 2005 – 16 February 2006
Centro Andaluz de Arte Contemporáneo

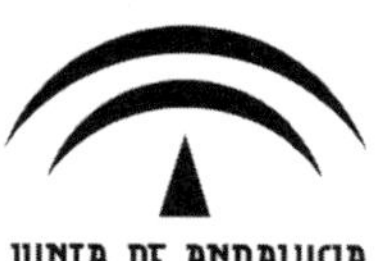

Centro Andaluz de Arte Contemporáneo
CONSEJERÍA DE CULTURA

CURATOR
José Lebrero Stals

HEAD OF ACTIVITIES AREA
Ma. Luisa López Moreno

CURATORIAL ASSISTANT
Ma. Concepción Pérez de Celis Herrero

COORDINATION
Inma Donaire Donaire
Ma. Concepción Pérez de Celis Herrero

SET-UP COORDINATION
Faustino Escobar

CONSERVATION AND RESTORATION
José Carlos Roldán Saborido

COMMUNICATIONS
Marta Carrasco

DOCUMENTATION
Eduardo Camacho

PRODUCTION COORDINATION
Empresa Pública de Gestión de Programas Culturales

CENTRO ANDALUZ DE ARTE CONTEMPORÁNEO
Monasterio de la Cartuja de Santa María de las Cuevas
Av. Américo Vespucio, 2. 41092, Seville, SPAIN
www.caac.es

RR

¡Viva el 16 de Septiembre de 1810!

*En los faustosos anales de nuestra historia, brilla con refulgentes destellos, de imperecedera gloria una fecha memorable para nuestra amada patria, el 16 **DE SEPTIEMBRE DE 1810.***

Ella nos recuerda las heróicas epopeyas que inmortalizaron a los más egregios y conspicúos caudillos de nuestra emancipación política, HIDALGO, ALLENDE, ALDAMA, ABASOLO, MORELOS, MATAMOROS, GALEANA, GUERRERO e ITURBIDE y mil, y mil héroes que ascendieron por escabrosa senda hasta la cima de la Inmortalidad y eterna gloria.

Esos abnegados caudillos que tan magna obra llevaron a cabo: la independencia de México, fueron a la lucha sin interés personal y el pueblo, escuchándo el llamado de nuestros invictos héroes, los siguió con entusiasmo, y valor que comunica la noble ambición de LIBERTAD, sin anhelar más recompensa (Según frases del inmortal héroe General Don VICENTE GUERRERO) que «Ver libre a su su patria» como lo dijo a Agustín de Iturbide en Acatempan.

¡Loor eterno a nuestros egregios héroes que inmortalizaron sus nombres con su abnegada y sublime heroicidad y sus tumbas cubieron con inmarcesible laurel de imperecedera gloria!

R. D. G.

Himno Nacional Mexicano.

CORO

Mexicanos al grito de guerra,
El acero aprestad y el bridón
Y retiemble en sus centros la tierra
Al sonoro rugir del cañon.

Ciña, ¡Oh Patria! tus cienes de oliva,
De la paz el arcángel divino;
Que en el cielo tu eterno destino
Por el dedo de Dios se escribió.
Mas si osare un extraño enemigo
Profanar con su planta tu suelo,
Piensa, ¡oh Patria querida! que el cielo
Un soldado en cada hijo te dió.

Coro.

En sangrientos combates los viste
Por tu amor palpitando sus senos,
Arrostrar la metralla serenos
Y la muerte o la gloria buscar.
Si el recuerdo de antigüas hazañas
De tus hijos inflama la mente,
Los laureles del triunfo tu frente,
Volverán inmortales a ornar.

Coro.

Como al golpe del rayo la encina,
Se derrumba hasta el hondo torrente,
La discordia vencida, impotente,
A los piés del arcángel cayó.
Ya, no más, de tus hijos la sangre
Se derrame en contienda de hermanos,
Sólo encuentre el acero en tus manos
Quien tu nombre sagrado insultó.

Coro

Del guerrero inmortal de Zempoala
Te defiende la espada terrible,
Y sostiene su brazo invencible
Tu sagrado pendón tricolor:
El será del feliz mexicano
En la paz y en la guerra el caudillo,
Porque supo a sus armas de brillo
Circundar en los campos de honor.

Coro.

Guerra, guerra, sin tregua al que intente
De la Patria manchar los blasones,
Guerra, guerra; los patrios pendones
En las olas de sangre empapad.
Guerra, guerra; en el monte en el valle,
Los cañones orrisonos truenen,
Y los écos sonoros resuenen
Con las voces de *Unión Libertad.*

Coro.

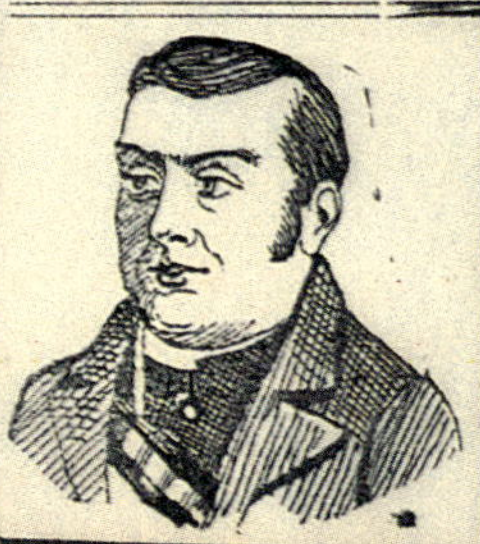

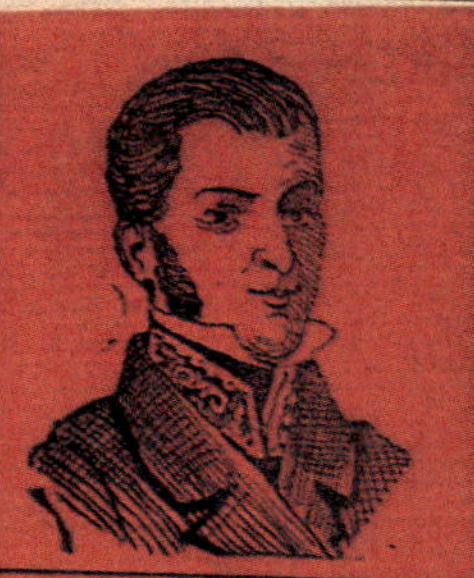

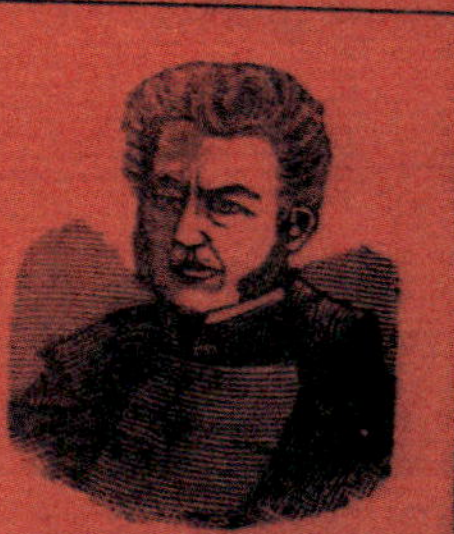

Antes, Patria, que inermes tus hijos
Bajo el yugo su cuello dobleguen
Tus campiñas con sangre se rieguen,
Sobre sangre se estampe tu pié.
Y tus templos, palacios y torres
Se derrumben con órrido estruendo,
Y sus ruinas existan diciendo:
«De mil héroes la patria aquí fué.»

Coro.

Si a la lid contra hueste enemiga
Nos convoca la trompa guerrera,
De Iturbide la sacra bandera
¡¡Mexicanos!! valientes seguid.
Y a los fieles bridones les sirvan
Las vencidas enseñas de alfombra,
Los laureles del triunfo dén sombra
A la frente del bravo adalid.

Coro.

Vuelva altivo a los patrios hogares
El guerrero a cantar su victoria,
Ostentando las palmas de gloria
Que supiere en la lid conquistar.
Tornaránse sus lauros sangrientos
En guirnaldas de mirtos y rosas;
Que el amor de las hijas y esposas
También sabe a los bravos premiar.

Coro.

Y el que a golpe de ruda metralla
De la Patrio en las aras sucumba,
Obtendrá en recompensa una tumba
Donde brille de gloria una luz.
Y de Iguala la enseña querida
A su espada sangrienta enlazada,
De laurel inmortal coronada
Formarán en su losa una cruz.

Coro.

Patria, Patria, tus hijos te juran
Exhalar en tus aras su aliento,
Si el clarín con su bélico acento
Los convoca a la lid con valor.
Para tí las guirnaldas de olivo
Y un recuerdo para ellos de gloria,
Un laurel para tí de victoria
Un sepulcro para ellos de honor.

Coro.

Imprenta de Antonio Vanegas Arroyo. México

POS

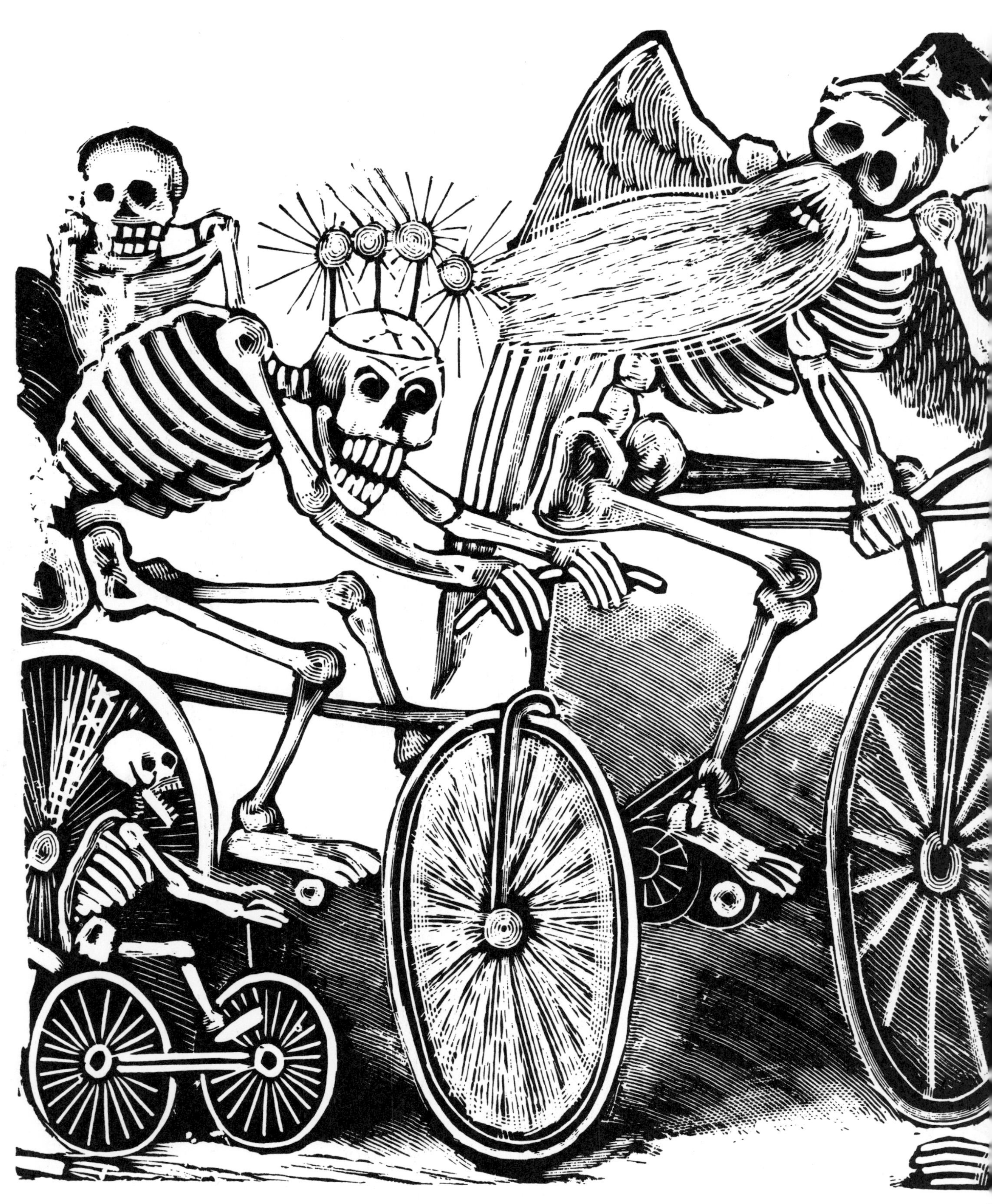

CENTRO ANDALUZ DE ARTE CONTEMPORÁNEO

ADA

MEXICAN ENGRAVER

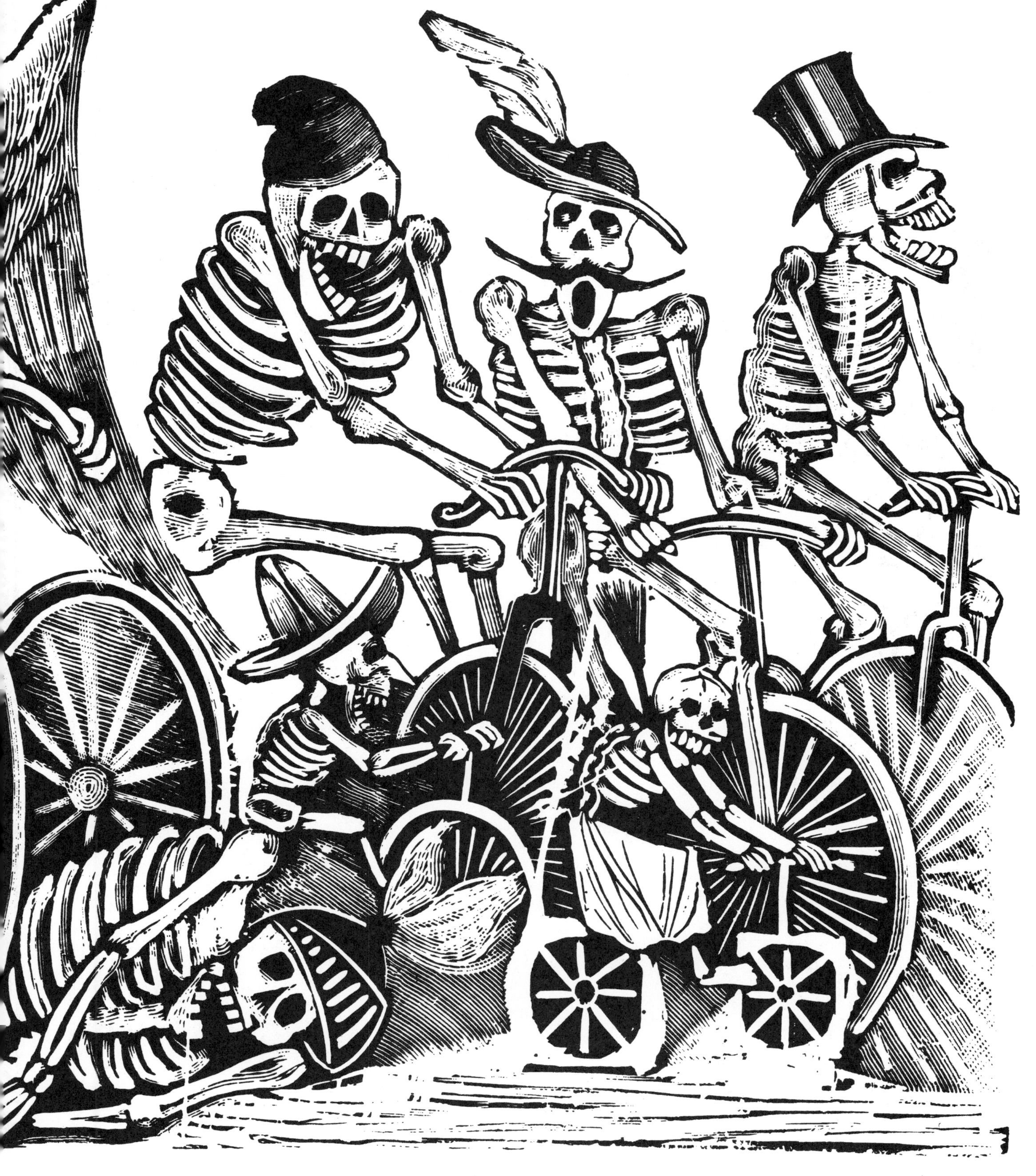

SEVILLE • EDITORIAL RM • MEXICO • MMVIII

JOSÉ GUADALUPE POSADA

CHRONICLES OF THE METROPOLIS

In spite of the information overflow that characterizes our times, the work of the Mexican illustrator José Guadalupe Posada remains something of an unknown in Spain, almost a century after the engraver's death in the capital city of Mexico. The exhibition on which this book is based seeks to give an integral, if not encyclopedic, vision of the work of this remarkable engraver, who was born in Aguascalientes in 1852 and died in virtual anonymity in Mexico City in 1913. Both book and exhibition underline the artist's keen talents for the observation of everyday life and the depiction of the joys and miseries of a society which was witnessing –with dread at times, at times with enthusiasm– the transition from one century to another and the symbolic and physical passage from a rural world to the incipient metropolitan space of the great city. Posada's engravings constitute a vision which seems to take the part of those least capable of giving public voice to their social circumstances. In this sense, his work is popular even as it remains an heir to the finest tradition of nineteenth-century academic illustration.

Especially striking in Posada's chronicle of the metropolis is the diversity of his vision and his ability to approach imaginatively the most varied subject-matter. Tireless and precise, Posada is outstanding for his great versatility. He moves from the simplest and most modest advertising work of the age to the rendering of politics and society at their highest level. Posada is a producer of images, a narrator by choice of minor literature, and an honest workman rather than an artist. History has given him a place apart, well beyond any debate about the virtues or vices of modernity. Quite unwittingly, he became an essential reference for the first generation of modern Mexican artists. Diego Rivera, José Clemente Orozco, and David Alfaro Siqueiros put him in the first rank of truly national artists and thereby converted his story into legend. Some use him to champion a culture and an idiosyncrasy based on difference –on "Mexicanness"–, while others place him on the left of the political spectrum. Still others focus mainly on the aesthetic quality of his work. Perhaps the range of interpretations generated by the artist and his work, in his own time and still today, makes him an ideal focus for debate on the public role of the artist as citizen.

A generator of ironic and humorous images, at times dramatic and illustrative, almost never symbolic, he seems from our perspective to be a forerunner of the artist producer who has so defined the

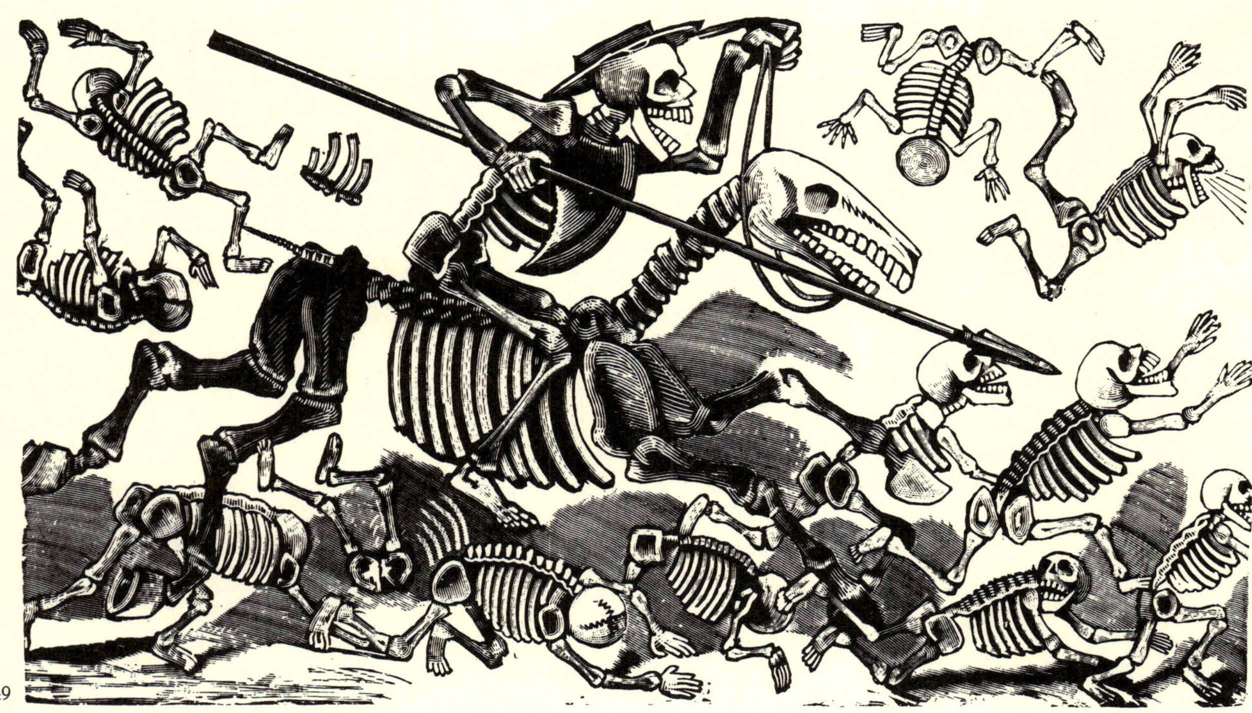

◄94 349

visual art of the twentieth century. His work is not acratic: it seems in this sense rather to illustrate some of the theses of Walter Benjamin, belonging as it does to the age of mechanical reproduction. Broadsides, children's stories, cigar labels, board games, newspaper illustrations, songbooks, street gazettes; it all seems to reflect a democratic outlook, even as it reveals some of the contradictions of the capitalist system of cultural production: reuse of material, a preference for profitability over originality, mechanized reproduction, simple messages...

The present exhibition comprises some 655 pieces, including 53 original plates which in many cases have never before been shown outside of Mexico. The prints cover all periods of Posada's graphic production and the entire range of his subject-matter, illustrating traditional burin work on wood and metal as well as the later photomechanical processes and other printing techniques. The themes of the illustrations include the family, religion, politics, the Mexican Revolution, extraordinary events, bullfighting, machinery, and popular entertainments.

Some period photographs and film footage complete the exhibition, evoking the period in which José Guadalupe Posada, working near the Zócalo in the heart of Mexico City, became the chronicler of a time prior to the historical avant-gardes. This gives his work a topicality, in my opinion, which makes it worth study as a cultural and aesthetic phenomenon. It can enrich our present-day debate on the raison d'être and contradictions of artistic practice.

On behalf of the Centro Andaluz de Arte Contemporáneo (CAAC), I would like to express my gratitude for the support and generosity of all the persons and institutions, public and private, that have made this project possible. My special thanks go to Conchita Pérez de Celis, who has been involved as coordinator and assistant from the very beginning of this great adventure; to Walther Boelsterly, the director of the Centro Nacional de Conservación y Registro del Patrimonio Artístico Mueble (CNCRPAM), who has consistently encouraged our enthusiasm; to the generous collectors Mercurio López and Ramón Reverté; to Professor Montserrat Galí; to the Universidad Nacional Autónoma de México; to the ever-erudite Carlos Pérez; and to the entire team at CAAC, who have once more done an outstanding job.

José Lebrero Stals
DIRECTOR OF THE CENTRO ANDALUZ
DE ARTE CONTEMPORÁNEO (SEVILLE)

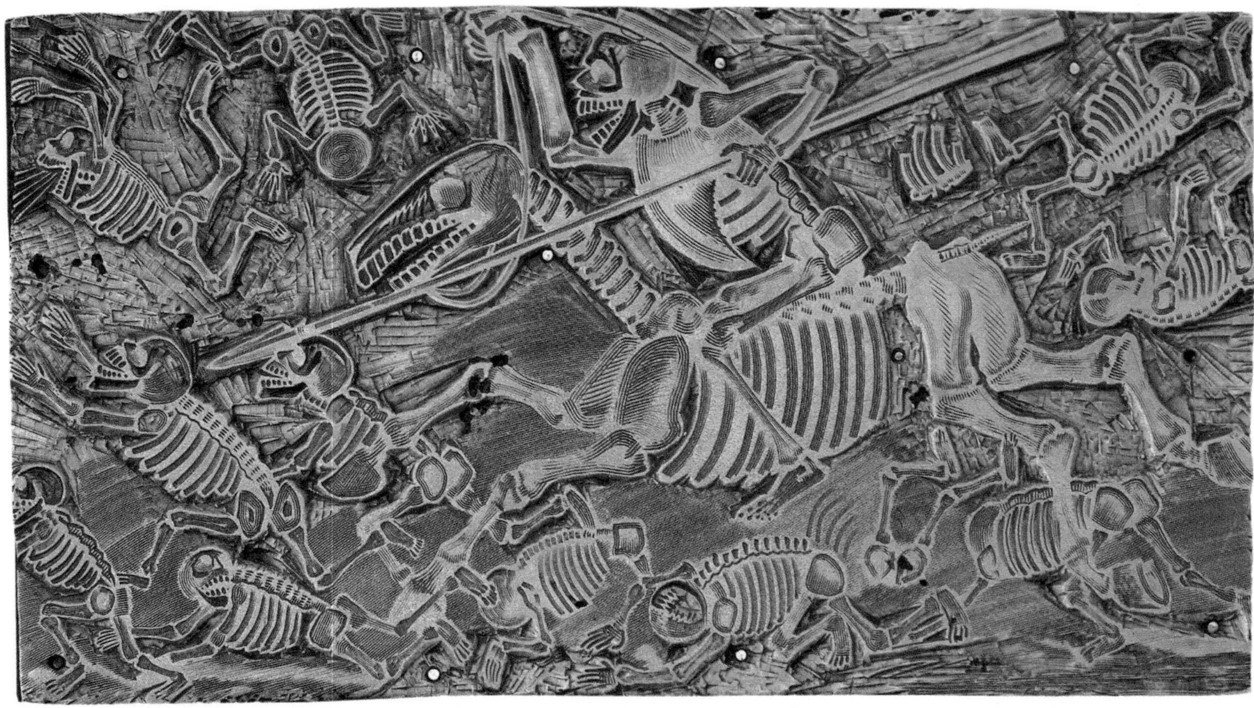

587

FOREWORD

In the final decades of the nineteenth century, when José Guadalupe Posada was constructing his legacy as an engraver, graphic production was not considered a branch of the fine arts, but rather a means of keeping the public informed of local and national events. Nevertheless, the scope and talent we can now appreciate in Posada's wide-ranging production transcend this initial classification. His work, which drew on everyday events, opens a window onto a whole society; it is the living portrait of a nation which had still not fully recovered from its tumultuous nineteenth century.

In various ways, José Guadalupe Posada is fundamental to Mexican cultural history. He is our graphic artist par excellence, the man who most successfully depicted in black and white the frenzied and luminous Mexico which was only just beginning to enjoy the provisional stability of the Porfirian age.

His early works in the liberal publication *El Jicote* were the commencement of a legacy since explored by generations of creators, who have found in his fecund popular vision the most perfect expression of what it is to be Mexican. Much more than simply a graphic artist, Posada was a taxonomist, a sort of empirical sociologist who examined the impulses and dynamics of a people poised on the brink of the twentieth century without quite knowing how to confront it.

The engraver produced a mirror in which society could observe itself and find, in multiple reflections, its own tales of passion, death, glory, and dejection, but also of joy, celebration, and humor.

For this exhibition organized by the Centro Andaluz de Arte Contemporáneo in collaboration with the Instituto Nacional de Bellas Artes, the catalogue of which is in the reader's hands, a selection has been made from all periods of Posada's graphic production. This generalized panorama offers a view of the many themes in his vast illustrated chronicle and reveals all the contradictions of a society headed toward a still uncertain modernity.

Both book and exhibition represent an unequaled opportunity for the Spanish public to become better acquainted with one of Mexico's most outstanding artists, an indispensable reference in the country's imaginary landscape.

Saúl Juárez Vega

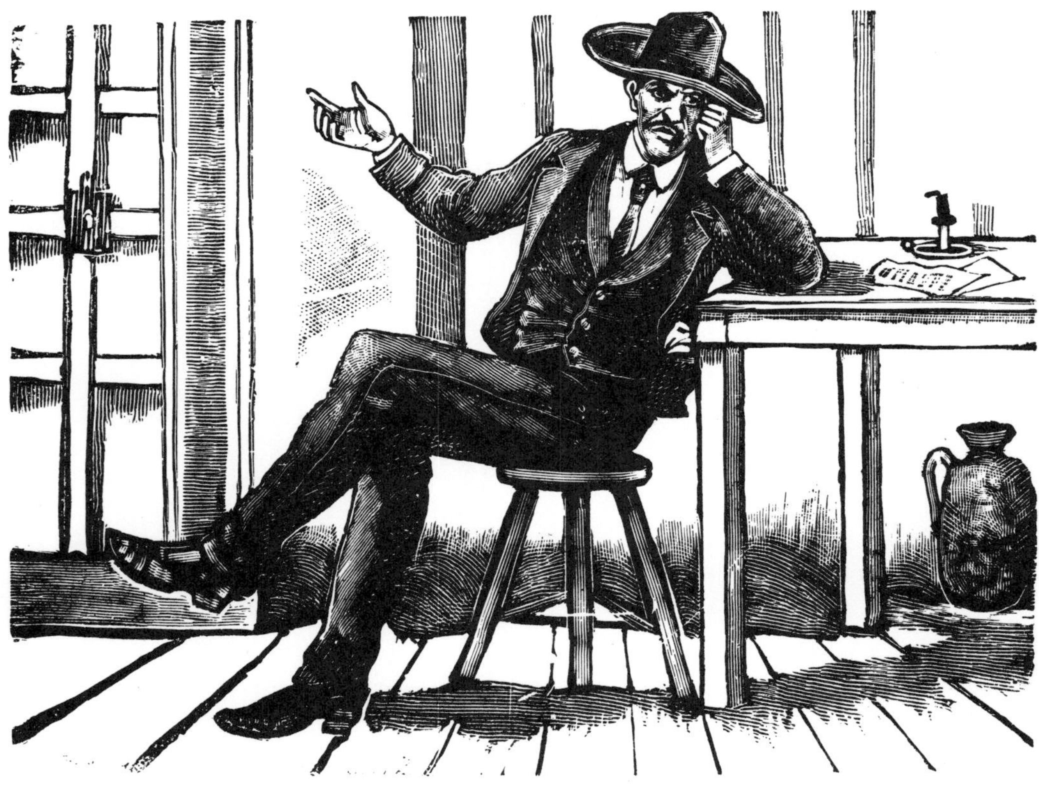

390

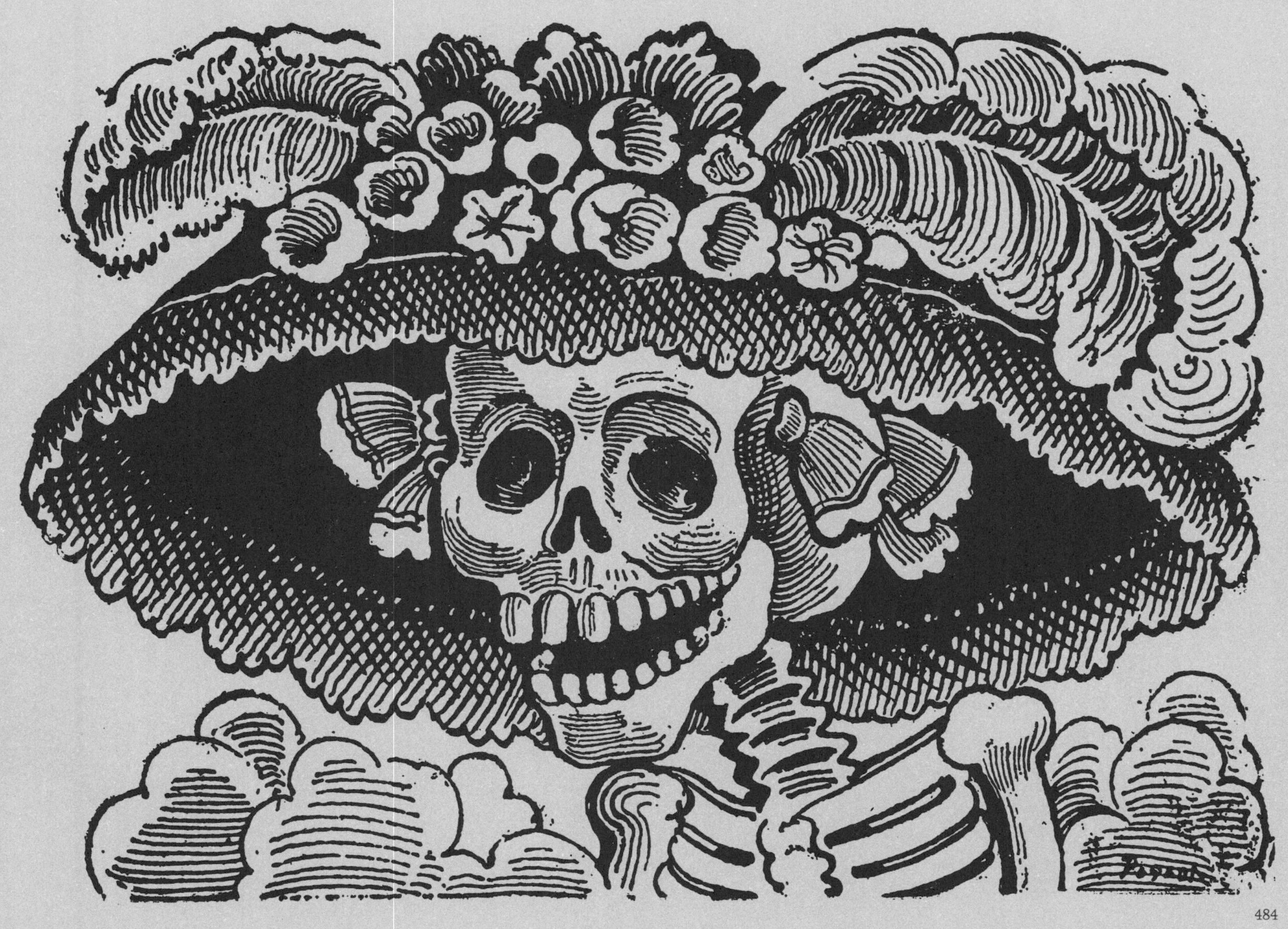

484

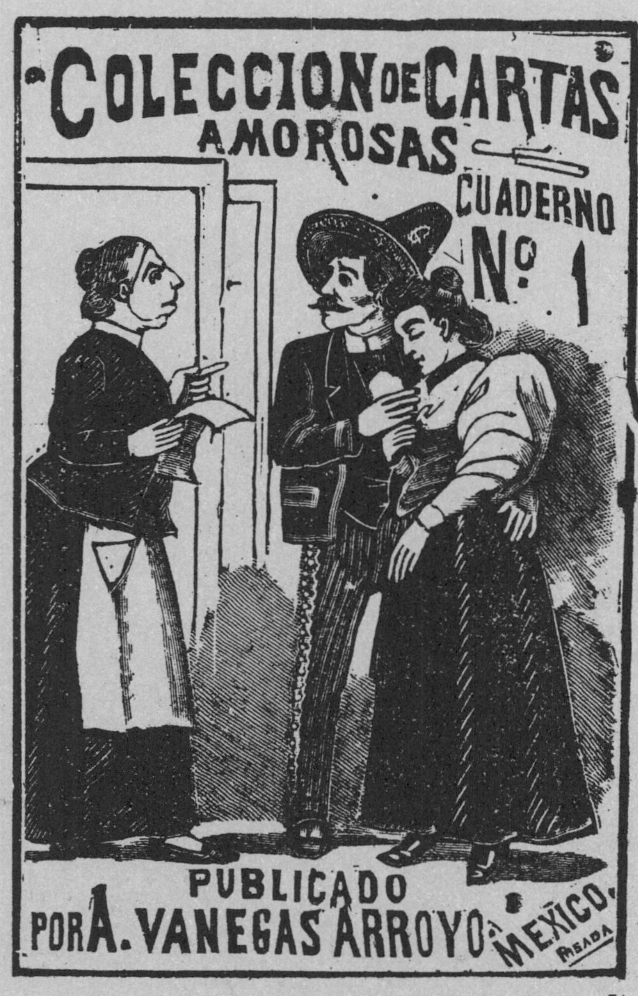
COLECCION DE CARTAS
AMOROSAS
CUADERNO
Nº 1
PUBLICADO
POR A. VANEGAS ARROYO. MEXICO.
POSADA

74

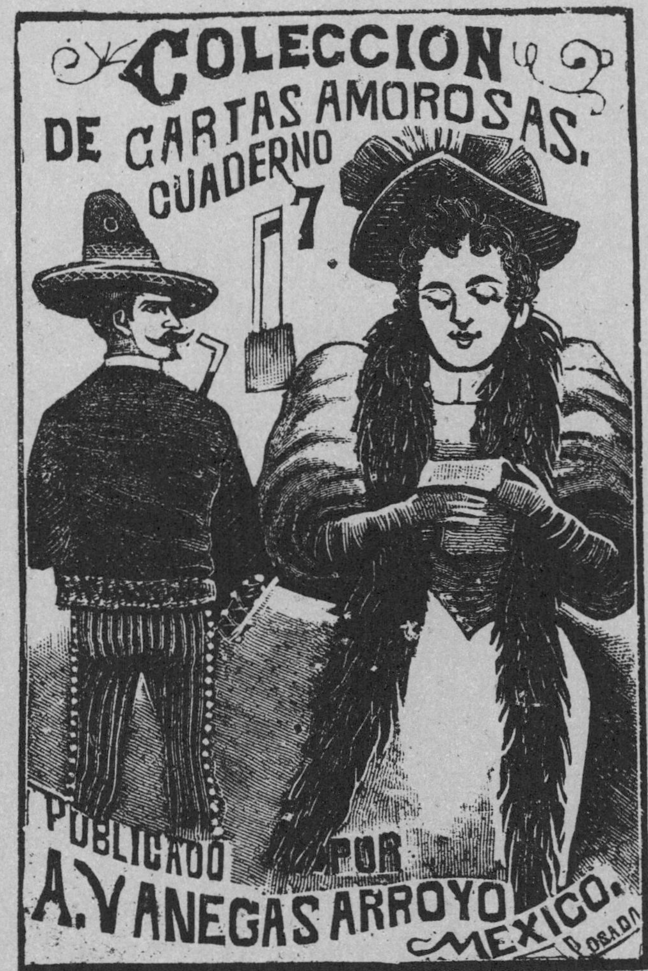
COLECCION
DE CARTAS AMOROSAS.
CUADERNO
7
PUBLICADO POR
A. VANEGAS ARROYO
MEXICO.
POSADA

73

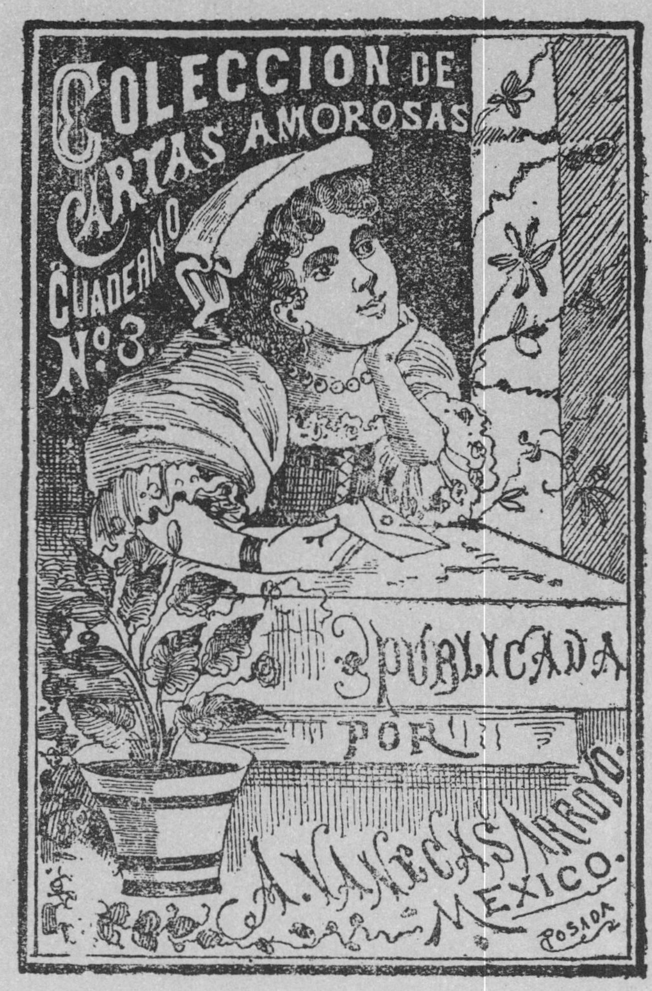
COLECCION DE
CARTAS AMOROSAS
CUADERNO
Nº 3
PUBLICADA
POR
A. VANEGAS ARROYO.
MEXICO.
POSADA

76

DESPEDIDA DE UN MADERISTA y su triste amada.

¡Que triste es la despedida,
De dos que se han amado!
Cuando uno se va á la guerra,
Hay que tener buen cuidado.

Las florés son ilusiones,
Ilusiones nada más,
¡Yo te he querido! y ¡te quiero!
No te olvidaré jamás!

¿Qué dices? ¡hermosa mía!
Me voy, ó ¿acaso no voy?
Tu sabes lo que es la Patria,
Hoy, en tus brazos estoy.

Si acaso muero, ¡mi vida!
No me olvides ¡te lo ruego!,
Que lucharé, con alma
Y si triunfo, vendré luego.

Vendré luego á contarte
Como ahora, en noche de Luna,
Todito lo pasado
"Sin novedad, cual ninguna."

Yo te he querido, con el alma
Y también, con el corazón,
Pero dime ¡vida mía!
¿Es contra revolución?

Si acaso dudas que te amo,
Nomás pregúntalo al Cielo,
Como miran las estrellas,
Así es ahora mi anhelo.

Y no creas que te engaño,
No solo los de jarano:
Que también los aristócratas,
Dicen "¡Yo soy mexicano!"

"Aystá" D. Rincón Gallardo,
También de Aguascalientes,
Los de "Guanajua" dichoso,
¡No más rechinan los dientes!

Muchos muchachos: también
Andan con sus cananas,
A ver si los porfiristas,
Sienten de guerra las ganas.

Tristeza me da pensar,
Que nos estamos mirando
Y no puedo prescindir
De seguirle; pero ¡lándo!

Y dándole del duro.
¡Que no tirán con garbanzos!
¡En donde aletean las gruyas,
Miran muy alto los ganzo!

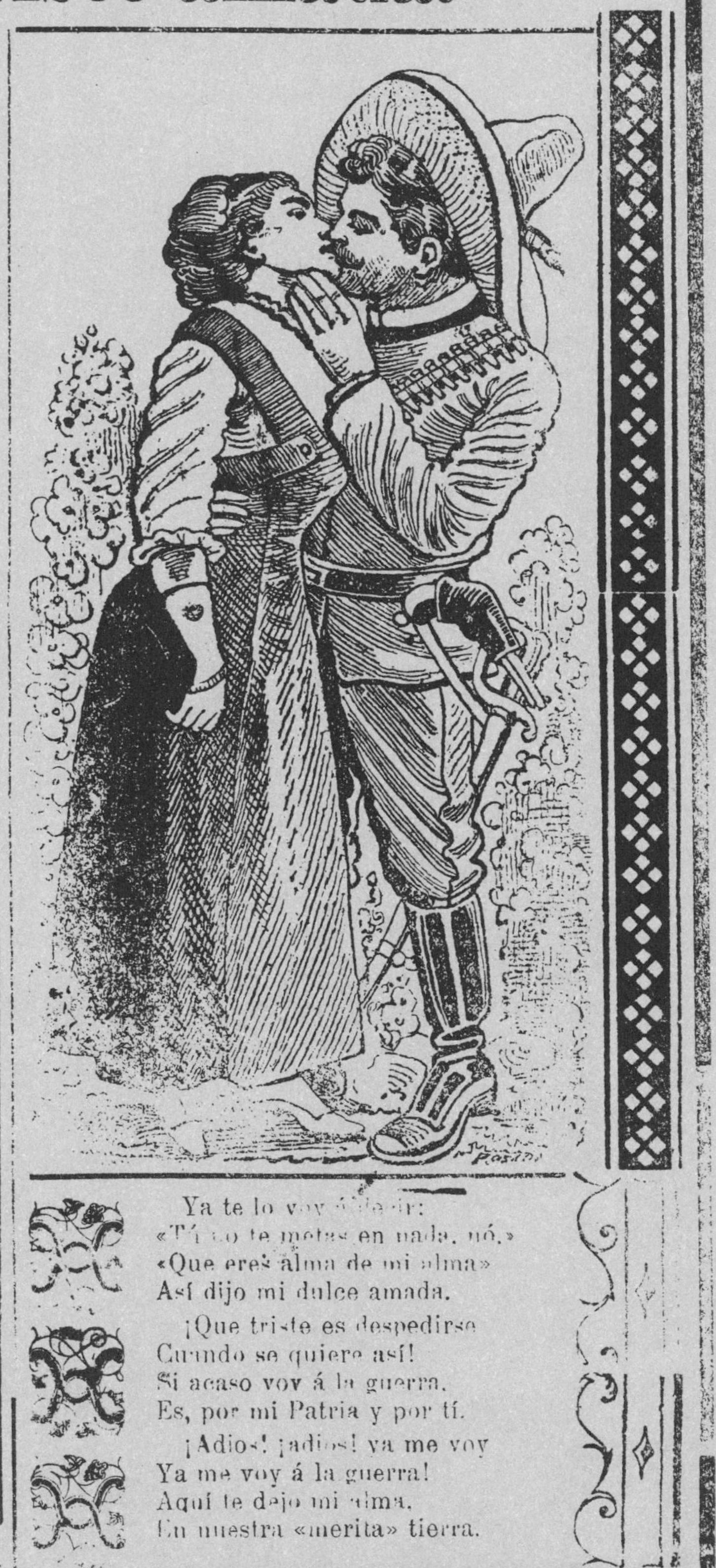

Ya te lo voy á decir:
«Tú no te metas en nada, nó.»
«Que eres alma de mi alma»
Así dijo mi dulce amada.

¡Que triste es despedirse
Cuando se quiere así!
Si acaso voy á la guerra,
Es, por mi Patria y por tí.

¡Adios! ¡adios! ya me voy
Ya me voy á la guerra!
Aquí te dejo mi alma,
En nuestra «merita» tierra.

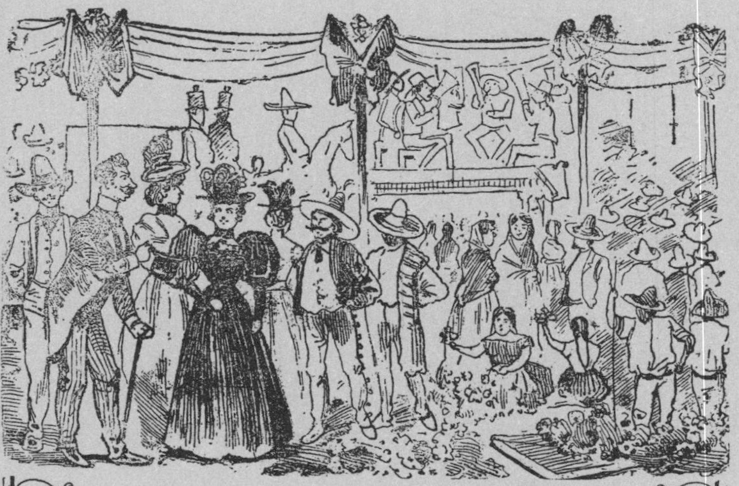

DANZA.

—La solterona de Mariquita
Con las bodas se desvela,
Y como nunca se ha presentado
Quien con ella se atreviera,
El histerismo la tiene frita
Por su afán del matrimonio
Y si los nervios se le alborotan
Dice con sofocación:

—¡Ay! qué apuro tan grande!
¡Ay! qué apuros Dios mío!
¡Ay! qué brincos me dá el corazón
Por tener un amor.

¡Ay! yo quiero casarme!
¡Ay! yo quiero un marido!
¡Ay! me muero de pasión
Por hallar......mi amor!

—El matrimonio para las viejas
Semillero es de disgustos,
Aconteciendo que á las jamonas
Les dé más dolor que gustos;
Pues las incautas jamás se piensan
Cuando atrapan un marido
Que derrepente resulta un niño
Con tos ó con sarampión.

—¡Y ay! qué apuros tan grandes
¡Ay! qué sustos. Dios mio!
¡Ay! qué brincos y que apuración
Por salvar á su amor!

¡Y ay! las pobres jamonas
Que al fin se casaron,
¡Ay! se mueren de pasión
Al tener su amor!

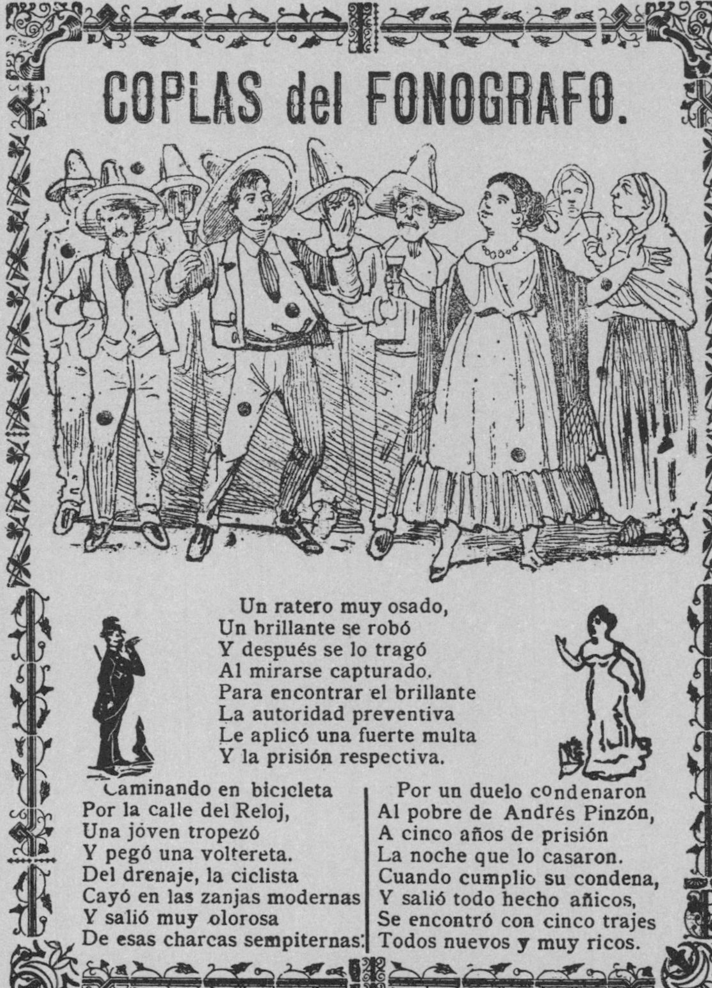

COPLAS del FONOGRAFO.

Un ratero muy osado,
Un brillante se robó
Y después se lo tragó
Al mirarse capturado.
Para encontrar el brillante
La autoridad preventiva
Le aplicó una fuerte multa
Y la prisión respectiva.

Caminando en bicicleta
Por la calle del Reloj,
Una jóven tropezó
Y pegó una voltereta.
Del drenaje, la ciclista
Cayó en las zanjas modernas
Y salió muy olorosa
De esas charcas sempiternas.

Por un duelo condenaron
Al pobre de Andrés Pinzón,
A cinco años de prisión
La noche que lo casaron.
Cuando cumplio su condena,
Y salió todo hecho añicos,
Se encontró con cinco trajes
Todos nuevos y muy ricos.

301

CANCION CALLEJERA.

Vamos á Santanita
A divertir y á gozar.

Vamos á Santanita
Y verán que buena está.

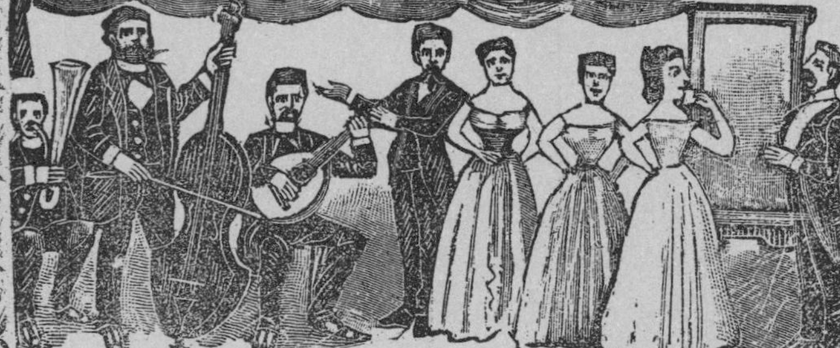

Qué bonita temporada!
Me voy pues, con mi chinita;
Vámonos, pues, remonona
A pasear á Santanita.

Y rema, remero y rema;
Y rema con todas ganas,
A Santanita nos llevan
A ver á las mariguanas.

Vamonos, china de la alma,
Vamonos á Santanita,
Alli se goza de todo
Y la vida es muy bonita.

Y rema, remero y rema,
Y rema, con presición
Que llegando á Santanita
Se me alegra el corazón.

Con un alegre Charrito,
Por darle gusto á la vida
Una China se embarcó
Paseandose en Santanita.

Y rema, remero y rema,
Rema, pues, que se hace tarde,
Llévanos á Santanita
A darle á la penca, á darle.

Mal haya mi suerte ingrata,
Un peladito cantaba,
Vámonos á Santanita
A darle vuelo á la hilacha.

Y rema, remero y rema
Y rema que ya me voy;
Me voy para Santanita
Quiero jugar un rentoy.

México.—Imprenta de A. Vanegas Arroyo, calle de Sta. Teresa núm. 1.

LAS DESVENTURAS De un LAGARTIJO

EN EL PASEO DE LA VIGA EL VIERNES DE DOLORES.

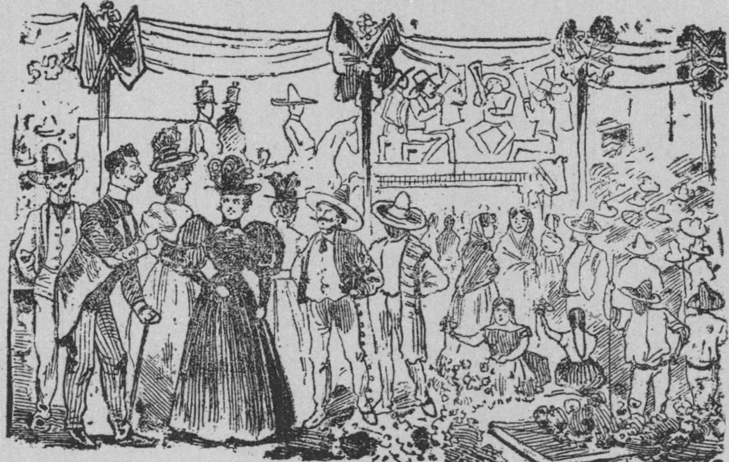

Un lagartijo famoso
Muy amante de festejos,
De aventuras amorosas
Y de ruidosos bureos,
Fuése el viernes de Dolores
Muy risueño y satisfecho
Al gran Canal de la Viga
Para gozar del paseo.
Yba vestido con garbo,
Con elegancia y esmero:
Un flux ya bastante usado
De su amigo Don Clicerio,
Pero esto casi era nada
Y parecía como nuevo.
El sorbete y los botines
A comodísimo precio
Los compró en el Barandal
Porque no hubo otro remédio.

Llegó al Canal á buen hora,
Dándose mucho jaleo,
No en tranvía, sino á pie,
Porque no tuvo ni un céntimo.
La "Viga" estaba cual siempre
Se pone en estos paseos;
Gente de todas especies,
Gatas y gatos matreros,
Artesanos, artesanas,
Rotas y rotos diversos.
Pulque de apio por mayor
Y pambacillos compuestos,
Y enchiladas por millares,
Y de flores muchos puestos.
En el Canal mil canoas
Adornadas desde luego.
En cuyo interior bailando,
Al són de guitarro viejo.

280

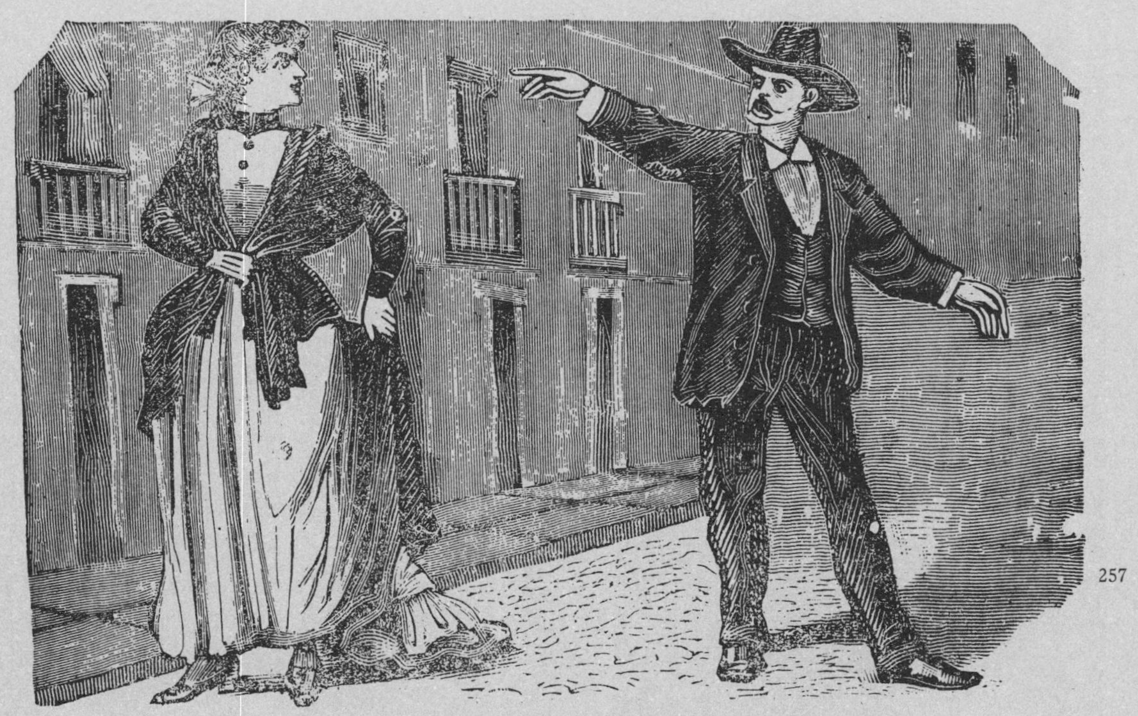

257

QUE PRECIOSA ERES, PACHITA,

¡OH QUE PIE TAN PEQUEÑITO!

NO HE VISTO OTRO MAS BONITO

POR VIDA DE MI NANITA.

EL CORAZON ME PALPITA

Y ES TAN SOLO POR AMARTE;

MAS NO QUIERAS ENGAJARTE

COMO LA QUE SE ME FUE,

PORQUE TE DESPACHARE

A ECHAR PULGAS A OTRA PARTE.

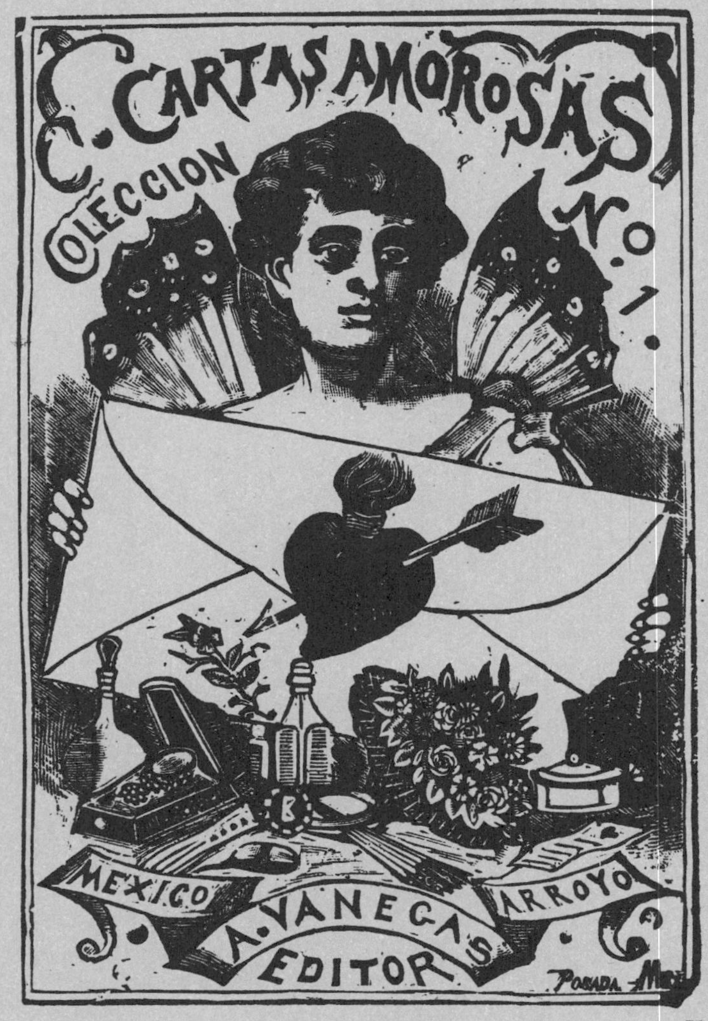
CARTAS AMOROSAS
COLECCION
No. 1.
MEXICO
A. VANEGAS
ARROYO
EDITOR

75

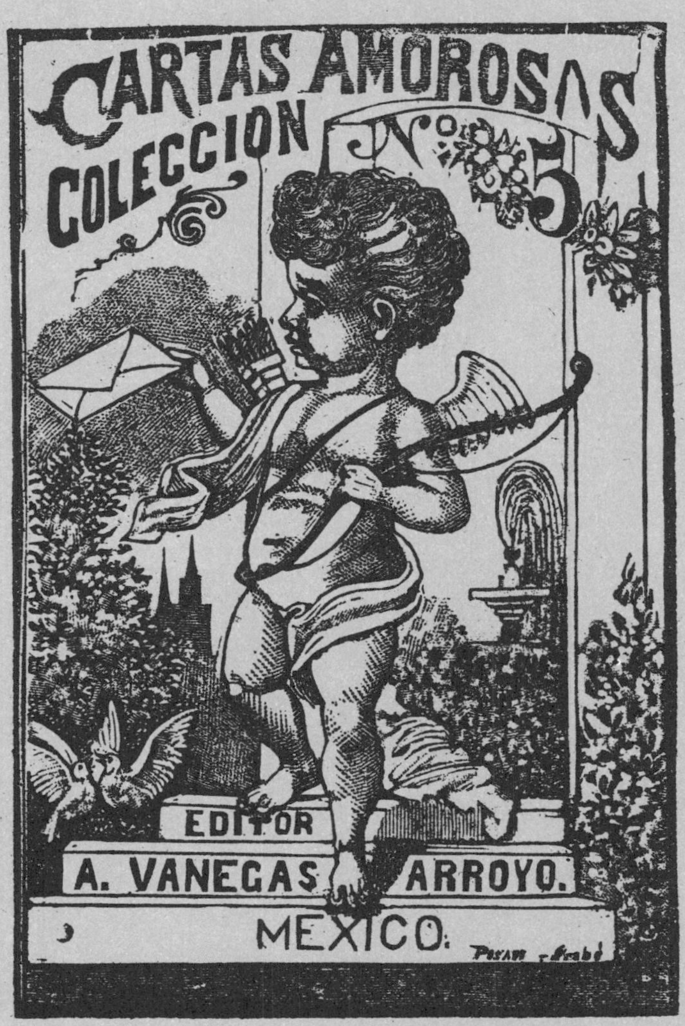
CARTAS AMOROSAS
COLECCION
No. 5
EDITOR
A. VANEGAS ARROYO.
MEXICO.

77

LA CALAVERA DE CUPIDO.

También Cupido el travieso
Después de muerto es tronera,

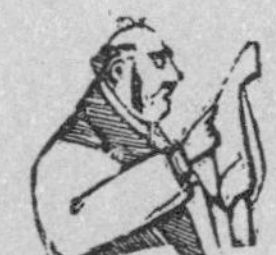

Y llora de amor el hueso
Como todo calavera.

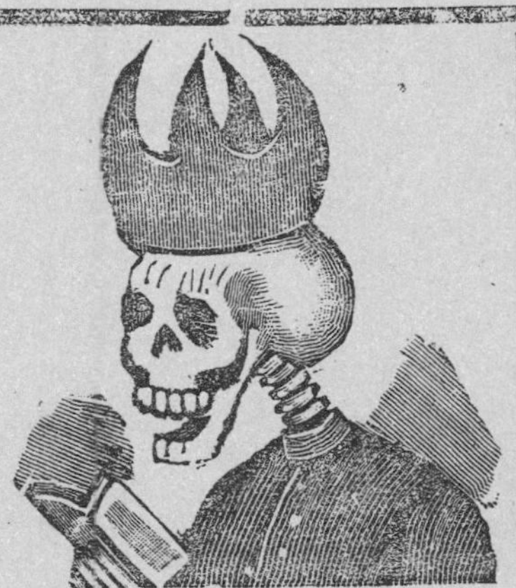

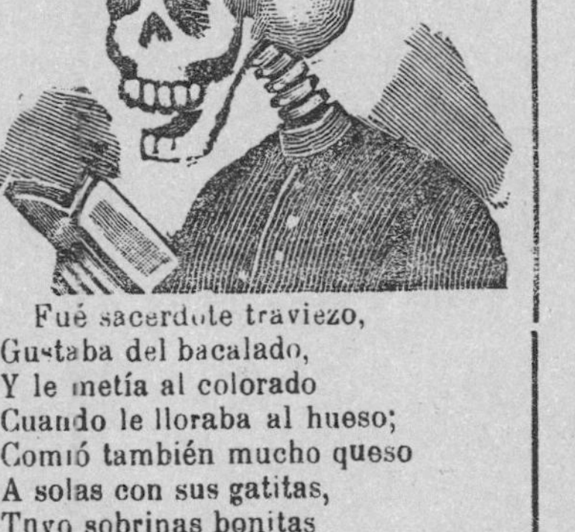

Fué sacerdote traviezo,
Gustaba del bacalado,
Y le metía al colorado
Cuando le lloraba al hueso;
Comió también mucho queso
A solas con sus gatitas,
Tuvo sobrinas bonitas
Y aun hijas de confesión,
Fué un padrecito glotón
De muy sabrosas carnitas.

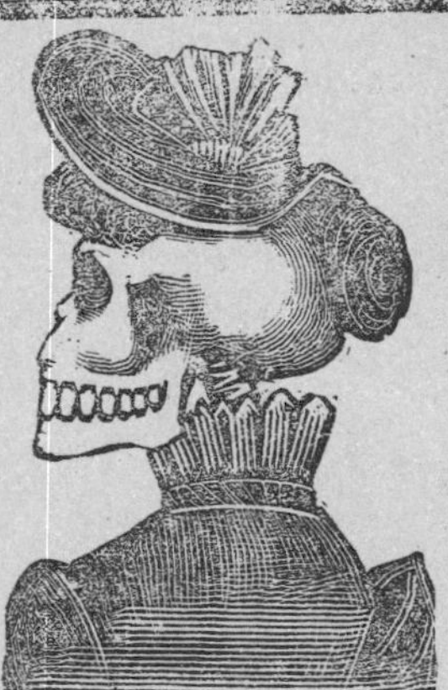

Era una preciosa güera
Que en este mudo hizo raya,
Gustó de ponerse falla,
Capota y hasta montera;
Y sobre su calavera
Hoy luce su añeja moda;
Al andar menéase toda
Como un bergantín velero,
Y, ¡ay! vales con ese cuero
Ni el frío, creo, nos incomoda.

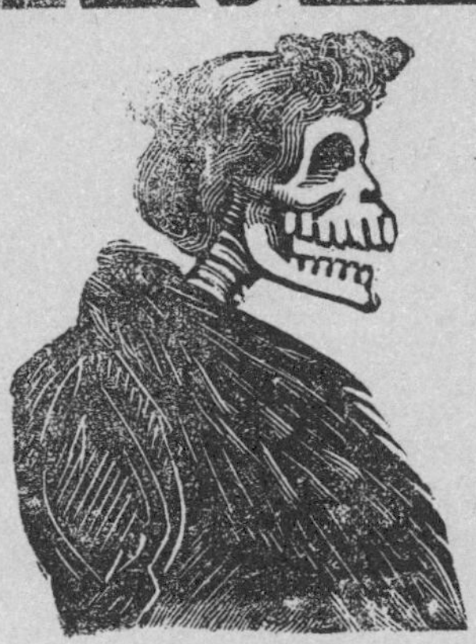

También esta fué en vestir
Viciosa y usaba cola,
Llevaba sombrilla y gola
Cuando iba la misa a oir;
Le gustaba perseguir
Solteros para casarse,
Mas quiso tanto adornarse
Con chinos, que su tontera
La hizo ser fea calavera
Y a nadie puede quejarse.

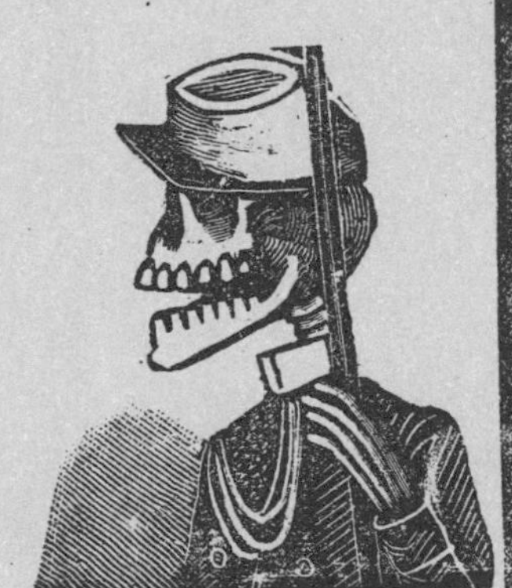

Gendarme de profesión
Murió con recuerdos malos,
Resultado de los palos
Que dió con su ocupación;
Se fué con resignación
En busca de unos trompetos,
Y aquellos malos sujetos
Me lo apalearon un día
Y fué a la difuntería
A cuidar los esqueletos.

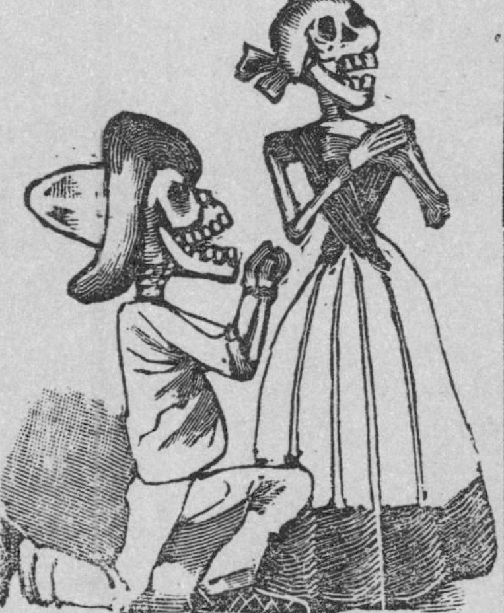

—Ameme por compasión,
Pedazo de la otra vida!
—No me hable ya de pasión,
Calavera corrompida!

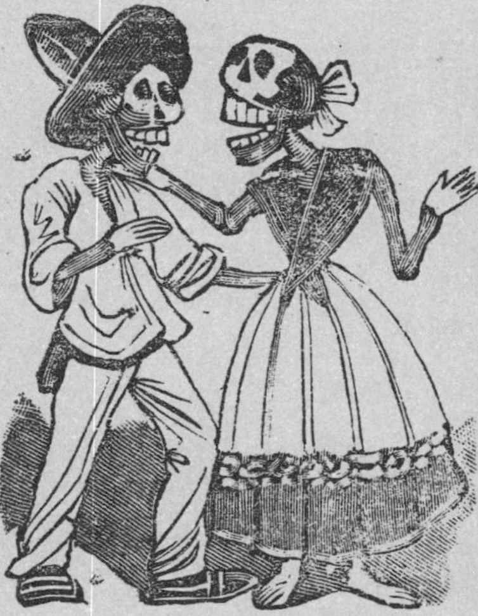

—¿Habrá perdido la fe?
—No; mi corazón espera.
—Caramba, piénselo uste.
—Pues venga, mi calavera.

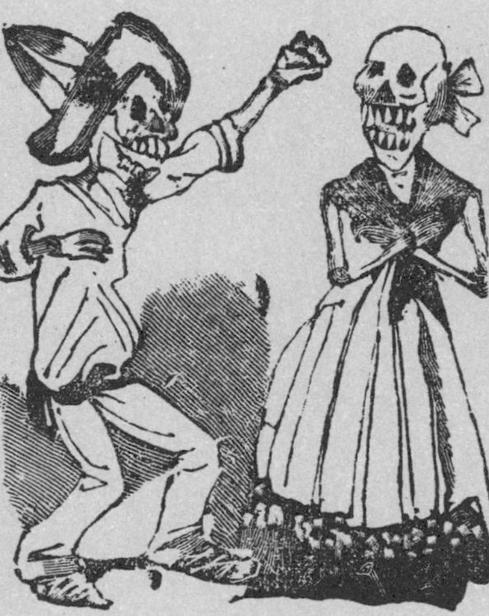

—Reniego del matrimonio,
—Pues ya, maldito, qué espera
Y ¡zas! en la calavera
Dió golpes a Ñor Antonio.

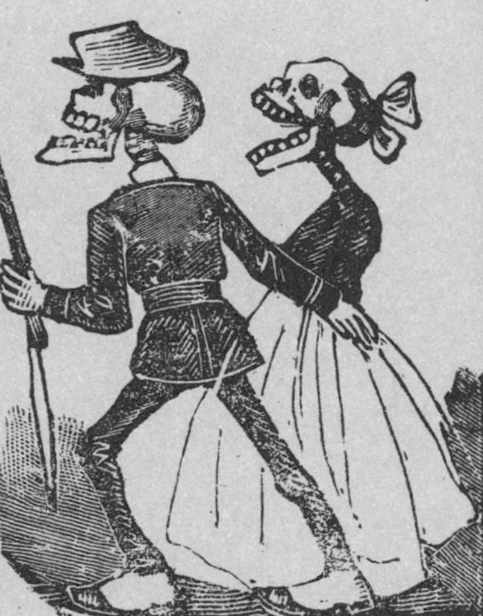

Y de un sepulcro brincó
El Germán, y fué de veras,
Y con la vieja cargó
Corriendo entre calaveras.

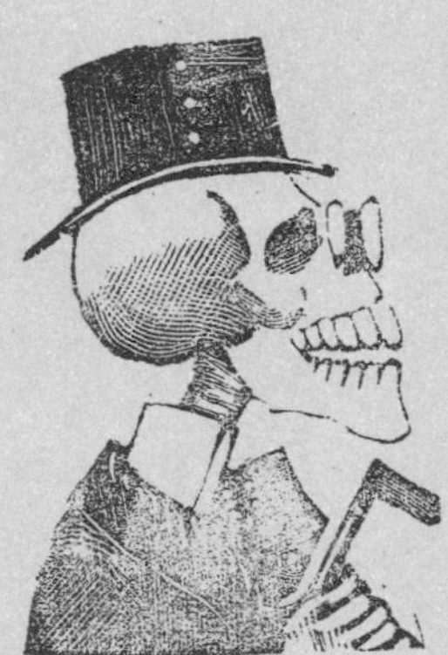

Quien de sorbete y bastón
Camina por las aceras
Tiene en la bolsa de veras
Por lo menos un tostón;
Y es llegada la ocasión
De caminar sin tontera,
Y pedir a algún tronera,
Para la copa y el sandwisch,
Que todos dan en el *tianguis*
De muertos, la calavera.

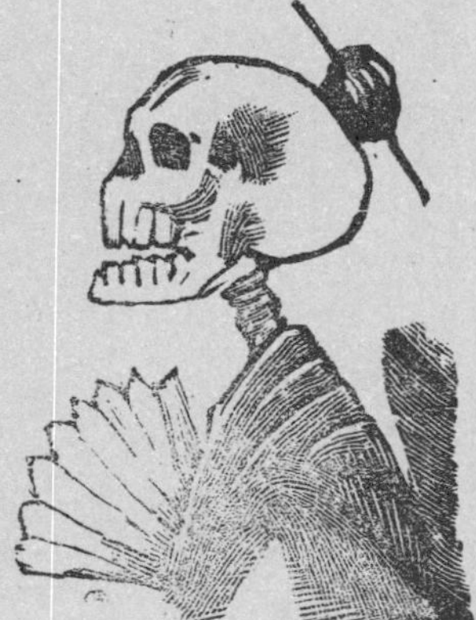

Delfina tiene una queja
Y pedir es importuno,
Muerte desmolada y vieja,
Calandria sin desayuno,
Tiznada olla sin oreja;
Que con sus frases sencillas
E importunas preguntillas,
Me pide su calavera,
Espere la muy tronera
Un muerto con sus canillas.

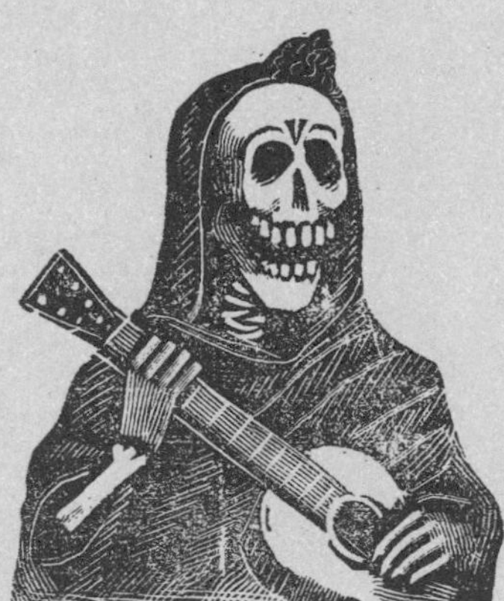

—¡Oiga! vale no la *arrisque*
Ni beba como animal,
Y póngame un decimal
Si no quiere que lo *cisque*,
No me haga usté *misque misque*
Con toda la trompa entera,
Pues aunque la gorda quera,
Desde luego me va a dar
Un decimal para echar
Un trago de calavera.

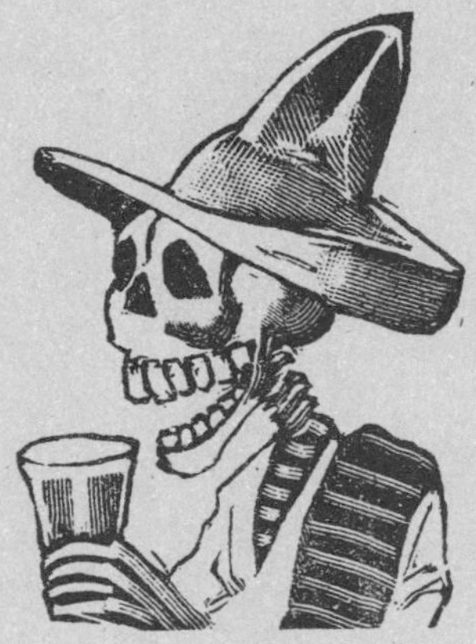

—Pos manaria uste salio
Dende el fondo del panteón
A buscarse su jalón
Pero aquí sí la jerro;
Con muertos no verso yo,
Ni le he de dar lo que quera;
Pues es la rata primera
Que al salir yo de mi choza,
Me pide la muy chismosa
Un *fierro* por calavera.

SACAR Talleres Graficos de la Test. de Antonio Vanegas Arroyo,—Sta. Teresa 40—México, D. F. CINCO CEN 96

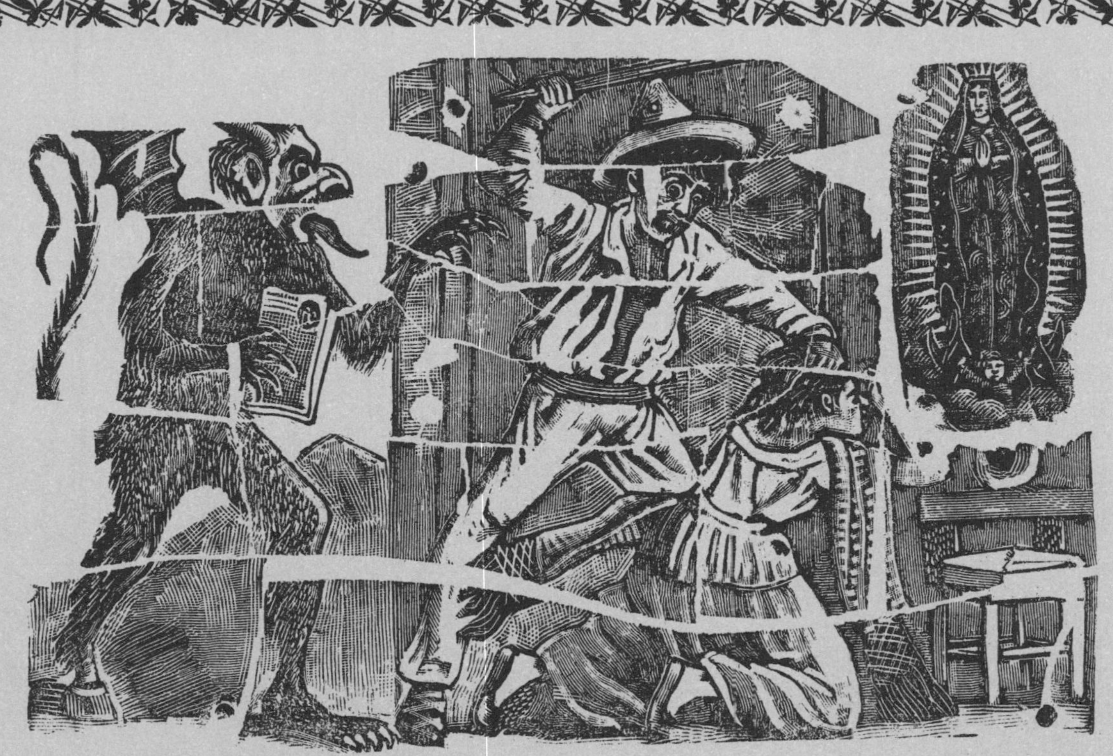

HORRIBLE SUCESO

Fraguado por el demonio y destruido por el admirable y portentoso milagro de Nuestra Sra. de Guadalupe entre los esposos María Juliana Delgado y Pedro García,

María Juliana Delgado, era una mujer virtuosa y honrada; tenía la deboción de rezar el Santo Rosario todas las noches, encomendándose fervorosamente á Nuestra Señora de Guadalupe.

Pedro García trató bien á su esposa durante diez meses; durante este término comenzó á entregarse á todo género de vicios y en rigurosa escala á los más abominables como son el juego y la embriaguez. A consecuencia de esta mala vida, su caracter y su cariño para con su esposa cambió rápidamente. Llegava á horas muy avanzadas de la noche y en completo estado de embriaguez maltratando á su esposa con horribles desvergüenzas y golpeándola cruelmente

María Juliana lloraba sin cesar, pidiéndole á María Santísima de Guadalupe que su marido volviera á sus buenas costumbres: pero por el contrario, su conducta era más infernal cada día.

Todos los dias salía en busca de amigos perniciosos para embriagarse con ellos y jugar cuanto tenía. Si ganaba, bebía más y más con sus amigos, y si perdía se ponía furioso, desquitando su cólera con la pobre mujer á quien agobiaba á palos Por último, la abandonó por algunos días. María inconsolable, procuró buscarlo y después de mucho andar logró encontrarle en una casa de juego. donde le habían ganado hasta la ropa que vestía.

—Pedro, le dijo la esposa consumida en lágrimas, ¿qué es lo que piensas? ¿por qué te has entregado á tan desenfrenados vicios y me abandonas? qué motivo te he dado?

Pedro, valiente, volvió á insultarla y á golpearla, corriéndola para su casa.

Momentos después llegó muy borracho cayendo y levantando con la misma tenacidad de insultar y golpear á su infortunada esposa María Juliana.

Al día siguiente se levantó furioso, salió de su casa renegando en busca del demonio, y tal como lo deseaba á poco andar lo encontró.—¿A dónde vas? le dijo el demonio deseoso de hallar á su víctima.

—Voy en busca del diablo para venderle mi alma, pues no tengo ya ni qué beber ni qué jugar y estoy desesperado!

113

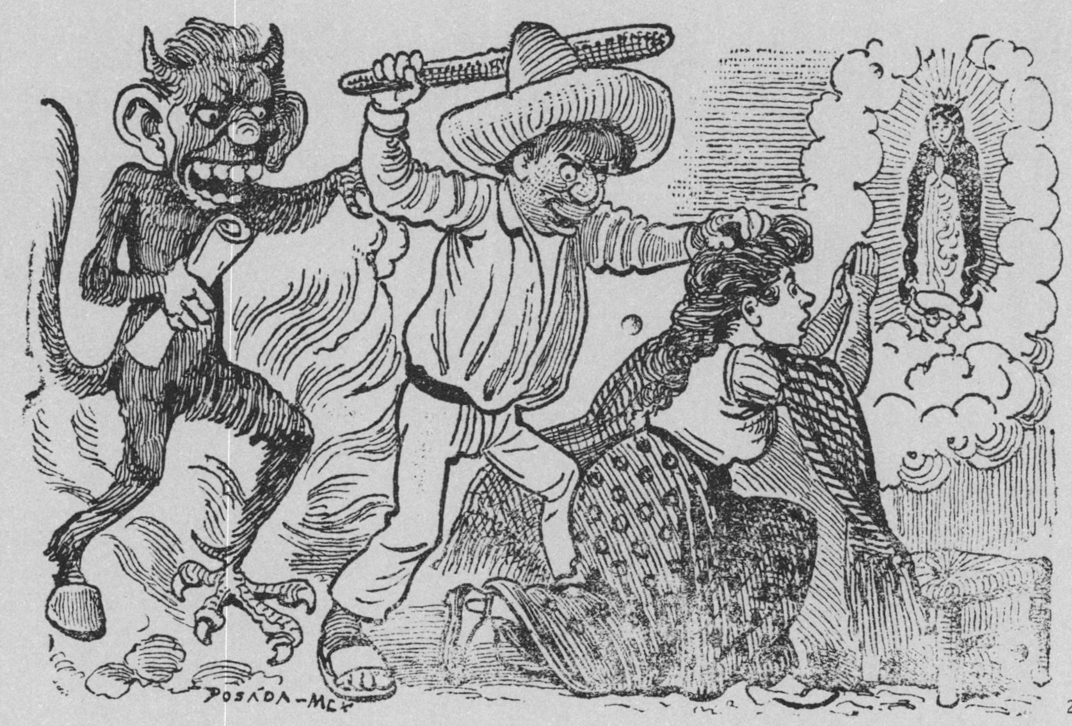

274

HORRIBLE SUCESO

Fraguado por el demonio y destruido por el admirable y portentoso milagro de Nuestra Señora de Guadalupe entre los esposos María Juliana Delgado y Pedro García.

PLEITO DE CASADOS

QUE SIEMPRE ESTAN ENCJADOS.

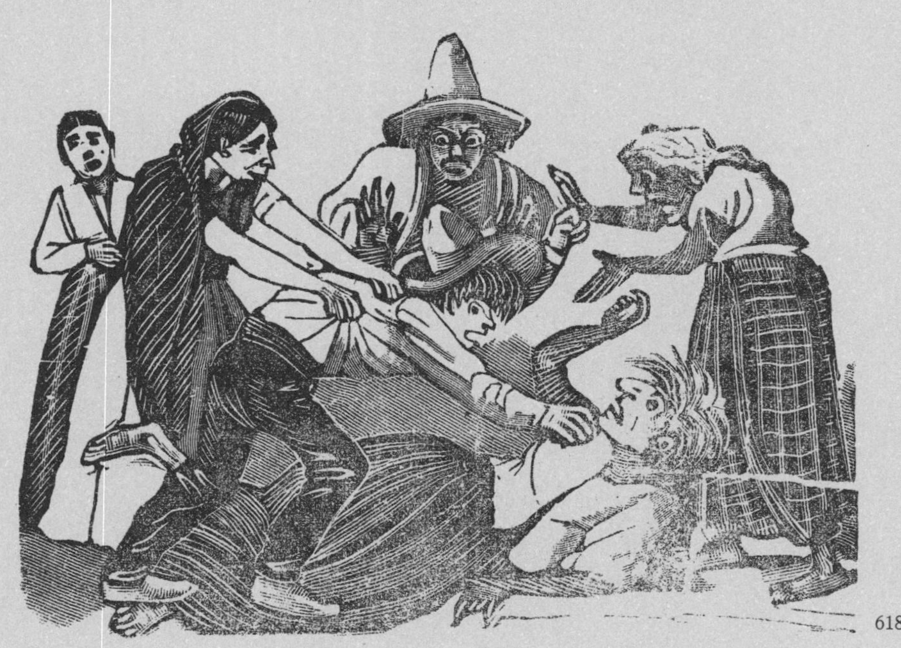

618

Gran escandalo y alarma
Hay en este matrimonio
El hombre de rigor se arma

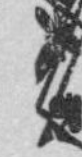

Y la mujer del demonio.
Porque llora, chilla y brama
Como los del Manicomio.

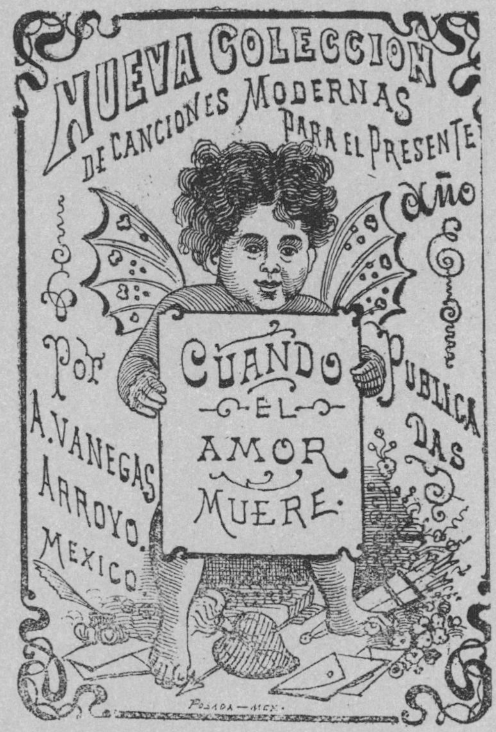
NUEVA COLECCION
DE CANCIONES MODERNAS
PARA EL PRESENTE
AÑO
POR
A. VANEGAS
ARROYO.
MEXICO
CUANDO
EL
AMOR
MUERE.
PUBLICADAS

33

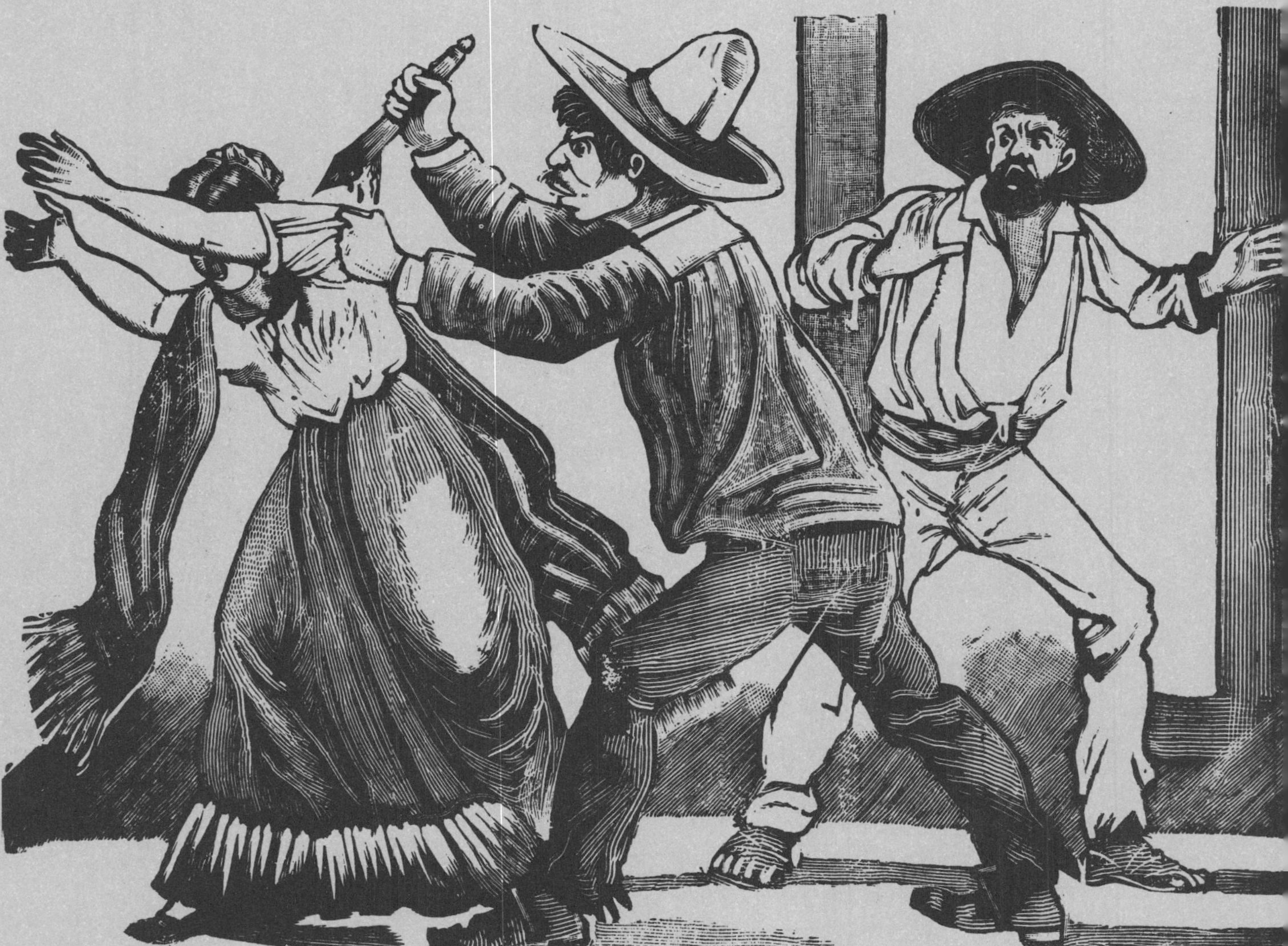

383

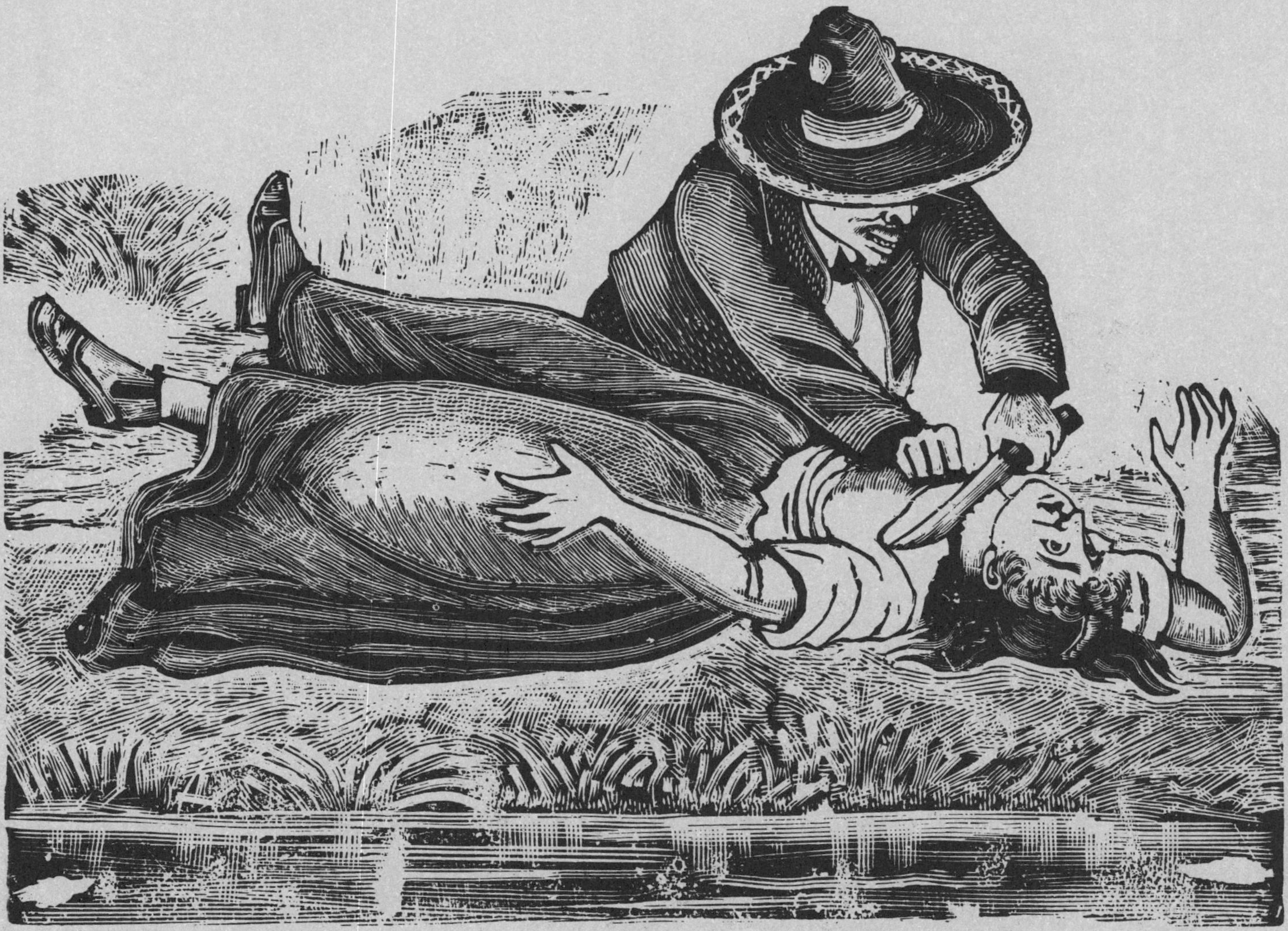

338

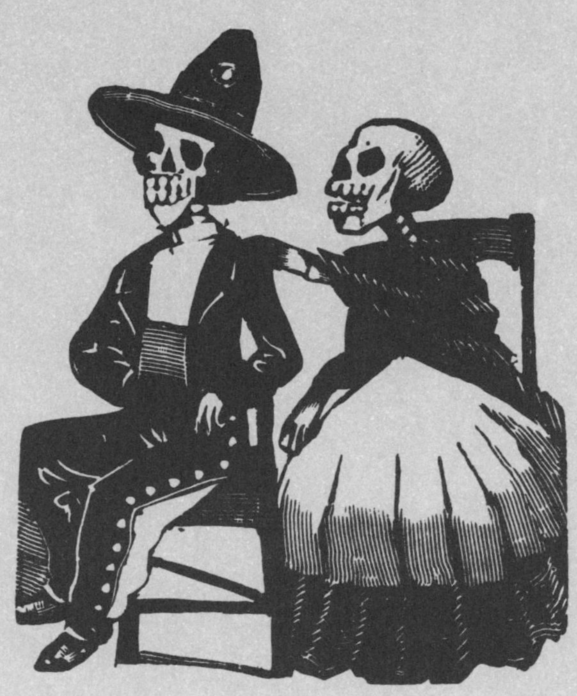

454

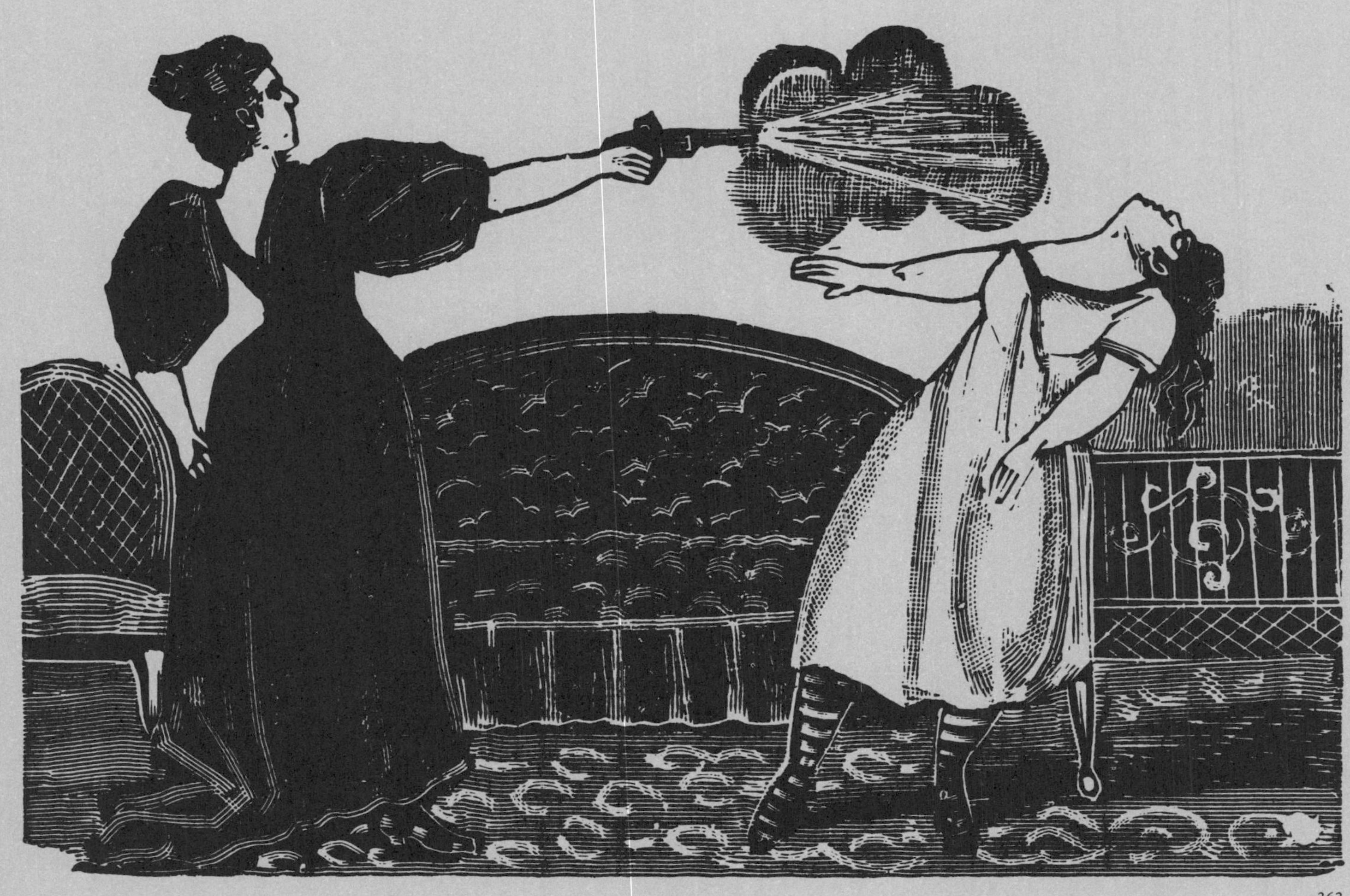

363

GACETA CALLEJERA.

Esta hoja volante se publicará cuando los acontecimientos de sensación lo requieran.

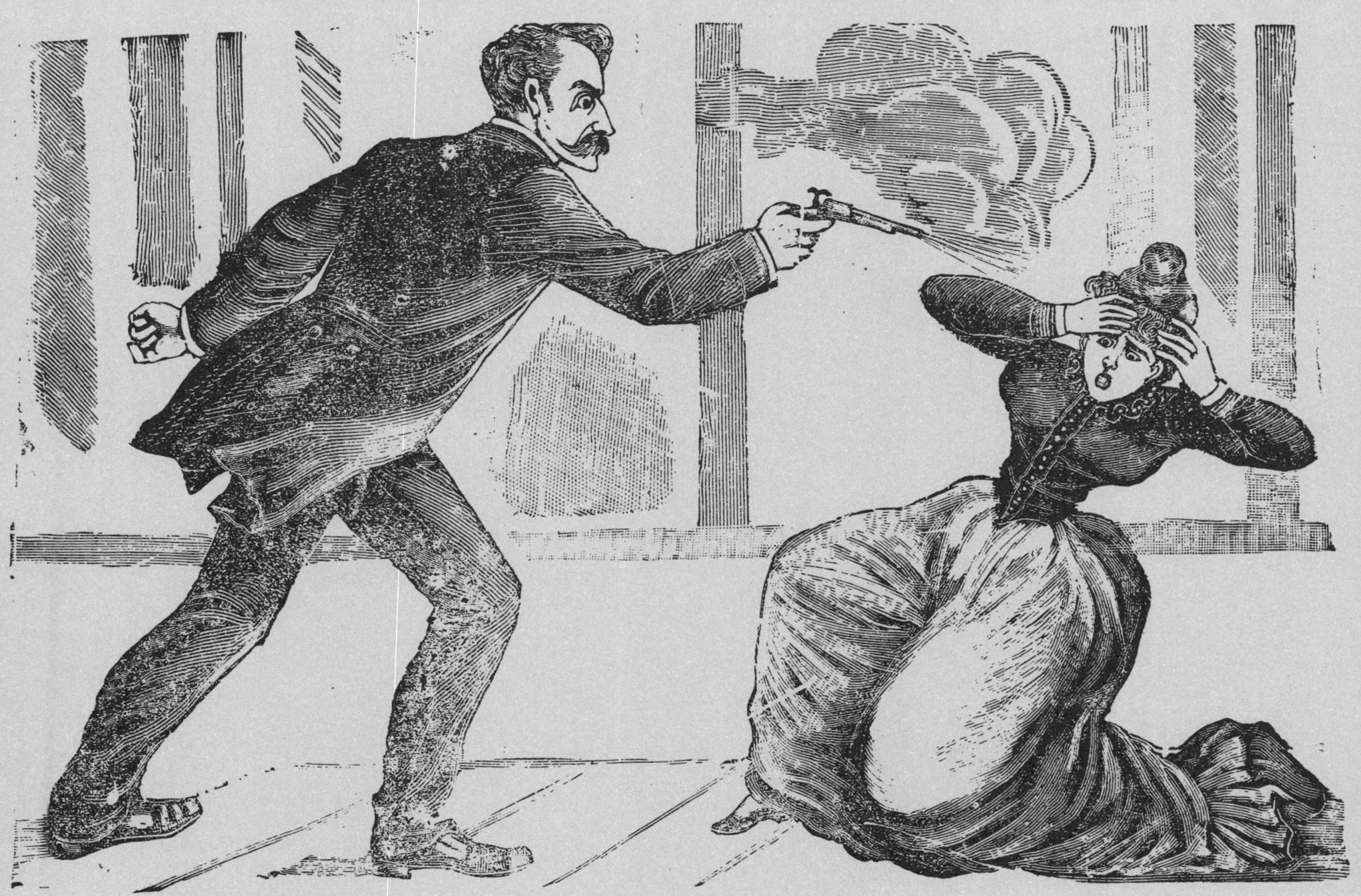

ESCANDALO DE BALAZOS

En la calle de las Escalerillas.—Una Señora herida.—Un caballero francés muerto.

Parece que así como el tifo y otras enfermedades de ese género tienen sus épocas de desarrollo, el furor por matarse se hace también epidémico.

En un espacio de tiempo sumamente corto se han dado multitud de casos sumamente escandalosos, que con sobrada razón tienen alarmada á la sociedad, pues ha llegado á tal punto la falta de respeto y de consideración que se guarda á la gente, que en ninguna parte se hallan seguras ni las más pacíficas personas, siendo contínuo el peligro que corren de ser víctimas de un lance desagradable, por mucho que no intervengan en las cuestiones.

No hace mucho tiempo el Restaurant de París era teatro de una riña en que se quemó un cartucho; últimamente en el elegante Restaurant de la Maison Dorée, dos señores se tiraron seis tiros, uno de los cuales hirió á una señorita que estaba muy agena de recibir una herida en un sitio que como aquel no está destinado á escándalos ni sucesos de esa especie y por último, la mañana del miércoles 27, tenía lugar un drama sangriento en la calle de las Escalerillas, habiendo comenzado en un café situado en esa calle, y teniendo su fatal desenlace en los altos, en las habitaciones mismas de una honorable persona, que no podía imaginar siquiera que su casa pudiera servir de teatro á escenas tan desagradables.

El caso, según los datos que hemos podido adquirir, pasó de la manera siguiente:

El Sr. Abegg, francés de orígen, por disgustos domésticos, habíase separado hacía algún tiempo de su esposa; pero había quedado pendiente entre ellos algún asunto de interés

La mañana del citado día, la esposa del Sr. Abegg, Doña María de Jesús Méndez, fué al café del Buen Gusto situado en los bajos de la casa número 18 de la calle mencionada, sin duda con objeto de ver á su hija, esposa del Sr. Quiroga, propietario de dicho café.

Poco tiempo después llegó el Sr. Abegg y se puso á hablar con su esposa, sentándose ambos cerca de una de las mesas del café. Poco después se dirigieron al interior de las habitaciones y allí siguieron la conversación sobre cuestión de intereses, provocándose un serio disgusto que pronto degeneró en amenazas por parte de Abegg; hasta el punto de que, intimidada la señora, huyó de su marido tomando las escaleras que conducen á la habitación del Sr. Lic. Ramírez Varela. Su esposo la seguía de cerca, pero ella pudo entrar á una pieza cuya puerta cerró violentamente impidiendo la entrada al Sr. Abegg; pero éste rompió un vidrio y por el hueco que quedó, disparó su pistola sobre la señora, la que al sentirse herida exclamó:

¡Jesús me ampare! ¡Me ha matado! cayendo desvanecida sobre el pavimento.

El homicida anduvo algún trecho como si fuera á escapar; pero apoyándose la boca del revólver sobre la cien derecha, se dió un tiro cayendo muerto como por un rayo.

Las dos detonaciones produjeron la consiguiente alarma en un sitio tan céntrico y concurrido, presentándose casi en el momento un agente de la reservada y dos gendarmes los números 450 y 451, seguidos de una inmensidad de curiosos.

Poco después se presentó el personal de la Demarcación respectiva y en dos camillas fueron conducidos los dos cuerpos.

Hecho el reconocimiento de la Sra. Méndez, se halló que ésta tenía un balazo en la región pectoral izquierda cerca del hombro; herida que aunque no es mortal, no deja de ser grave.

Es triste tener que consignar á diario semejantes sucesos, que son desgraciadamente una prueba demasiado elocuente, de la falta de moralidad que existe en nuestra sociedad.

México, —Imprenta de Antonio Vanegas Arroyo, Calle de Santa Teresa número 1.

FUSILAMIENTO

de ANTONIO NAVARRO, soldado del 1er. Regimiento
DE CABALLERIA.

Ejecutado el día 12 de Octubre de 1896, á las 5 y media de la mañana.

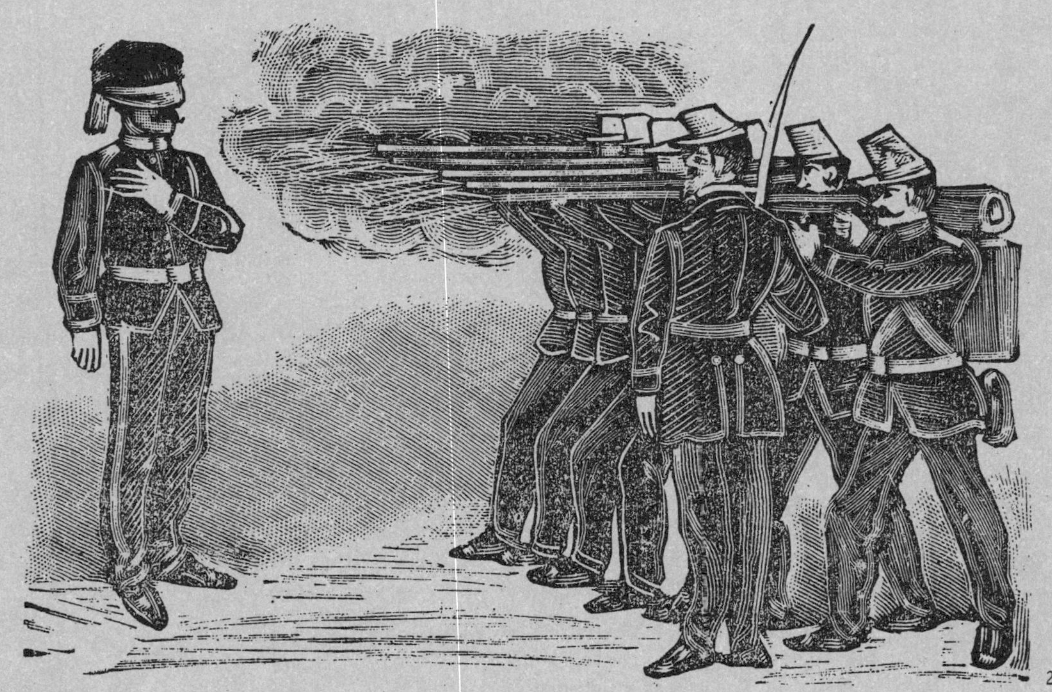

265

UN CASO DOLOROSO

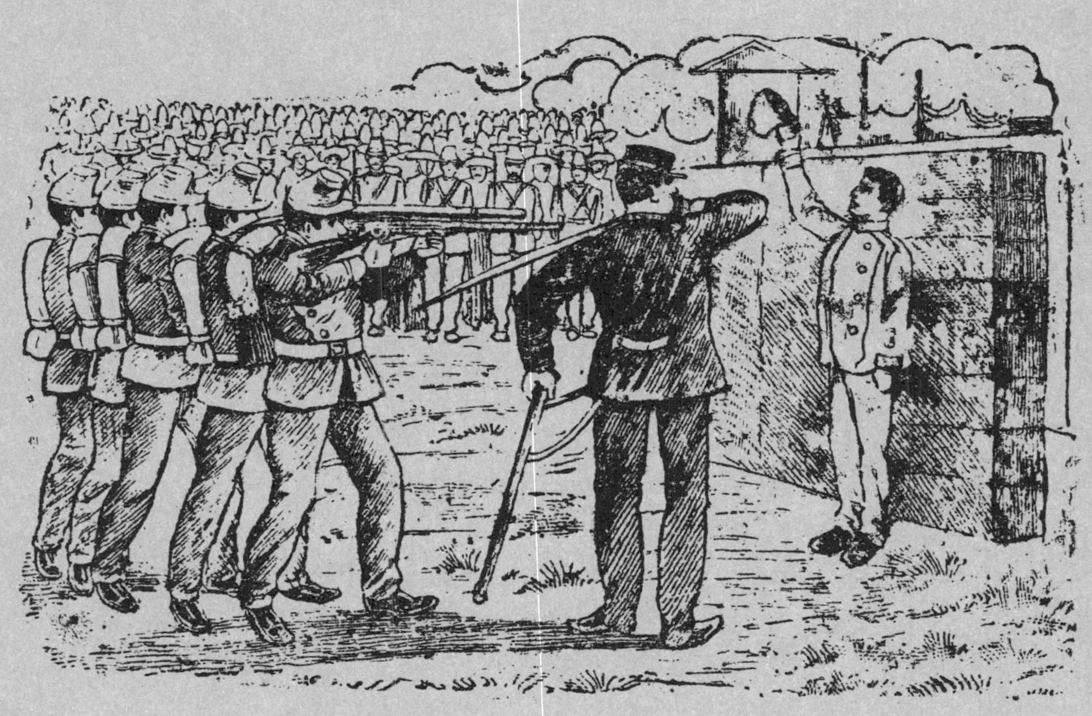

130

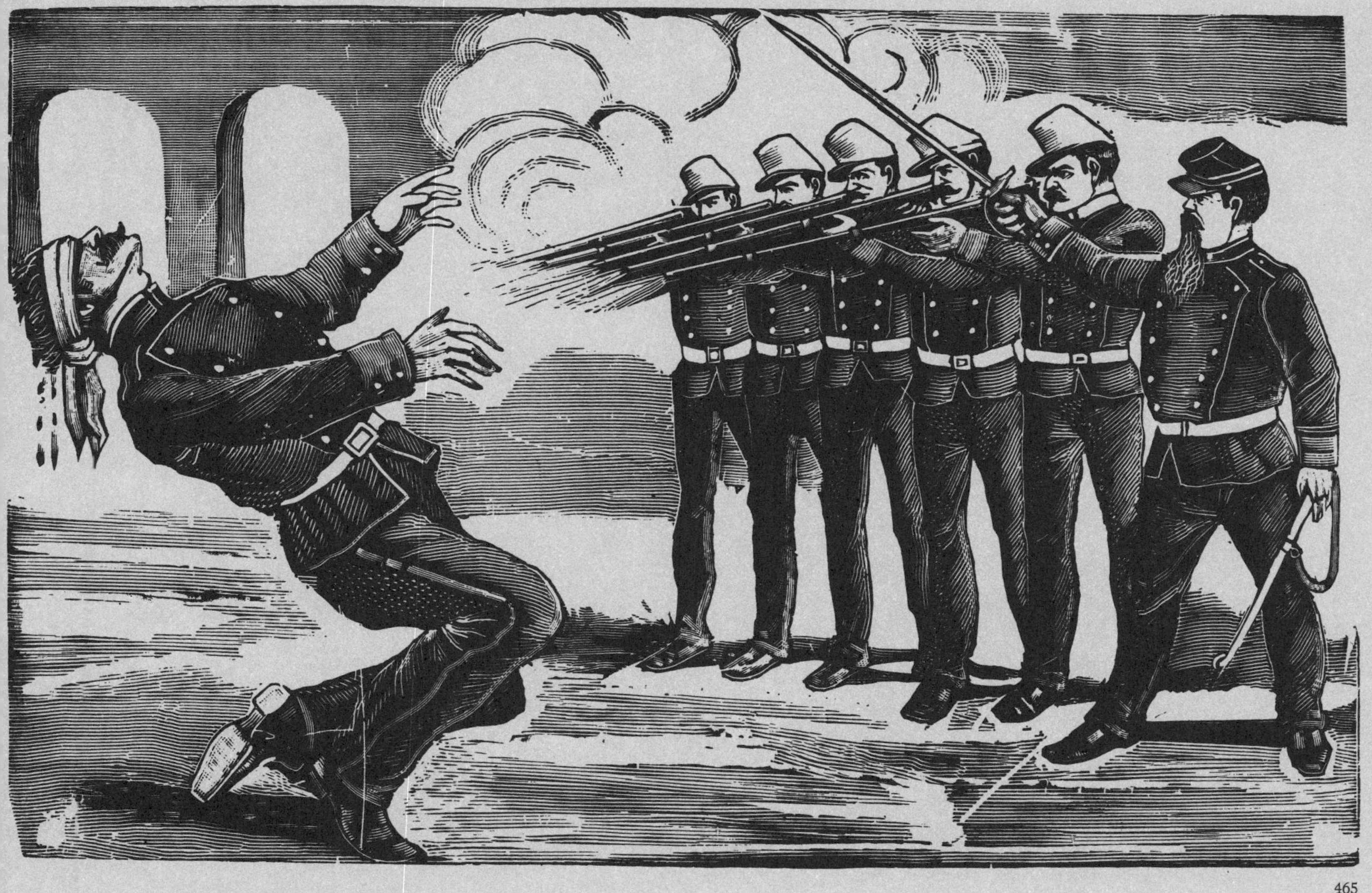

465

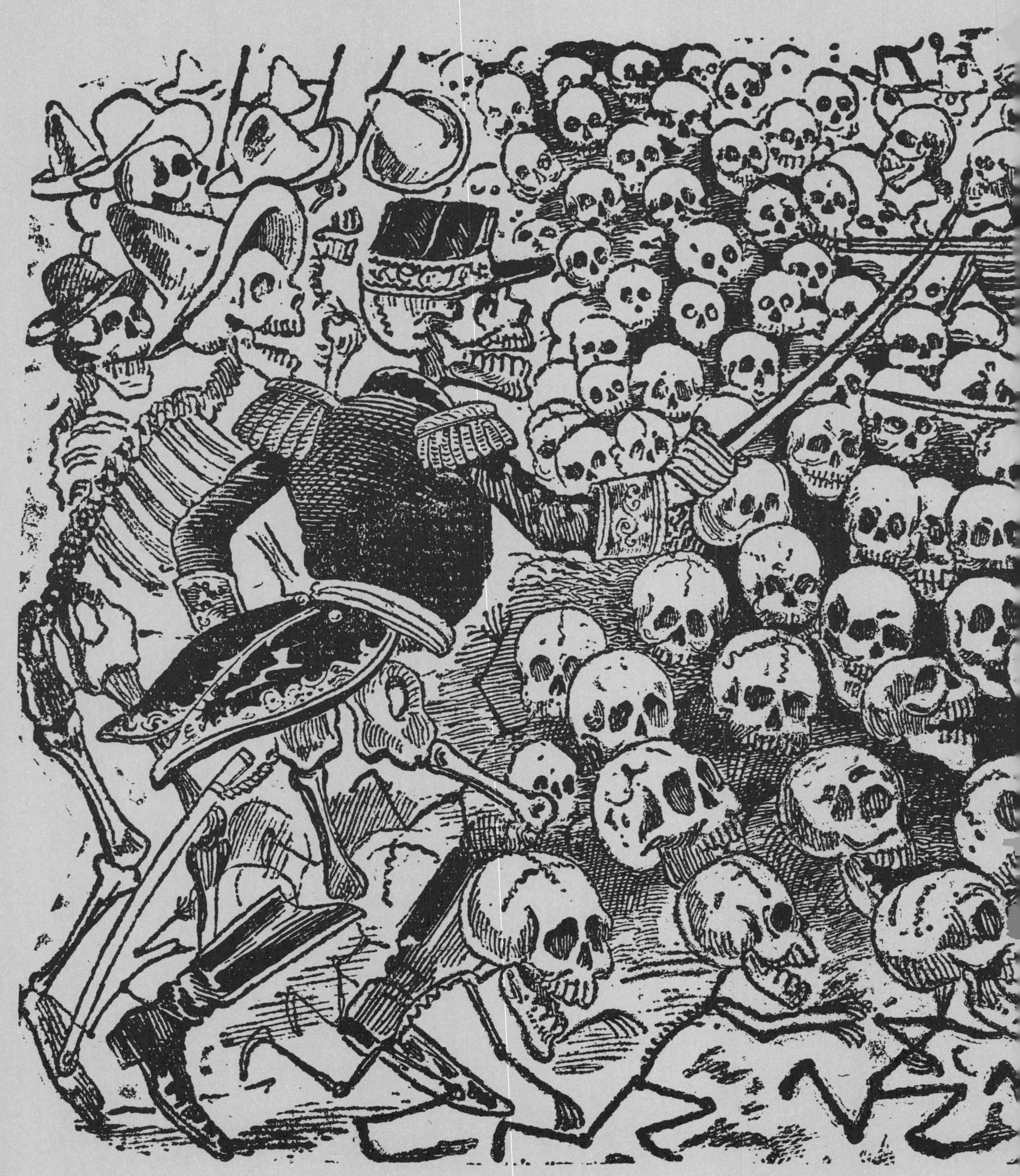

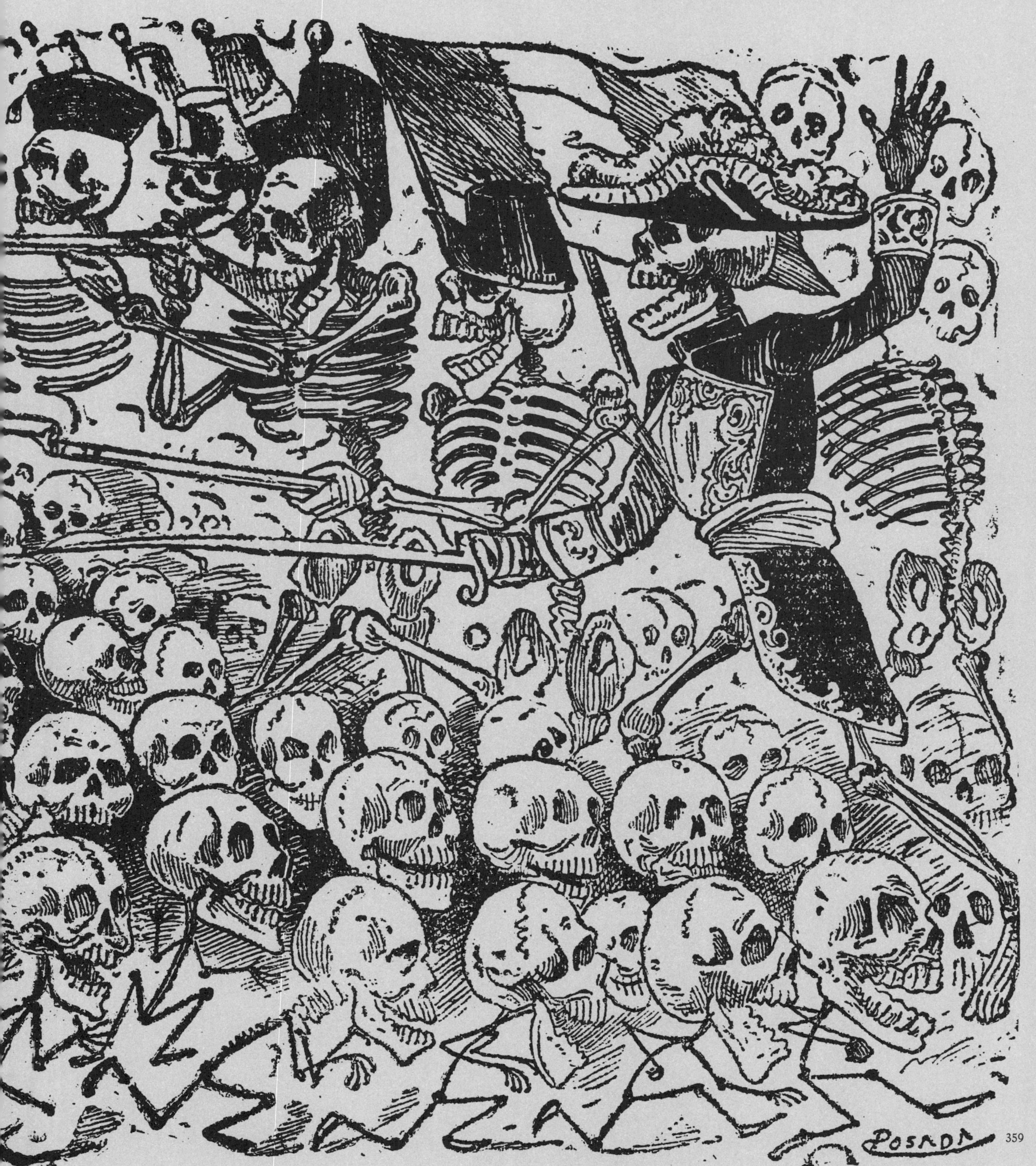

359

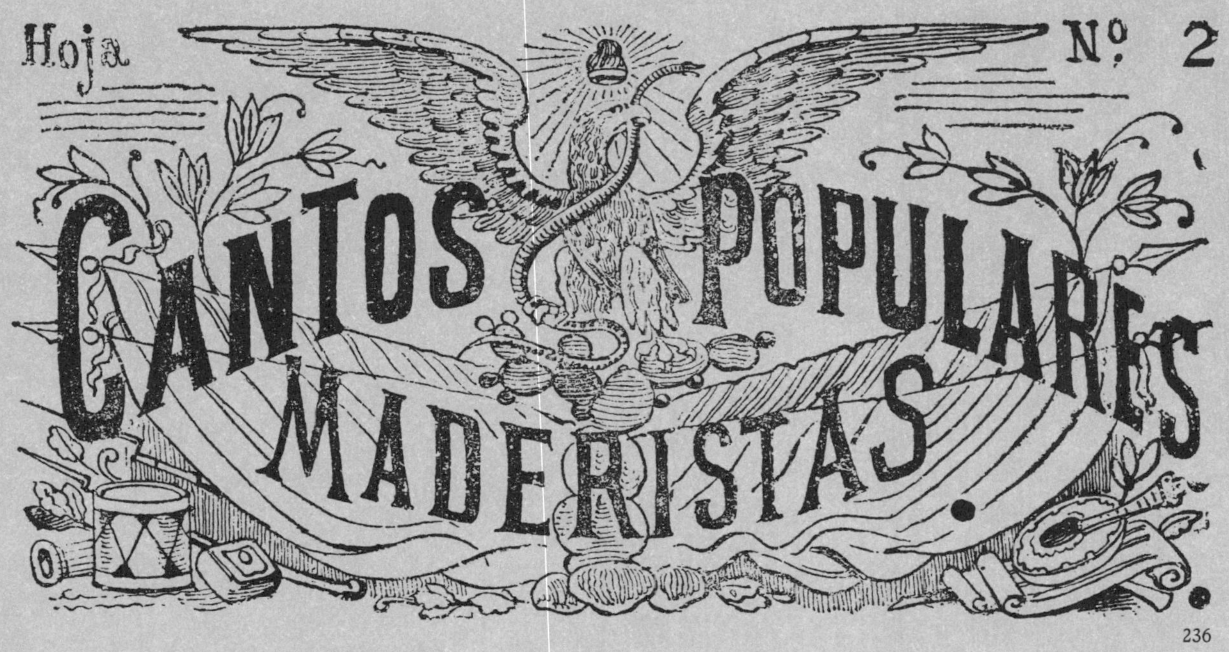
Hoja
Nº 2
CANTOS POPULARES
MADERISTAS.

236

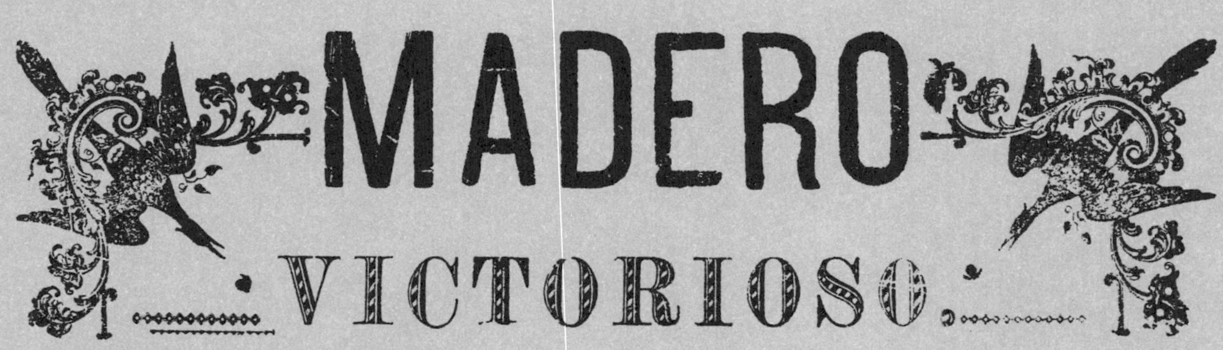
MADERO
VICTORIOSO

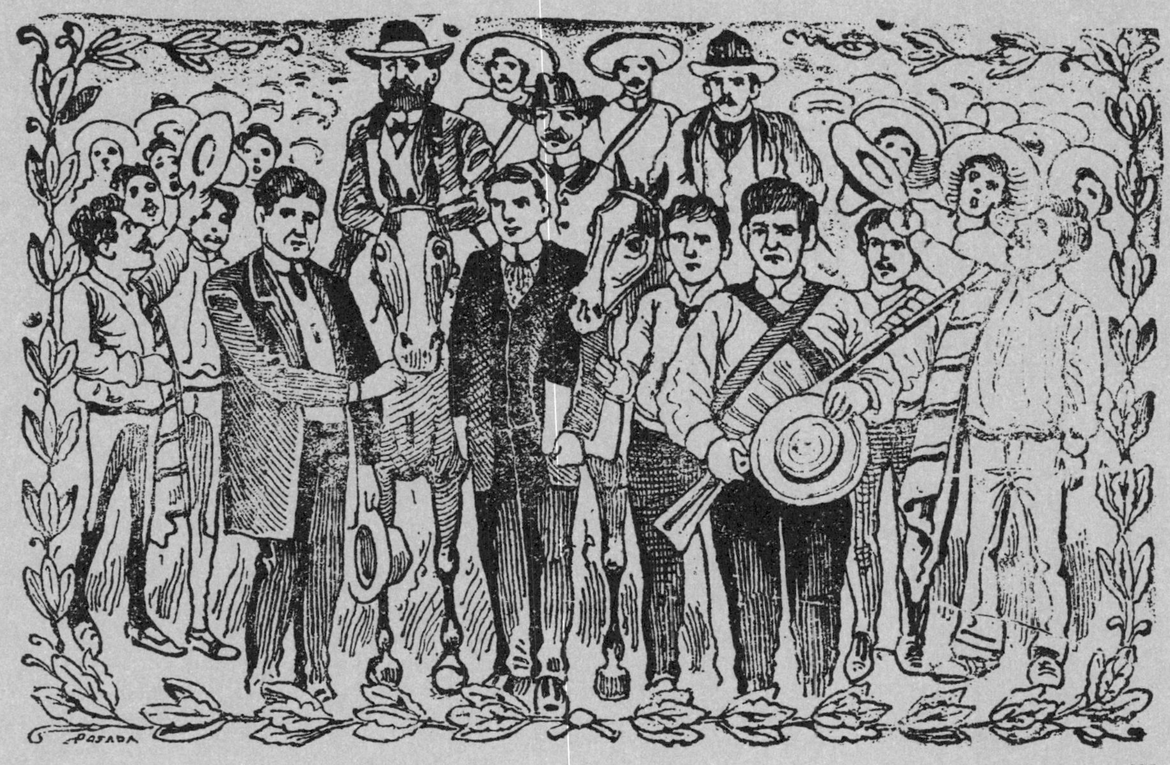
POSADA

235

GRAN MARCHA TRIUNFAL

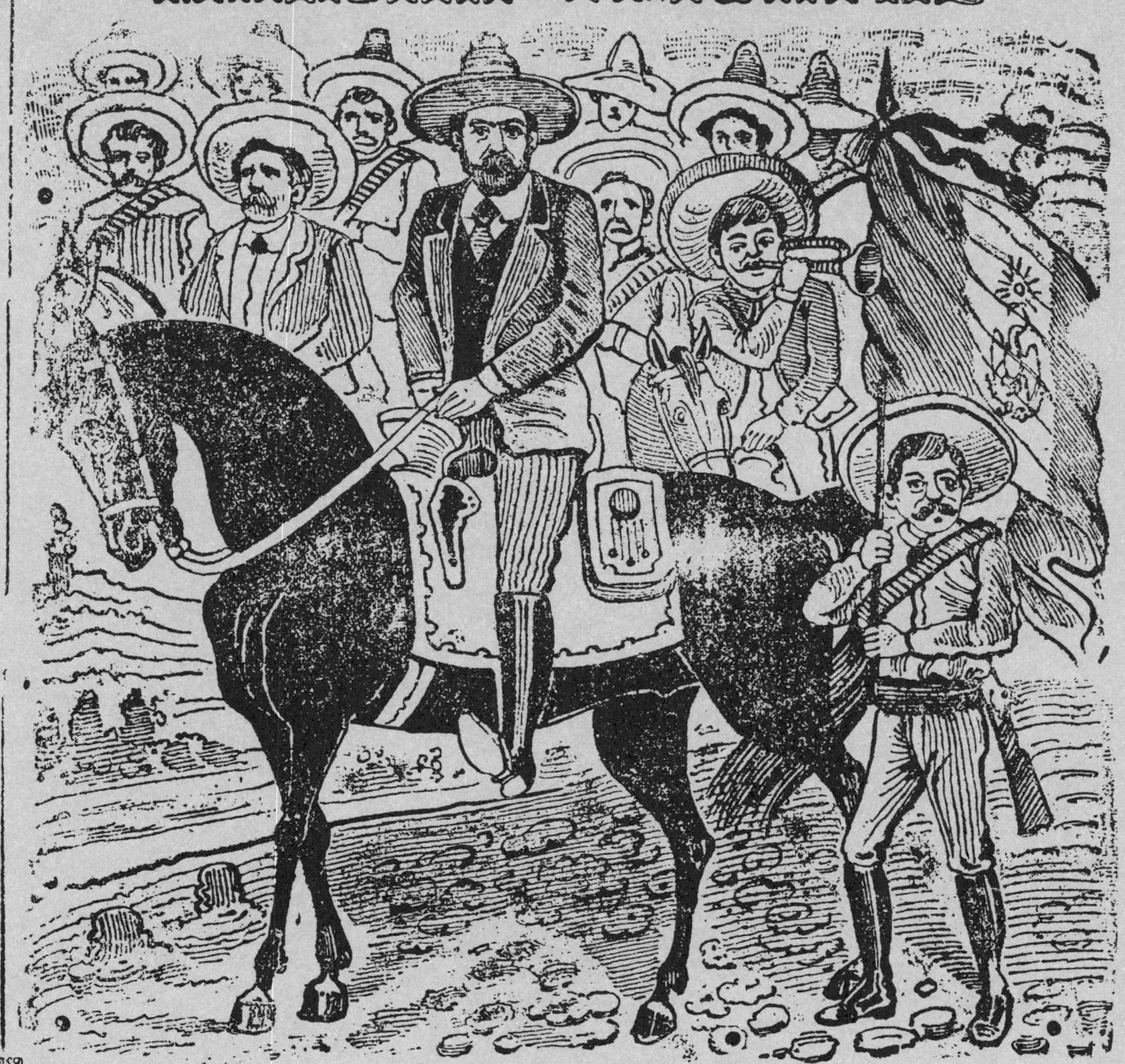

CORO GENERAL.

¡Oh, Madero! ¡Madero! clamemos
De la Patria empuñando el pendón
Y elevemos al cielo los ojos
Y salude rugiendo el cañón.

Hoy el pueblo saluda al insigne,
Redentor, más augusto de América
Que en Chihuahua vibró en nota feérica
La palabra que dió libertad.

Repitamos y unidos clamemos
De Madero su triunfo que es gloria
Y la voz del clarín escuchemos
Voz de voces que hará eco en la historia.

Gloria eterna se han conquistado
Esas tropas de heroico valor
Que de México han extirpado
La ponzoña de un cruel Dictador.

¡ Gloria, gloria ¡ clamamos unidos
Recordando que Mexico es libre
Y ser muertos más nunca vencidos
Sea la vos que para todos vibre.

Gloria eterna se han conquistado
Esas tropas de heroico valor
Que de México han extirpado
Un gobierno de todós terror

234

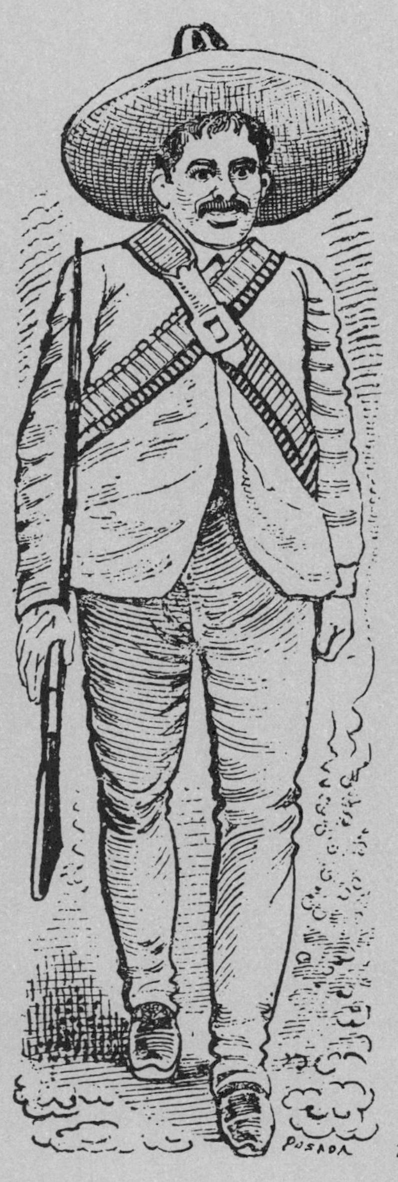

231

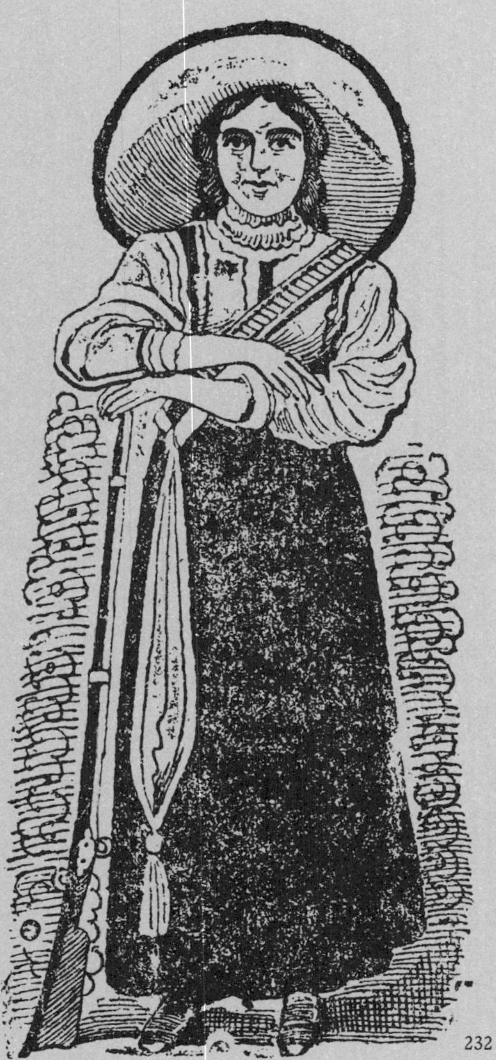

232

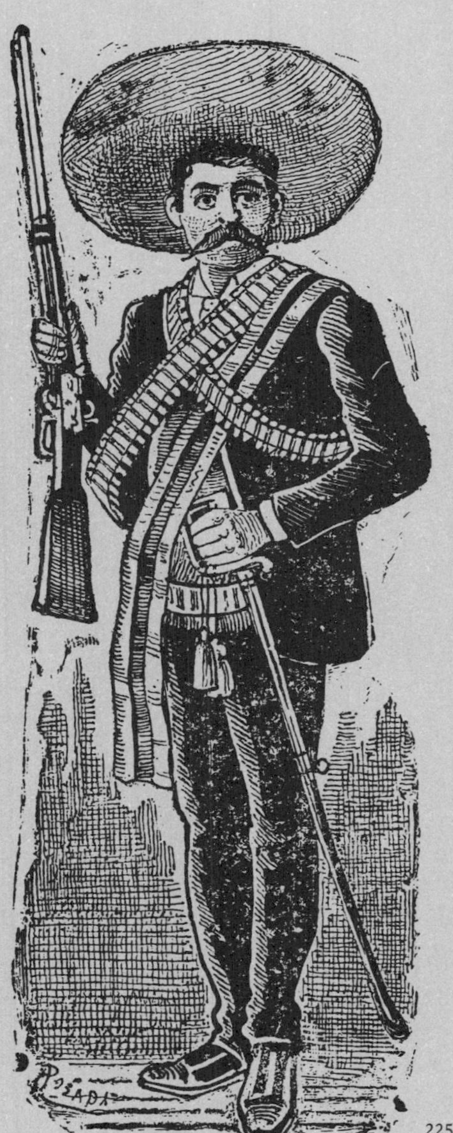

225

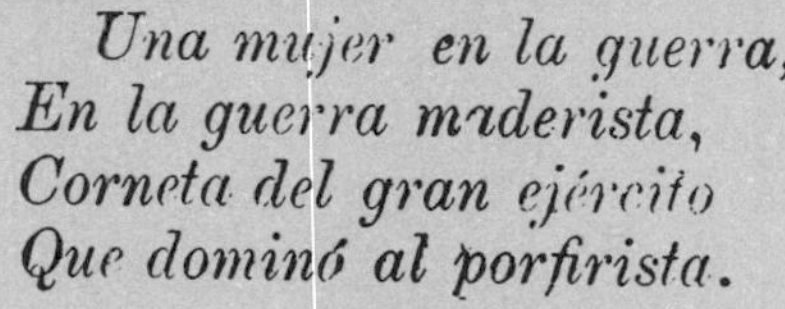

Una mujer en la guerra,
En la guerra maderista,
Corneta del gran ejército
Que dominó al porfirista.

En su caballo montada,
Con grande y buena intención
Siempre pensándo en la Patria
Su Mexicana nación.

EL FAMOSO CABALLO DE BATALLA DE EMILIANO ZAPATA.

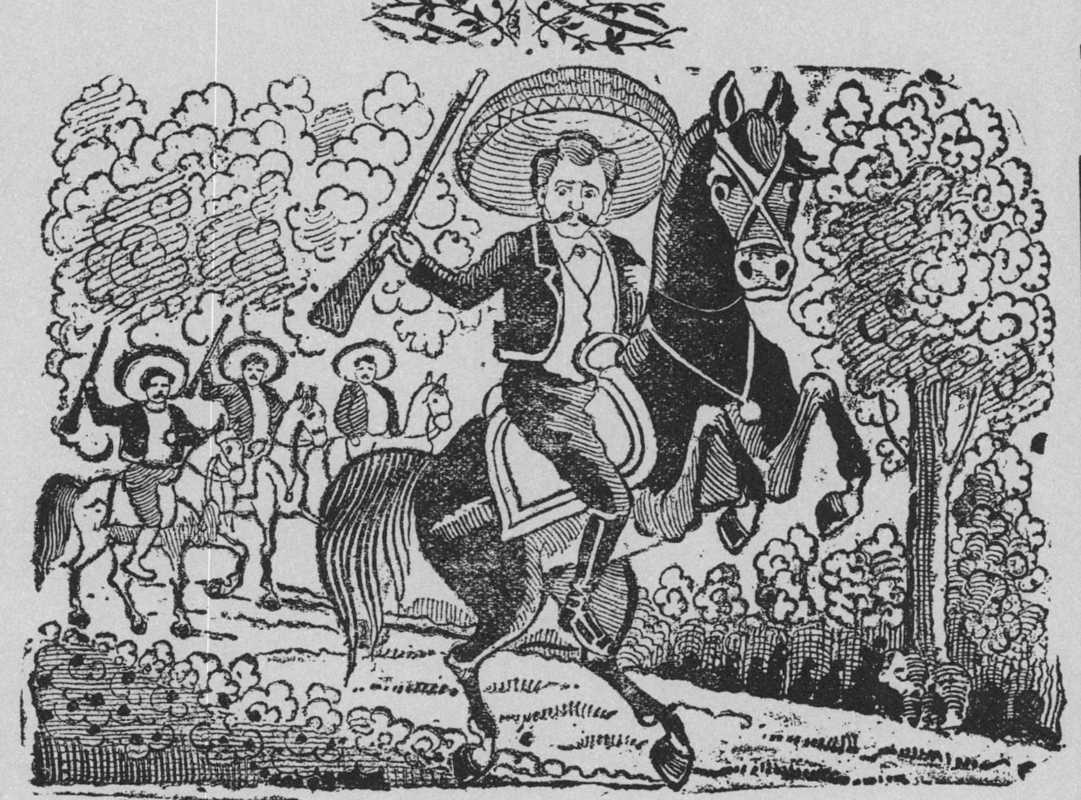

Tiene Zapata un caballo
Más bello que Rocinante,
Que al guerrillero suriano
Siempre lo lleva delante.

Y corre como una liebre
Al ver á los federales,
Y se mete entre los bosques
Corriendo por los eriales.

El tal caballo es ligero
Bizarro y corta pezuña
Que allí corre en los peñascos
Como suriano vicuña.

Asegura que tiene alas
En las patas y las manos,
Por que si no las tuviera
No corriera tan ufáno

Iba como diablo alado
Cuando corriéndo lo ví,
Y les aseguro á ustedes,
Que al verlo correr, temí.

Echa espuma por la boca
Y por los ojos centellas
Y chispas por las pezuñas
Dejándo sangrientas huellas.

El hálito que salía
De su nariz era fuego
Que iba á los pueblos quemándo
Como quimérico juego.

Zapata, cual Don Quijote,
Llevaba negra tizona
Que me engendraba pavor
En aquella horrible zona.

222

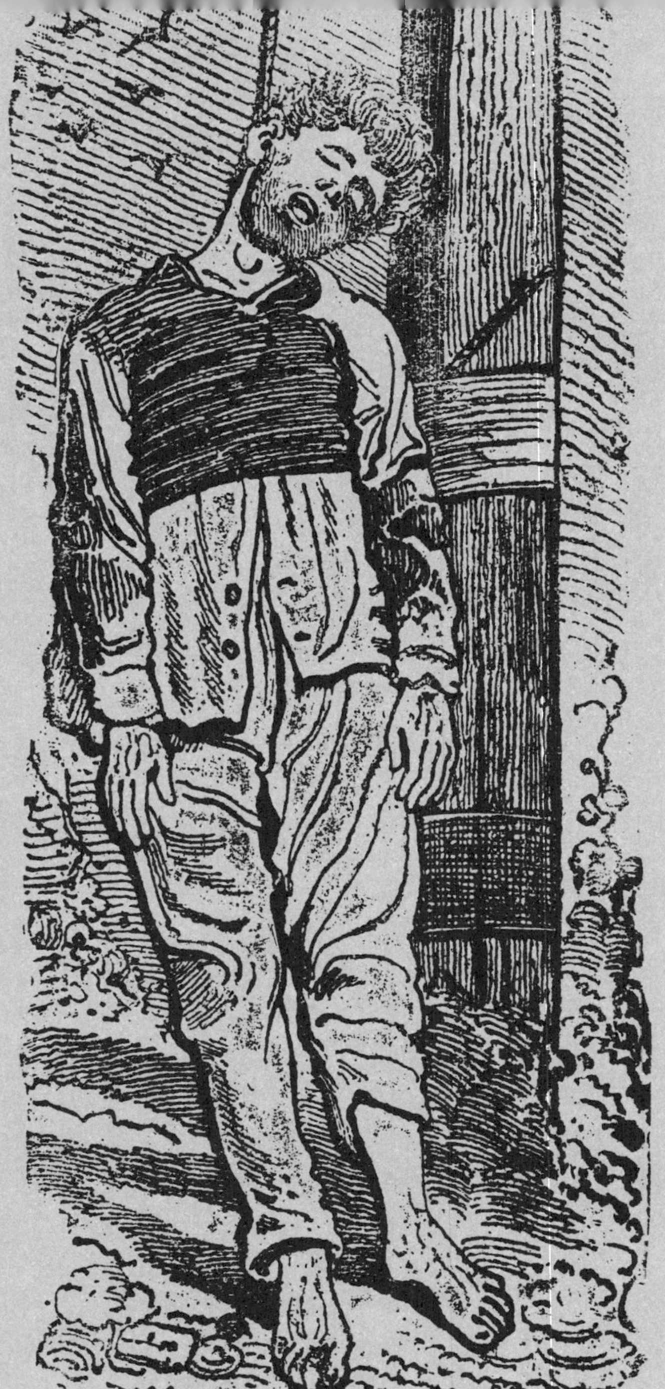

229

Ni á la batería ligera,
De los contrarios soldados
Y luchan tan decididos
Tan valientes, tan osados.

Que han quedado en los combates
Por roja sangre empapados,
Más por la Patria allí mueren
Como íntegros y esforzados.

¿En esta lucha tremenda
Quién en guerra vencerá....
Pascual Orozco ó Madero?
¡El tiempo decidirá!....

Pero en aquellas llanuras
Del Bolsón de Mapimí
Se han librado los combates,
Como en el pasado, allí.

Tierra de héroes y valientes,
De generales osados
No viertas más esta sangre
De hermanos siempre esforzados.

Es terrible la situación,
De contrarios ó enemigos
Y allí luchan con bravura
Siendo los campos testigos.

De mil heroicas proesas
Por una y por otra parte
Unos combaten á ciegas
Y otros combaten con arte.

Se paraliza el comercio,
Se acaba la agricultura.
Ya no hay comunicaciones,
Y está triste la natura.

Anáhuac, Patria querida
De Escobedo y Zaragoza
Al fin serás noble y grande
Y allí serás victoriosa.

Anáhuac, vergel de flores,
Tierra de heróica bravura;
Seas próspera y feliz
En una época futura.

Terminen ¡oh Patria hermosa
Tus desdichas y tormentos,
Y florezcan aquí las artes,
Con la ciencia y los inventos.

Aquí terminan los versos,
De la lucha en la frontera,
Quiera el Cielo que termine,
En este país la guerra.

Derrota de EMILIANO ZAPATA

EN EL MINERAL DE HUAUTLA

Y FUSILAMIENTO
DE

Felipe Neri

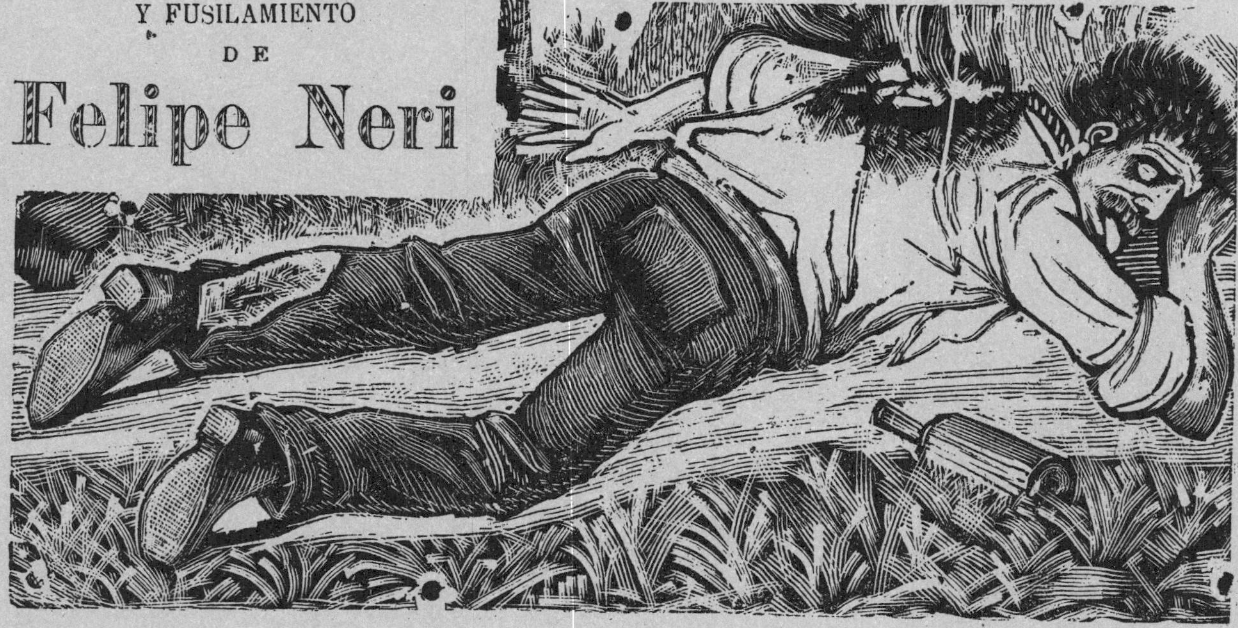

263

El automóvil
De Emiliano Zapata .... ¡y nó!

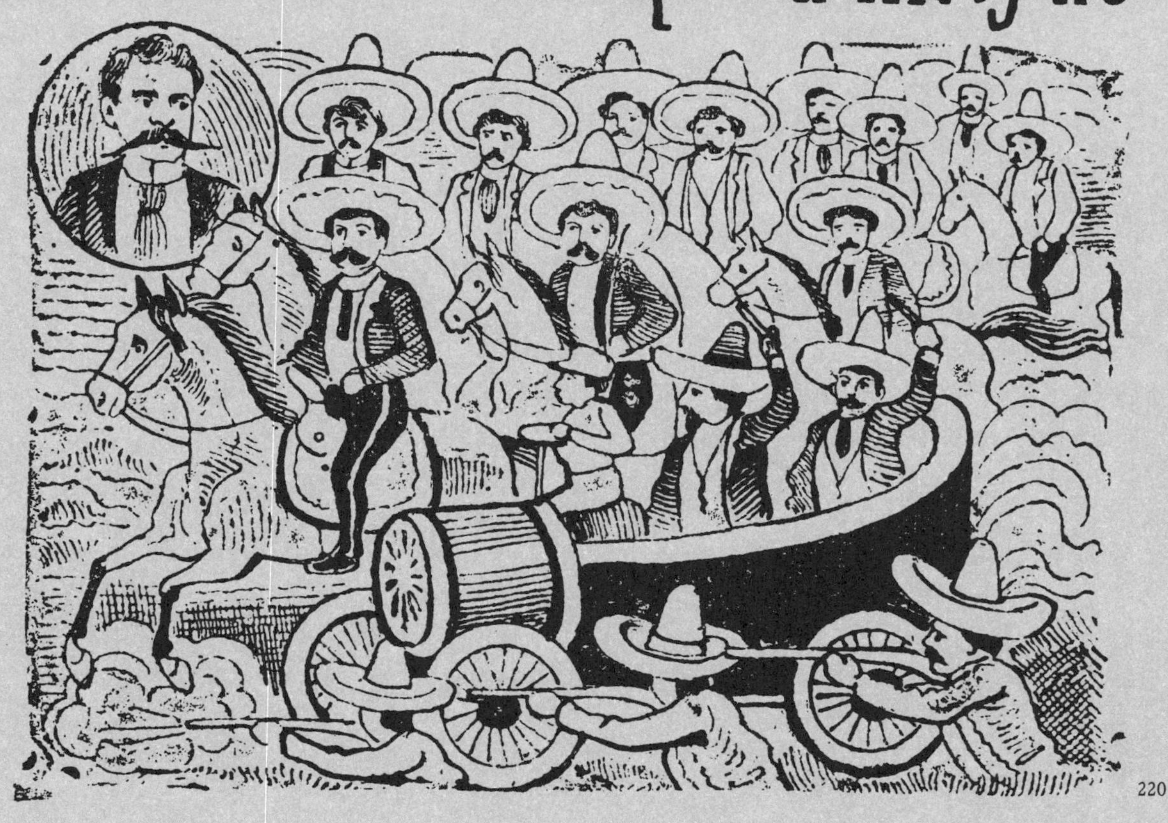

220

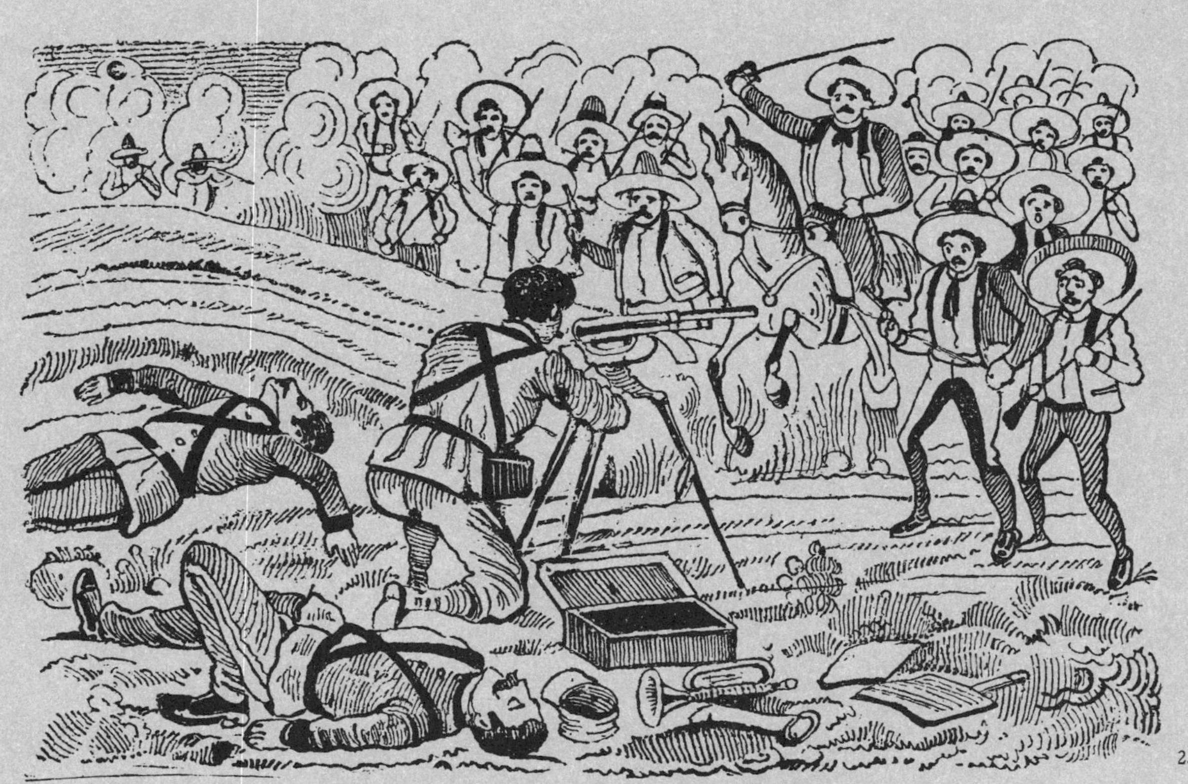

238

MUERTE
Del General TAMBORREL.

Siempre se muere
D. EMILIANO ZAPATA.

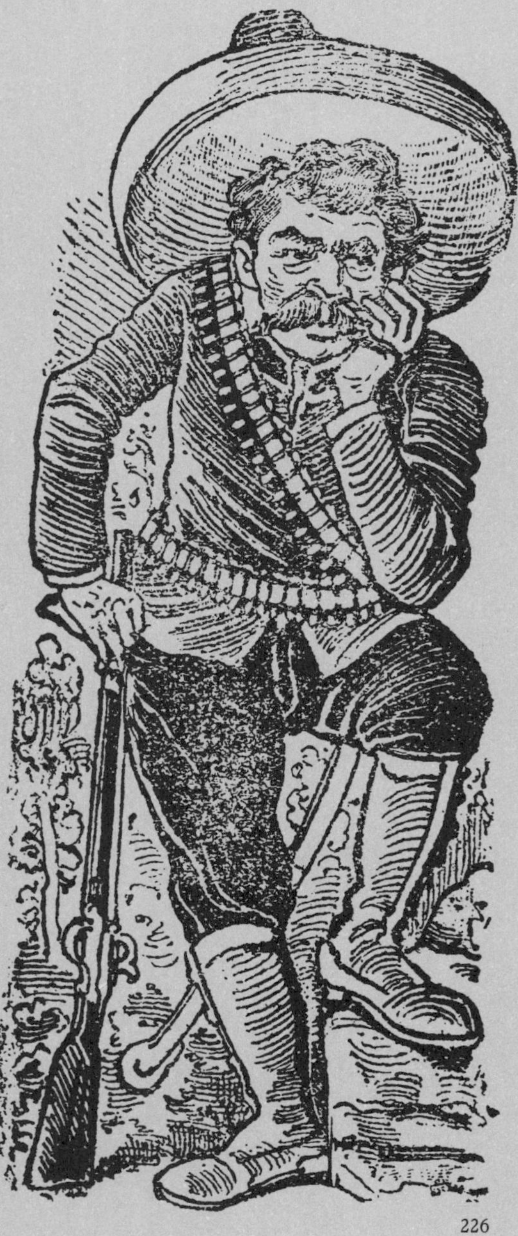

226

El osado que en el Sur,
Combate como soldado,
Entre las quiebras del monte,
Es caudillo escarmentado.

—

Se parapeta, en los cerros
Y allí, coje á federales,
No lo han hecho prisionero,
Ni sorprendido en sus "*reales*."

—

Combate con gran bravura
Destruye las sementeras,
Siembra doquiera las ruinas,
Y vá quemando las heras.

—

Los pueblos están de duelo,
La situación es ingrata;
Por salirse con la suya
"*Siempre se muere Zapata*."

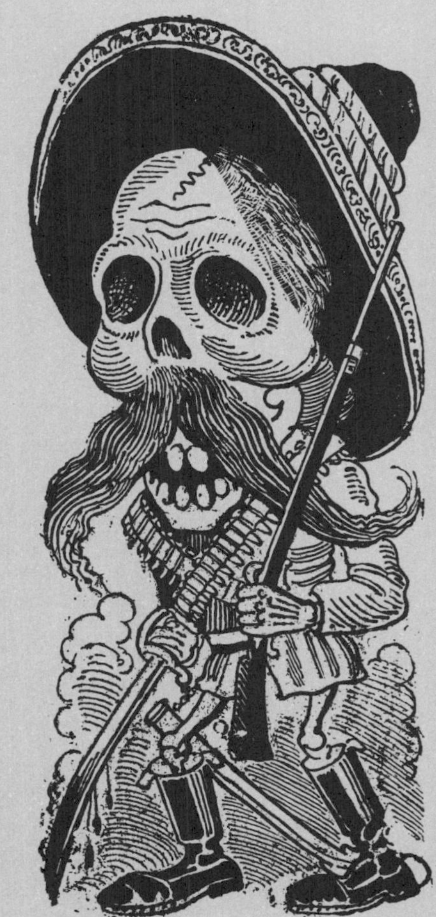

351

LA MUERTE
DE EUFEMIO ZAPATA.

¡Ya el tigre perdió una garra,
Porque murió ya su hermano,
Pues que Eufemio Zapata
Acabó por inhumano!

En un combate, certeras
Las balas lo perforaron
Y entre cadáveres, muerto,
Sin moverse lo dejaron.

En Anecuilco, el tal hombre,
Fué en el montón enterrado:
Con peligro de que salga,
Que el pueblo esta consternado

Morelos está contento
Y Jojutla alborozada;
Pues mataron á Eufemio
Y es menos amenazada.

En Anecuilco, dobló
De la Iglesia, la campana
Anunciando que bajó
A la tumba una mañana.

¡Una pantera feróz
Que sembró de calaveras
Las ciudades que atacó
Y también las sementeras!

Era Eufemio muy malo
E incendiaba, sin recelo;
Por eso al luchar murió
Y así lo castigó el cielo.

Era un brazo de Zapata,
Brazo derecho, tan fuerte,
Que donde quiera regaba
E iba sembrando, la muerte

¡"*A hierro muere el que mata*"!.
Dice la sagrada ley,
Así, Eufemio Zapata,
Tuvo que cumplirla fiel.

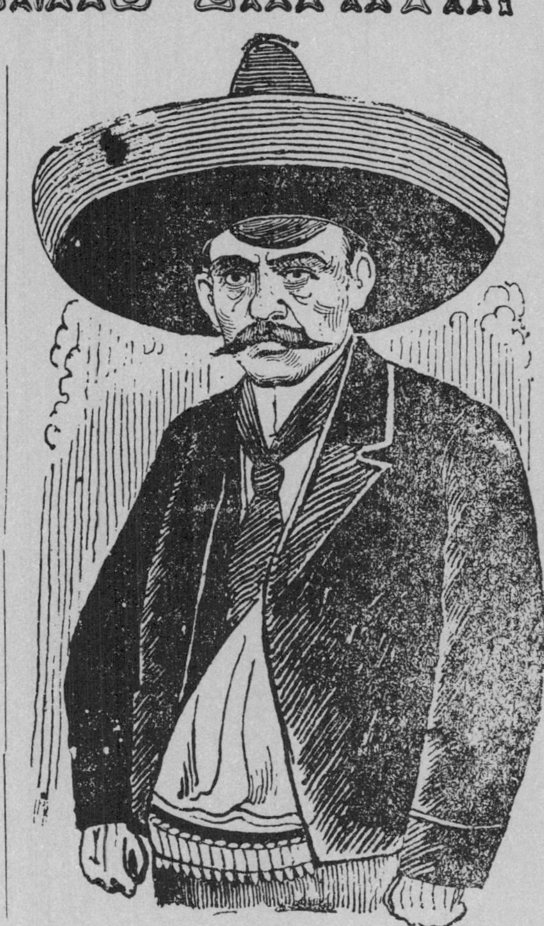

223

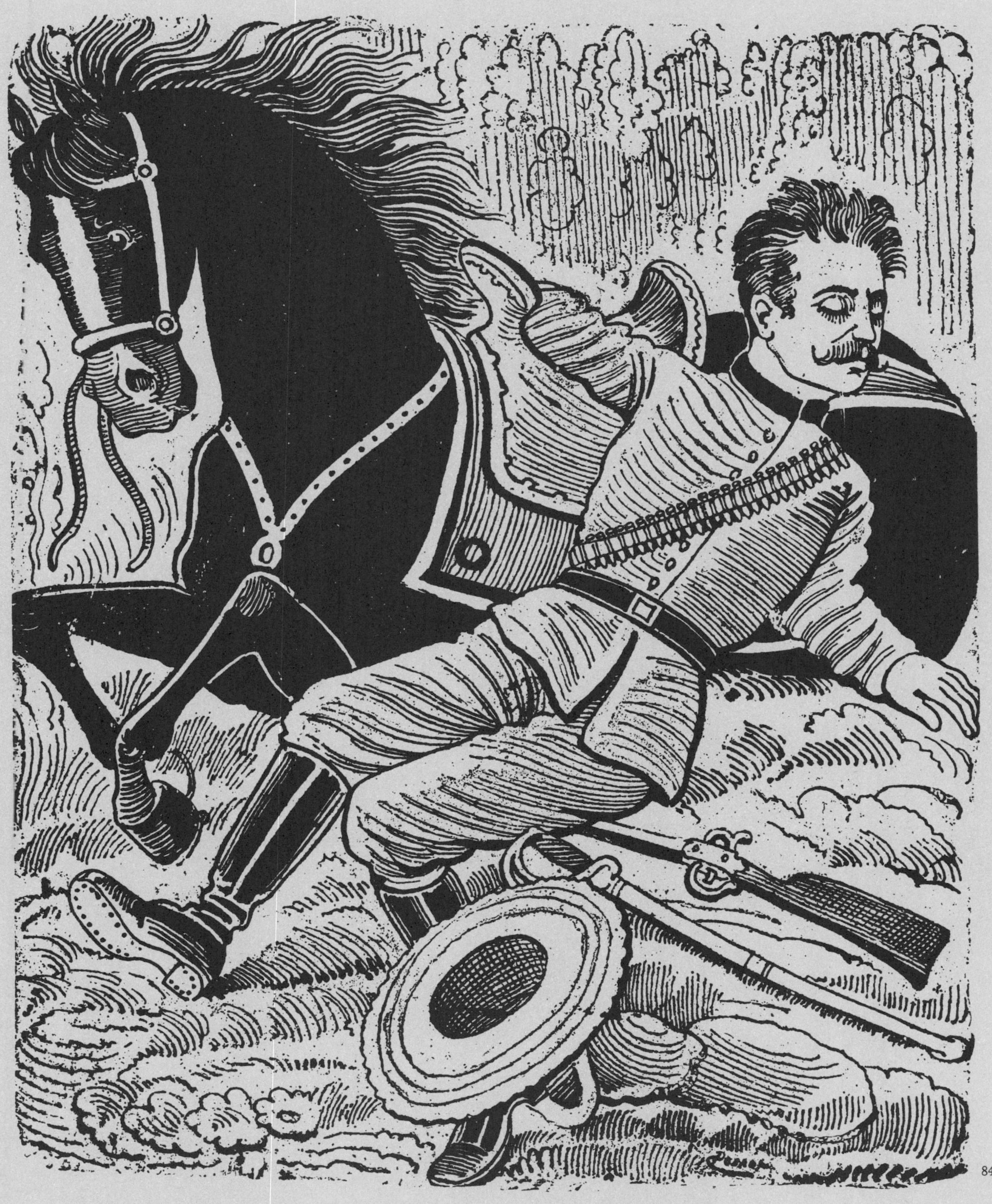

84

EL FUSILAMIENTO
Del Brigadier Honorario
FRANCISCO VILLA.

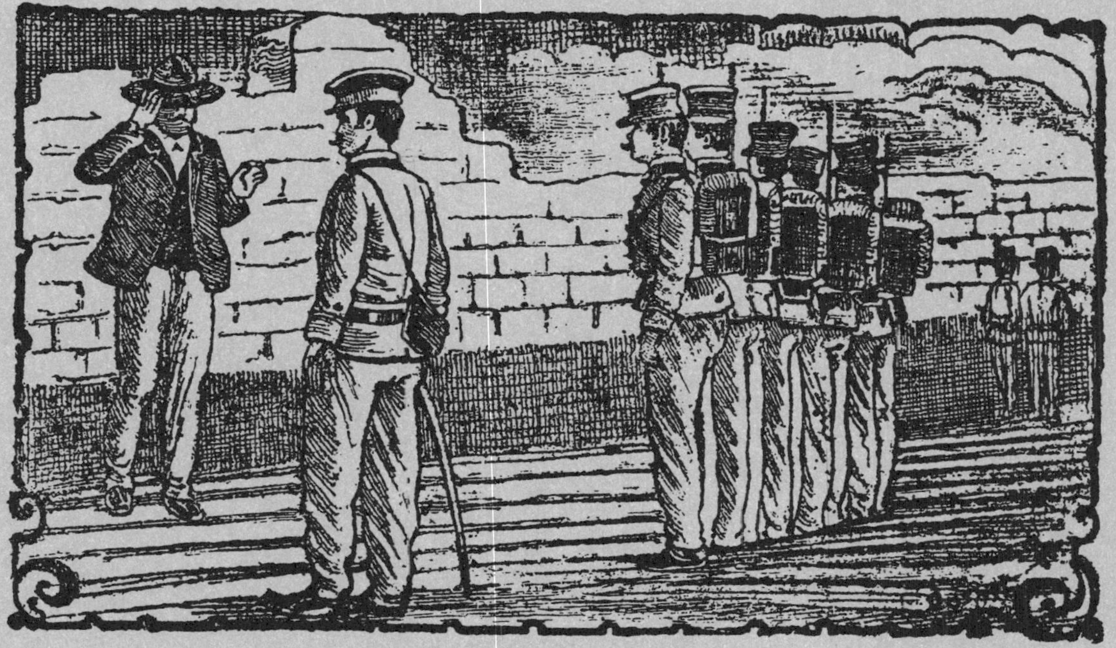

CUADRANDOSE FRENTE AL PELOTON QUE LO IBA A FUSILAR POR ORDEN DEL SEÑOR GENERAL DON VICTORIANO HUERTA.

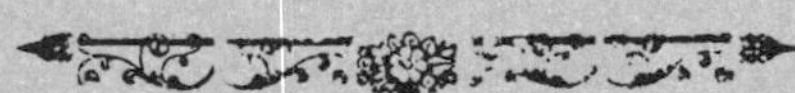

Han llegado á México, las noticias del fusilamiento, fustrado, del llamado *"brigadier"* honorario, Francisco Villa, en el campo de operaciones del Norte, ordenado por el Señor General en jefe, de las fuerzas que operan en aquella región; Don Victoriano Huerta.

Según relato de testigo presencial, que ha publicado algún periódico de la Capital, lo que pasó fué lo siguiente, en el momento de irlo á ejecutar.

*
* *

El cuadro estaba formado, por tropas de la división y en el centro el ya *"famoso"* brigadier Francisco Villa Arámbula, frente al pelotón que lo iba á ejecutar. Los maussers tendidos sobre Villa, por mano de los soldados, los que sólo esperaban el fatal movimiento de espada del jefe del pelotón para hacer fuego, cuando se escucha la voz del reo.

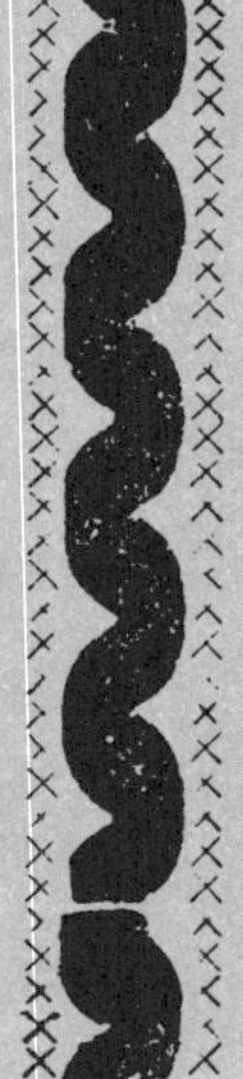

Éste, cuadrándose y con voz suplicatoria, se dirije al jefe del pelotón que iba á ejecutarlo diciéndole: — "*Mi oficial*" — (¡¡Y esto lo decía todo un *general!!*) — —¡"*Mi oficial, un momento! Que no me "arranquen la vida; yo he sido leal... "¿por qué van á fusilarme?... Yo soy "así, un poco enojón y no conozco de or- "denanza todavía.... que le hablen al "General, que no me maten.*"

Al decir ésto, temblando y acobardado, ponía en su voz todas las inflecciones de súplica que podía y se levantaba el sombrero, descubriéndose ante el oficial.

Accedió á oirlo el Señor General Huerta y, según dicen los testigos,—"*Ante todo el cuadro*". Villa, al que se le dió el alto grado de "*Brigadier*" por sus "*méritos*. en campaña y su "*denodado valor;*" ante sus mismos soldados, que desarmados, estaban allí, presenciando este acto

230

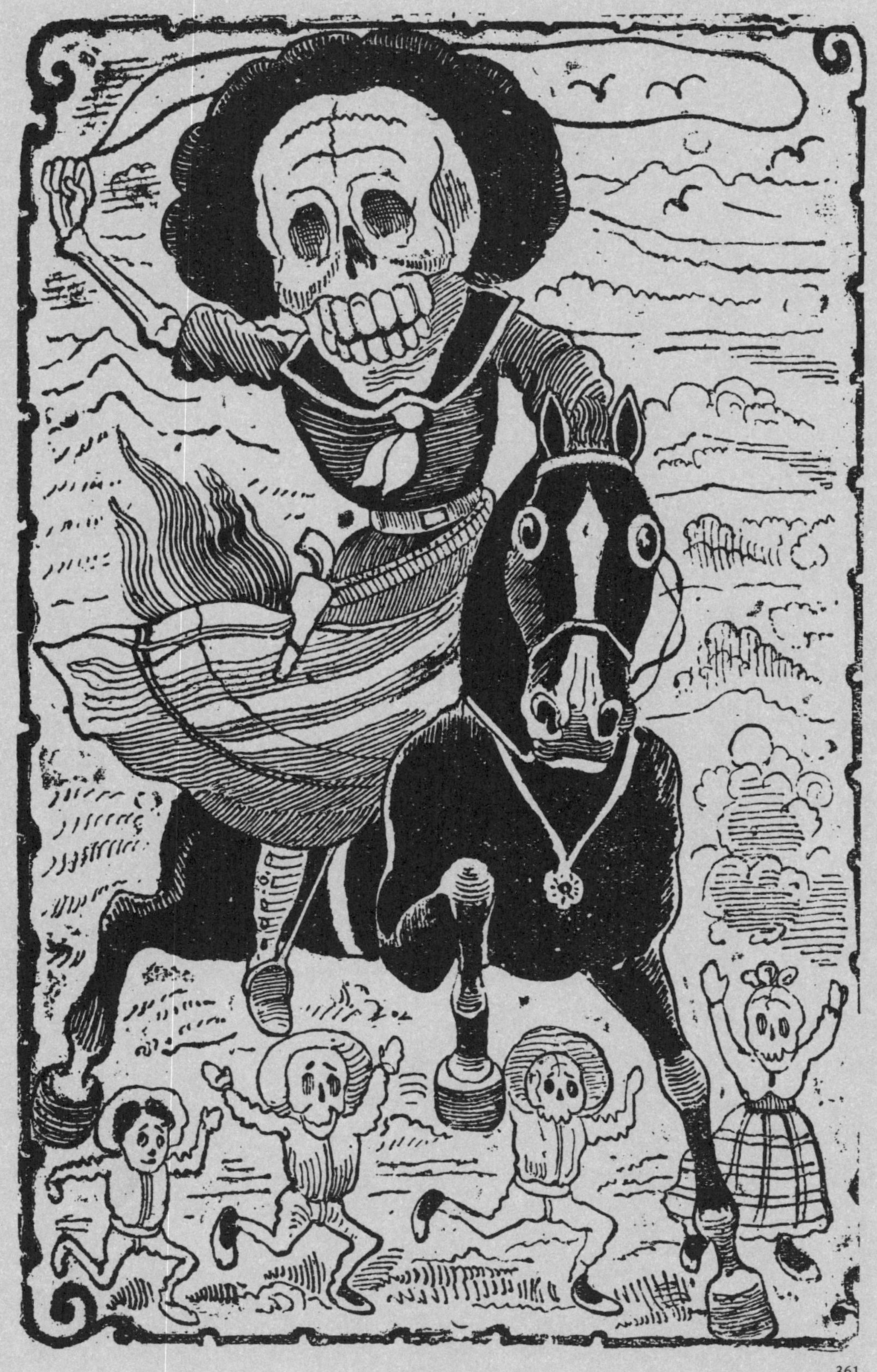

361

LA CALAVERA OAXAQUEÑA.

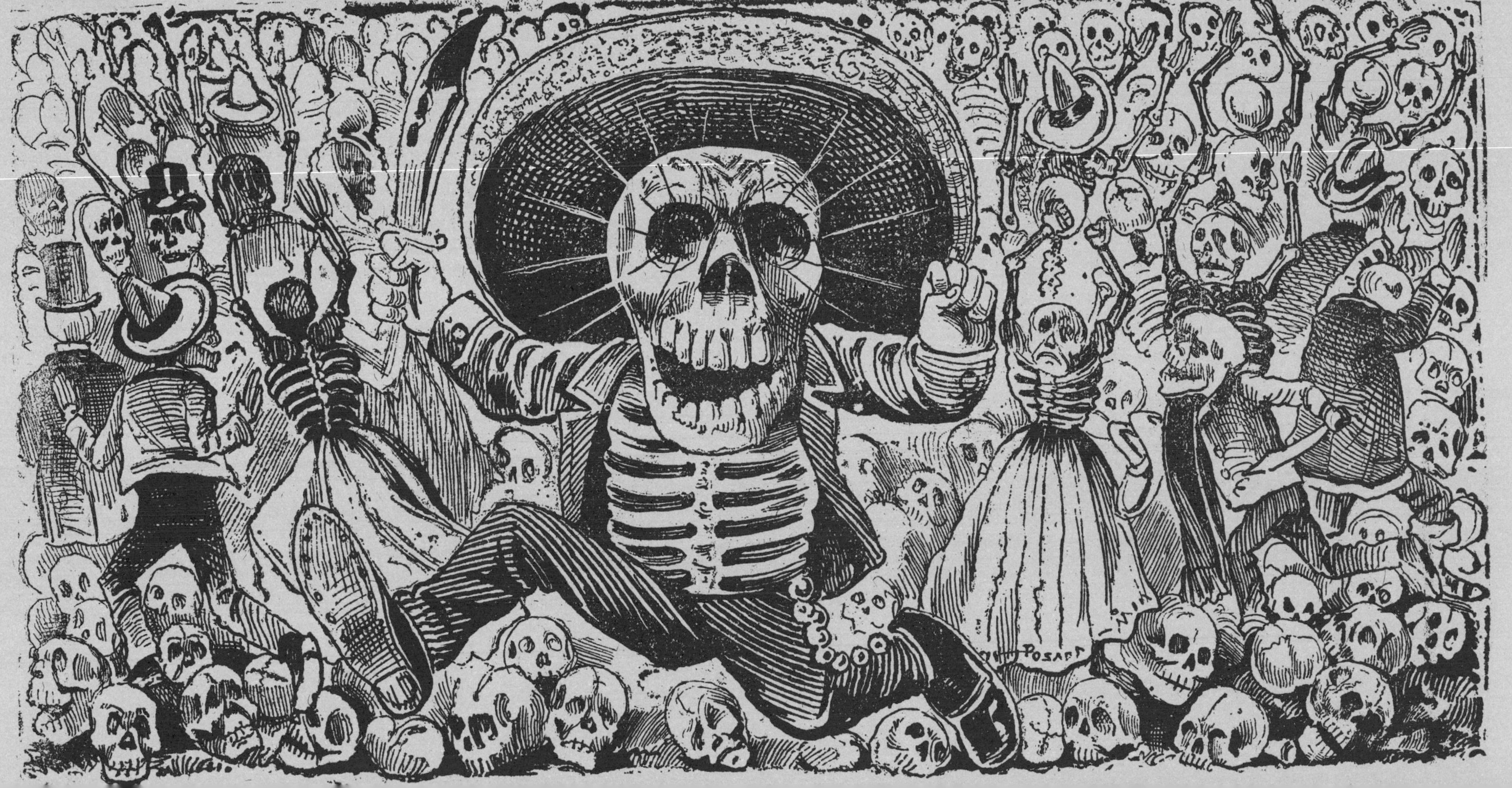

La calavera valiente Hoy acaba de llegar; Todos quítense el sombrero Que así la deben mirar.

Porque yo soy de Oaxaca
Y no hay hombre para mí
Y ni á los más desalmados
Las de *arriba les pedí.*

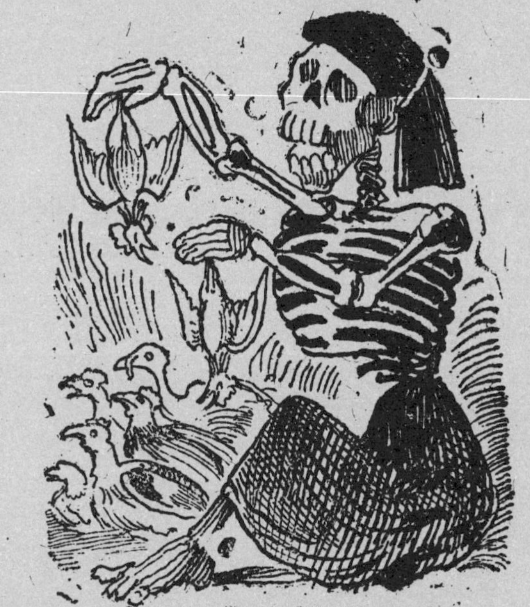

No tolero que me insulten,
Charlatanas calaveras,
Que yo no soy hablador
Sino valiente deveras.

A cualquiera lo destripo;
No me tiento el corazón,
Y ninguno me haga menos,
Que lo despacho al panteón.

De nadie me sé dejar,
El miedo pa mí no se hizo,
Y á todos meto de golpes
Y al hecho sin compromiso.

Todos me levantan *pelo,*
Conmigo nadie se mete,
¡Y sáquense los que quieran
Y vamos *chinche al piquete.*

En mi tierra no hay cobardes:
Ni se rinden ni se rajan,
Y á todos los habladores
En el hoyo los encajan.

Si allí se fueran un poco
Se quitaran lo miedoso
Con el mezcal de *pechuga*
Y el mole prieto sabroso.

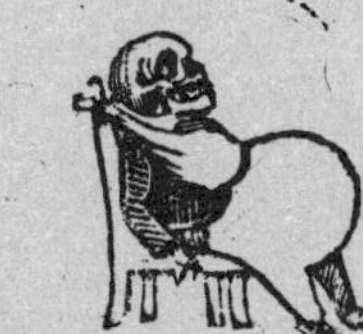

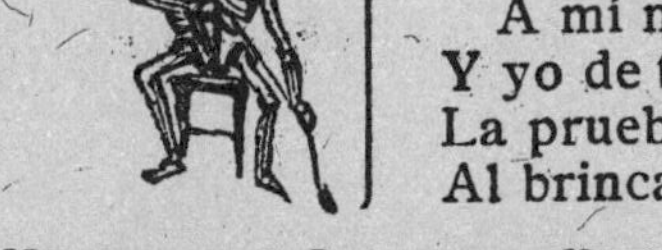

Allí cobrarán valor
Con un vaso de mezcal
Y con simpáticas chinas
De hermosura sin rival.

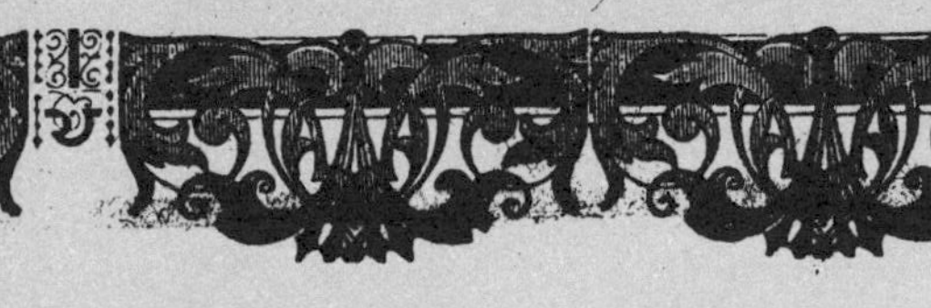

A mí ninguno me espanta,
Y yo de todos me río,
La prueba es que le he brincado
Al brincador tapatío.

320

EL VALIENTE
DE GUADALAJARA.

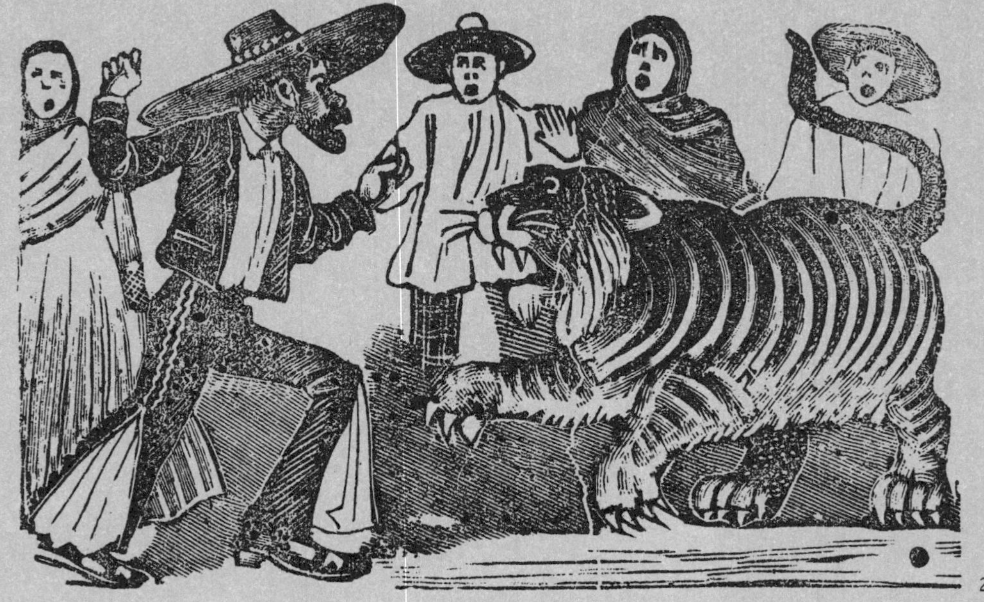

248

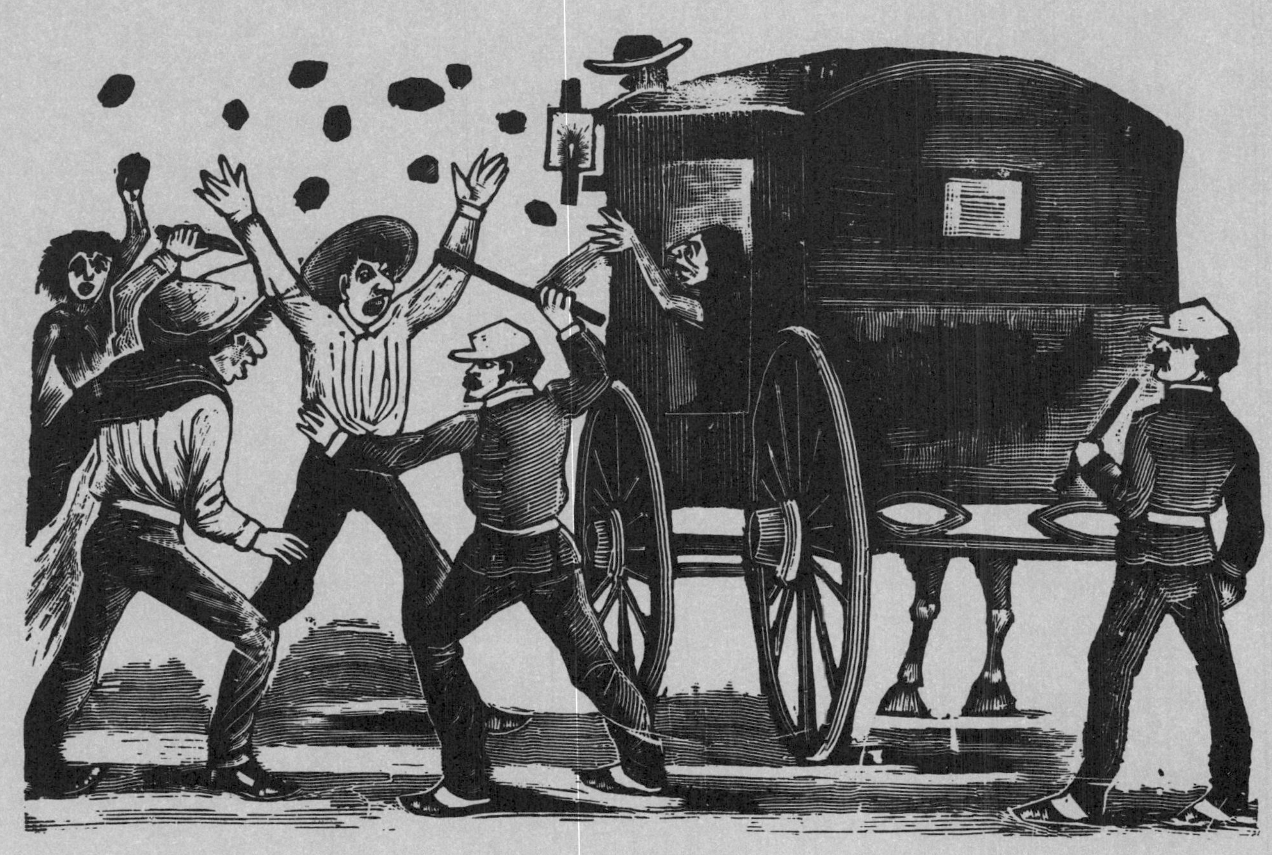

393

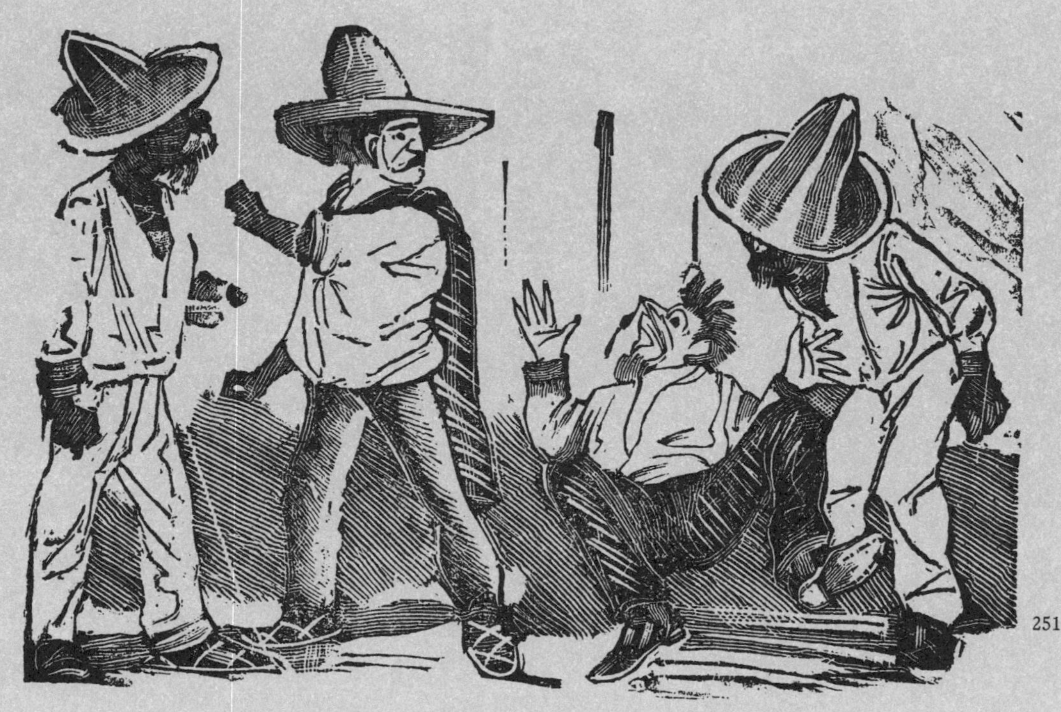

251

AQUI TIENEN YA AL VALIENTE

¡ASOMBRO DE GUANAJUATO!

SALGANME TODOS AL FRENTE,

Y VERAN SI NO LOS MATO,

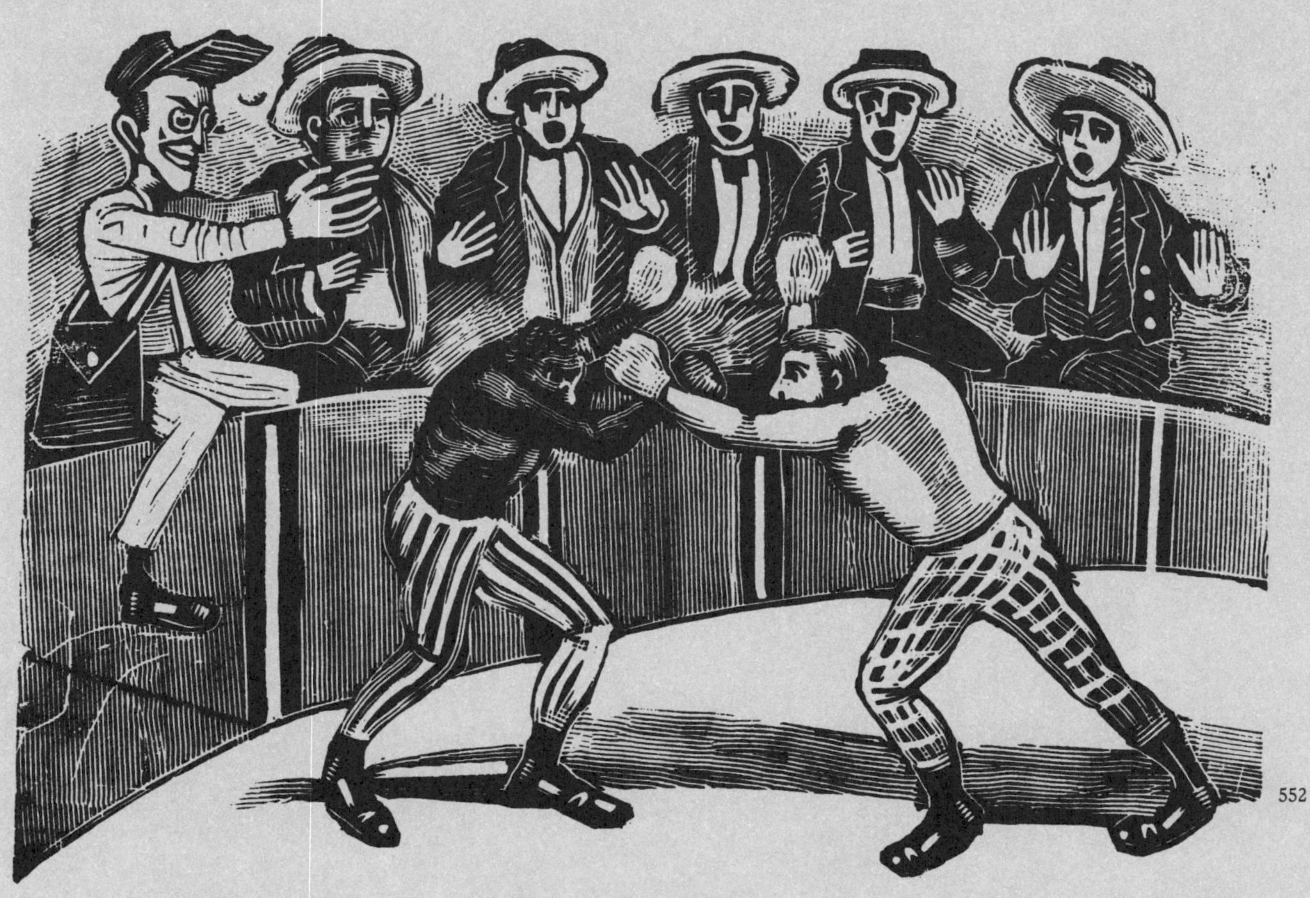

552

EL SENSASIONALISIMO JURADO

DE

JESUS NEGRETE

O SEA "EL TIGRE DE SANTA JULIA."

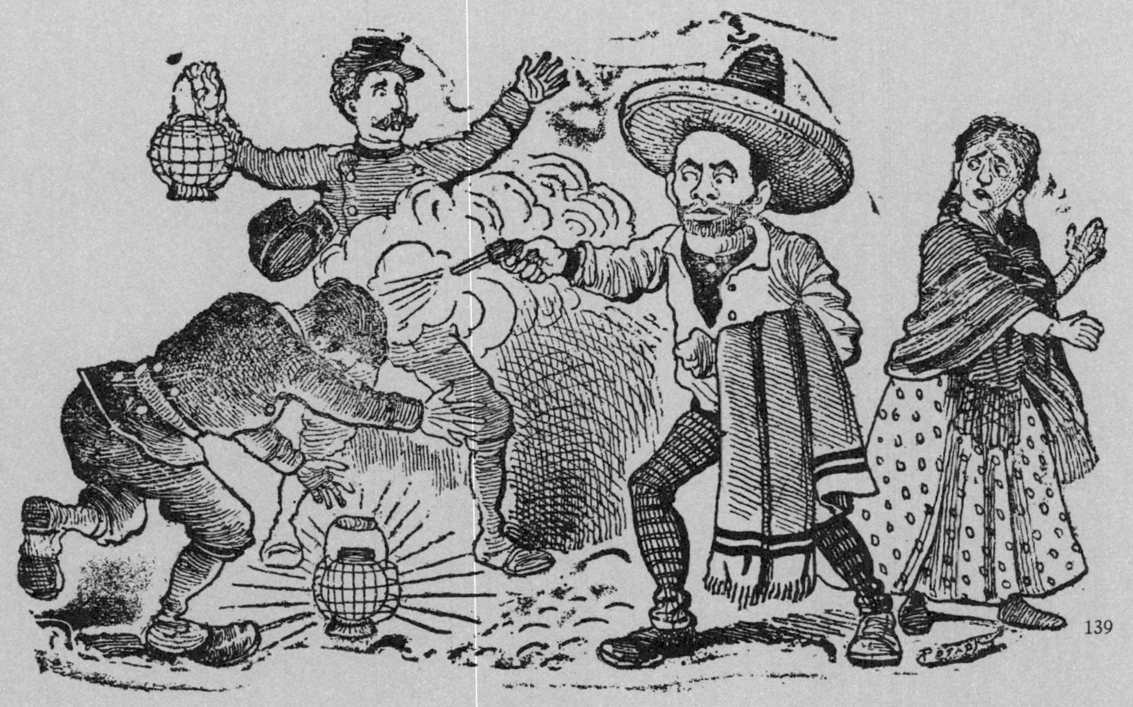

139

VERSOS DE VALENTIN MANCERA

TRAIDOS DEL ESTADO DE GUANAJUATO.

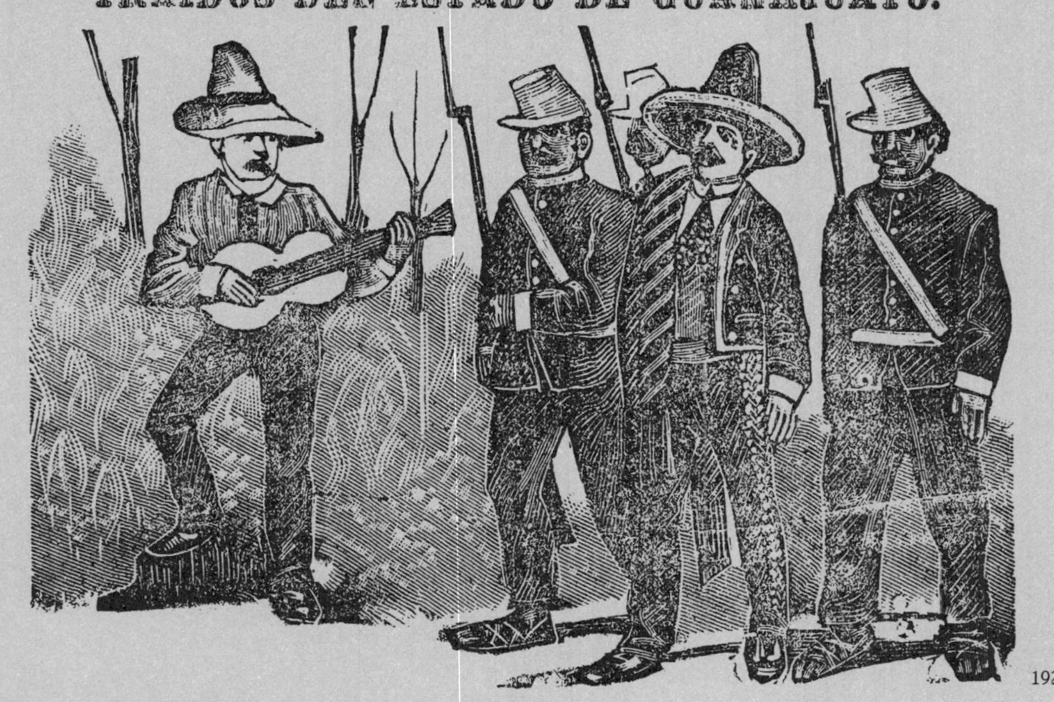

192

JESUS NEGRETE
(á) el Tigre de Santa Julia.
FUSILADO
En la Cárcel de Belem.

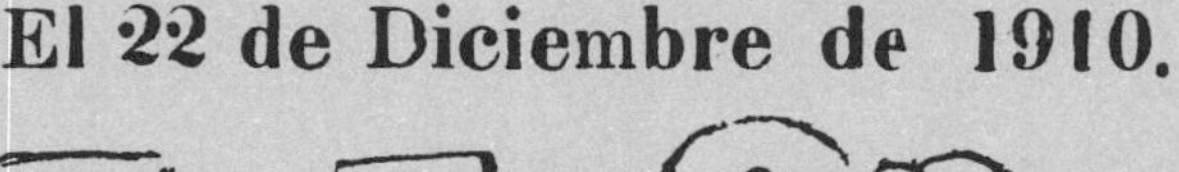
El 22 de Diciembre de 1910.

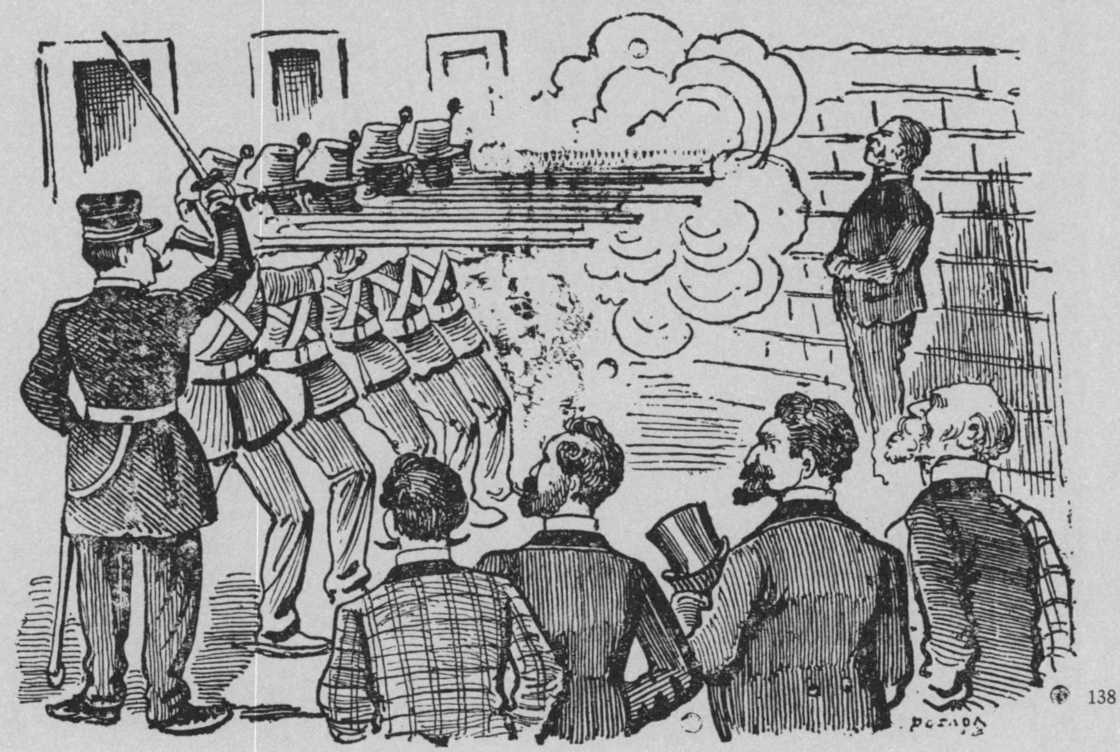
138

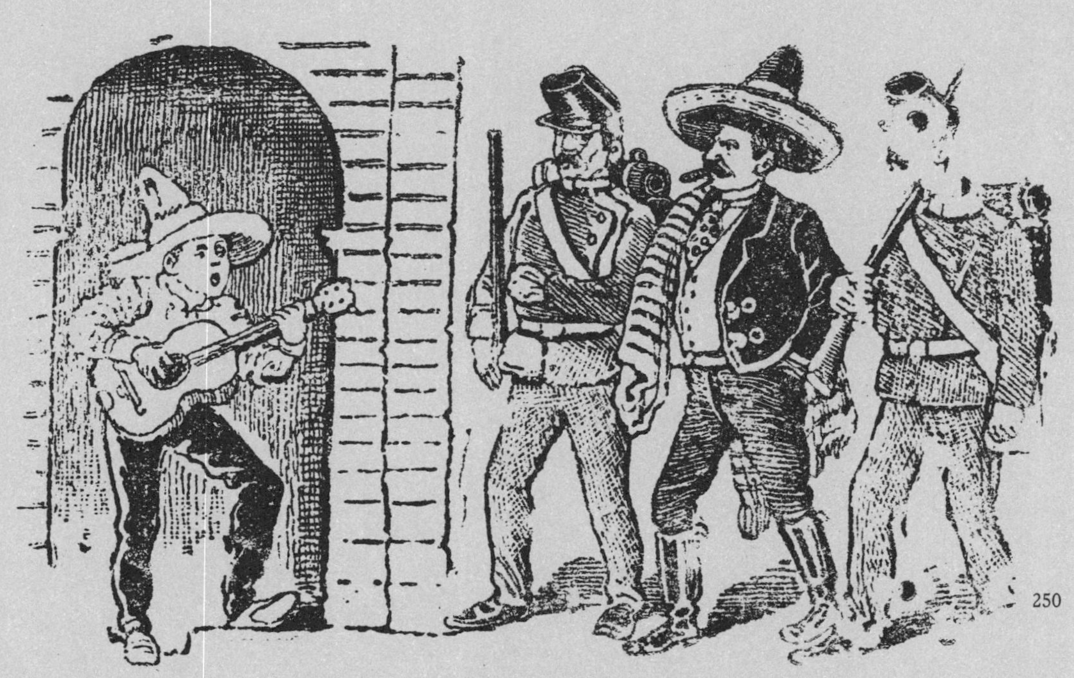
250

AÑO DE MIL OCHOCIENTOS OCHENTA Y DOS MUY PRESENTE

MURIO

VALENTIN MANCERA

MURIO EL ESPADA VALIENTE

VERDADEROS VERSOS
DE MACARIO ROMERO

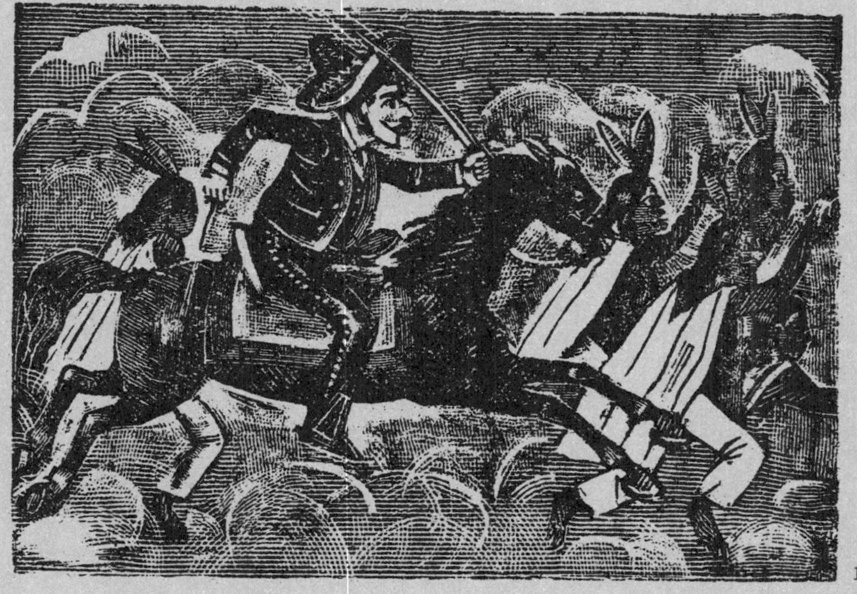

127

Las derrotas de los alzados
CARRANCISTAS.

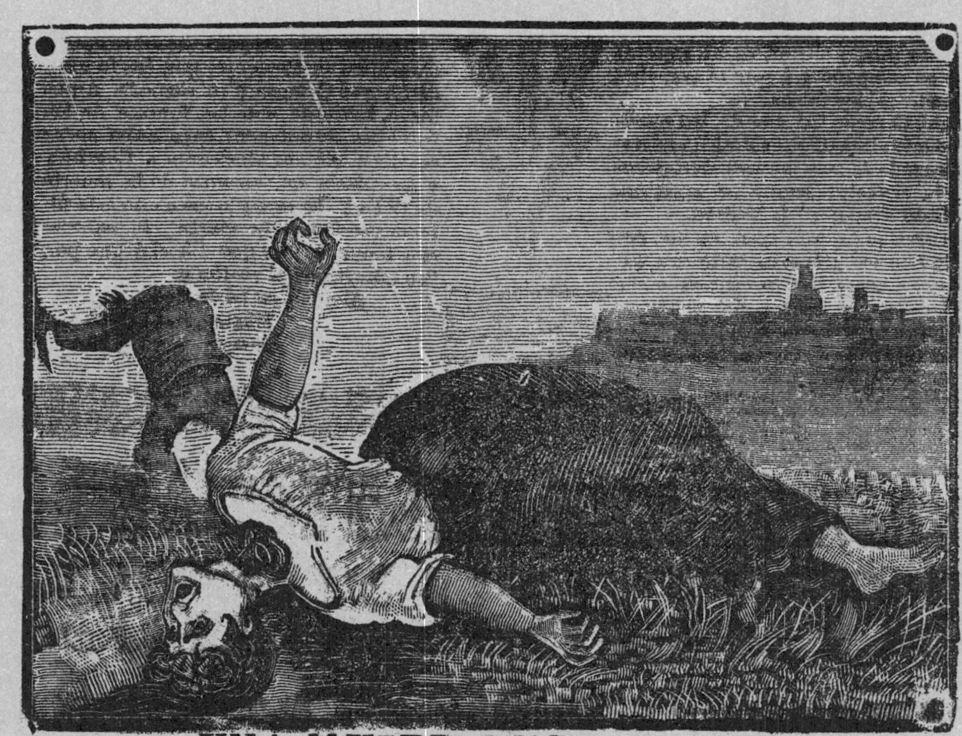

267

UNA MUJER DEGOLLADA.

VERDADEROS VERSOS

De Macario Romero

¡Válgame Dios, que veo!
Cuánto yaqui con guarache,
Y cuanto maldito apache
Con sus flechas de trofeo!

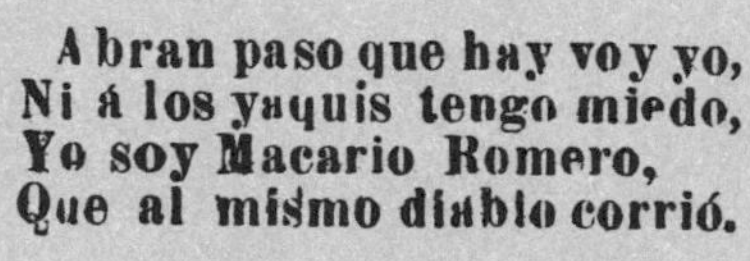

Abran paso que hay voy yo,
Ni á los yaquis tengo miedo,
Yo soy Macario Romero,
Que al mismo diablo corrió.

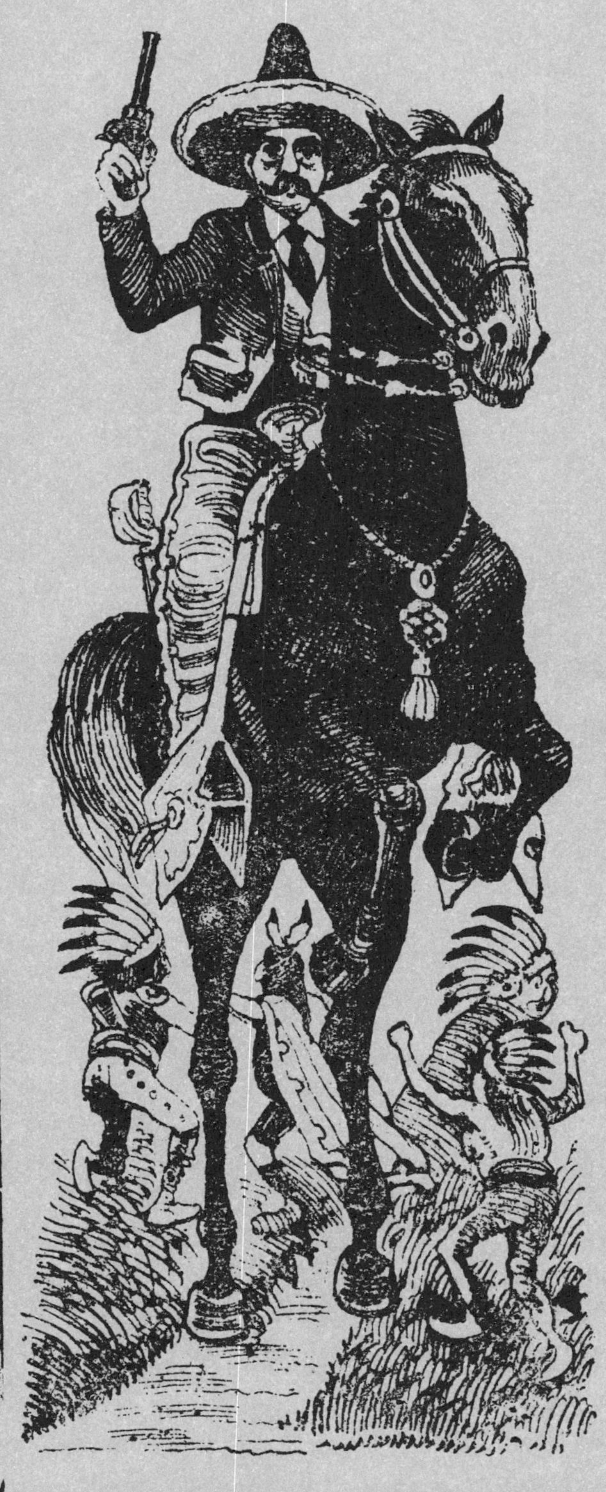

Voy á cantar estos versos
Con cariño verdadero,
Para recordar del hombre
Que fué Macario Romero.

Era amigo de los hombres
Los quería de corazón:
Por un amor lo mataron,
Lo mataron á traición.

Dijo Macario Romero:
Oiga mi Genera' Plata,
Concédame una licencia
Para ir á ver á mi chata.

El General Plata dijo:
Macario, ¿que vas á hacer?
Te van á quitar la vida
Por una ingrata mujer.

Dijo Macario Romero,
Dando vuelta á una ladera:
Alcabo qué me han de hacer
Si es pura Zarracuatera.

Le dijo el General Plata:
Sin mi licencia no vas,
Mas si llevas tu capricho,
En tu salud lo hallarás.

Dijo Macario Romero
Al salir de la garita:
Yo voy á ver á mi chata
Y á mí nadie me lo quita.

Dijo Jesucita Llamas:
Papá, viene ahí Macario:
Desde á legua lo conozco,
En su caballo melado.

Don Vicente Llamas dijo:
Jesùs!qué plan le pondremos
Vamos haciéndole un baile
Y así lo mataremos.

Llega Macario Romero,
Lo convidan á bailar
Y cuando está desarmado
Le comienzan á tirar.

Dijo Macario Romero:
Acábenme de matar,
Que al cabo mi hermano Pepe
Es el que me ha de vengar.

Cobardes, ¡ sí son buenos,
Me asesinan á traición,
Por viles y montoneros
Allá lo verán con Dios.

Sepan que muero en mi ley
Como se mueren los hombres

281

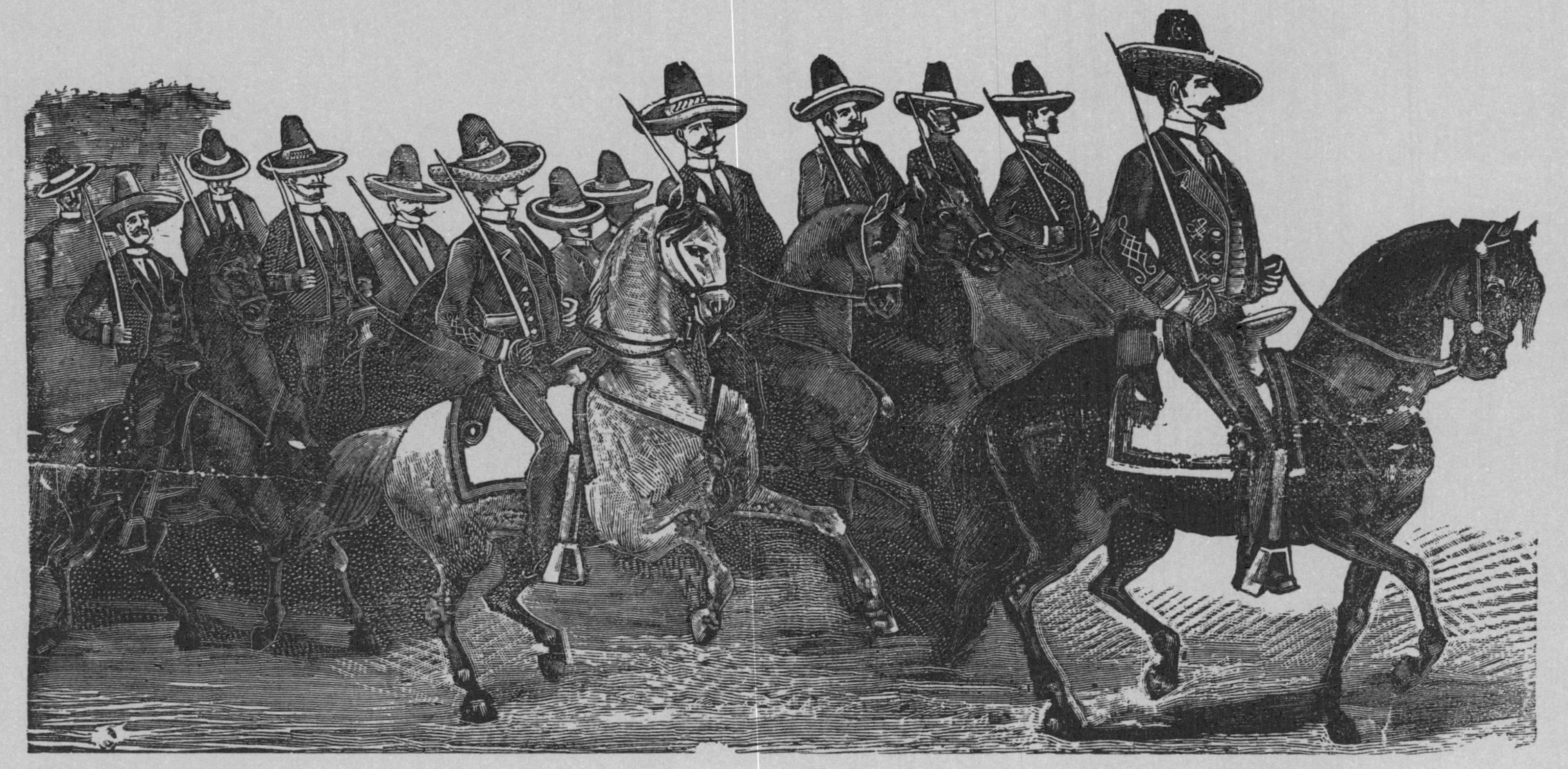

JOSÉ GUADALUPE POSADA

TRADITION AND MODERNITY IN IMAGES

Montserrat Galí Boadella

INTRODUCTION

In 1852 Charlemagne de Maupas, Minister of Police in the government of Louis-Napoléon, "conceived and executed the prudent design of establishing a permanent commission to examine" penny press literature, known as *littérature de colportage* in France.[1] His aim was to eradicate it, on the grounds that it fostered ideas contrary to reason and progress. In that same year, in Mexico, José Guadalupe Posada was born, and destined to become the last great representative of a literary and graphic tradition that stretched back more than five hundred years. Curiously enough, one of the members of the French commission would become the first historian of this popular literature. Thanks to Charles Nisard, we know that in nineteenth-century France, as all over the rest of Europe and the Americas, genres and themes that had originated in the Late Middle Ages still had currency: the upside-down world, the Wandering Jew, almanacs and calendars, oracles and divinations, the carnival, broadsides describing all manner of marvels, calamities, prodigies, and crimes, cautionary tales, and religious prints. All of these themes, as well as other specifically Mexican ones, or whatever was of interest over the centuries to a particular public (bullfighting, in the case of the Spaniards; the theater, in the case of the English), constituted the repertory of the popular prints, a universe of images which included not only the news and general knowledge of the period but also the worldview of broad sectors of society, especially the so-called subaltern ones. This printed matter and the images accompanying it complemented –and sometimes contradicted– the official version, the worldview of the dominant classes and cultural elites. An understanding of this material is indispensable, therefore, to a clear and inclusive

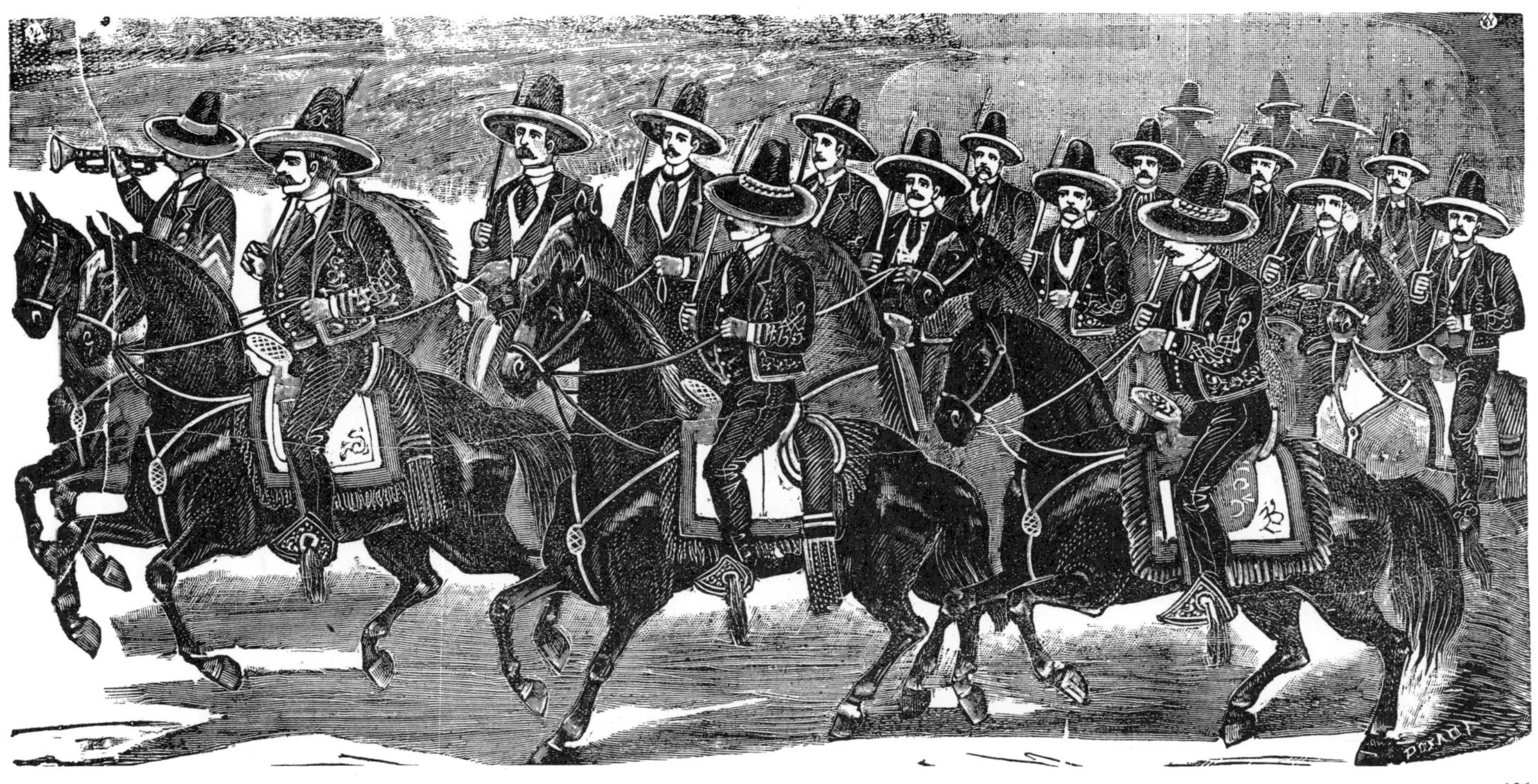

106

vision of the period, of its actors, and of the social, political, and cultural contradictions of the moment. In order to understand the Porfiriato,[2] in all its darkness and splendor, the images created by José Guadalupe Posada must be taken into account. His prints bear witness to a crucial and dramatic moment in Mexican history and are necessary to any insight into the fascinating uniqueness of present-day Mexican culture, which is characterized by a powerful and original combination of tradition and modernity. The principal value of José Guadalupe Posada, as chronicler of his times, resides in his personal development of the traditional themes of Western graphic art, combined with a synthetic and critical expression of the modern journalistic caricature, and seasoned with a dose of the racy humor of the Mexican people.

THE SECRET PERSONALITY OF JOSÉ GUADALUPE POSADA

When Posada, still a young man, settled in Mexico City in 1888, he was already a well-known engraver and illustrator. His arrival in the capital city was heralded as the commencement of a successful career. One of the most prominent magazines of the city, *La Juventud Literaria*, hailed the arrival of the young artist in these terms:

> Mr. Guadalupe Posada
> The drawings we are publishing today in the 2nd part of the last page of our weekly are owed to the magnificent pencil of the young man whose name is at the head of these lines.
>
> Our readers will be able to admire the fecundity of the ideas and imagination of the remarkable young Posada, who in his moments of leisure has drawn little things that are by no means the best of what he does. Pleased to address praise to one who deserves it, we divine in Posada the foremost caricaturist, the foremost graphic artist that Mexico will possess.
>
> We hope shortly to offer a masterpiece by him, which we expect to merit the praises of the press and the intelligentsia. For the moment we cordially congratulate Mr. Posada, wishing his continuing progress in the divine art to which he is dedicated.[3]

Unexpectedly, José Guadalupe Posada abandoned the world of the bourgeois press and ended up working principally for Antonio Vanegas Arroyo, a successful publisher but one dedicated almost exclusively to penny press and broadside literature. Posada's decision has never been satisfactorily explained. Although he continued to contribute to periodical publications, a curious process of "polarization" seems to have taken place, a process which Posada's first panegyrists, in the fervor of the post-revolutionary movement, did not hesitate to consider a result of his revolutionary social ideas. But the more his presence is seen and appreciated in the print media of the capital city, the more impenetrable his private life and personality become, and the more difficult it is to define his social and political ideas.

In this essay I will analyze Posada's life and artistic career in an attempt to establish some hypotheses. The son of a baker, José Guadalupe started out in the footsteps of his brother Cirilo, who was a primary school teacher in his native city of Aguascalientes. Cirilo was also the future artist's

288

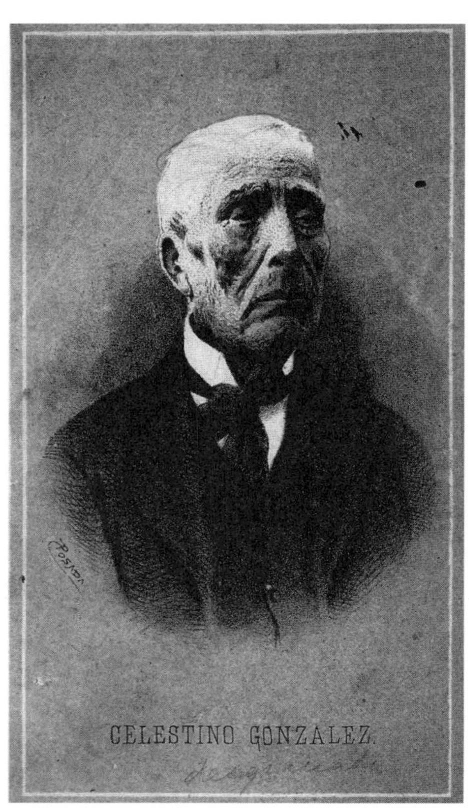

own teacher and probably his first political influence.[4] José Guadalupe helped him in the classroom, and already showed an interest in drawing, making various illustrations for pedagogical purposes. This fondness for drawing would lead him to enroll in the state Academy of Arts and Trades, where draftsmanship and calligraphy were taught, as in most of the Mexican academies of the time, by copying French lithographic prints. The young Posada's first work as a political cartoonist was done in Aguascalientes for José Trinidad Pedroza's publication *El Jicote*, "A Talkative but not Dissembling Newspaper, Written by a Swarm of Wasps." Posada contributed to eleven issues of this newspaper opposed to the administration of Governor Gómez Portugal. His lithographs adhere to the formulas of the political caricature of the period, which tended p. 47, cat. 605 to portray politicians as astute and cunning. In the view of Jesús Gómez Serrano, Posada's direct model for the series published in *El Jicote* was the work of Santiago Hernández in the Mexico City publication *La Orquesta*.[5] For the publishing operation of Pedroza, who was his friend and mentor, and possibly an important political influence in this life, Posada also did other kinds of work, as he would later in Mexico City: religious images, vignettes for matchboxes and cigarette packs, advertisements, and calling cards, all of which would be engraved on lithographic stones. This production has been described significantly as "pre-Posada," since its markedly French-influenced academic style augured little of what his subsequent work would be like.[6]

In 1872 Pedroza moved, printing establishment and all, to the city of León, taking along José Guadalupe Posada as his collaborator and partner. Three years later, in 1875, José Guadalupe was married to María de Jesús Vela, aged sixteen. The following year, Pedroza having returned to Aguascalientes, Posada become the sole owner of the Aguascalientes business. In 1884 we find him working as a professor of lithography at the School of Secondary Instruction in the city. Mariano González Leal, who has studied Posada's time in León, has recorded almost all of the work he is known to have done between 1872 and 1888: book illustrations, an interior of the León cathedral, images of the flood, a map of the city, various illustrations for a commemorative book about Guanajuato, numerous religious prints, diplomas, drawings for matchboxes, and his first bullfighting scene.[7] In none of these cases did he use the modern techniques he would later adopt in Mexico City.

Thus far Posada had led a provincial existence, not lacking in interest and successful to a certain point. In 1888, however, his life took an unexpected turn: he left León and settled in the capital city. Some authors have suggested that his business was ruined by the terrible flood in León in June 1888, while others speak of his ambitions as an artist, or allege a combination of the two causes. It is interesting that at the beginning of the year he resigned his teaching position, suggesting that he already intended to leave León before the floods took place.

When Posada moved to the capital, he was already in contact with some of the principal publications of the city, including *La Patria Ilustrada*, edited

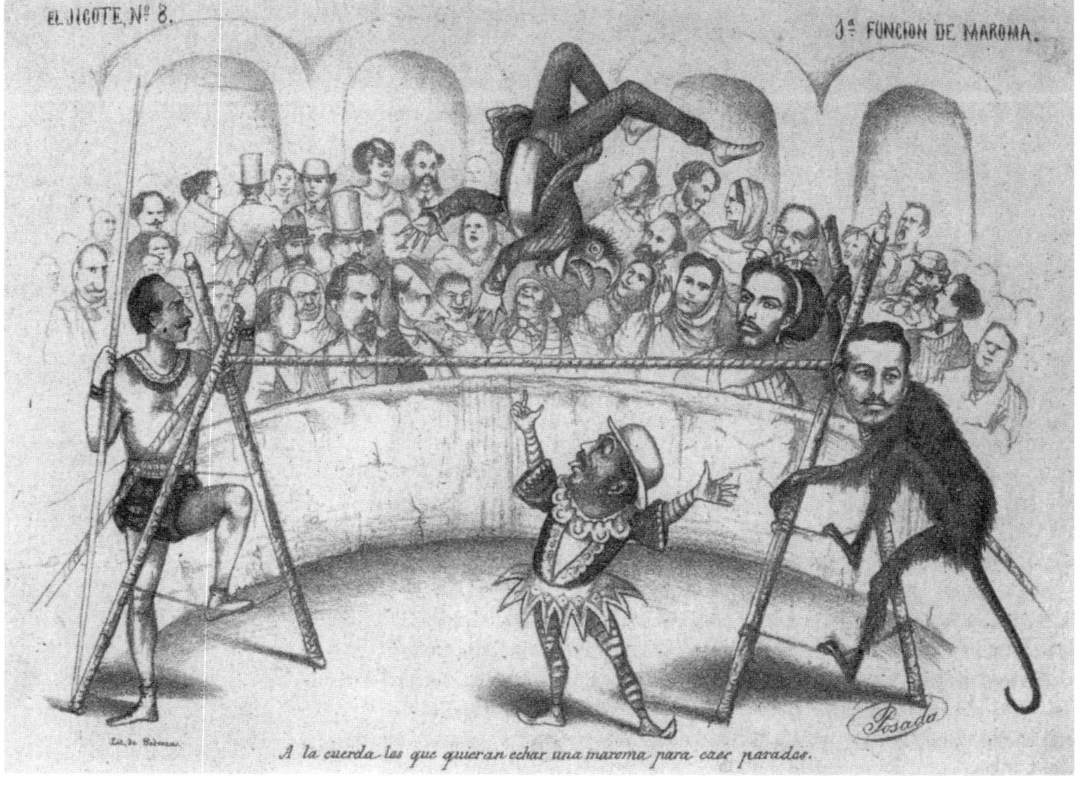

605

by the politician Ireneo Paz, who would become the grandfather of the writer Octavio Paz. In *La Juventud Ilustrada*, edited by Ireneo's son, Jose Guadalupe would publish scenes of the flood in León in a manner that still gave no hint of his popular style.[8] Everything suggested that Posada would work for the various illustrated magazines published in Mexico City, in the style he developed during his years with Pedroza. For reasons that are not entirely clear, however, his relations with Ireneo Paz and the publications addressed to the bourgeoisie of the Porfiriato did not last long. Posada became ever more closely identified with the popular, penny press publications aimed at the motley and unsophisticated audience of the poorer neighborhoods of Mexico City.

Scholars of Posada's work tend to separate his journalistic contributions from the work he did for Vanegas Arroyo. In fact, Posada's fame in Mexico and elsewhere is founded on the gazettes, broadsides, chapbooks, and other printed matter associated with the tradition of the popular print. But Posada's work must be analyzed in its entirety and as a whole if we are to understand how and why he transformed his style from that of the limpid lithographs of *El Jicote* to the relaxed self-assurance of the broadsides executed for Vanegas Arroyo.

JOSÉ GUADALUPE POSADA IN MEXICO CITY: FROM PROVINCIAL LITHOGRAPHER TO CHRONICLER OF AN AGE

During a period of twenty-five years, from 1888 to 1913, Posada produced an enormous quantity of lithographs, xylographs, zincographs, and photoengravings for various publishers and publications.[9] Joyce W. Bailey has identified 23 different periodical publications for which Posada illustrated news stories and articles.[10] Bailey was the first researcher to seriously consider this aspect of his production, partly because many of the magazines and newspapers to which Posada contributed are to be found in American collections.[11]

More recently, our knowledge of Posada's work for newspapers and magazines was deepened by the exhibition at the Museo Nacional de Arte in Mexico City in 1996.[12] This facet of Posada's production, which had also been studied by Renato González Melo,[13] is indispensable to an understanding of how the artist constructed his formal language. Since the exhibition presented now in Spain* includes little of Posada's work in this line, there is no need to go deeply into the subject, but a few indications are in order. After ending his collaboration with Ireneo Paz, Posada contributed principally to weekly publications addressed to the working class, whose names and slogan-like subtitles reveal their popular, comic, and satirical slant. Publications such as *La Guacamaya*. Of the People and by the People. A Talkative, Good-Natured Newspaper, Bulwark and Teller of Truths, No Lying or Boasting, Scourge of the Bourgeoisie and Defender of the Common People (1902-1912); *El Diablito Bromista*. Organ of the Working Class. Scourge of the Evil Bourgeoisie and Bogey of Bad Government (1903-1906); *La Araña*, for the Workers. Independent Weekly Addressed to the Workers (1904); as well as others such as *Don Cucufate* (1906), *El Periquillo Sarniento* (1902), *San Lunes*

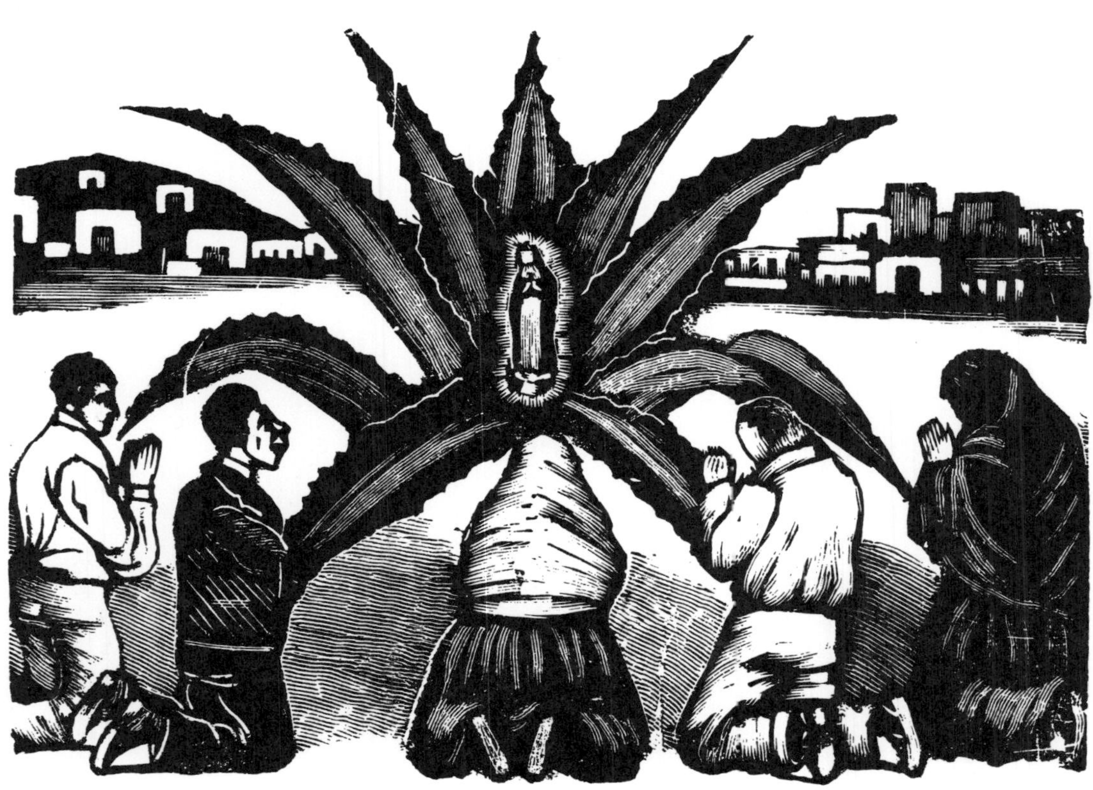

420

(1907), *El Chile Piquín* (1904), and *El Papagayo* (1904). The nature and tastes of his public led Posada to develop an incisive, abbreviated, caricatural, and popular style. It would be erroneous to assume that this sector of the press, simply because it was addressed to the working class, served therefore as a mouthpiece for its struggles and demands. As Renato González Melo has correctly pointed out, these publications –many of whose covers were illustrated by José Guadalupe Posada– were satirical and irreverent, and although they declared themselves in favor of the "working class," this term was to be "understood in a very conservative sense. [They] almost always evaded serious editorials on political subjects, reserving them for workplace labor issues, far from the centers of power."[14] In general these "penny press" publications cultivated what was known at the time as a "popularist" style, a description extended by some to the broadsides published by Vanegas Arroyo.

The orator and polemicist Francisco Bulnes, who belonged to the liberal intelligentsia of the Porfiriato, described them thus:

> This press is characterized by its contagious virulence; its foul language, like that of the villainous opposition itself; its facile slanders and unheard-of impudence; its absolute legal irresponsibility and nonexistent legal responsibility, because a public eager for acrid and fetid venoms drank up with avidity the venomous nectar of the scandals.[15]

It was not only Bulnes who inveighed against it. "Decent" society in general –the cultivated liberals– rejected this sector of the press. But in order to understand Posada, it must be closely examined, since characteristics and conditions required illustrators to work quickly, with a clear mastery of expression and an effective visual language.[16] Posada's hand, practiced in journalistic work, became freer, and his wit keener. In his work for Vanegas Arroyo he began to construct a language of his own, transforming the style and themes inherited from colonial and nineteenth-century Mexico into a new kind of graphic art, in accord with the new times but still unmistakably Mexican.

JOSÉ GUADALUPE POSADA IN THE GENERAL CONTEXT OF THE POPULAR PRINT

Some of Vanegas Arroyo's publications contained advertisements for the other printed matter produced and sold in his printing shop. Much of the material p. 49, cat. 519
sold there, and in similar outlets all over the country, was of the same nature as penny press publications in Europe, and even included the kinds of broadsheets that had circulated for centuries before the emergence of the mass media: riddles, oracles, magic spells, playlets, poems, and songs, not to mention the common news broadsides, gazettes, and religious prints. An exhibition held in 2005 in Mexico City showed that there was no break between the popular prints that circulated in New Spain and the broadsides printed in the workshop of Antonio Vanegas Arroyo.[17] But this is a story that began in Seville and deserves to be told from the beginning.[18]

The forerunners of Posada's prints are the popular prints of colonial Mexico, but these in turn originated in the printing presses of Seville, where large

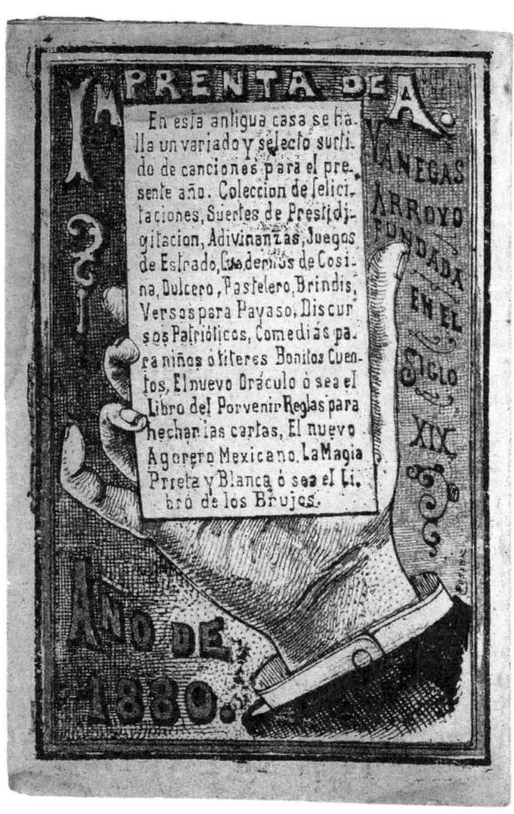

519

numbers of loose sheets were printed to circulate what was known as the popular *literatura de cordel* of
illus. 1 the time. Thus, in the workshop of the Crombergers –one of whose employees would establish the first printing press in Mexico– there were printed, in addition to outstanding works of classical and humanistic literature, large numbers of ballads (*romances*), accounts of extraordinary events (*relaciones*), dedications, rhymes (*coplas*), primers, calendars, religious prints, prayer books, and other works of popular devotion that were doubtless unfailingly profitable for the operation. The foremost scholar of the Cromberger press in Seville has examined contemporary booksellers' inventories to gauge the size of the print runs of this material.

He found that in 1528 the shop of Jacobo Cromberger contained 50,500 sheets of *coplas*, 21,000 prayers, more than 10,000 religious images, 3,000 Rosaries of Our Lady, and a smaller number of primers and singing manuals. When Juan Cromberger died eleven years later, his shop was found to contain 10,000 primers, more than 5,000 sheets of *coplas*, more than 3,000 copies of *The Life of Our Lady*, and other kinds of sheets. Hardly any of this material survives.[19]

In 1525 Jacobo Cromberger obtained permission to "pass over to the Indies," and shortly thereafter to supply New Spain with books. Soon there would arrive, together with the books, quantities of religious prints, broadsheets, *romances*, and *relaciones*. In 1539, Giovanni Paolo, known as Juan Pablos, installed the first printing press in Mexico on behalf of the Crombergers, and it began to publish –like the Seville operation– broadsheets containing news accounts, *romances*, dedications, and other material which appealed to a broad public. In 1541 Juan Pablo printed the *Account of the terrifying earthquake which has just now occurred again in the city of Guatemala*, the first of a long list of broadsheets of extraordinary events, crimes, and catastrophes which would culminate in the work of José Guadalupe Posada and come to an end with the last broadsheet published in Mexico, concerning the Mexico City earthquake of 1957.[20]

The documents concerning the shipment of books show that considerable quantities of prints and popular literature found their way to the New World.[21] There are frequent mentions, at the end of the lists of works sent, of "various *romances*," "perpetual calendars," "*relaciones* and *romances*," "sundry *coplas*," etc. There is an interesting reference in a shipment from 1725 to a "ream of *corridos*."[22] It is common to see the *romances* associated with *relaciones* and the short plays known as *entremeses*. At the beginning of the eighteenth century, the colonial commerce in these kinds of printed matter was intense. In 1721 a resident of Seville sent 60 dozen *romances* of various kinds, and two years later a merchant of French origin, Luis Pedro Gran Maison, explained on his order: "I am sending a number of *Romances*, Comedies, and *Relaciones*, all with licenses [i.e. royal permission] printed in Seville, and some books."[23]

The question of the licenses has been studied by others and is not directly related to our subject, but it should be mentioned that the material sent to the New World often consisted of reprints, usually

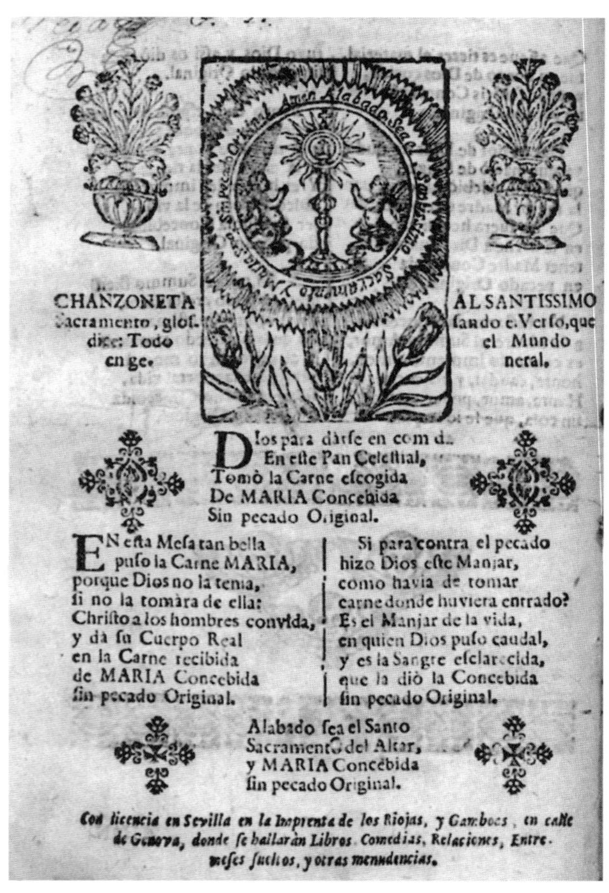
CHANZONETA AL SANTISSIMO
Sacramento, gloſ- ſando el Verſo, que
dice: Todo el Mundo
en ge- neral.

Dios para darſe en com[id]a
En eſte Pan Celeſtial,
Tomò la Carne eſcogida
De MARIA Concebida
Sin pecado Original.

EN eſta Meſa tan bella
puſo la Carne MARIA,
porque Dios no la tenia,
ſi no la tomàra de ella:
Chriſto a los hombres convida,
y dà ſu Cuerpo Real
en la Carne recibida
de MARIA Concebida
ſin pecado Original.

Si para contra el pecado
hizo Dios eſte Manjar,
como havia de tomar
carne donde huviera entrado?
Es el Manjar de la vida,
en quien Dios puſo caudal,
y es la Sangre eſclarecida,
que la diò la Concebida
ſin pecado Original.

Alabado ſea el Santo
Sacramento del Altar,
y MARIA Concebida
ſin pecado Original.

Con licencia en Sevilla en la Imprenta de los Riojas, y Gamboas, en calle de Genova, donde ſe hallaràn Libros, Comedias, Relaciones, Entremeſes ſueltos, y otras menudencias.

illus. 1

without licenses. A typical example of this popular literature is the *romance* by Pedro de Fuentes published in Seville by the prominent printer Diego López de Haro and reprinted in Puebla by the widow
illus. 2 of Miguel Ortega.

The public to which this material was addressed was varied, and it would certainly have found its way into the homes of the colonial elite as well. As in Posada's times, many of the stories and news accounts contained in these publications reached a largely illiterate population through collective readings, a common practice until well into the nineteenth century.

Documented sources seem to limit this popular literature to the genres we have already mentioned: dedications, *coplas*, *romances*, *relaciones*, gazettes, and calendars, as well as summaries of books of chivalry. What seems to have been lacking in the Hispanic world –though not in Catalonia– were the central themes of European popular literature. These themes are to be found , however, in the illustrations to almanacs, calendars, and broadsheets published in nineteenth-century Mexico.[24] I am referring to themes
p. 72, cat. 578 such as the Wandering Jew, the ages of man or the ladder of life, the good and bad death, the carnival, the upside-down world, and the Land of Cockaigne.[25]

The work Posada did for Antonio Vanegas Arroyo is similar in terms of its themes and genres to its European counterpart, which has been studied not only by Charles Nisard, mentioned above, but also by Duchartre and Saulnier in France,[26] Bertarelli in Italy,[27] and Amades, Colominas, and Pau Vila in Catalonia.[28] In the case of Spain, the important essay by Julio Caro Baroja on popular literature (*literatura de cordel*) cannot be ignored,[29] but it was the aforementioned pioneers –to whom might be added Geneviève Bollème, Agusti Duran i Sanpere, and Paolo Toschi in the 1970s– who offered a panorama of the great themes of the European popular imagination. A few examples will suffice to demonstrate the continuity of these themes with the production of Vanegas Arroyo's publishing house. In 1911, Achille Bertarelli identified the four main categories of the Italian popular imagination: 1) Divinity (that is, religious themes); 2) the world and its creatures (plants and animals, astrology, time in almanacs and calendars); 3) human beings: virtue and vice, the vicissitudes of fortune, love and marriage, calamities and misfortunes, the ages of man, festivals, games, and amusement; and 4) the afterlife and the cycle of the four ends of man, known as *Novísimos* in the Hispanic world (death, the Antichrist, the last judgment, devils, purgatory, and hell).[30] In 1938 Joan Amades classified the popular prints published in Catalonia as *romances*, celebrations, images of saints, hallelujahs (*aucas*), board and card games, fans, soldiers, school notebooks, congratulations, and soldiers' letters.[31] In 1971, Duran i Sanpere proposed an apparently more complicated, but also more useful, classification, which can be applied not only to the rest of European production but also to that of Mexico. His classification is as follows: devotional imagery; games (cards and games of chance); engravings for *romances*, tales, dialogues, and playlets; social life (letters, visiting cards, invitations); children's material (tales, learning games, moralizing imagery); prints

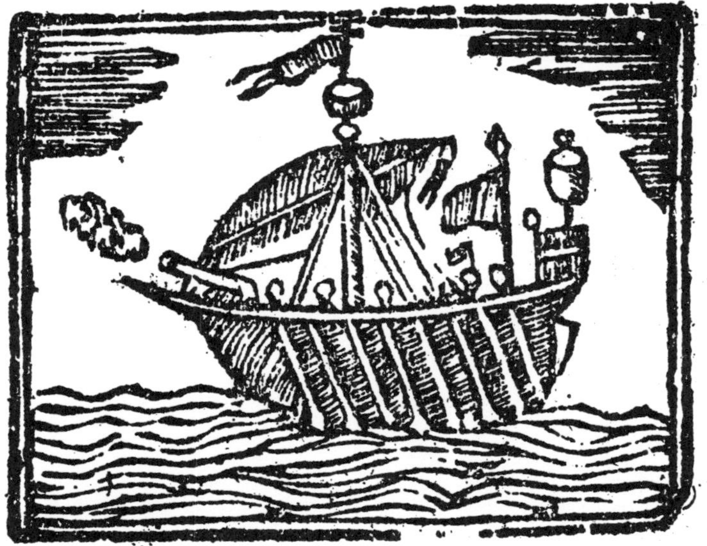
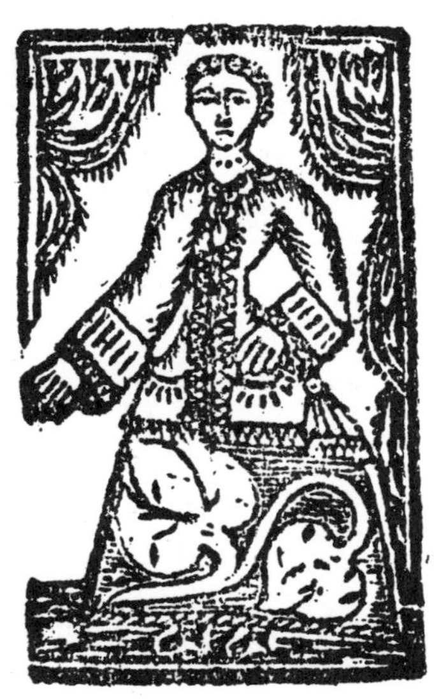

illus. 2

DOñA FRANCISCA LA CAPTIVA.

DASE QUENTA DE VN PORTENTOSO MILAGRO, QUE obrò la Virgen Santissima del Carmen con esta Señora, librandola del poder de los Turcos.

of occasional events and images from the traditional European repertory (ladders of life, street vendors, grotesque figures, real and mythical animals); bullfighting and other festivals; and finally, political and social history and criticism.[32]

THE WORK OF POSADA: A CHRONICLE OF MEXICO AT THE CROSSROADS OF TRADITION AND THE REVOLUTIONARY MOVEMENT

The view that Posada's engravings illustrate a Mexico torn between traditional values and a desire for modernity and social improvements is commonly found in the studies of both scholars and panegyrists of Posada. Nor have I been able to escape the idea, but what I reject is the notion that what is traditional in José Guadalupe Posada has purely Mexican roots, "uncontaminated" by European influences, as his first champions –including Diego Rivera– wished to affirm.[33] On the contrary, I see Posada as the continuer, and perhaps the culminating point, of a long tradition of popular prints, clearly evident in the themes and genres he handled. Precedents for almost all of them can be found in European or Mexican colonial prints: first of all, religious themes; followed by gazettes and *romances*, that is, the genres associated with notable happenings and historical figures and events; and finally, *costumbrista* scenes and "types," popular literature (chapbooks), games (especially for children), bullfighting, and the characteristically Mexican *calaveras*, or skeleton caricatures. Without forgetting that Posada's immense production sometimes evades classification into traditional themes and genres.[34]

The production of religious prints was an important activity in all nineteenth-century Mexican printing establishments, and Vanegas Arroyo's was no exception. Posada produced some religious images when he was working for Pedroza, but they were nearer in style to the academic French lithographs he would have been familiar with. In contrast to this polished approach, in his work for Vanegas Arroyo, Posada continued in the line of the colonial woodcut, drawing on the most deeply-rooted devotions in Mexico: Our Lord of Chalma, Our Lady of Remedies, Our Lady of p. 53, cat. 60 Light, and of course Our Lady of Guadalupe, as well p. 81, cat. 85 as St. Antony of Padua and the typically Spanish Immaculate Conception. These religious themes were handled in various genres: the ballad or gazette in the case of miracles, decorative prints for the home (such as the Last Supper or the Good Death), and praises or verses dedicated to different devotions. Religious themes vie with those of a social or revolutionary nature for a place in Posada's work.

Posada's engravings themselves do not necessarily express an ideology. They do not reveal whether he was religious or revolutionary, but rather reflect the great themes of the age, those that most moved and interested his contemporaries. And religious matters occupied a central place in both the private and public realms of the Mexico of his day, as they still do today. What is essential –regardless of Posada's own beliefs, which we do not know– is the proper interpretation of his very Mexican sense of the religious sentiment: free of institutional constraints and founded more firmly on ancestral beliefs than on clerical norms.

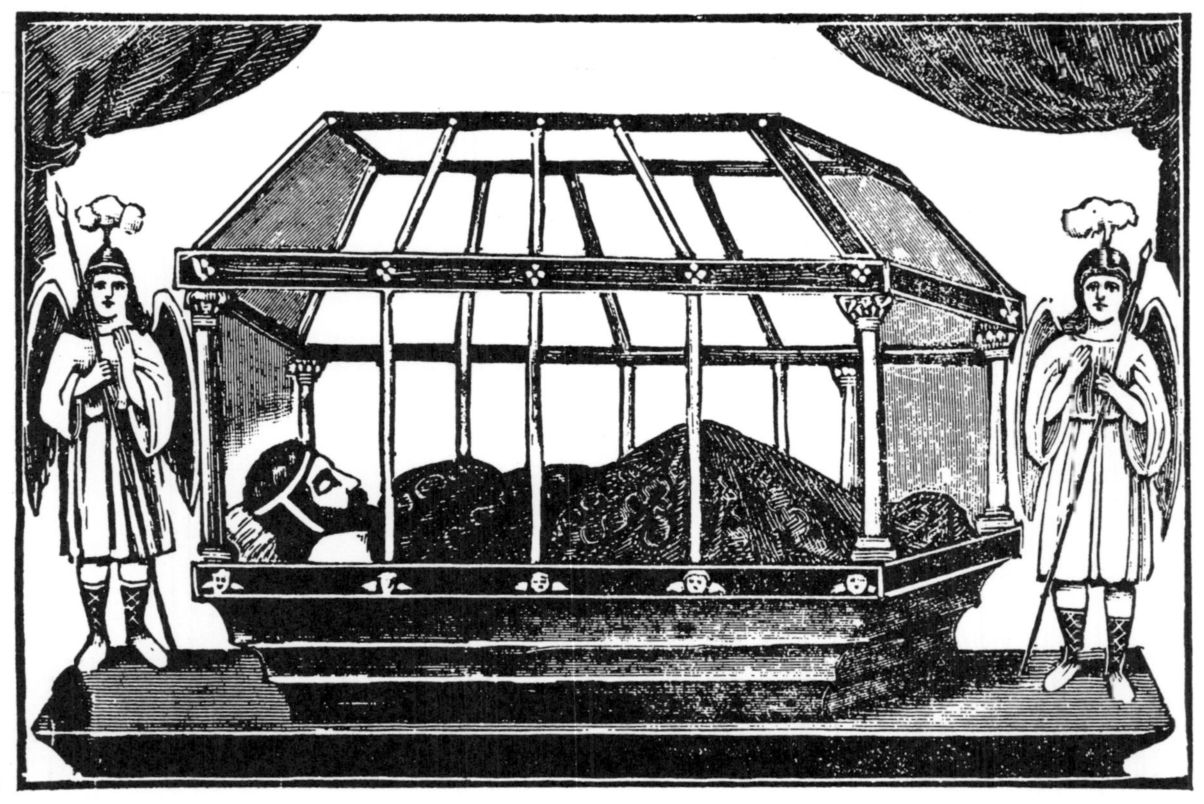

218

Thus, in the principal Mexican religious sanctuaries –Chalma and the Basilica of Guadalupe are the best examples– Christian devotions are manifested in the context of ancient indigenous ceremonial sites, which had been destinations of pilgrimages time since time immemorial. Perhaps "religious" is not the best term; it might be more appropriate to speak of the supernatural, for most of Posada's prints deal with phenomena associated with traditional beliefs and extremely ancient visions of the world. Miracles, even when they are given official approbation by the Church, belong rather to the realm of the marvelous and are inspired –so far as Posada's stylistic treatment of them is concerned– by the ex-votos common in Mexico since colonial times, on which the popular imagination has put the seal of its own pictorial norms. This can be observed in the handling of space, the scale of the figures, and their relation to the flat plane.

Jean Charlot, considered the "discoverer" of Posada,[35] recalled how Blas Vanegas Arroyo, who succeeded don Antonio, explained to him how the production of the printing establishment was regulated by the religious calendar: the New Year, Epiphany, Candlemas, the feast days of the Lamentations of Christ on the Cross and Our Lady of Sorrows during Easter week, those of St. Philip of Jesus, St. Antony of Padua, the Assumption, Our Lady of Remedies in Cholula, Our Lord of the Three Falls in Jalacingo, Our Lady of Guadalupe, All Hallows and All Saints, and finally the *posadas*, or traditional Mexican Christmas celebrations.[36] In short, a calendar similar to that of the Catholic regions in Europe, governed by religious devotions and feast days.

There are three genres which tended to overlap, and which may have had a common source: the gazettes, the *relaciones*, and the *romances*. The gazettes generally dealt with real, historically verifiable events, whereas the *relaciones* recounted happenings verging on the fantastical, legendary, or imaginary, but from the sixteenth through the eighteenth century both genres might deal with historical occurrences: battles, entries of kings and viceroys, earthquakes, etc. The Spanish *romance*, which would become naturalized as the *corrido* in Mexico, also narrated memorable historical events, especially those dealing with popular figures. The main difference was that the *romance* (and later the *corrido*) was in verse form, and would be set to music and sung.[37]

In Spain *romances* continued to be published through the first years of the twentieth century, with title headings in a style similar to those of Posada. These broadsheets or broadsides (which might include one or more pages), were known in France as *occasionnels* or *canards*, in Italy as *letteratura muricciolaia*, and in Spain and Germany as *hojas volantes* and *fliegende Blätter*, respectively. All of them contained sensationalist accounts of news events, in verse or prose, accompanied by highly striking and crude or even violent images. illus. 3, illus. 4

The murders, robberies, calamities, and other remarkable events that took place during the years Posada worked for Vanegas Arroyo were recorded on broadsides sold by the hundreds (at times under the name of "street gazette") on the streets of the city or p. 21, cat. 102 in printing establishments and markets. The range of content is enormous: from the death of Pope Leo XIII

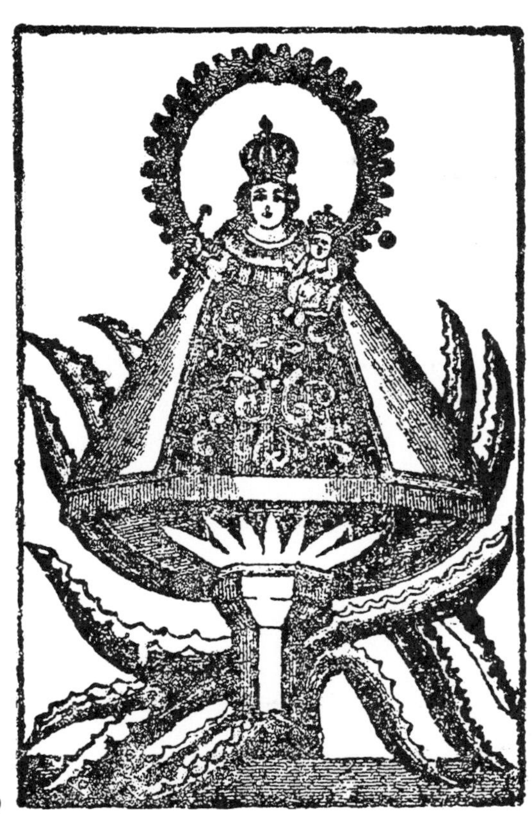
60

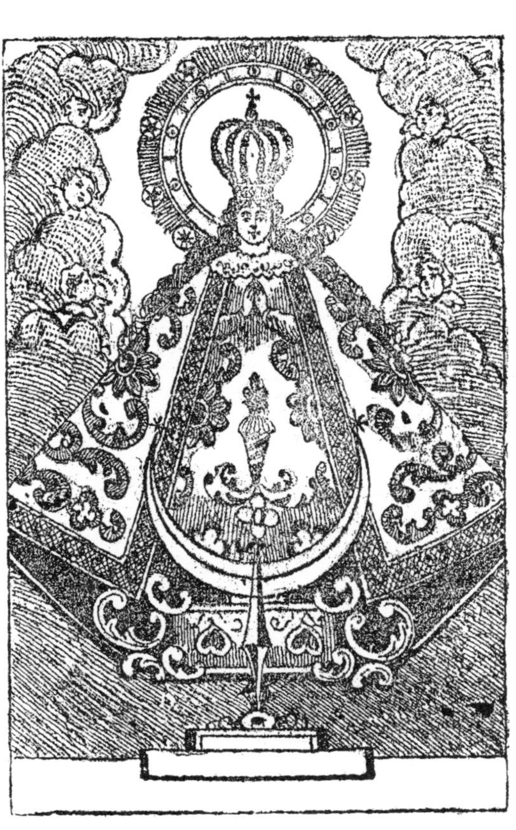
207

p. 30, cat. 263 to the assassination of Zapata, and including earthquakes, train derailments, parricides, acts of sacrilege, the fall and exile of Porfirio Díaz, and the rise p. 26, cat. 235 and assassination of Madero.

It is difficult to imagine what Posada might have thought of the political and historical events of the country, for he was not the author of the texts. It is venturesome to deduce his opinion from his depiction of Arnulfo Arroyo Romero being arrested after his alleged assassination attempt on General Porfirio Díaz. Nothing in the engraving indicates either sympathy for or rejection of the frustrated assassin, although both the title headings and text sing lively praises of the dictator. A month later, Posada would publish two disquieting and polyvalent depictions of the corpse of Arnulfo Arroyo, who had been murdered with impunity, possibly to conceal the true authors of the attempt on the President's life. A year later, Arroyo was the subject of a *calavera*, with verses by Antonio Vanegas pp. 130-131, cat. 315 Arroyo, which places him rather in the role of a victim. The entire event is shrouded in mystery, and exemplifies the difficulties facing anyone who seeks to examine Posada's political ideas through his images.[38]
Be that as it may, when Posada illustrates human wretchedness and misfortune he draws on universal values which fully correspond to the viewpoint of the European broadsides which preceded his own, as for example the lamentation of *Bonhomme Misère*, the print entitled *Crédit est mort*, the *Dance of Death* or *danse macabre*, which reduces everything to the same level, or the interesting broadside published in Puebla in 1818 and entitled *Testament Made by a Poor Man Tired of Being So…*

In these broadside Posada made use of any useful material at his command: photography,[39] newspaper articles, other engravings –especially colonial ones–, eyewitness accounts, and doubtless the instructions of Antonio Vanegas Arroyo, who often wrote the texts of the gazettes. It is difficult to know how much Vanegas Arroyo influenced Posada, but we can be sure theirs was a typical collaboration between publisher and engraver, as was common in the production of European prints.

Many *corridos* were illustrated by José Guadalupe Posada. Like the Spanish romance, the corridor circulated among the illiterate. Old legends and the exploits of popular heroes were confounded with real persons and historical events. The verse form made the *corridos* easy to memorize and they were sung to simple repetitive melodies. On of the most striking *corridos* illustrated by Posada was about the workers "impressed" into forced labor in the Valle Nacional, a kind of slavery existing in the Mexico of Porfirio Díaz which would go far to explaining, without recourse to political theories, the outbreak of the Mexican Revolution. Other *corridos* described mine accidents, strikes, and rural repression, but also the "Farewell of a Maderist Soldier and His Beloved" or the "Burial p. 11, cat. 233 of Zapata." These latter broadsides, closely involved in subject matter with the prelude and early stages of the Mexican Revolution, constitute a chronicle of those difficult years and have since served to illustrate many texts, including school textbooks, on modern Mexican history.

Posada's engravings became a parade of characters, from the most grotesque to the most lovable:

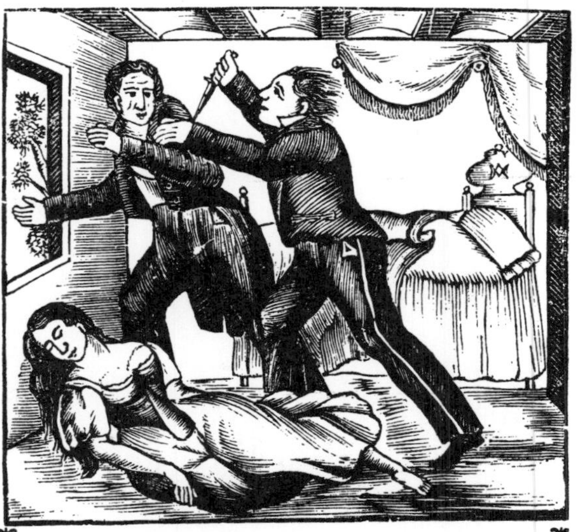

illus. 3

EL CRIMEN DE UNA MUGER.

Un sujeto muy honrrado
Se casó con Mariquita,
Y equivocado medita
Que vivirá en el placer:
Mas cierto dia advertido
Sorprende muy azorado,
En su alcoba á otro fulano
Holgando con su muger.
Muy resuelto y decidido
Y con furor delirante,
Acomete al viejo amante
Con puñal que ya llevó;

El corazon le traspasa
Y á su esposa hiere al pecho,
Y ya vengado y satisfecho
Por la ventana se echó.
Este fué el fin infelice
De aquel jóven desdichado,
Desesperóse ultrajado
Por su esposa criminal:
Tenga virtud y prudencia
La muger en todo tiempo,
Y no falte al juramento
Del estado conyugal.

calle de la Palma de Sta. Catalina.

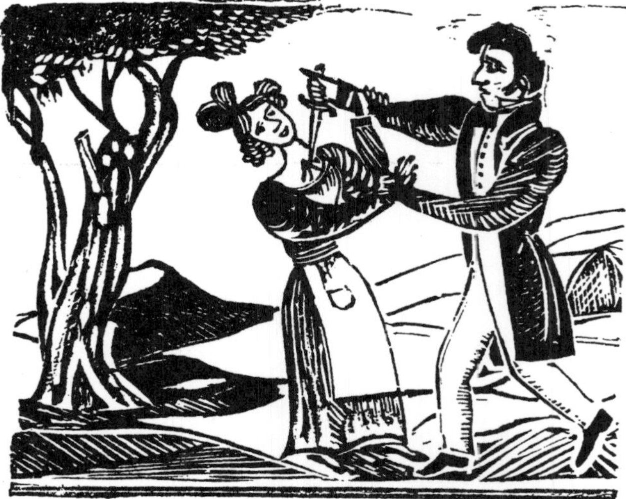

illus. 4

freaks and prodigies, drunkards, water carriers and other street vendors, *soldaderas* (the women soldiers of the Revolution), women selling their wares in the market, Indians in the launches of Xochimilco and Santa Anita, politicians, bandits, circus performers and acrobats, *charros* on horseback, policemen and federal soldiers, and any one of them might be turned into a *calavera*, transforming the parade into a danse

p. 125, cat. 313

macabre. Of course this depiction of national "types" had a precedent in the incipient *costumbrista* art of the eighteenth century, such as the painting of *castas*, or different mixed-blood combinations, and the wax figures that so delighted foreign visitors. There is also a direct precedent in the "Cries" of artisans and street vendors, a genre popular in Catalonia and France (*Les Cris de Paris* was a particularly successful broadsheet), but also cultivated in other European countries. This genre may well have been the forerunner of the series entitled *The Spaniards Painted by Themselves*, based on a French model and itself the inspiration for the series *The Mexicans Painted by Themselves*.

In addition to working for Vanegas Arroyo, Posada collaborated intensely with the publisher Maucci. This publishing house, founded in Barcelona, had branch offices in Havana, Mexico City, and Buenos Aires.[40] In Mexico City it published a large number of hallelujahs,[41] on the Madrid-based model created by the publishers in Catalonia, as well as the extremely popular chapbooks. The subject matter of these chapbooks was varied, but many of them belonged to the series entitled the Library of the Mexican Child. The creator of the covers was José Guadalupe Posada, who used totally industrial techniques in their execution, although the black outline of the figures and the ample colored surfaces generate an archaic effect that suggests a woodcut.

pp. 82-85, cat. 128, 132, 134-136, 156, 162, 165, 182, 184, 187

The principal focus of the Maucci chapbooks was Mexican history, though songs, poems, and the occasional account of a sensational event were also published. This limited repertory was not shared by Vanegas Arroyo –nor by the Bibliothèque Bleue studied by Geneviève Bollème–, for whom Posada treated almost every imaginable theme: magic, omens, popular medicine, love letters, all kinds of songs, adult and children's theater, tales and legends, toasts, jokes, and strategies for clowns. The images are as varied as the subjects treated, and they constitute –as Geneviève Bollème has pointed out in the case of the French series– an encyclopedic repertory of popular lore.[42]

pp. 76-77, cat. 17, 20, 22, 24, 25, 50, 309

The repertory of prints and broadsides produced for children grew enormously in the nineteenth century. Educational concerns, virtually non-existent during the ancien régime, came to the forefront, and children went from being undefined members of society to being seeds of future citizens, in whom the established powers took an interest. Printing shops and publishing houses began to produce material for infants and schoolchildren, and some of them even specialized in prints of this kind. The German publisher Campe, the first to produce modern pedagogical material, was a friend and disciple of Jean-Jacques Rousseau, who had given great importance to the pedagogical use of images. The idea was shared by Goethe, who approved Campe's editions.

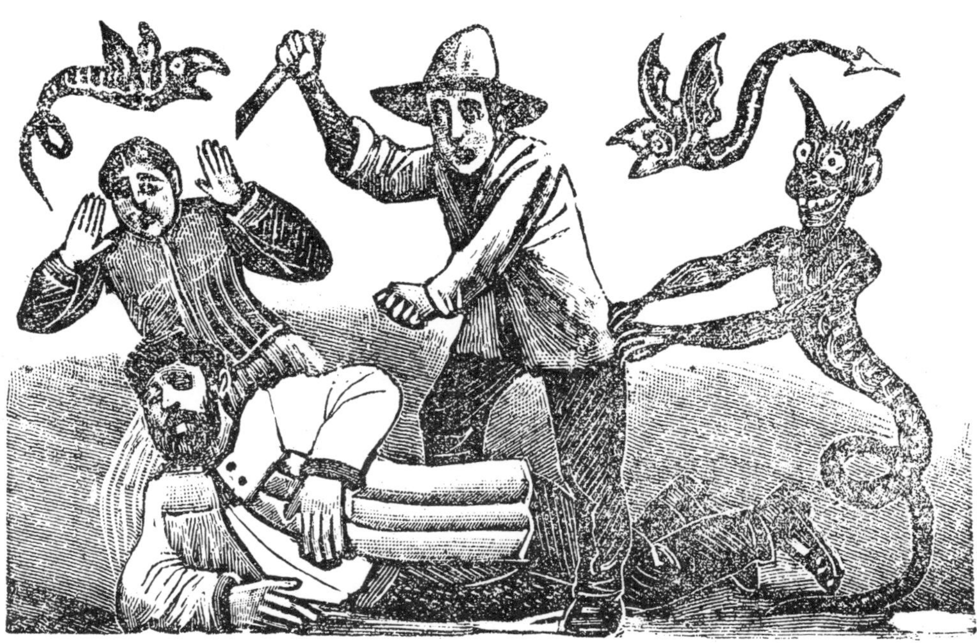

272

ESPANTOSO SUCESO

This reappraisal of the role of children explains why Mexican publishers, like their European counterparts, produced a variety of material for youngsters: chapbooks containing history lessons, but also children's drama, spelling primers, games, and pastimes, including the ancient and popular board game known as the *juego de la oca*.[43] Other games bore names such as *The Charro Smugglers*, *Cat*, and the *Lottery* game, both the traditional version and another from the state of Campeche. A very original board game based on bullfighting attests to the popularity of both kinds of entertainment.

José Guadalupe Posada seems to have been an aficionado of bullfighting. He did portraits of various p. 68, cat. 196 toreros, and especially Rodolfo Gaona, the idol of the period. It is not surprising that Posada treated the theme of bullfighting, one of the most popular and distinctive entertainments in the Spanish tradition, nor that the goring of Gaona was taken up as the p. 67, cat. 197 subject of a broadside. Indeed, such a blend of passion, blood, and death is widely considered by foreigners to be characteristic of Mexico. As is the combination of the festive and the macabre in the treatment of the theme of death. In fact, it is precisely Posada's *calaveras* which have largely contributed to creating this notion.

The work of Posada is inextricably linked with the genre of the *calavera*. Many scholars agree, nevertheless, that this type of caricature (dubbed *calaverismo político* by Francisco Reyes Palma) was employed to "uncover the rot of political and social life."[44] Reyes Palma mentions Santiago Hernández as the creator of the socio-political *calavera*, and Gabriel Fernández Hernández rightly points out that this form of graphic protest and criticism has its roots in the eighteenth century.[45] Apart from the question of Baroque funeral rites, I have found that at the very moment Mexico was gaining its political independence –which is to say, at the moment of its transition to modernity–, religious skeleton imagery began to be adapted for the purposes of social and political criticism. Illustration no. 5 is a woodcut which had figured years before in books of novenas and devotions and was used to illustrate a protest against the tax on *chiringuito*.[46] There may well be a precedent for the *calaveras* in the engravings in a book published in the eighteenth century in Mexico: *La portentosa vida de la muerte*, by fray Joaquín Bolaños. The strange and irreverent scenes depicted in the illustrations to this book seem to prefigure the skeleton figures of José Guadalupe Posada.[47]

There are two common expression of death in a "Mexican style": the *calaveras* and the Day of the Dead celebrations. The relation between the two was constructed by artists and intellectuals as part of the unified national culture required by the nation-state that emerged from the revolutionary period. Skeleton imagery is common to all pre-modern peoples and cultures: common therefore to the pre-Hispanic world and to mediaeval Christian Europe.[48] The consumers of popular prints on either side of the Atlantic were equally familiar with images of skeletons and with death itself. illus. 6 It is only in the nineteenth century, with the increasing secularization of public life and the regulation of burial procedures, that modern society began to feel death as something alien and its imagery as something objectionable.

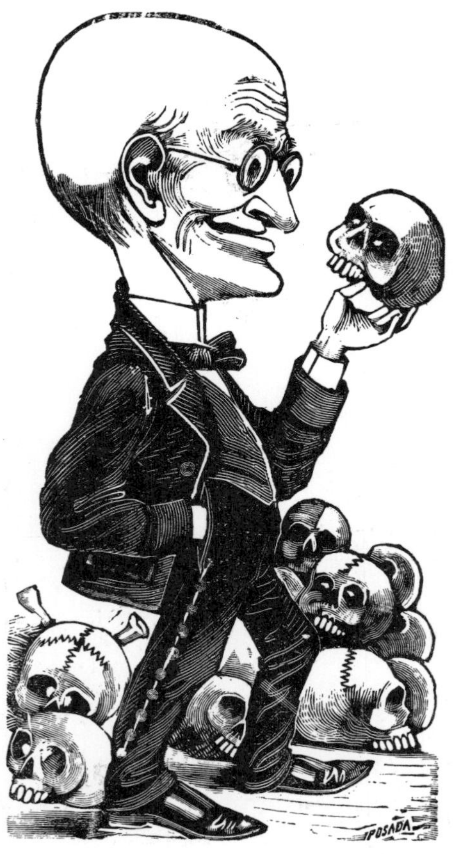

95

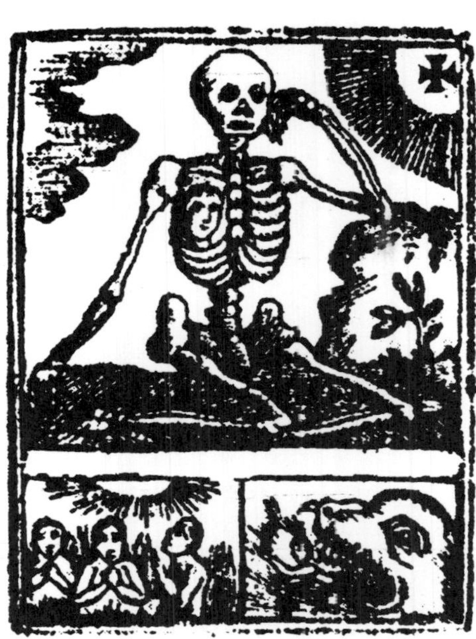

illus. 5

In the case of Mexico, it is a common error to put the genre of the *calavera* and the Day of the Dead festivities on the same plane. The elaborate altars set up during the Day of the Dead celebrations are places where the living and the dead encounter each other,[49] whereas the graphic *calaveras* produced by Posada and other Mexican artists are not so much a ritual of the evocation of death and of union with it as a reflection on the living, their defects, weaknesses, and vices. Fundamentally, the *calaveras* do not deal with death, and still less with metaphysical speculation, but rather with the satire and mockery of the living, in an atmosphere of typically Mexican *relajo*, p. 129, cat. 93 or disorderly fun. As Luis Islas García has pointed out: "All the irreverence, disrespect, and sarcasm of common people; all their sharp-sightedness, simplicity, and good-natured sententiousness; all their realism and laughter can be observed in the *calaveras*."[50]

SOME OBSERVATIONS ON THE TECHNIQUES USED BY JOSÉ GUADALUPE POSADA

In an announcement published in 1894 Posada offered his services in the following terms:

> Guadalupe Posada
> Is honored to offer to the public his services as engraver in metal and wood for all kinds of illustrations of books and periodical publications. He also offers his services as a lithographic draftsman.
> Cerrada de Santa Teresa 2.[51]

They painters who would soon make up the Mexican School of Painting later claimed to have seen him working humbly and indefatigably in his workshop on Santa Teresa. These accounts, on which the legend of Posada is partly based, describe a "cultural workingman" from whose hands there proceeded thousands of engraved plates. But the myth of the tireless engraver producing countless images in the traditional manner, with burin and gouge, has been shattered by Thomas Gretton, whose studies show that Posada used modern photomechanical processes.[52] I will not repeat here Gretton's brilliant demonstration of the adoption of modern techniques, typical of "bourgeois" capitalism. I agree with Gretton that, when Jean Charlot described Posada's working methods, he was captive to his own prejudices about "authenticity" in popular art and the popular artist's role in the social struggle.

Gretton's invaluable contributions provide solid arguments to the thesis of a Posada open to modernity, aware of the need to use new technologies in the reproduction of images. However paradoxical it may seem, many of the phenomena described by Gretton in his account of the modern procedures used by Posada mirror the centuries-long evolution of the popular print in Europe. To enumerate a cou- illus. 7 ple of instances: first of all, the existence of workshops in which the complexity of the procedures required a collective effort, with the result that the trace of various hands can often be detected in a single print, not to the mention the participation of the publisher and the authors of the texts; secondly, the reuse of plates for several different prints. Gretton's example of various broadsides depicting executions by firing squad closely recalls other

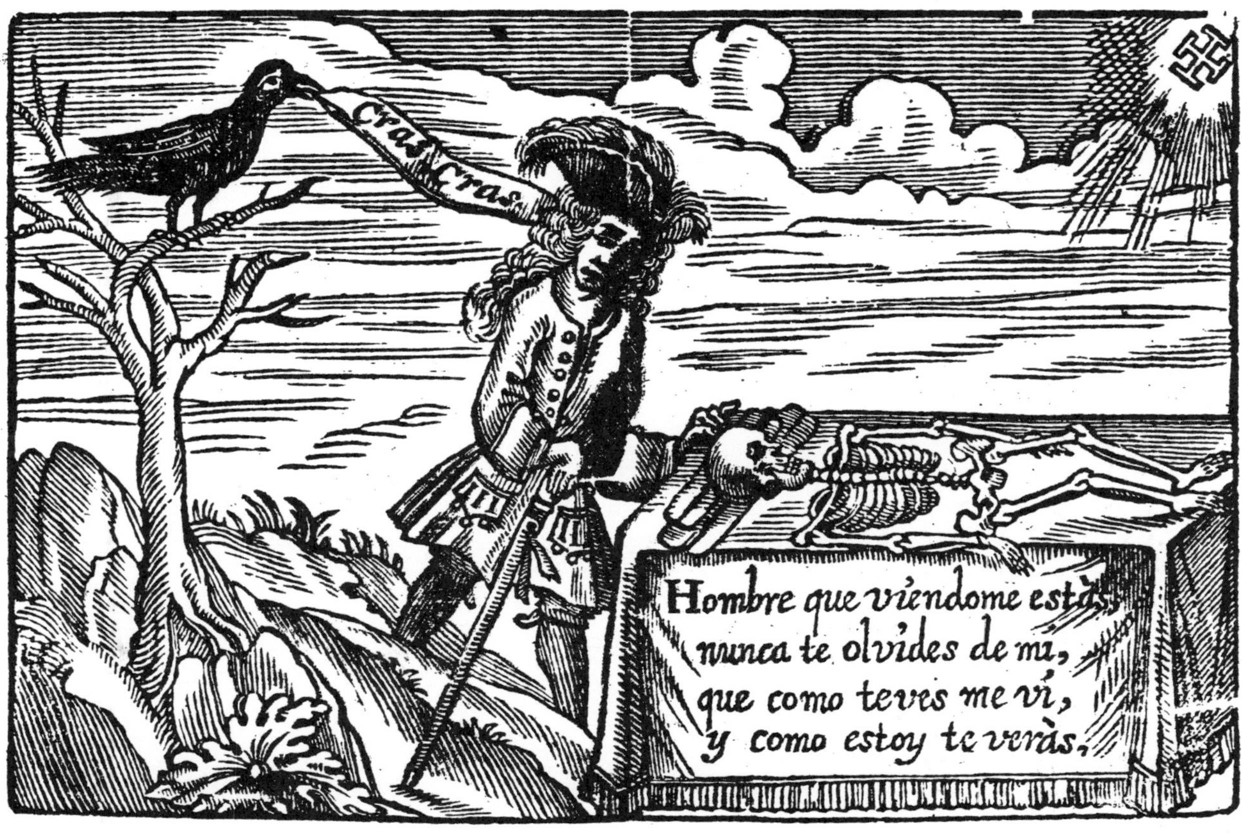

illus. 6

European instances that have been studied, such as depictions of executions by garroting in which the figure of the victim is changed but the scaffold and surroundings left almost unaltered. In Posada's prints, in the same way, the figure of the execution victim is substituted and a few details of the background are changed.[53] Another example studied by Thomas Gretton is the two depictions of the death p. 61, cat. 397 of General Manuel González: the first print depicts the general lying on his deathbed, with drapery in the background, whereas the second shows his funeral cortege arriving in Mexico City. The background drapery has disappeared, to be replaced by a funeral bier bearing the coffin of the deceased, with a train of followers behind it. In this case the stylistic difference in the treatment of the various components of the prints is clearly noticeable: the figure of the general is rendering more realistically, and in greater detail, than the background personages, who are cut out rather schematically, like shadow play figures. Again, this suggests the second hand was not Posada's.

The fact is that, although the new techniques were adopted to lower costs and speed up the printing process, in which image and text were combined, photolithographic and photomechanical methods did not entirely eliminate traditional techniques: the original matrix remained an engraving or a lithograph. In other words, Posada lived through a transitional period in which the fundamental elements of the traditional popular print survived, though reproduction was performed with modern, "capitalist" techniques, as Thomas Gretton likes to emphasize. The results can be surprising: illustrations with schematic, archaic, deliberately primitivist expressive resources printed with the most advanced techniques of the age. A primitivism that astonished modern artists like Jean Charlot, and which continues to be one of the principal factors of Posada's popularity.

BY WAY OF CONCLUSION: POSADA'S CRITICAL FORTUNES, OR HOW HE BECAME A SIGN OF MEXICAN IDENTITY

The work of Posada has become a basic reference of Mexican identity. If Posada had been the only engraver of his time, the fact might be easily explained, but all through the nineteenth century many talented engravers produced images no less authentically evocative of the social and political realities of Mexico. Among Posada's direct contemporaries there was Manuel Manilla, whose work is sometimes confused with that of Posada.[54] Both men worked for Vanegas Arroyo and many scholars attribute the modern genre of the *calavera* to Manilla. Be that as it may, the first *calaveras* published by Vanegas Arroyo are the work of Manuel Manilla.

The figure of Posada has been treated in the course of this essay in a double setting: in the global context of the popular print, whose idiom prepares and overlaps with the other modern graphic media (the comic book, the photo novel, various kinds of advertisings, video, televised soap operas); and in the Mexican context, marked by the transition of Porfirian society –with its model of international

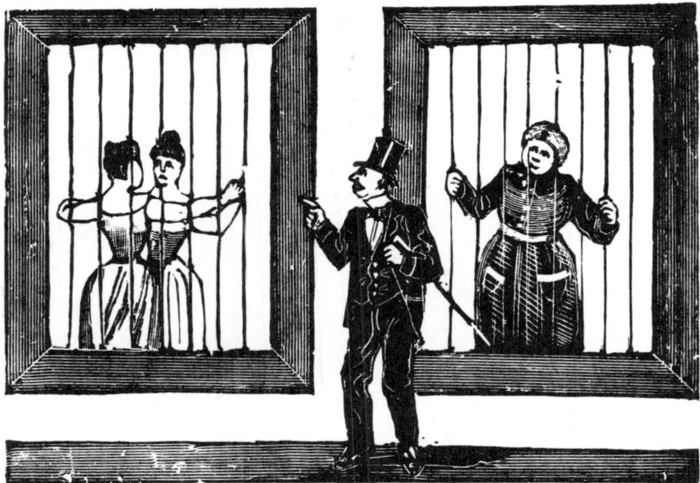

561

modernity– towards a model imposed by the Revolution, which paradoxically proposes a country enclosed within what it considers its own values, absorbed in the search for its roots.

In this model, which the Revolution made triumphant, the construction of a national art and culture called for the existence of a particular, singular, utterly local foundation, on which not only the Mexican school of art (and especially the muralist movement) was to be erected, but even the very concept of "Mexicanness." And José Guadalupe Posada was chosen as that foundation. A further paradox: Posada belonged to the Western tradition of the popular print, and the discoverers of the Mexican features of Posada were foreigners (Jean Charlot, Frances Toor, and Anita Brenner).[55] It was they who developed the thesis of a socialist Posada, an actor in the social struggle, the worker with his burin, the artisan alien to Western artistic fashions, an example of pure, unadulterated national art. Later on, scholars such as Raquel Tibol, an Argentine-born communist, and other left-leaning Mexican and American writers would reinforce the idea of a revolutionary Posada, a bearer of Mexican identity.

Posada's true value becomes clear, and his greatness enhanced, when he is stripped of these myths. In place of the tireless, solitary, and matchless artisan, there emerges a José Guadalupe Posada who is but the most outstanding of a constellation of remarkable Mexican engravers working over the course of a century: from 1821 when the struggle for independence was ended, until 1910 when the Mexican Revolution broke out. During this century the Mexican press and publishing sector were at the forefront of an effort of political and cultural modernization carried out by their writers and illustrators. José Guadalupe Posada was the greatest of them. Even as the popular print in Europe seemed to be exhausting its possibilities, the genius Posada emerged as a continuer of the tradition on the other side of the Atlantic.

Two great currents come together in the work of Posada: the visual repertory of New Spain, a product of the encounter between Spain and the indigenous world (*calaveras*, devils, apparitions, and miracles); and the world of modernity (bicycles, trains, derailments, political demonstrations, elections, workers, and revolution). Posada was able to harmonize the great themes of the popular print and an art based on traditional graphic techniques with modern forms of circulation and the system of reproduction of the modern press. His modernity expresses itself above all in the his versatility and his ability to adapt to new social needs and the modern demand for images. In terms of a Mexican essence, there is no doubt that Posada also contributed to the ontological dilemma of the Mexican people, constantly in quest of their identity. For the moment, we can laugh and cry with him, we can be surprised by his macabre dramas and moved by his tragicomic stories, and we can learn something of Porfirian and revolutionary Mexico in the light of these images that remain as living and eloquent as the day they were created by José Guadalupe Posada.

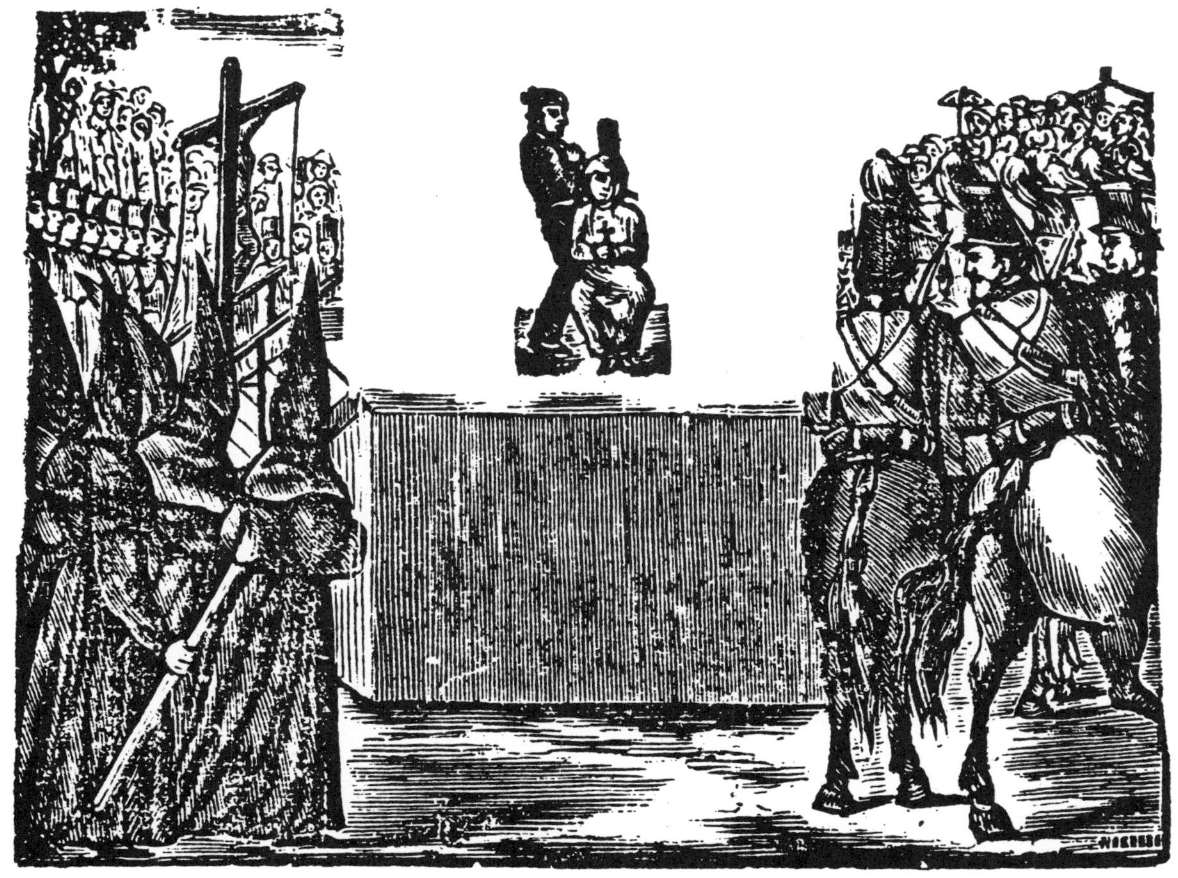

illus. 7

NOTES

1 Charles Nisard, *Histoire des livres populaire ou de la littérature de colportage*, 2 vols. (Paris: Amyot, 1854).

2 José Guadalupe Posada's work covers four decades of Mexican history, dominated by the political power of the general and president Porfirio Díaz, hence the term Porfiriato. The period is characterized in part by the consolidation of institutions and economic growth, based largely on industrial modernization and capitalist expansion, but these years also saw the creation of large landed estates, which impoverished many campesinos, dispossessing them of their lands and forcing them into the proletariat. As a result, in tandem with the democratic anti-reelection movement of 1910 there broke out various insurgent campesino movements, such as the one headed by Emiliano Zapata, which demanded a redistribution of land. The Mexican Revolution would provide the subject-matter for numerous prints by Posada toward the end of his life.

3 Published in *La Juventud Literaria* (Mexico City), 28 October 1888. The publication was edited by the son of Ireneo Paz, himself the grandfather of the poet Octavio Paz.

4 So suggested by Jesús Gómez Serrano in his essay "Posada, *El Jicote* y la caída del Gobernador Gómez Portugal" in *Posada y la prensa ilustrada: signos de modernización y resistencias*, (Mexico City: Museo Nacional de Arte / Instituto Nacional de Bellas Artes, 1996) p. 41.

5 Ibid., p. 44.

6 For this period see Francisco Antúnez, *Primicias litográficas del grabador J. Guadalupe Posada. Aguascalientes, León: 1872-1876* (Aguascalientes: Taller de Francisco Antúnez, 1952).

7 Mariano González Leal, *La producción leonesa de José Guadalupe Posada* (León: Lito Offset Lumen, 1971).

8 On this subject see Fausto Ramírez, "*La Patria Ilustrada* y las colaboraciones de José Guadalupe Posada," in *Posada y la prensa ilustrada: signos de modernización y resistencias*, pp. 58-71. Ramírez accepts the difficulties involved in understanding Posada's conversion into a popular artist, but suggests that he may have felt uncomfortable with the refined, bourgeois, and elitist nature of Paz's publications and have sought out channels more in accord with his upbringing, social class, and personal character.

9 Ever since Jean Charlot wrote the first study of Posada, in which he stated that he had produced "almost two thousand plates," there has been much speculation about the number of engravings he produced in the course of his life. The calculation has reached as high as 15,000, on the assumption that he engraved one per day for approximately twenty-five years.

10 Joyce Waddell Bailey, "The Penny Press," in *Posada's Mexico*, ed. Ron Tyler (Washington, D.C.: Library of Congress, 1979) , p. 117. This catalogue was published to coincide with the large exhibition organized by Ron Tyler at the Library of Congress and the Amon Carter Museum of Western Art in Fort Worth, Texas. The latter institution has one of the largest collections of engravings by Posada in the world.

11 His study is largely based on Mexican periodical publications preserved in the following collections: the Latin American Collection in the Sterling Memorial Library and the Beinecke Rare Book and Manuscript Library, both at Yale; the Nettie Lee Benson Latin American Collection at the University of Texas at Austin; and the Swann Collection in the Prints and Photographs Division of the Library of Congress in Washington, D.C.

12 The exhibition, held in 1996, provided an extensive view of Posada's contributions to newspapers and magazines in Mexico City. The catalogue, which included texts by various specialists, examined the process of symbiosis and reciprocal influence of two different languages: the concision, agility, and striking character of the language of graphic journalism –derived from the nineteenth-century French and Spanish caricature inherited by Posada– and the universal themes and philosophy of traditional European engraving; in a word, tradition and modernity.

13 Renato González Melo, "Posada y sus coleccionistas extranjeros," in *México en el mundo de las colecciones de arte*, vol. V (Mexico City: UNAM-INBA, 1994), pp. 313-373.

14 Ibid, p. 318.

15 Quoted by Renato González Melo, ibid., p. 117.

16 With the fall of the ancient régime society was eager for news, and the dizzying succession of international conflicts and political and social events demanded an agile and penetrating journalism. Highly illuminating is an anecdote narrated by Stendhal in *La Chartreuse de Parme* concerning the entry of the French into Milan: "A young painter in miniature, slightly mad, named Gros, afterwards famous [...] drew the fat Archduke [whom Napoleon had just defeated]. [...] The drawing, left by Gros on the table of the Caffè dei Servi [...] was engraved and printed during the night, and next day twenty thousand copies of it were sold."

17 The exhibition *La estampa popular novohispana* was held in the Museo Nacional de la Estampa in Mexico City from March to June of 2005.

18 The subject of the book trade between Seville and New Spain has been examined by various scholars. The most recent and up-to-date publication is Pedro J. Rueda Ramírez, *Negocio e intercambio cultural: el comercio de libros en América en la Carrera de Indias (siglo XVIII)* (Seville: Diputación de Sevilla, Universidad de Sevilla / CSIC, 2005), especially chapters 6 and 7 on the *prensa menuda* or "penny press."

19 See Clive Griffin, *The Crombergers of Seville: History of a Printing and Merchant Dynasty* (Oxford: Clarendon Press, 1988).

20 One of the last broadsides to be published in Europe, by the Belgian publisher Gordinne, recounted the assassination John F. Kennedy.

21 On what the colonial society of New Spain read, see Rueda Ramírez, *Negocio e intercambio cultural*, as well as Irving Leonard's classic study *The Books of the Brave* (Berkeley: University of California Press, 1992), available online at http://ark.cdlib.org/ark:/13030/ft1f59n78v/. Leonard's study underlines the taste in New Spain for romances of chivalry.

22 On June 12, 1725, Diego de Cuéllar, a resident of Seville, requested permission to send to the kingdom of New Spain a shipment of printed matter which included 92 dozen "comedies" and a sheaf of "ballads" (*corridos*). (Archivo General de Indias [AGI], Contratación 674, foja 547.)

23 The "resident of Seville" was Joseph de la Viga (AGI, Contratación 674, f. 407); Gran Maison requested permission on November 22, 1723 (AGI, Contratación 674, f. 504).

24 Among the publishers who printed coplas and broadsides of all kinds during the middle years of the nineteenth century, Luis Abadiano y Valdés was particularly active. His establishment appears under various names (sometimes that of Francisco Valdés) and was located in the Portal de Mercaderes and in the Calle de las Escalerillas in Mexico City. Heir to the eighteenth-century printing establishment of Jáuregui, it continued to print woodcuts from older stocks in the middle of the nineteenth century. This was also common in Europe.

25 I have examined the problem of the genres and subject-matter of the European popular print and their relation with Mexican graphic production in a forthcoming article: "Estampa popular /

MEXICO MAYO 8 DE 1893. NUM. 7.

GACETA CALLEJERA.

Esta hoja volante se publicará cuando los acontecimientos de sensación lo requieran.

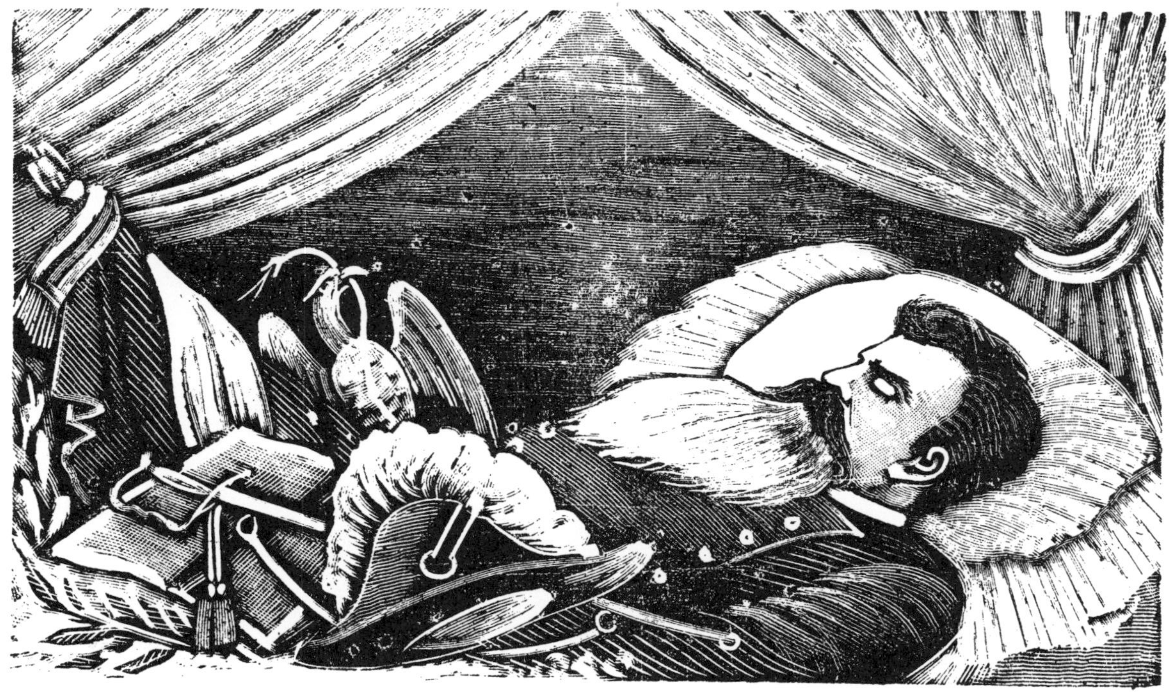

Muerte del General Manuel González, en la Hacienda de Chapingo el dia 8 de Mayo de 1893, á las 12 y 38 minutos del día.

397

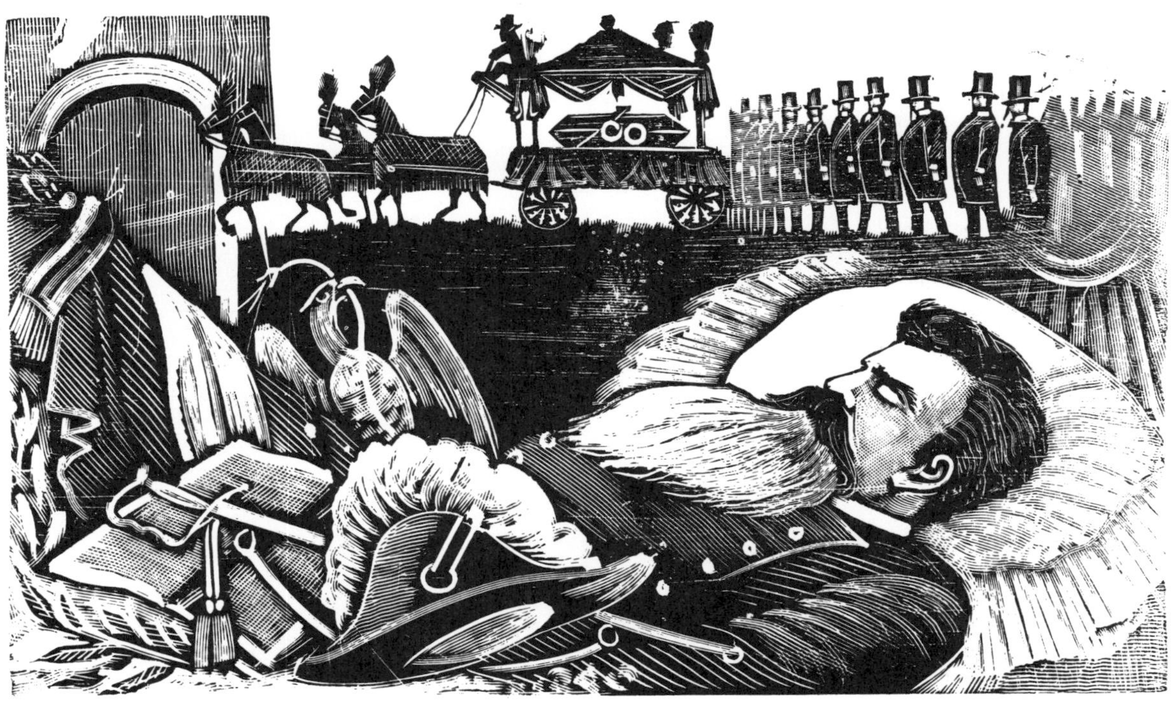

literatura popular: del Bois Protat a José Guadalupe Posada," in *Estampa popular / cultura popular*.

26 Pierre-Louis Duchartre and René Saulnier, *L'imagerie populaire* (Paris: Librairie de France, 1925). This book established the basic framework for the study of popular prints in Europe.

27 See next note.

28 Historians and folklorists, these authors published numerous studies jointly and individually on the various aspects of the print in Catalonia: *gozos*, *aucas*, soldiers, and in the case of Amades, monographs on the production of prints in the cities of Reus and Girona (see note 30).

29 In recent years various studies of prints and popular literature have appeared in Spain, but the pioneering work of Julio Caro Baroja, *Ensayo sobre la literatura de cordel* (Madrid: Revista de Occidente, 1969) remains indispensable.

30 Achille Bertarelli, *L'imagerie populaire italienne* (Paris: Duchartre & Van Buggenhout, 1929), pp. 27 and 28.

31 Joan Amades, *Apunts d'imatgeria* (Barcelona: La Neotipia, 1938).

32 Agustí Duran i Sanpere, *Grabados populares españoles* (Barcelona: Gustavo Gili, 1971). On the themes and genres of popular prints, see Montserrat Galí Boadella, *Imatges de la Memoria. El gravat popular a la Catalunya de la primera meitat del segle XIX* (Barcelona: Alta Fulla, 1999), pp. 24-39.

33 In his introduction to the monograph, which contained 406 engravings, Diego Rivera wrote: "The production of Posada, free even of a shadow of imitation, has a pure Mexican quality."

34 Various authors have attempted to establish a classification of Posada's themes and genres. In his essay "The Popular Traditions" (in *Posada's Mexico*, pp. 59-83), Jas Reuter suggest the following: journalistic production, corridos, the city and the country, human types, *calaveras*, and traditions (including saints and religious festivals). An understanding of the classification of European engravings (especially Spanish ones) can be extremely useful in ordering the enormous production of José Guadalupe Posada and other Mexican printmakers of the period.

35 Jean Charlot (1881-1979) arrived in Mexico from France in 1921 –after having fought in the First World War–, attracted by the Mexican muralist movement, in which he participated for three years. Abreast of European avant-garde trends, captivated by primitivist and popular art, imbued with the ideas of the Christian socialist movement, he was enthusiastic about the work of Posada, and became his foremost exponent and champion.

36 Jean Charlot, "José Guadalupe Posada and his Successors," in *Posada's Mexico*, p. 36.

37 Vicente T. Mendoza, *El romance español y el corrido mexicano*. Caro Baroja classified the *romances* in two groups: *romances* in verse (songs and ballads) and *romances* in prose (historical, hagiographical, novelized, and dialogues)

38 Renato González Melo and Ana Laura Cué, "El asesinato de Arnulfo Reyes," in *Posada y la prensa ilustrada: signos de modernización y resistencias*, pp. 103-119.

39 Many of José Guadalupe Posada's subjects are based on photographs, such as Hugo Verme's famous image of Zapata; that of Trinidad Ríos being hanged, by George Grantham (known as the "hanged revolutionary" in its print version); and that of the *bandido* nicknamed "el Tigre de Santa Julia," used to illustrate a songbook, like the *narcocorridos* composed today in honor of drug traffickers. It has often been pointed out that the images of Madero entering Mexico City are also based on photographs of the period.

40 For more details on the Maucci establishment, see Montserrat Galí Boadella, "Estampa popular / literatura popular: del Bois Protat a José Guadalupe Posada," in *Estampa popular / cultura popular* (forthcoming).

41 For the Mexican *aleluyas* published by Maucci, see Montserrat Galí, "Juegan a las aleluyas, cada uno con las suyas...," in *Feos, brujas y cabezones* (Mexico City: Secretaría de Educación Pública, 1991). The establishment advertised itself in Mexico as: "Depósito de aleluyas y romances. Librería de Maucci Hermanos, 1 del Reloj, núm. 1, México".

42 Geneviève Bollème, *La Bibliothèque Bleue. La littérature populaire en France su XVIeme au XIXeme siècle* (Paris: Julliard, 1971).

43 On the origins of the *juego de la oca* in Spain, see Joan Amades, Joseph Colominas, and Pau Vila, *Les cuques* (Barcelona: Editorial Orbis, 1931).

44 Francisco Reyes Palma, *Exhumaciones. Calaveras del Taller de Gráfica Popular*, Mexico City, Catálogos de Curare, no. 2, November1991, p. 1.

45 According to Gabriel Fernández Ledesma, the *calaveras* were the popular response to the ostentatious "pedantry" and "ridiculousness of the metaphors of the funeral pyres and panegyrics" (see "El triunfo de la muerte", *México en el Arte*, no. 5, Mexico City, November 1948.)

46 This is the name given to various types of eau-de-vie, especially when made from sugar cane. The beverage was common until 1750, after which its consumption was strictly regulated The *calavera* illustrates the protest against the prohibition of *chinguirito*.

47 Fray Joaquín Bolaños, *La portentosa vida de la muerte*, Impreso en la imprenta del Licenciado Don Joseph de Jáuregui, calle de San Bernardo, México, 1792.

48 The long persistence of the theme of the *calavera* was underlined in 1953 by Paul Westheim in his book on the subject, reprinted numerous times: *La calavera* (Mexico City, Ediciones Era, 1971).

49 I have developed these ideas in my essay "El altar de muertos en México: sincretismo, tradición y forma," in *Estética y religión. El discurso del cuerpo y los sentidos* (Barcelona: Er, Revista de Filosofía y Universitat Pompeu Fabra, 1998), pp. 305-333.

50 Quoted by Francisco Reyes Palma, *Exhumaciones*, p. 1.

51 *El Fandango*, vol. II, no. 114, 21 January 1894. It is noteworthy that at no time did Posada announce his use of photolithographic or photomechanical plates.

52 The findings of the English scholar Thomas Gretton were first published in Mexico in 1994, at the XVIII Coloquio Internacional de Historia del Arte, with the title "Interpretando los grabados de Posada: la modernidad y sus opuestos en imágenes populares fotomecánicas." He expanded his ideas in his contribution to the 1996 exhibition devoted to Posada and the illustrated press in the Museo Nacional de Arte in Mexico City.

53 There are five instances of executions by firing squad treated by José Guadalupe Posada and analyzed by Thomas Gretton: Rosendo Ramírez (1891), Luciano Islas (1892), "the one who ate his own children" (undated), Dionisio Silverio (1903), and Captain Clodomiro Cota (1897), this last for *El Popular*.

54 Posada and Manilla worked together for weekly magazines such as *El Fandango* and *El Popular*, and in them their styles are easily confused. Manuel Manilla, born in 1830, would have met Posada in the workshop of Vanegas Arroyo at some point in 1888 or 1889. The year of Manilla's death is not known for certain.

55 On this process of mythification, see Monserrat Galí Boadella, "José Guadalupe Posada: l'artiste el le mythe," in *L'image au Mexiqie. Usages, appropriations et transgressions* (Paris: L'Harmattan, CEMCA, 2001), pp. 253-271.

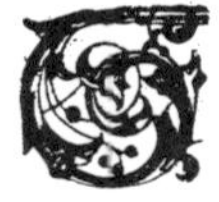 SANGRIENTA Y HORRIBLE 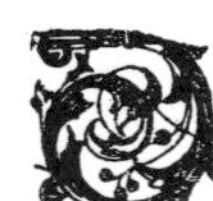

MORTANDAD

En las calles de la Ciudad de México
la mañana del 9 de Febrero de 1913.

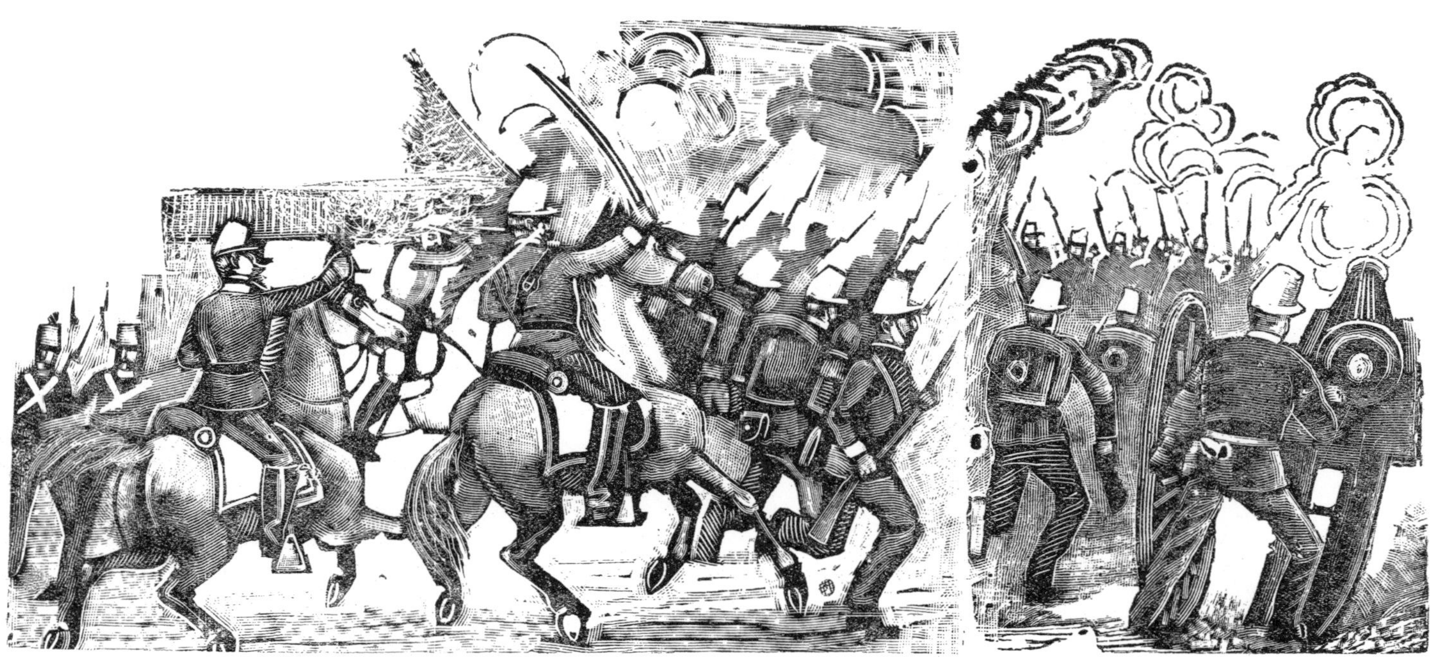

89

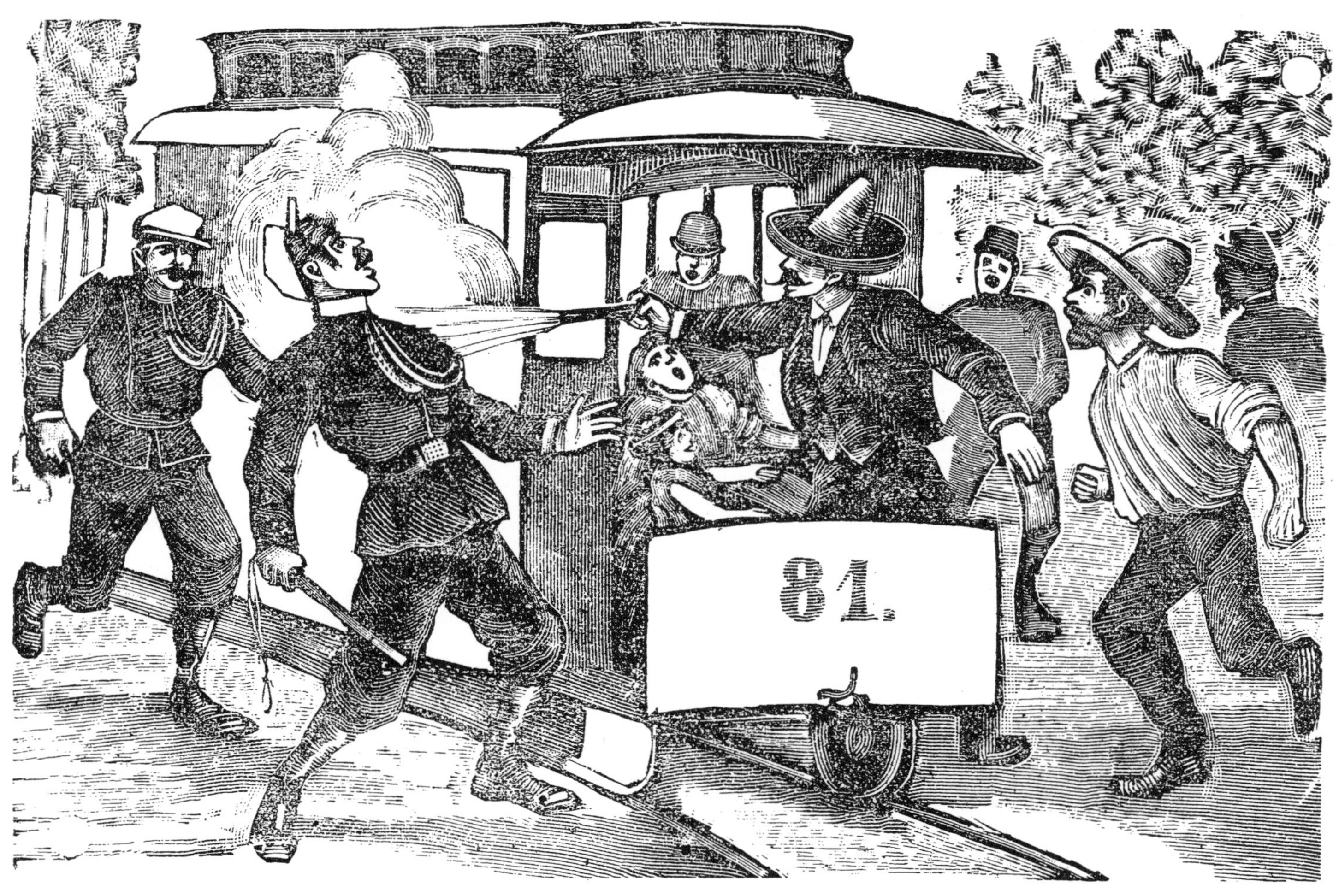

101

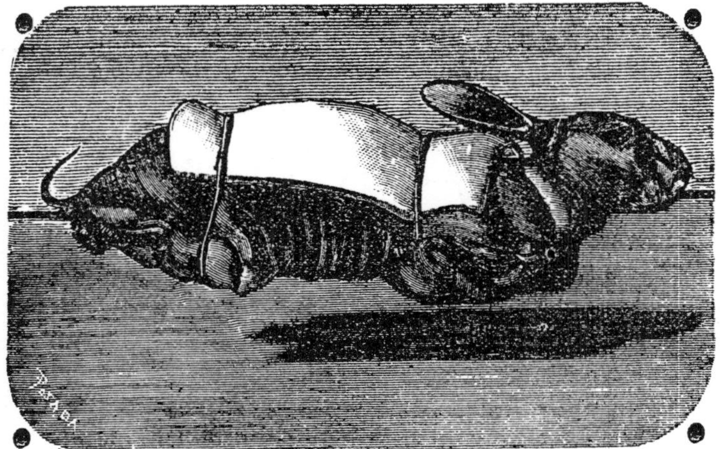

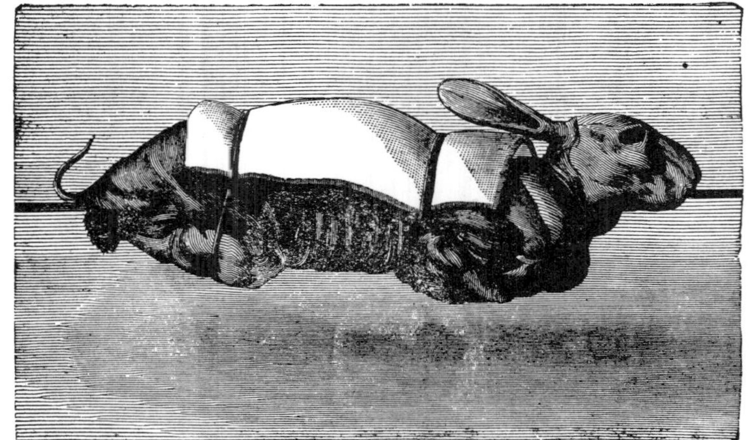

illus. 8

287

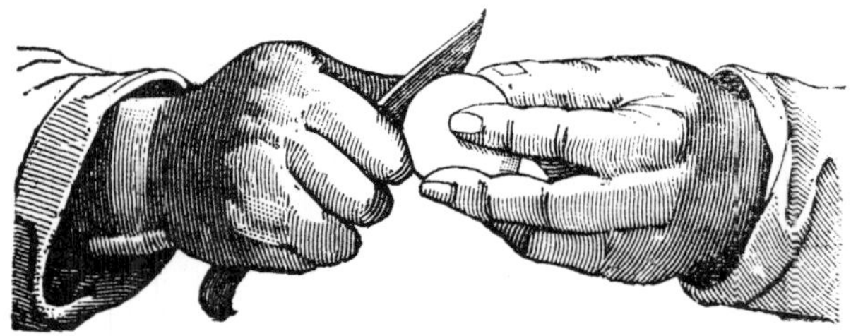

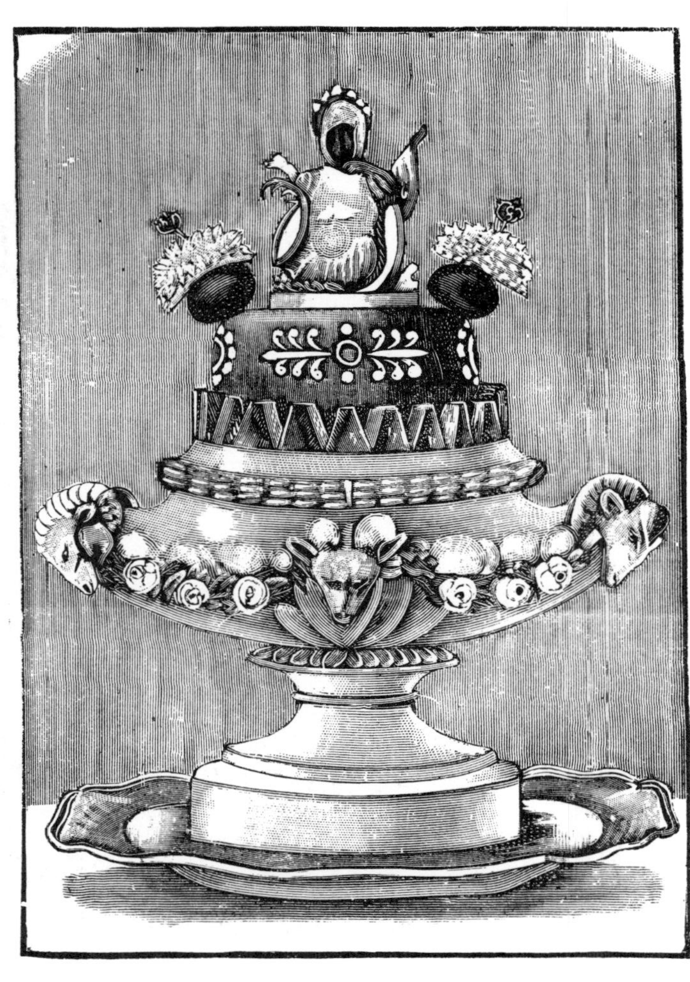

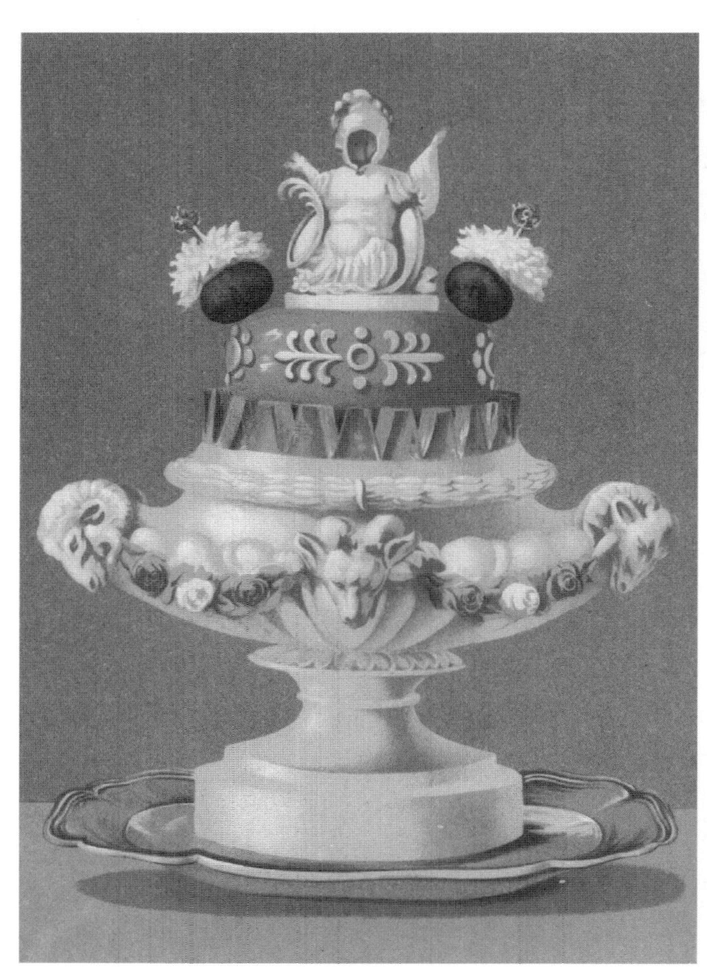

illus. 9

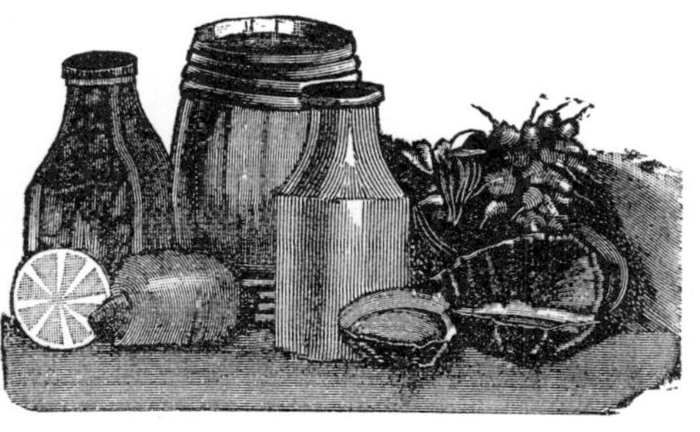
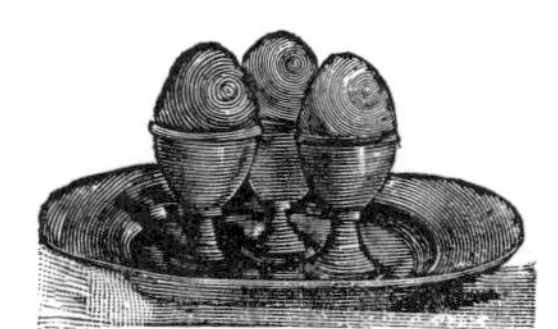
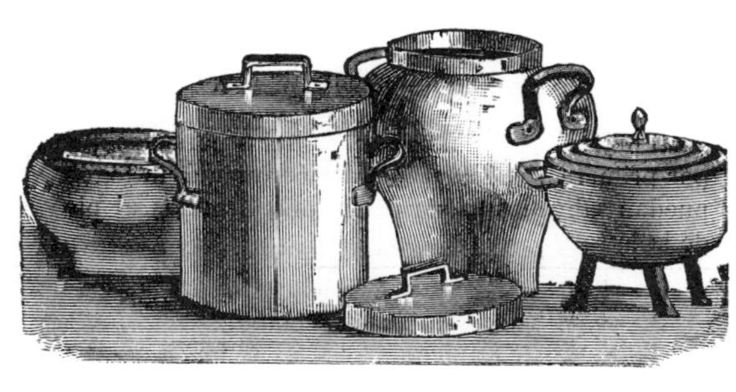

287

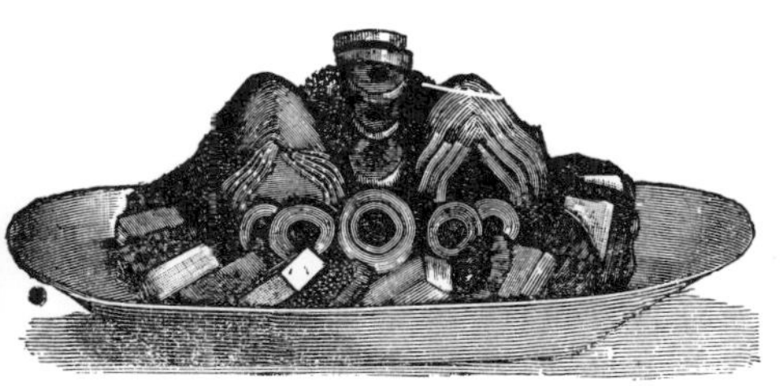
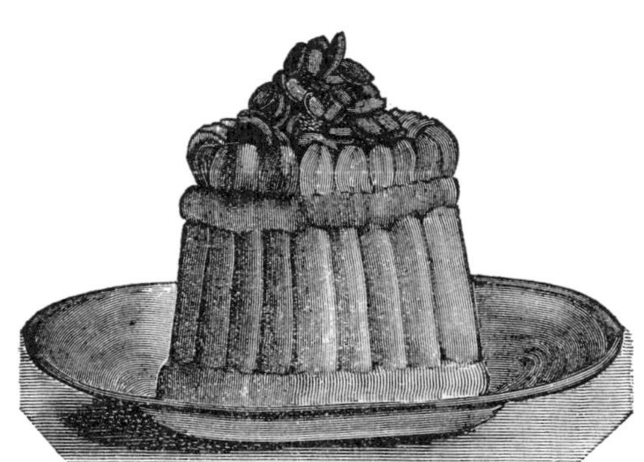
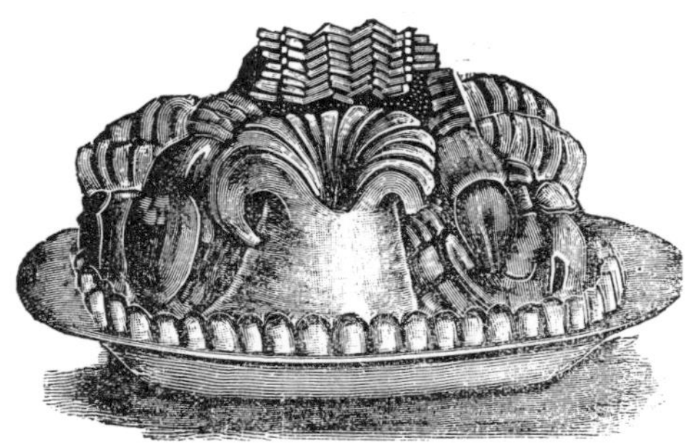
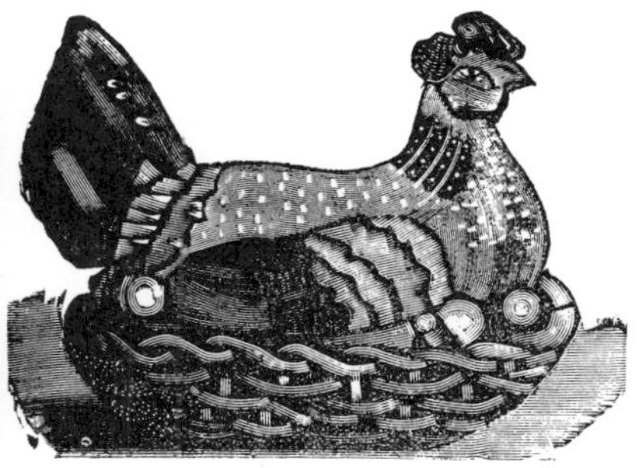
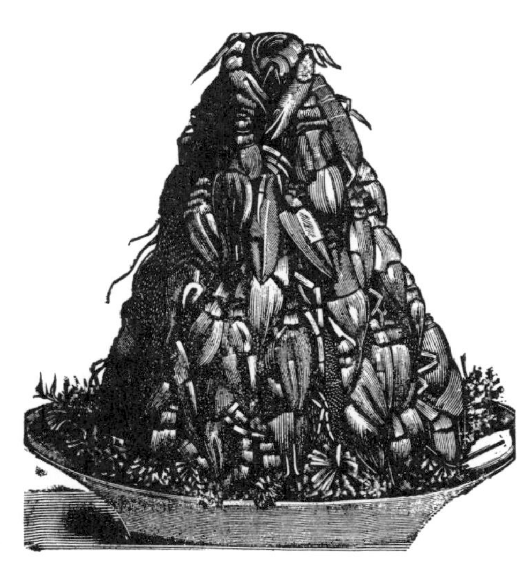
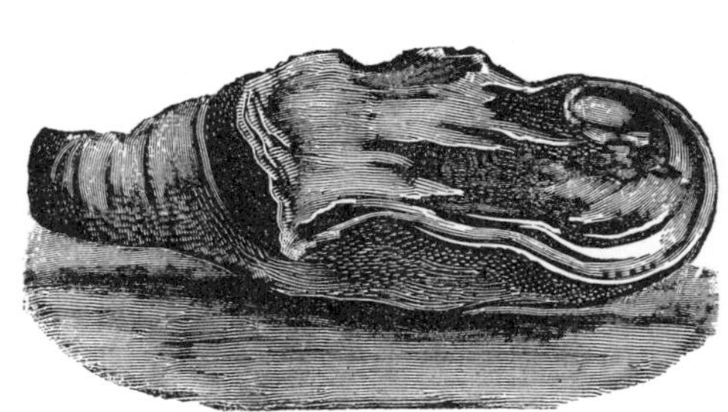
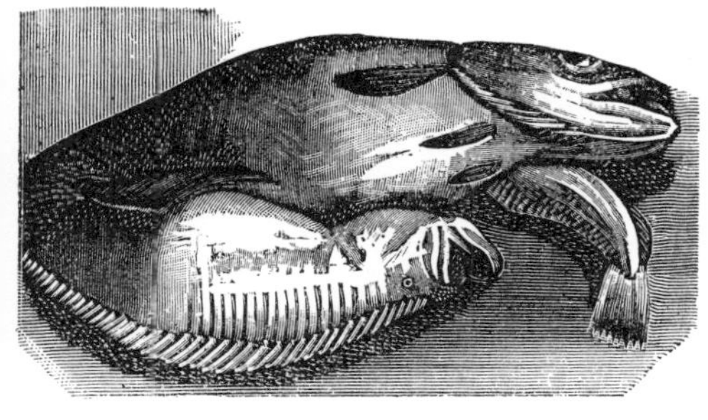
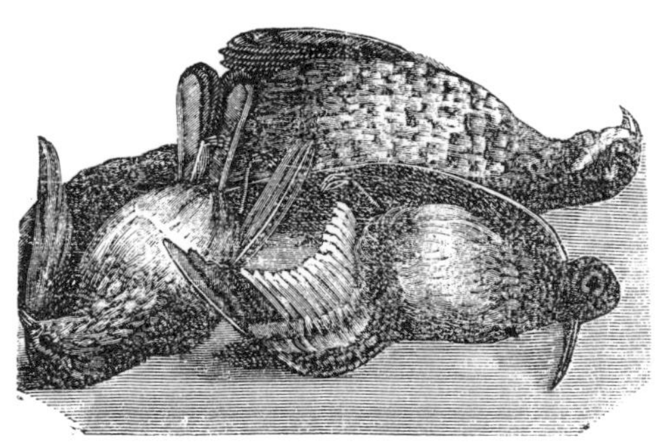

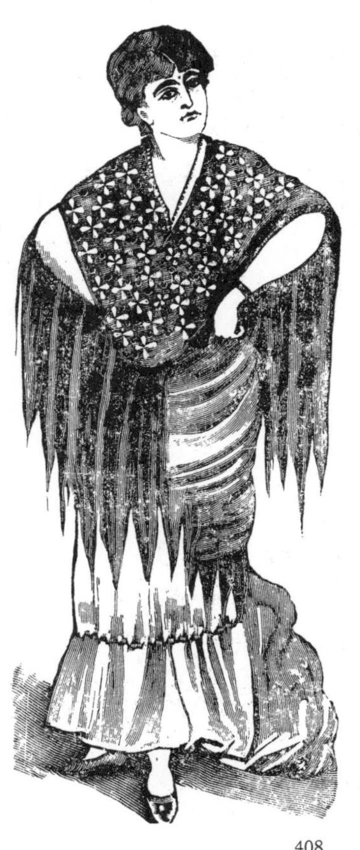

408

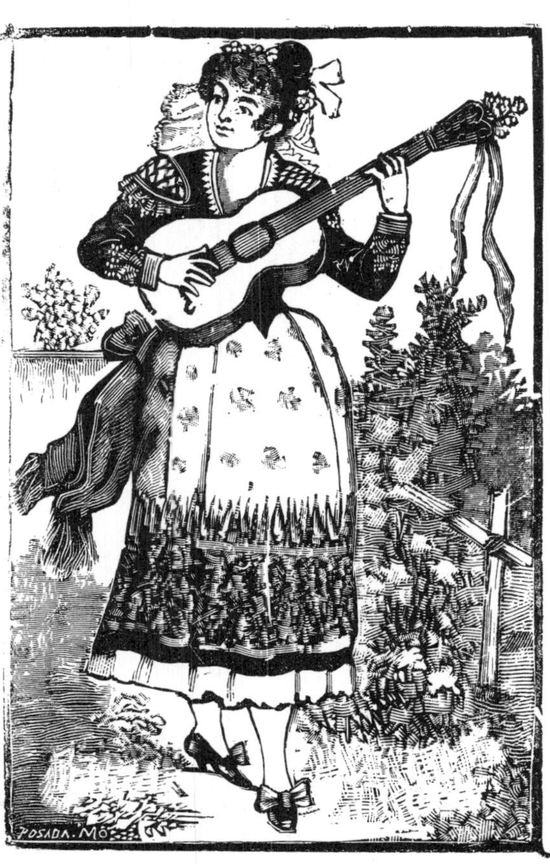

392

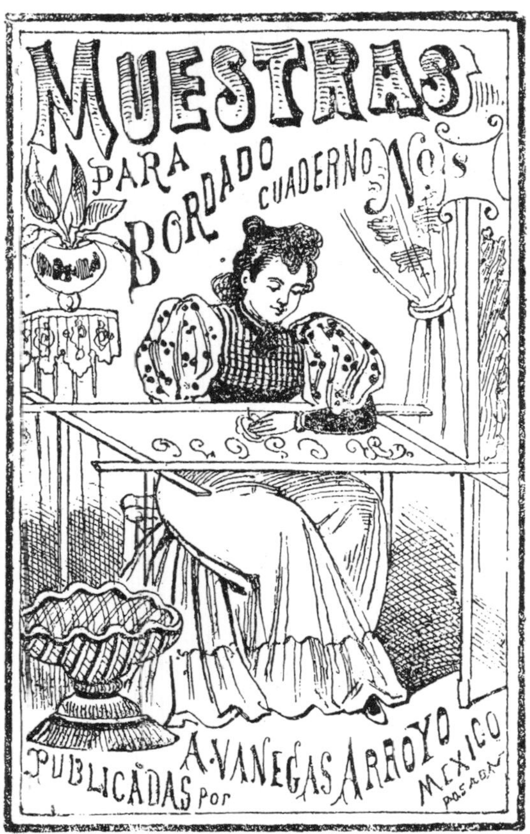

71

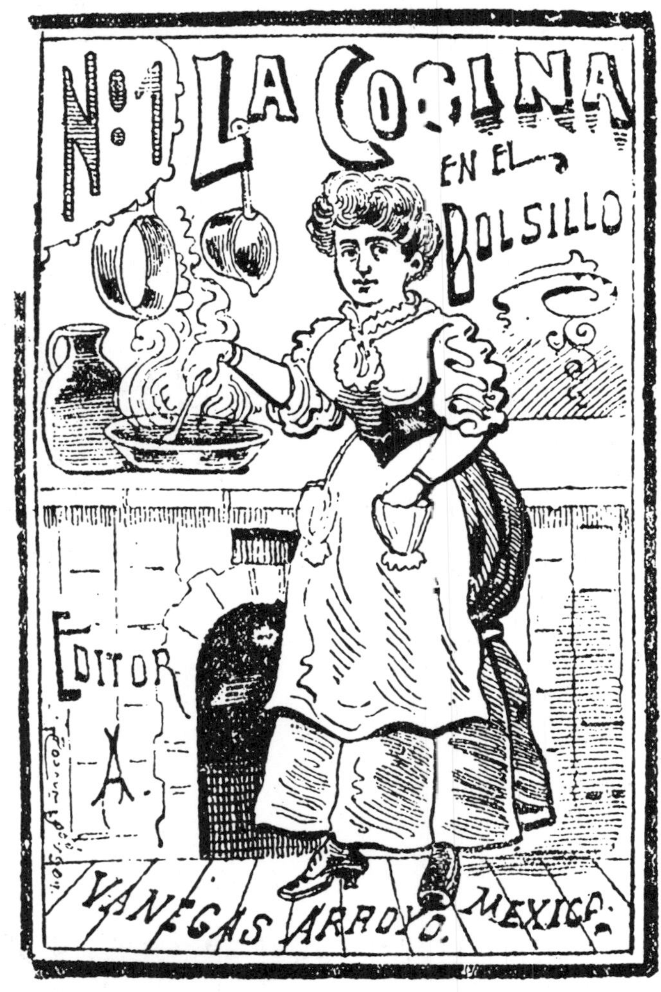

69

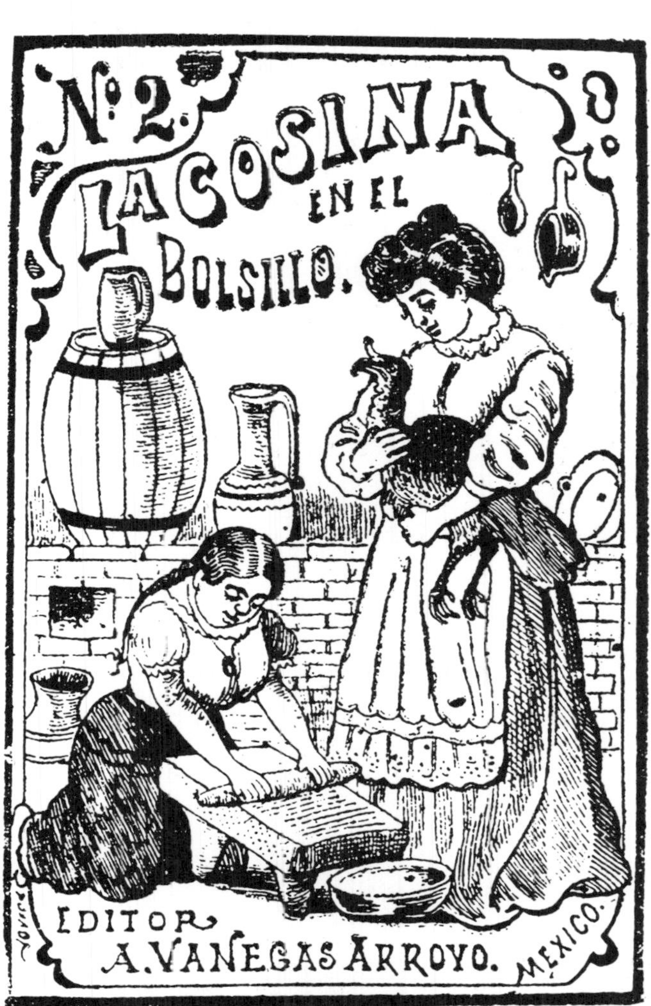

70

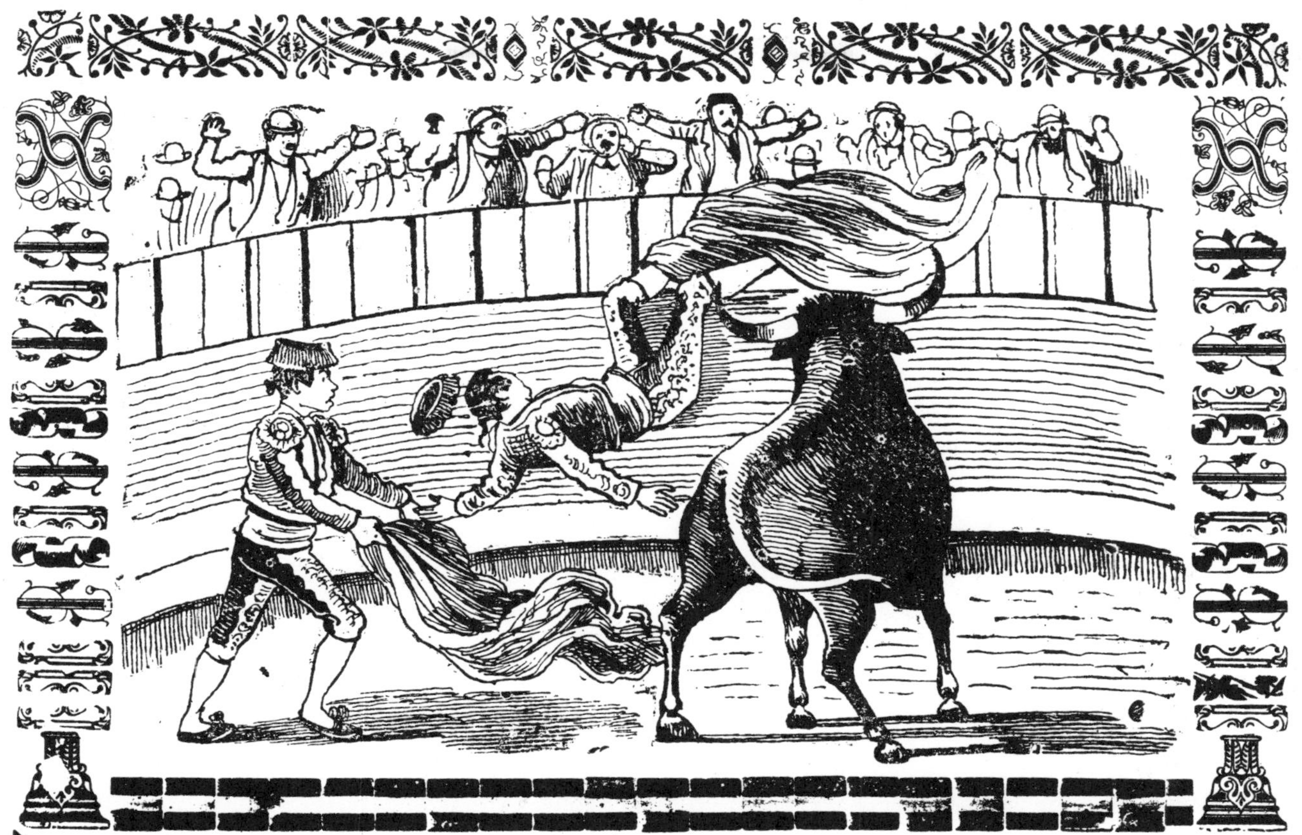

LA RIESGOSA COGIDA DE RODOLFO GAONA

En la Plaza de "El Toreo" el Domingo 20 del pte. mes.

El dia veinte de Febrero
De mil novecientos diez,
Se organízó una corrida
De extraordinario valer.
Sus productos destinaron
Para la festividad
Del Centenario presente
Que pronto tendrá lugar.
A esta famosa corrida
El Magistrado Primer,
General Porfirio Diaz,
Asistió á ella muy bien,

Primer toro: muchas palmas
Hubo á los diestros allí,
Y fué muerto con pericia
Por Moreno sin desliz.
Llega el segundo muy bravo
Llamándose "Gorgojito"
Agulita le echó capas
Y Gaona siempre listo.
Aplaudiéronle á Rodolfo
Con mucha sinceridad
Pues sus verónicas fueron.
Muy bien hechas de verdad.

197

Edición Especial

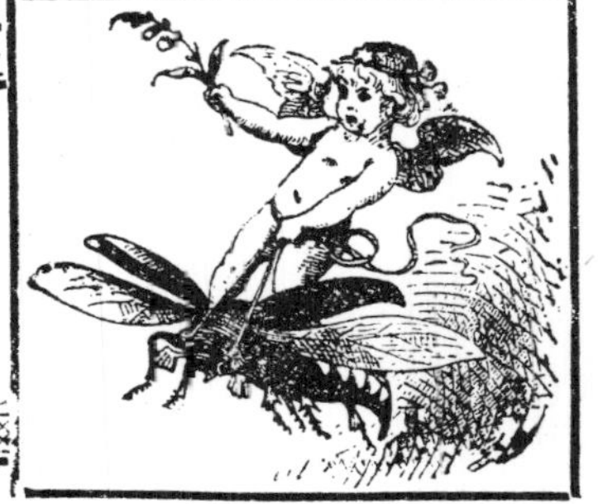

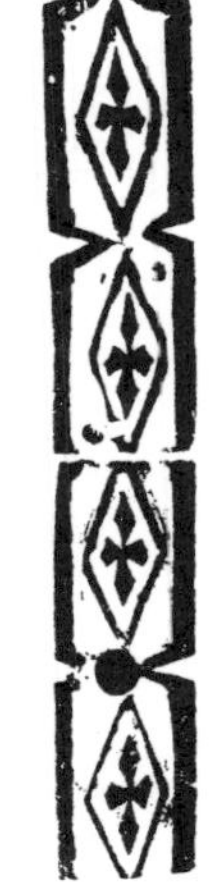

De Canciones, Corridos, Coplas, Versos y Poesias Celebres

Coleccionadas y Publicadas por la Test. de A. V. ARROYO, 2a. de Sta. Teresa 10.

Gaona se Muere y no!

Allá en Palma de Mallorca
A Gaona el matador,
El cinco de Julio actual
Bravo toro lo cogió.
Cuando Rodolfo pasaba
De la muleta al marrajo
Una vuelta le dió el bicho,
Cogida de gran tamañón.
Horrible herida en el pecho
A Rodolfo se miró,
Por el pulmon y la pleura....
¡Gaona se muere y no!

Con mucho cuidado hicieron
Al diestro la curación,
Que la cogida fué grave
Como pocas hasta hoy.

Van dos veces que lo agarra
En su vida de torero,
La primera vez en Puebla
Y en España la de riesgo.

La vida tiene en un hilo
El gran diestro matador;
Con la muerte está toreando,..
¡Gaona se muere y no!

La de perder le ha tocado
¿Quién se lo había de decir?
Cuando siempre tan valiente
Al toro le hacía morir.

Se acuerda de Antonio Montes
Y también de «Romerito»,
Que a los dos los malhoriaron
Unos toros tan bonitos.

A poco ya a mí me toca—
Dice el pobre matador,—
Y los que le cuidan piensan:
¡Gaona se muere y no!

La gravedad continúa
¡Ay pobrecito torero!
Y la madre llora mucho,
La madre del joven diestro.

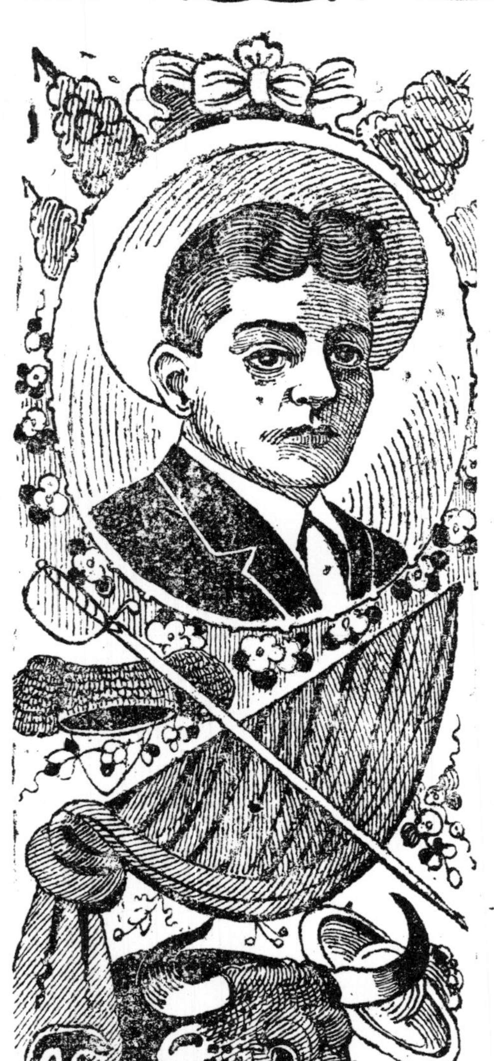

¡Ah qué desgracia, caramba!
A Rodolfo le pasó;
Ya debia de dejar el arte
Si encuentra la salvación.
Sera un milagro patente
Si sana del revolcón,
En dudas está su vida:
¡Gaona se muere y no!
La tauromaquia es terrible
Que no hay arte tan riesgoso,
Como lidiar con las fieras
En las arenas del coso.
Los diestros ganan dinero
Como pocos, ya se ve;
Pero eso sí en un descuido
La muerte ganan también.
Con ésta sí no se juega
Ni se le puede matar,
Que no hay pase de muleta
Con que poderla engañar.
A Gaona ya le huele
A tierrita del panteón,
Y por lo pronto a esta hora
¡Gaona se muere y no!
Será deveras desdicha
Que se retire Gaona,
Pues a México le ha dado
Con su valor mucha honra.
Es muy bueno ser torero
Pero torero en el Zócalo,
Que allí los toretes hablan
Y no matan como otros.
Ay Rodolfo, Rodolfito,
No te restires, no, no,
Mira que es buena la vida
Y hay muchachas por mayor.
Sana, sana, no seas guaje,
Que harás pesos de a montón,
Y entonces todos diremos:
Se murió Gaona... ¡y no!

Precio: 5 Centavos

196

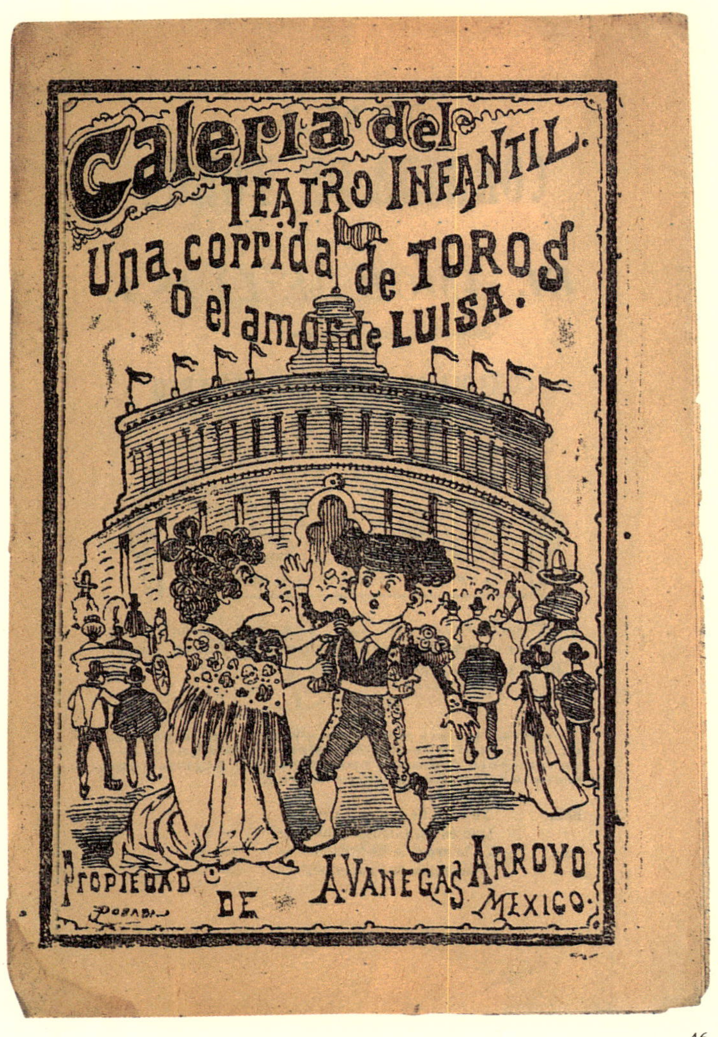

46

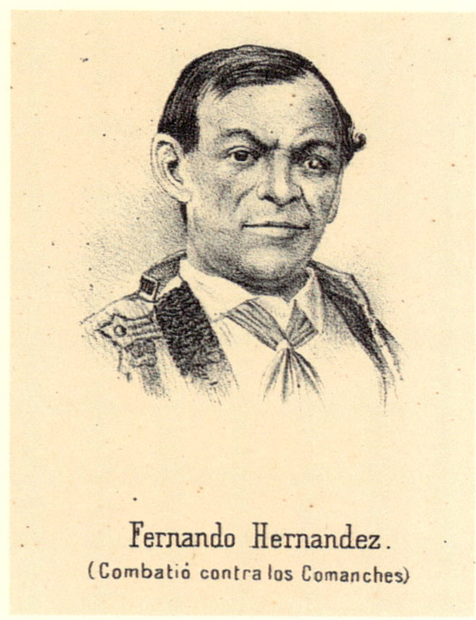

Fernando Hernandez.
(Combatió contra los Comanches)

424

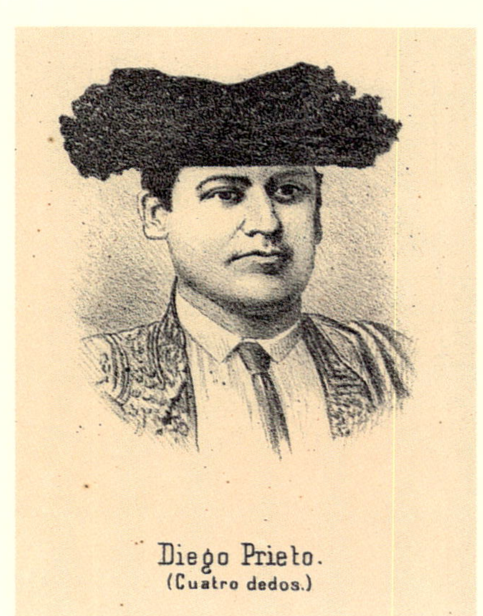

Diego Prieto.
(Cuatro dedos.)

440

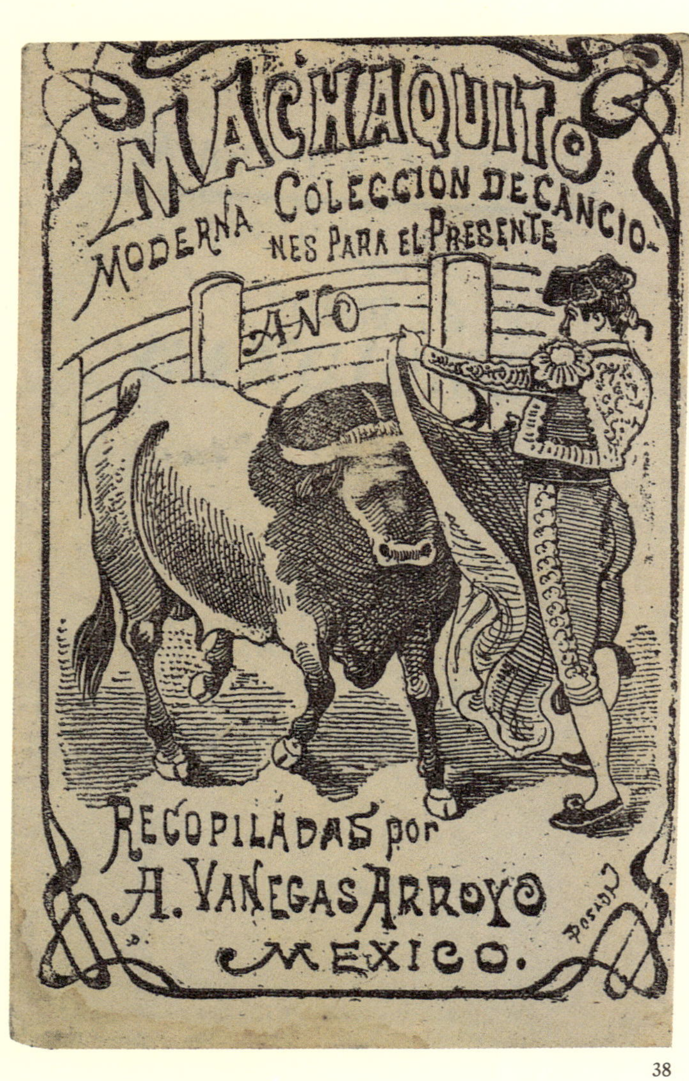

38

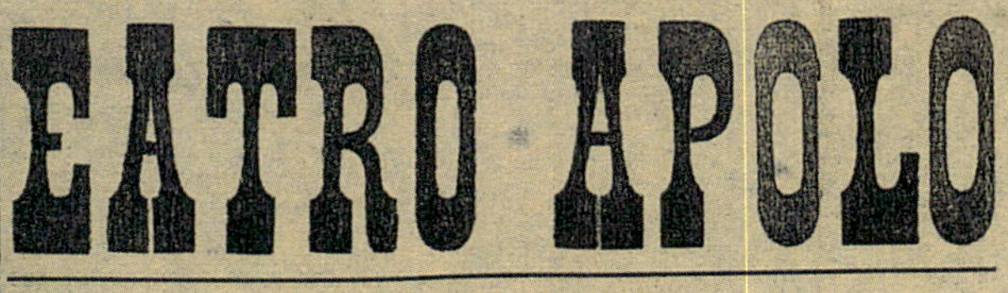

TEATRO APOLO

Sublime, Milagrosa y Extraordinaria Función

—PARA EL—

SABADO 7 de Febrero de 1891,

A las ocho y media de la NOCHE.

Por la renombrada Compañía

Las Maravillas Trasatlánticas, que tanto éxito ha obtenido en los principales Teatros de la Capital.

Al Público.

El Empresario y Director Sr. Comendador Aldo Martini, antes de ausentarse de la Capital para Guadalajara, quiere obsequiar los deseos de muchas familias, que desde hace tiempo, habían pedido ver la compañía de **Las Maravillas TRASATLANTICAS**, y no obstante los inmensos gastos, proporcionará una sola función para el Sábado próximo,

El único día

de que puede disponer.

Qedando abierto el expendio de localidades desde el

Viernes 6.

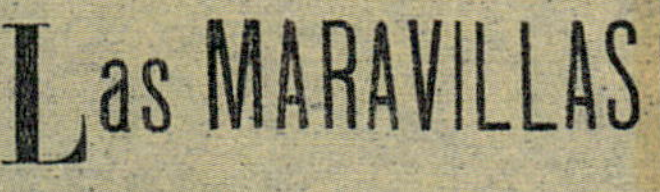

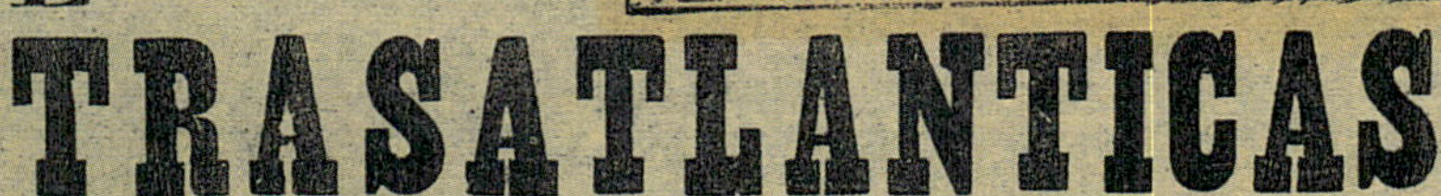

Las MARAVILLAS TRASATLANTICAS

Unica en su género y que obtuvo el éxito más grande hasta hoy, no solo por su completa variedad, también por los renombrados artistas que en ella figuran, cuyo empresario es el distinguido Comendador Señor

Aldo Martini

afamado mágico de las principales Cortes de Europa, premiado con Medalla de Oro en los primeros Teatros del viejo mundo.

PERSONAL ASTISTICO.

El muy aplaudido Comendador Señor

Aldo Martini

Reconocido y juzgado por la muy respetable Prensa Mexicana, como el mejor ilusionista que ha aparecido en esta República.

Miss Freeman

La hermosa y ágil bailarina inglesa en sus inimitables Bailes de Transformaciones, 8 diferentes trajes y caracteres en 10 minutos.

Funámbulo, el Grande é incomparable

Herr Weitzmann

El más intrépido y arriesgado equilibrista y ascencionista aéreo que el mundo conoce, el cual ha atravesado el Río del Danubio en Viena, 2,000 piés; en Alemania el Reno, y dos veces las cataratas del Niágara. El mismo, teniendo los ojos vendados, atravesará un cablo puesto á la altura de la galería del Teatro y caminará con botas y espuelas, y con canastitas hará ejercicios sorprendentes y nunca vistos hasta hoy.

A las 7 y tres cuartos HERR WEITZMANN, hará una ascención sobre el alambre afuera del Teatro.

Grátis para todos

M. BREAKSPEARE

El asombroso sugeto ipnótico, Mnemotecnia MUSICAL.

¡Gran Novedad! ¡Sorprendente Novedad!

MELOSINA!

en su sorprendente acto EL SUEÑO DE CANOVA.
Excursión Misteriosa á vuelo de pájaro en los Museos del Mundo.

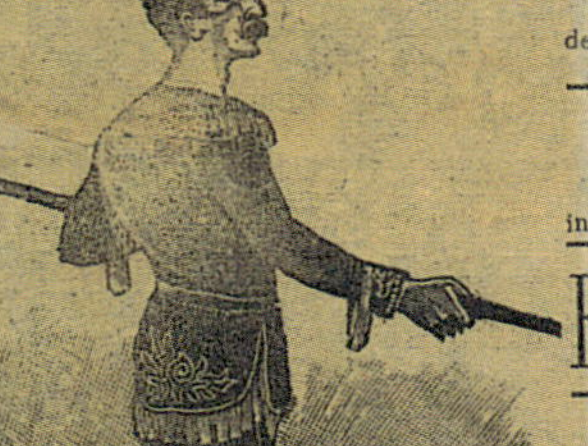

Las Siluetas Humoristicas

del celebrado Comendador SR. ALDO MARTINI.

M. SMITH

inimitable pianista y director de orquesta.

Francisco Aymo,

llamado el Rayo de los Pinceles, por su ligereza en pintar cuadros al óleo en cinco minutos.

PRECIOS DE ENTRADA.

Patio con asiento	$	0 75
Palcos segundos con asientos		0 50
Galería		0 18
Idem con número		0 25
Palcos primeros y plateas con seis entradas		4 50
Palcos segundos con seis entradas		2 50

El Representante, **F. Aymó.**

No hay que olvidar la Ascención

GRATIS

Tip. "El Libro Diario," 5 de Mayo 19.

503

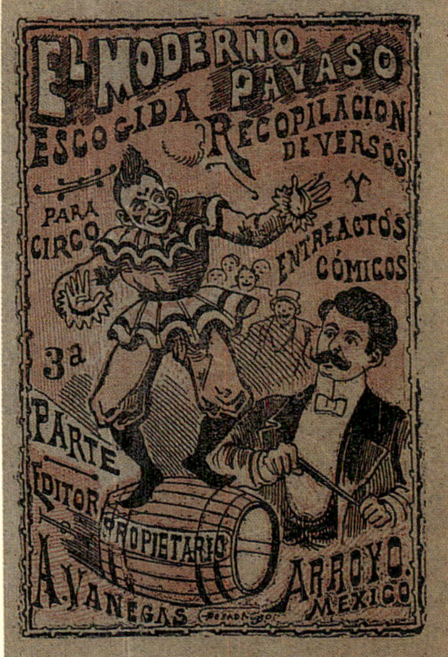

304

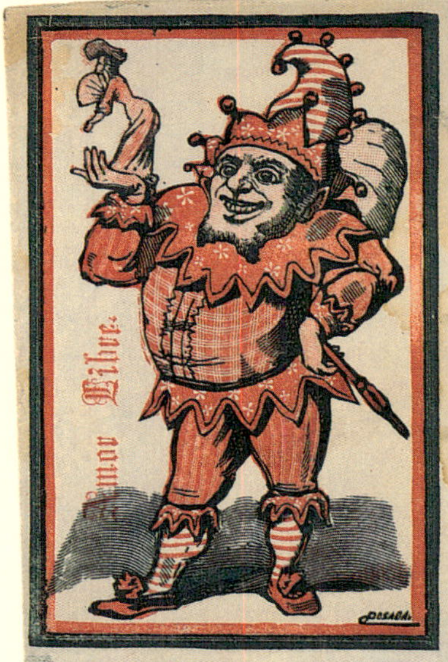

18

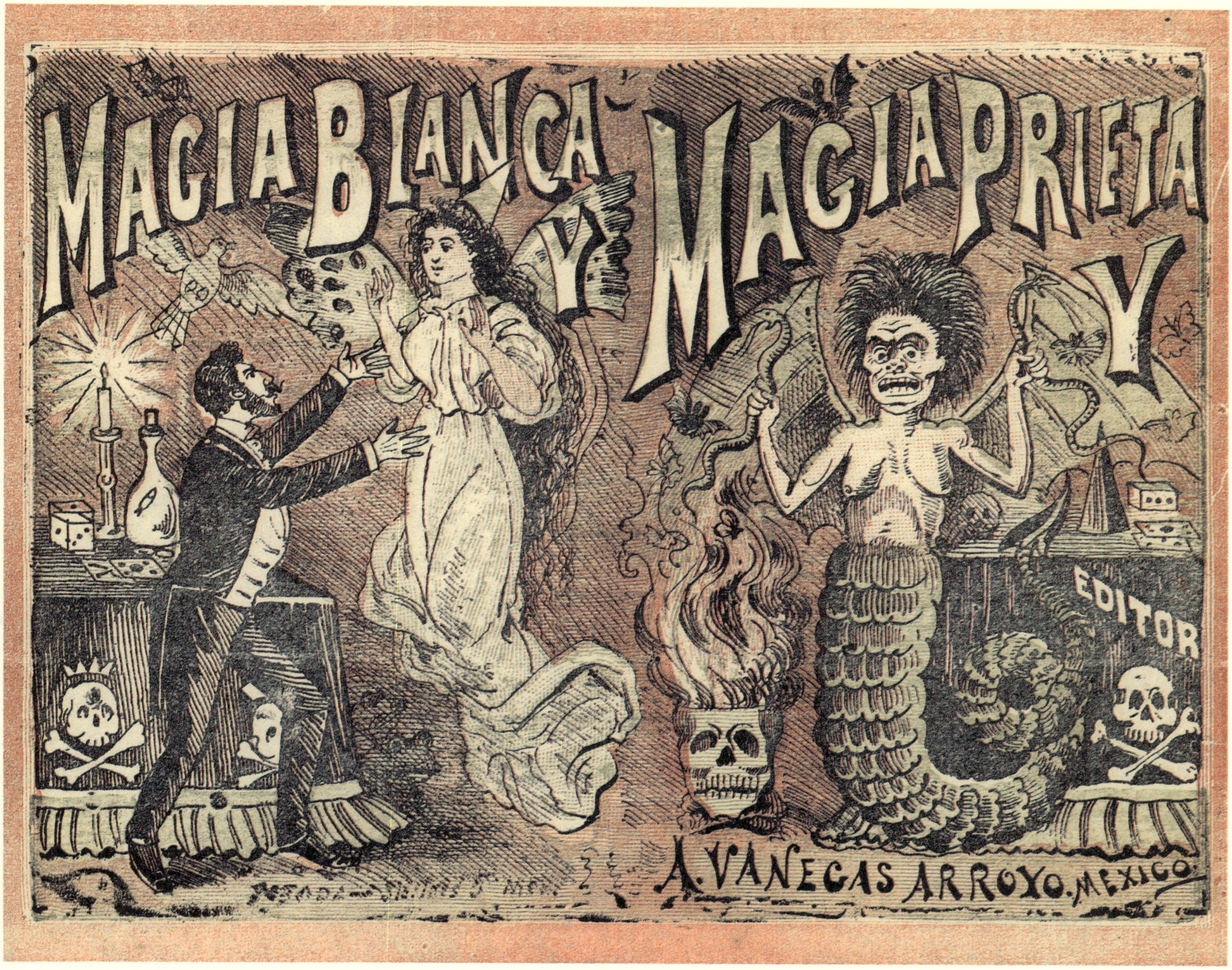

MAGIA BLANCA Y MAGIA PRIETA
Y
EDITOR
A. VANEGAS ARROYO. MEXICO.

284

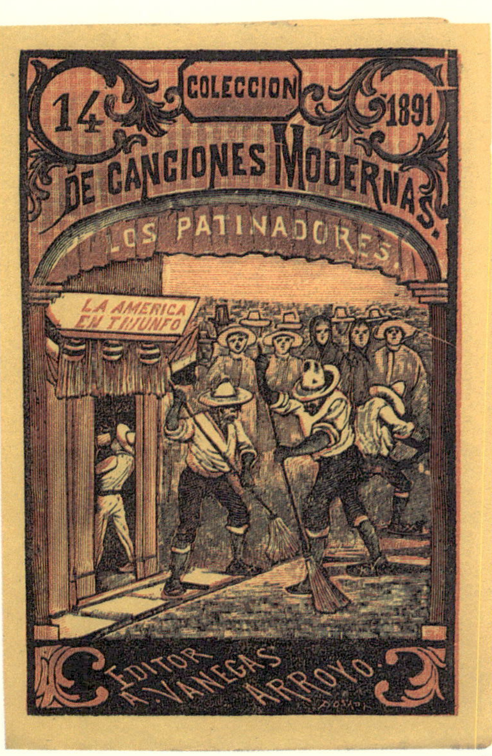
14ª COLECCION 1891
DE CANCIONES MODERNAS.
LOS PATINADORES
LA AMERICA EN TRIUNFO
EDITOR A. VANEGAS ARROYO.
9

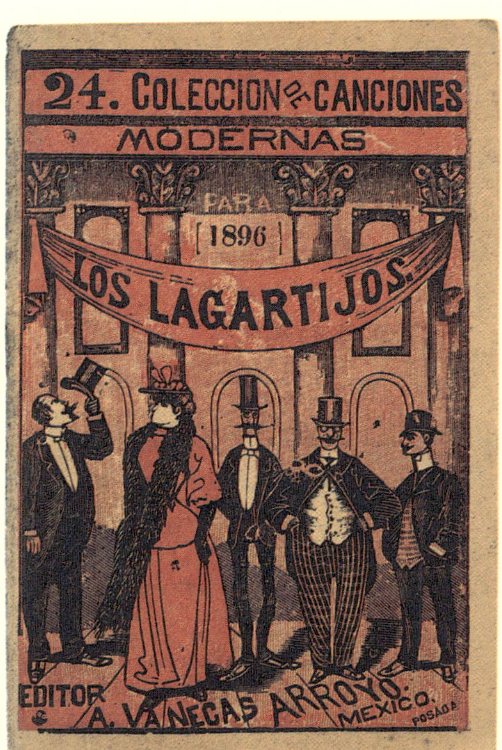
24. COLECCION DE CANCIONES
MODERNAS
PARA
1896
LOS LAGARTIJOS.
EDITOR A. VANEGAS ARROYO. MEXICO.
POSADA
1

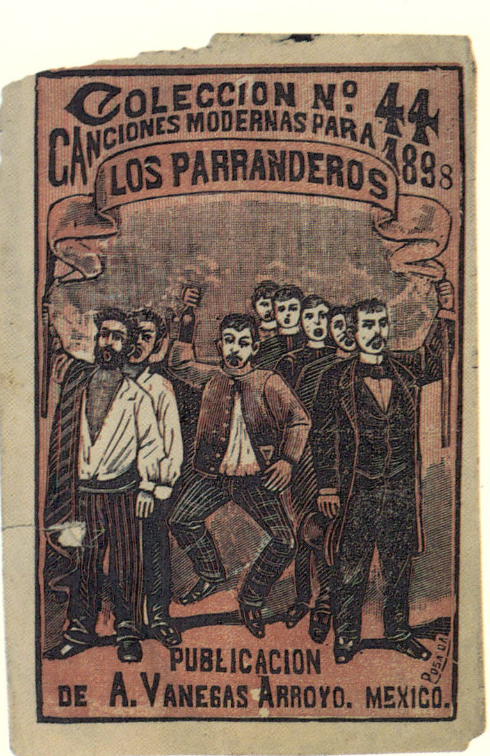
COLECCION Nº 44
CANCIONES MODERNAS PARA 1898
LOS PARRANDEROS
PUBLICACION
DE A. VANEGAS ARROYO. MEXICO.
2

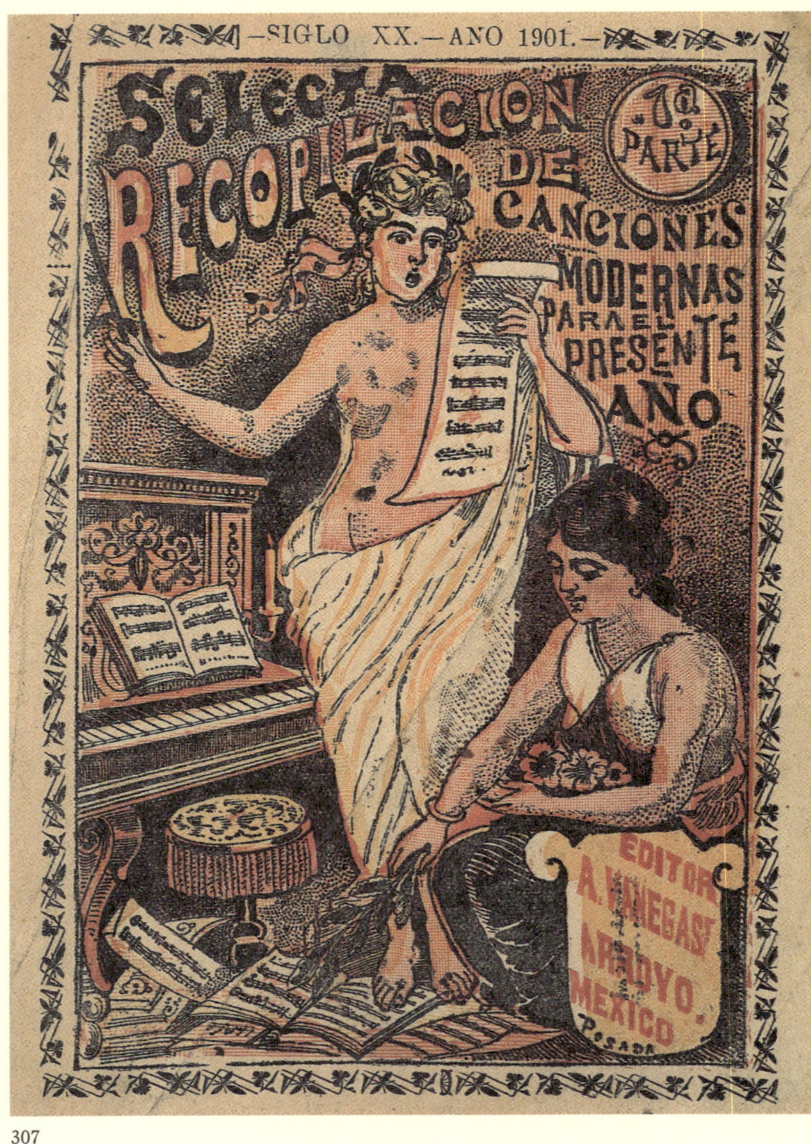
—SIGLO XX.—AÑO 1901.—
Selecta Recopilación de Canciones Modernas para el presente año
1a Parte
Editor A. Vanegas Arroyo. México
Posada
307

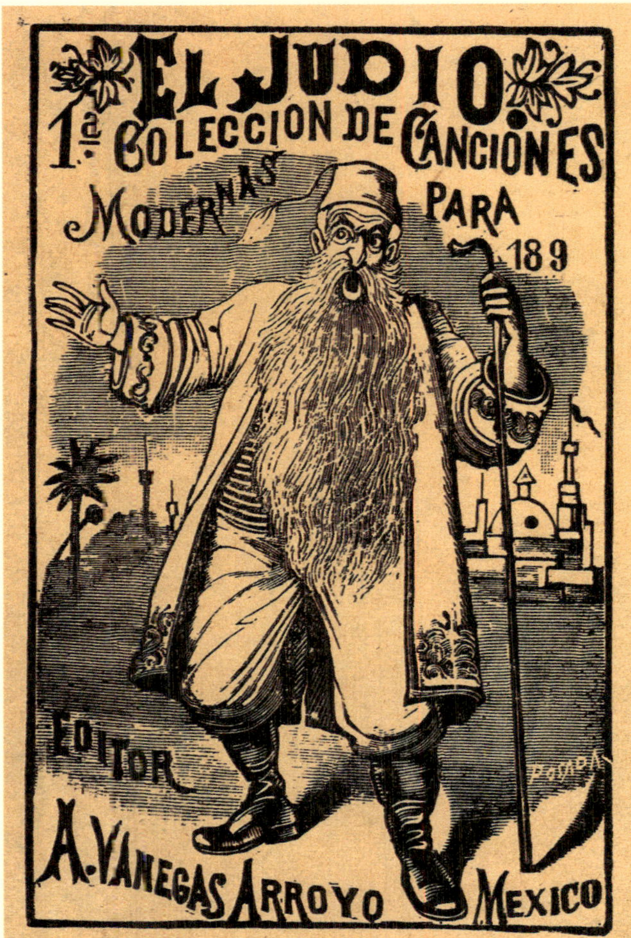
El Judio.
1a Coleccion de Canciones Modernas para 189
Editor
A. Vanegas Arroyo
Mexico
Posada
578

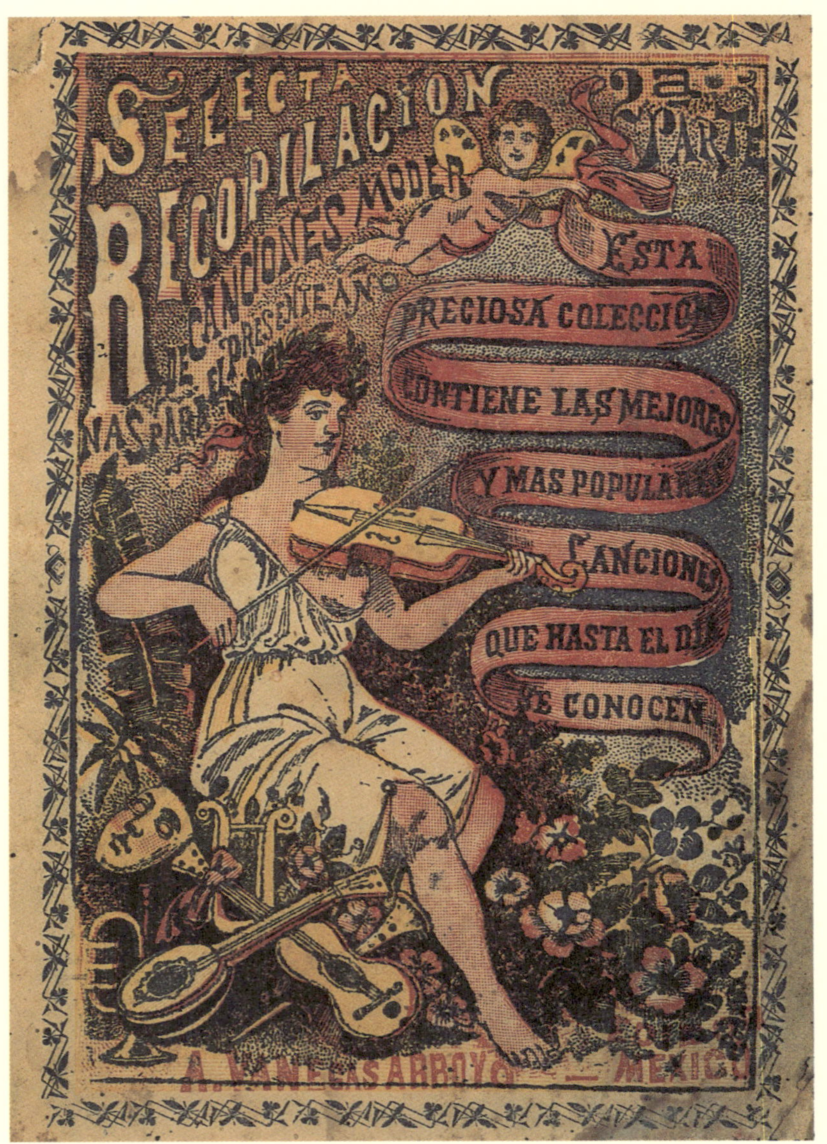
Selecta Recopilación de Canciones Modernas para el presente año
2a Parte
Esta preciosa colección contiene las mejores y mas populares canciones que hasta el dia se conocen
A. Vanegas Arroyo
Mexico
308

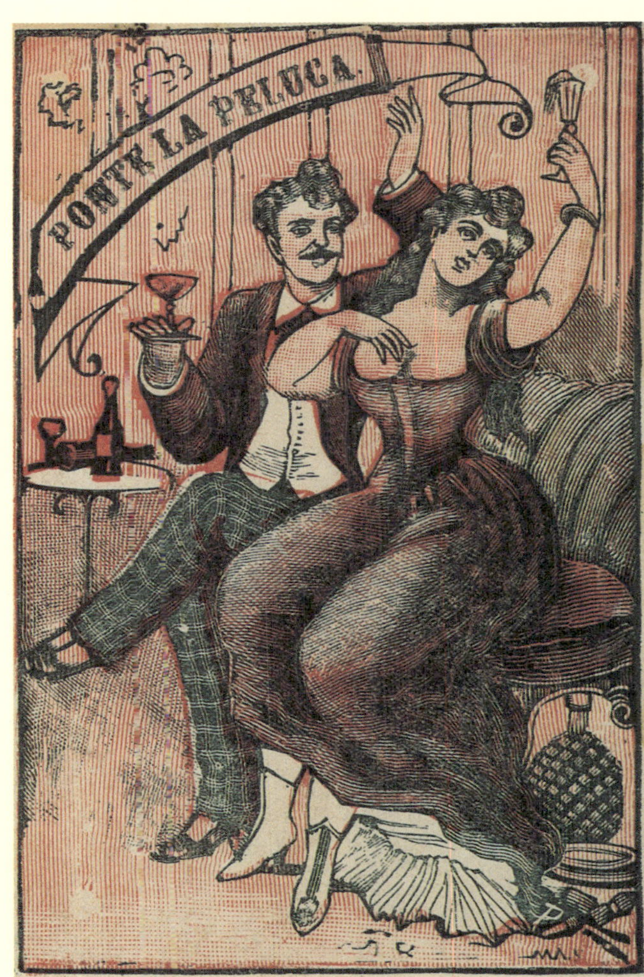
Ponte la peluca
8

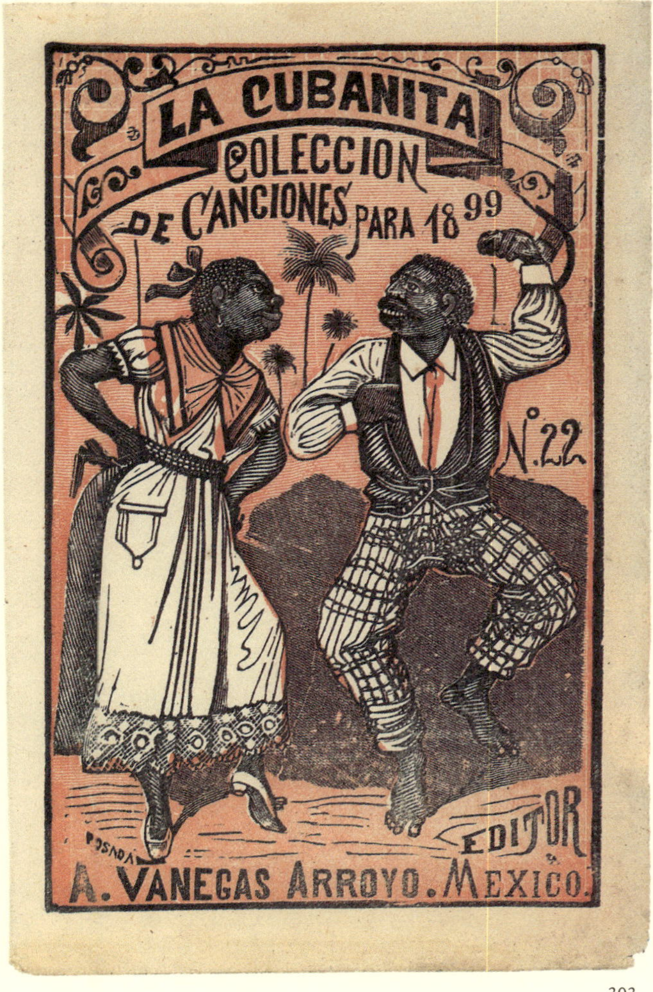
LA CUBANITA
COLECCION
DE CANCIONES PARA 1899
Nº 22
EDITOR
A. VANEGAS ARROYO. MEXICO

303

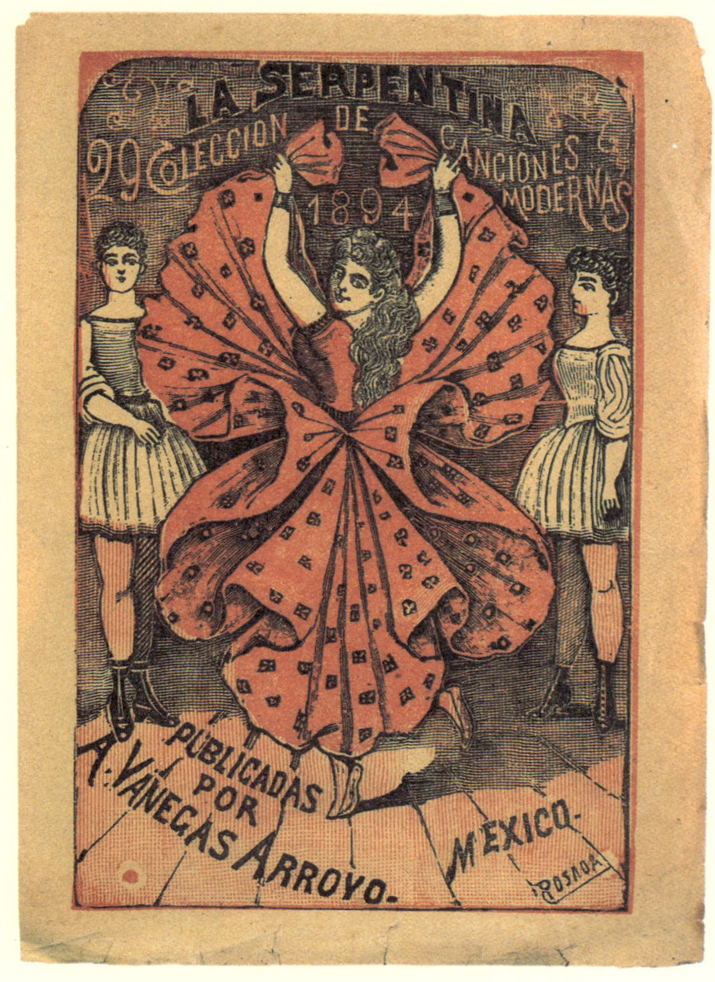
LA SERPENTINA
29 COLECCION DE CANCIONES MODERNAS
1894
PUBLICADAS POR
A. VANEGAS ARROYO.
MEXICO.

6

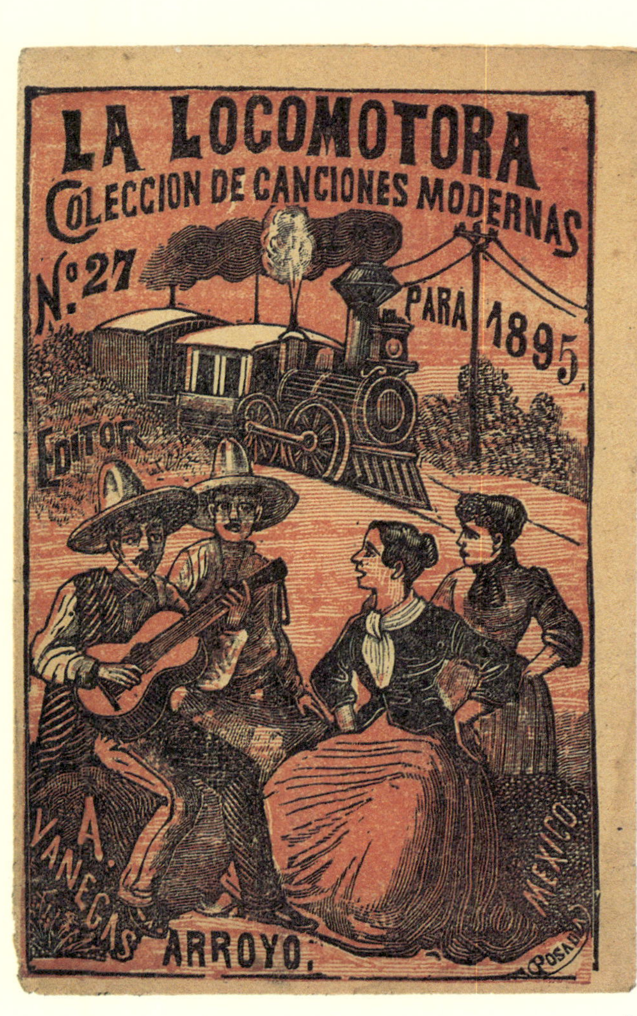
LA LOCOMOTORA
COLECCION DE CANCIONES MODERNAS
Nº 27
PARA 1895
EDITOR
A. VANEGAS ARROYO.
MEXICO

5

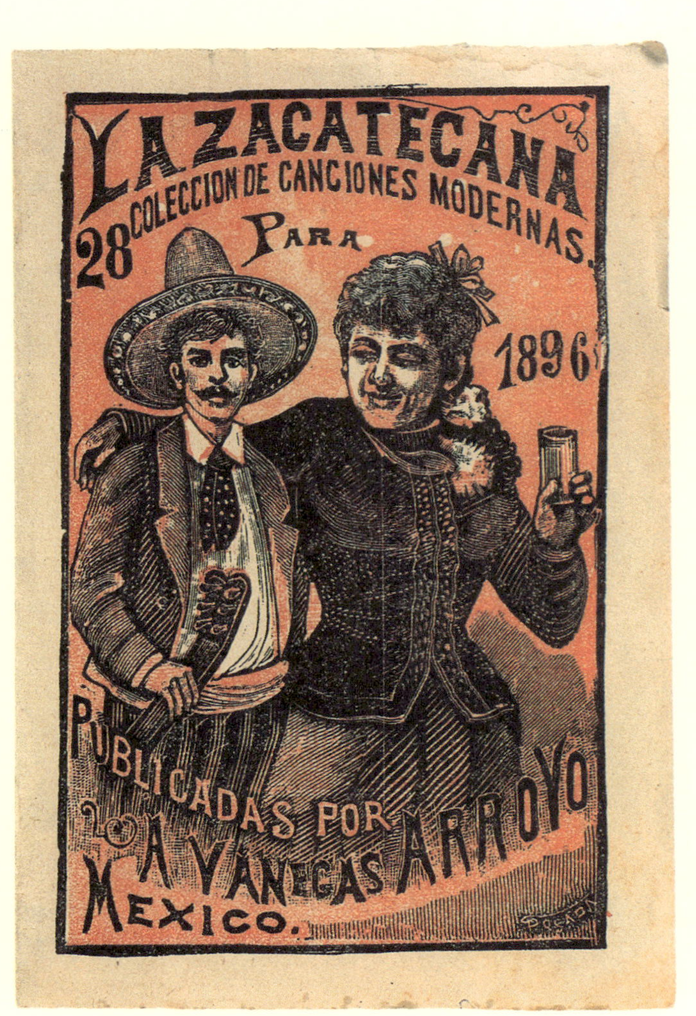
LA ZACATECANA
28 COLECCION DE CANCIONES MODERNAS
PARA
1896
PUBLICADAS POR
A VANEGAS ARROYO
MEXICO.

7

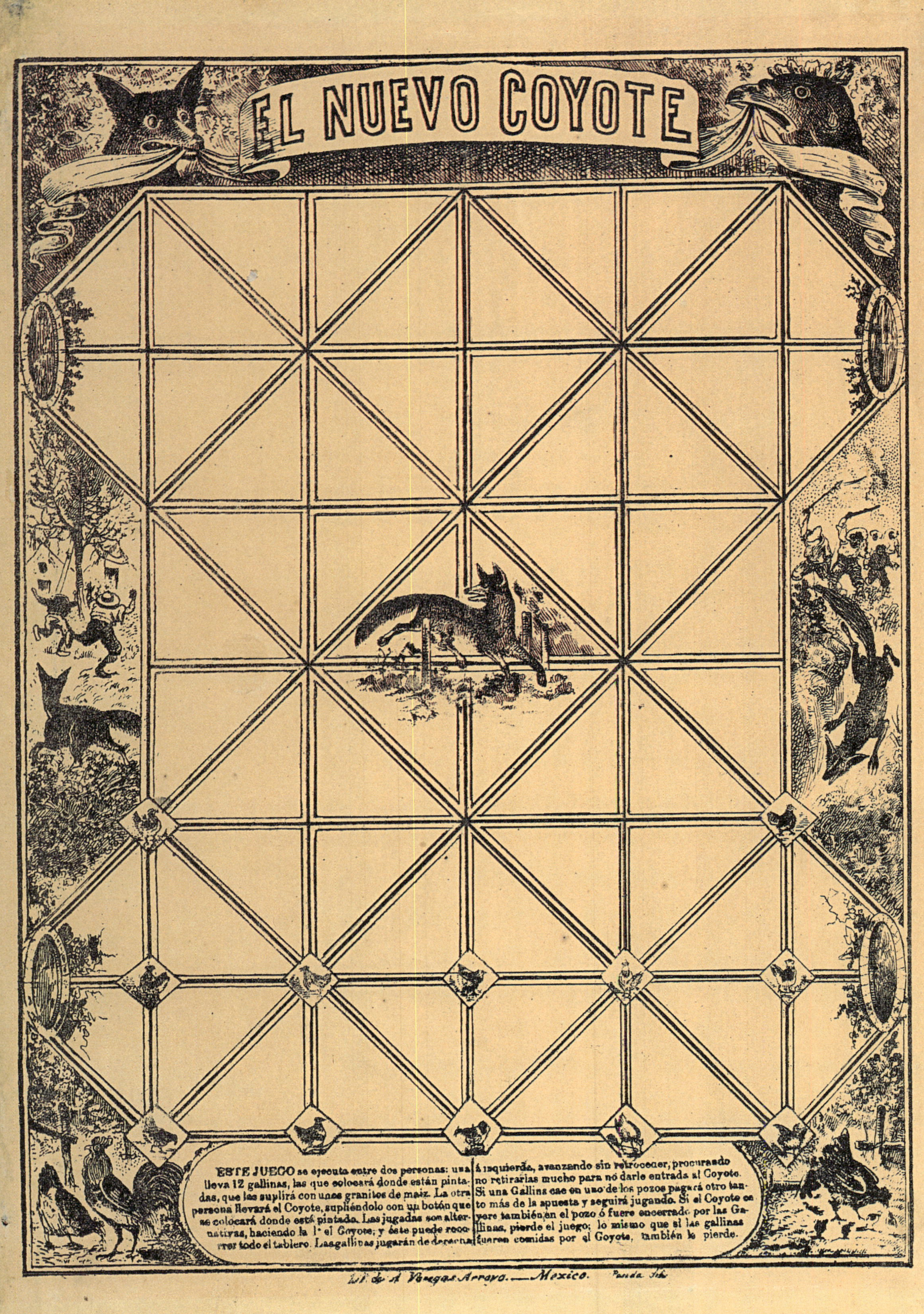
EL NUEVO COYOTE
ESTE JUEGO se ejecuta entre dos personas: una
lleva 12 gallinas, las que colocará donde están pinta-
das, que les suplirá con unos granitos de maiz. La otra
persona llevará el Coyote, supliéndolo con un botón que
se colocará donde está pintado. Las jugadas son alter-
nativas, haciendo la 1ª el Coyote, y éste puede recorrer todo el tablero. Las gallinas jugarán de derecha
á izquierda, avanzando sin retroceder, procurando
no retirarlas mucho para no darle entrada al Coyote.
Si una Gallina cae en uno de los pozos pagará otro tanto más de la apuesta y seguirá jugando. Si el Coyote ca
yere también en el pozo ó fuere encerrado por las Gallinas, pierde el juego; lo mismo que si las gallinas
fueren comidas por el Coyote, también lo pierde.
Lit. de A. Vanegas Arroyo. — Mexico.
Posada

423

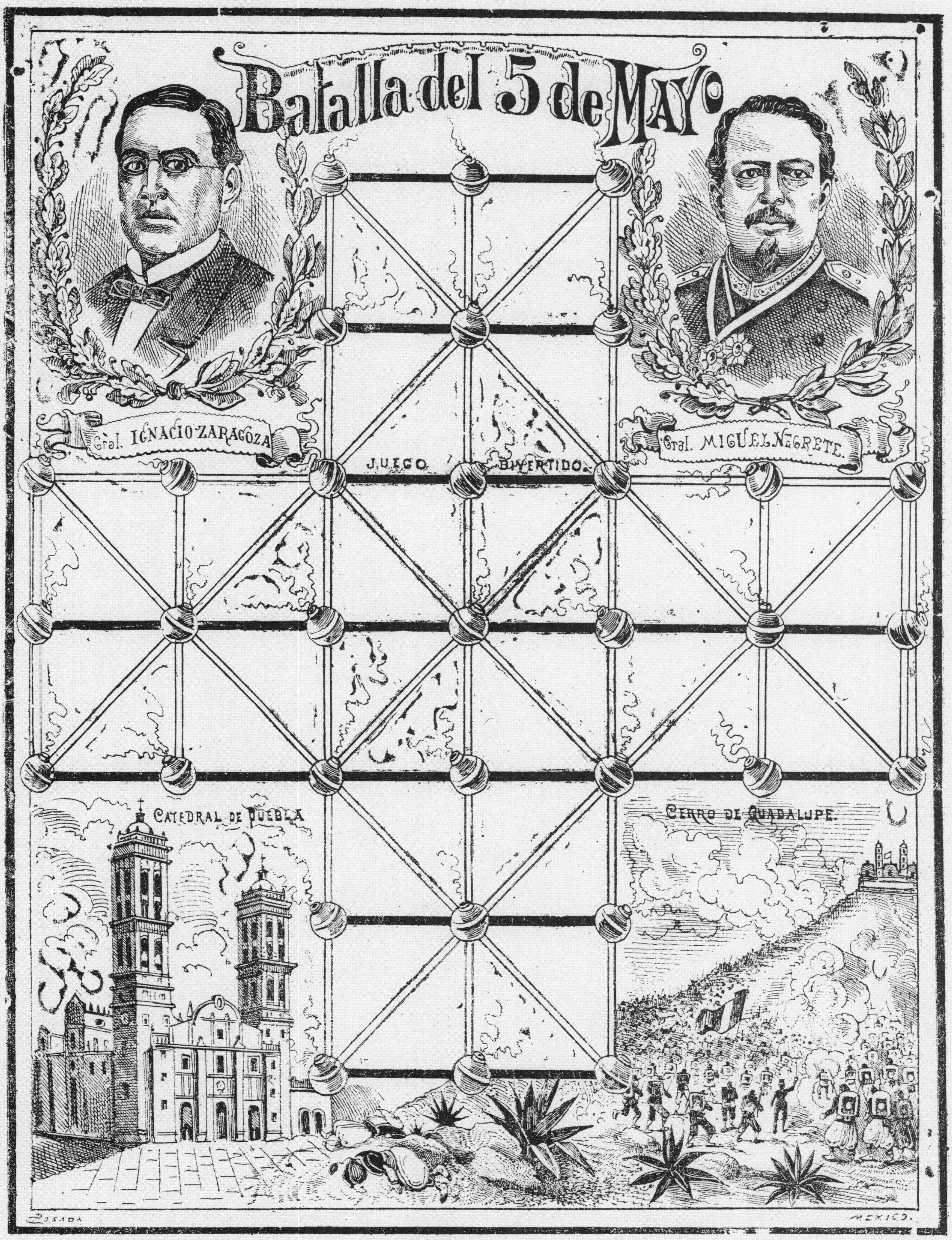

Batalla del 5 de Mayo

Gral. IGNACIO ZARAGOZA

Gral. MIGUEL NEGRETE

JUEGO DIVERTIDO

CATEDRAL DE PUEBLA

CERRO DE GUADALUPE

POSADA

MEXICO.

EXPLICACION

Este juego consta de cinco partes. La parte superior donde dice 'Juego divertido' simula la fortaleza que combate con los dos generales únicamente contra las cuatro partes internas ocupadas por los franceses. Los referidos generales sitiados se ponen á voluntad en la fortaleza y los sitiadores se pondrán en las veinticuatro granadas restantes. Los veinticuatro sitiadores no avanzaran si no es siguiendo las lineas blancas en dirección oblicúa ó recta sin retroceder ni marchar por las lineas negras. Los dos generales sitiados, podrán á la inversa seguir las lineas blancas ó negras oblicúas ó del lado y aún retroceder, poniéndose en cualquiér punto desocupado Se comerá como en el juego de damas cada sitiador tras del que está en un punto vacío. Pueden también comer varios avanzando ó retrocediendo. Los sitiados procurarán retirarse á la fortaleza. Los veinticuatro sitiadores no podrán comerse á ninguno de los dos sitiados, mas pueden hacerlo por tontos cuando se han distraido de comer donde debían. La idea del presente juego estriba de sacar á sus dos defensores de su fortaleza y ocupar ésta.

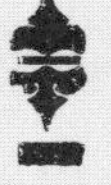

78

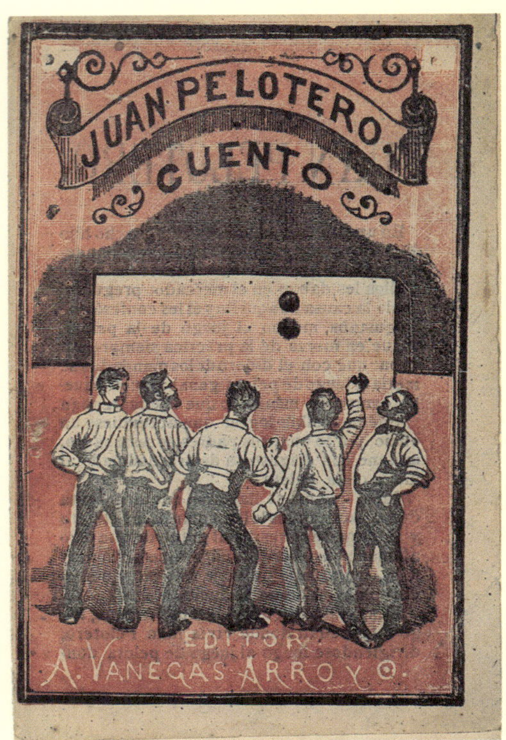

22

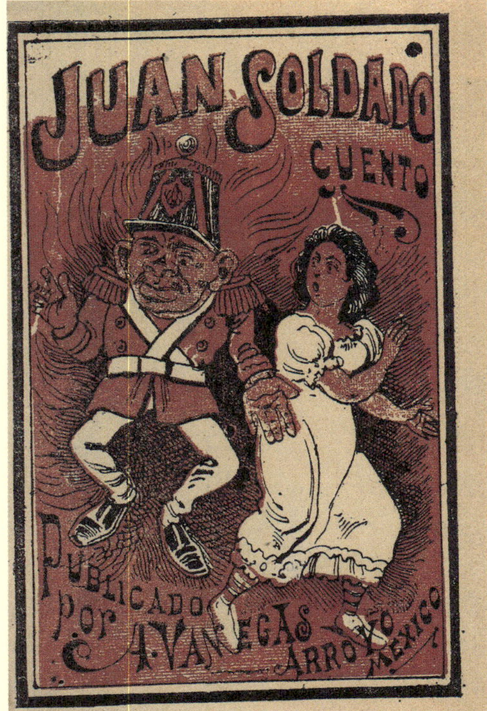

25

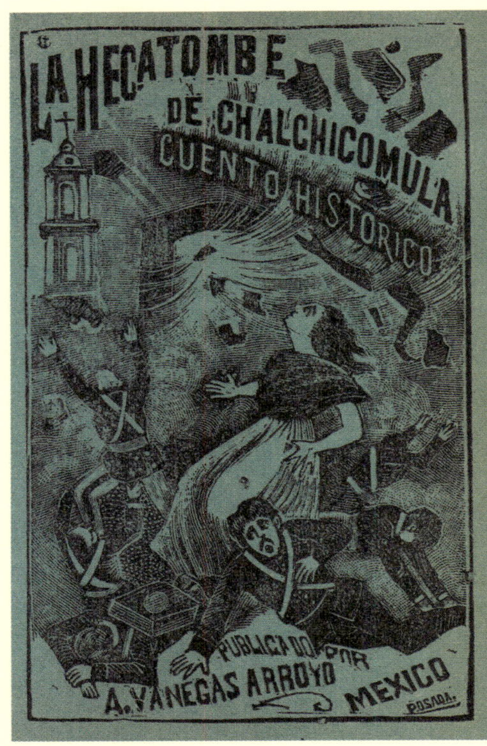

50

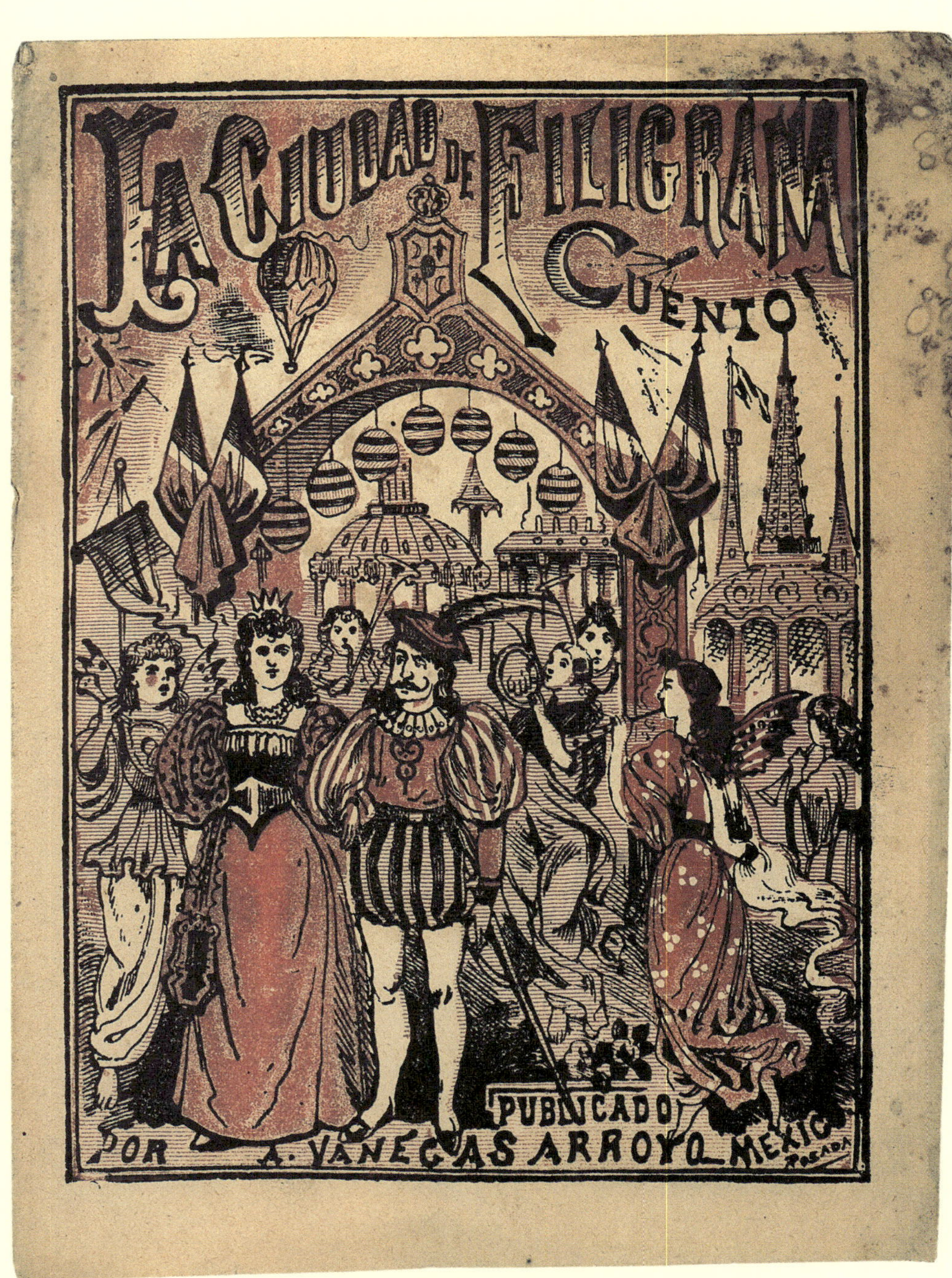

17

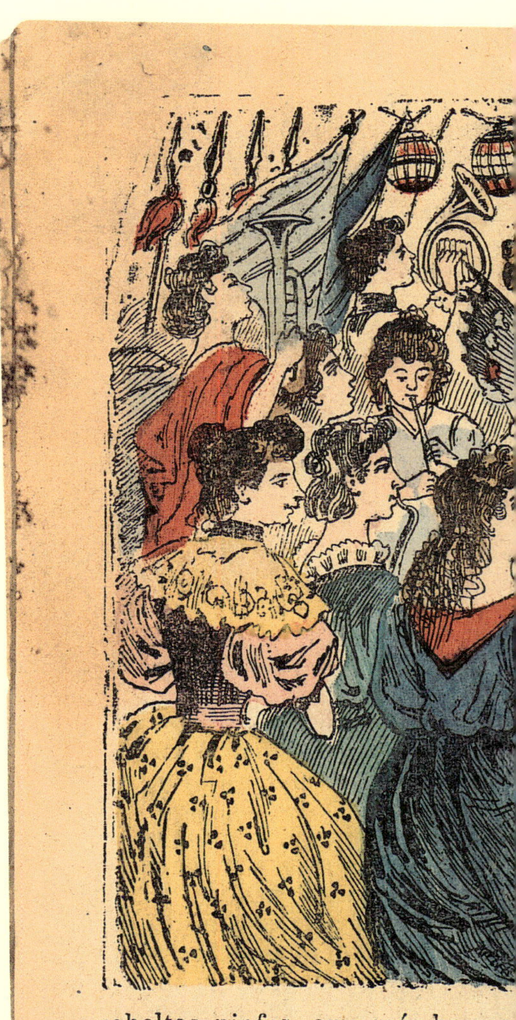

esbeltas ninfas, aun más hermo
mentos al son de los cuales com
fondo de la dichosa y encantada
—Y bien, dijo el valiente caba
decirme dónde me encuentro, pe
—Pues os encontrais en la en
—No sabéis todavía todo lo qu

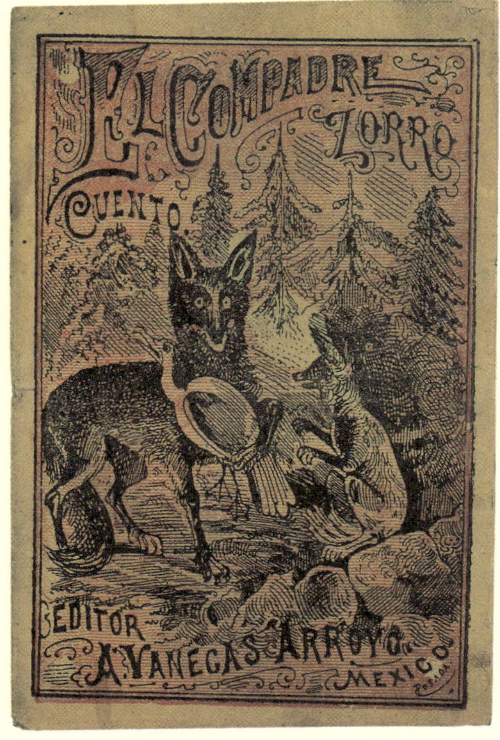

20

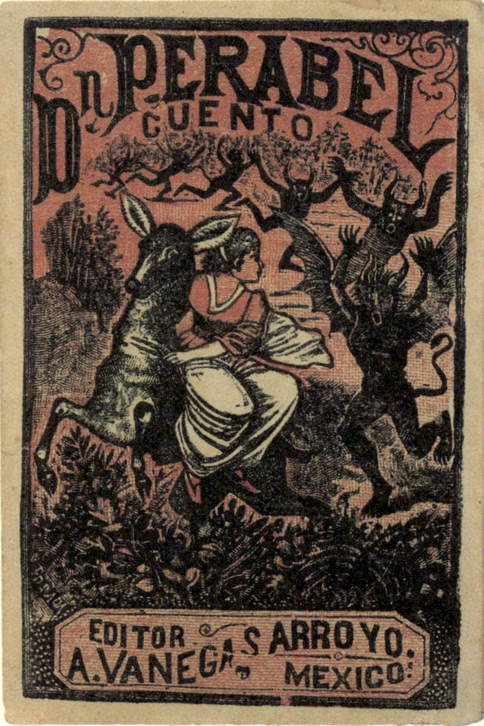

24

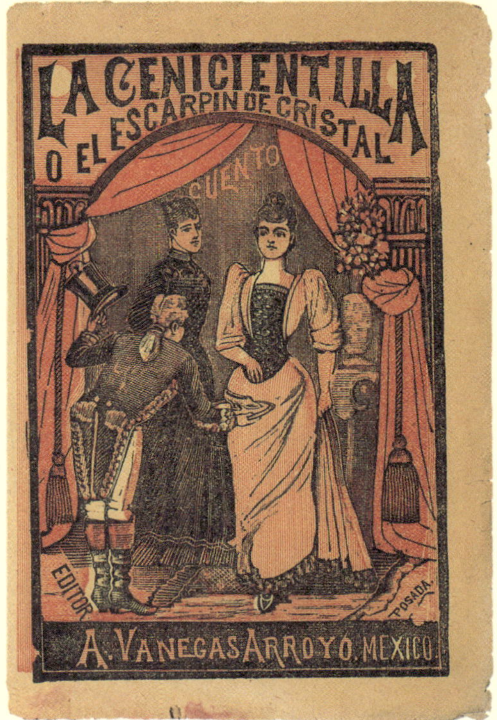

309

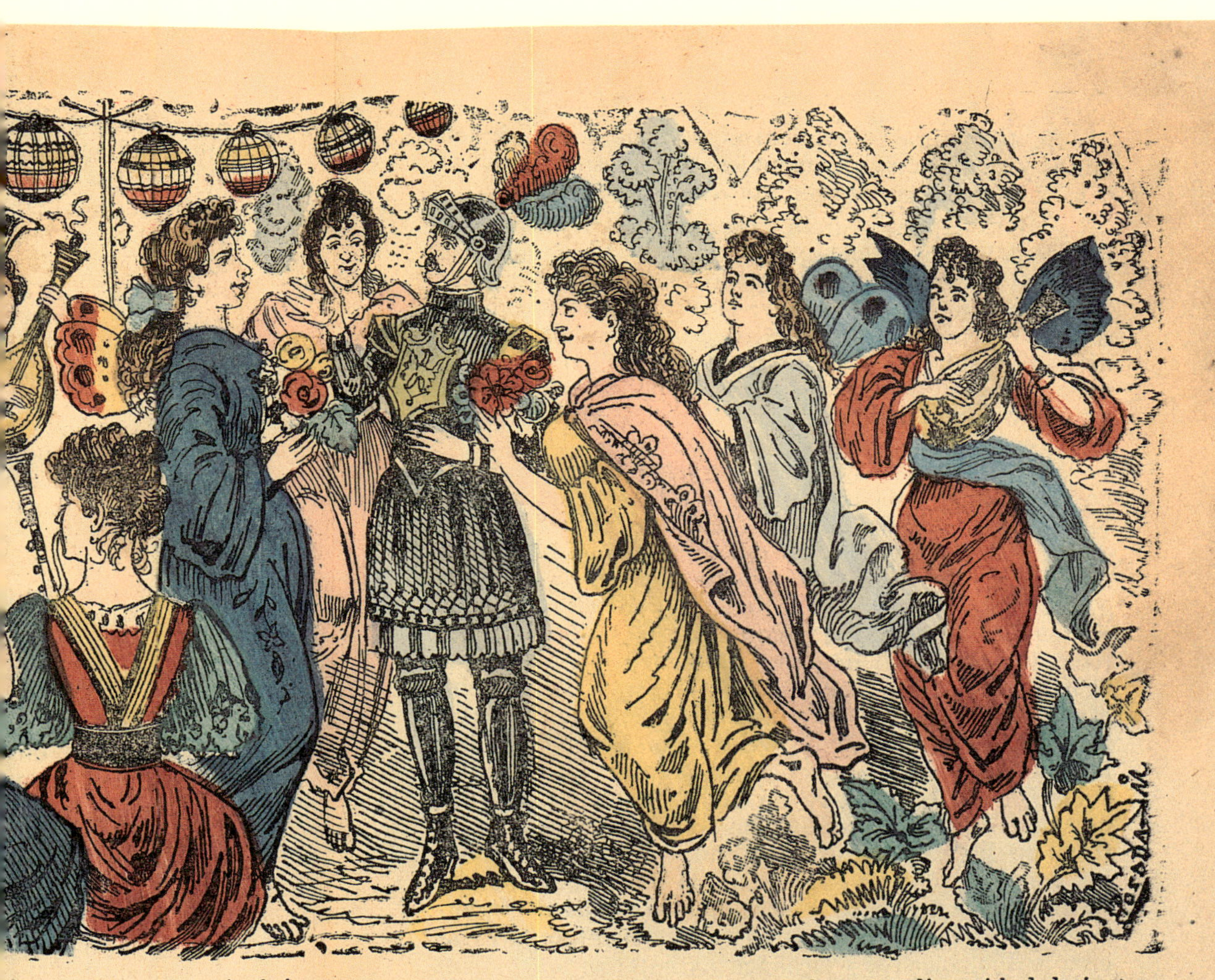

las primeras y más lujosamente vestidas, se presentaron trayendo gran diversidad de instru-
á cantar tiernos y sonoros cantos á nuestro caballero, conduciéndolo al mismo tiempo hacia el
da. En estos momentos gozaba nuestro joven de un placer verdaderamente infinito.
.bréis decirme, preciosas ninfas, por qué méritos me hacéis gozar de tantos honores? dignaos
e causa gran sorpresa verme en este sitio y al lado de vosotras tan encantadoras.
ciudad de Filigrana, donde los jóvenes como vos son dignos de nuestro mejor aprecio.
spera, contestó una preciosa joven rubia como una espiga de trigo y más bella que una imagen.

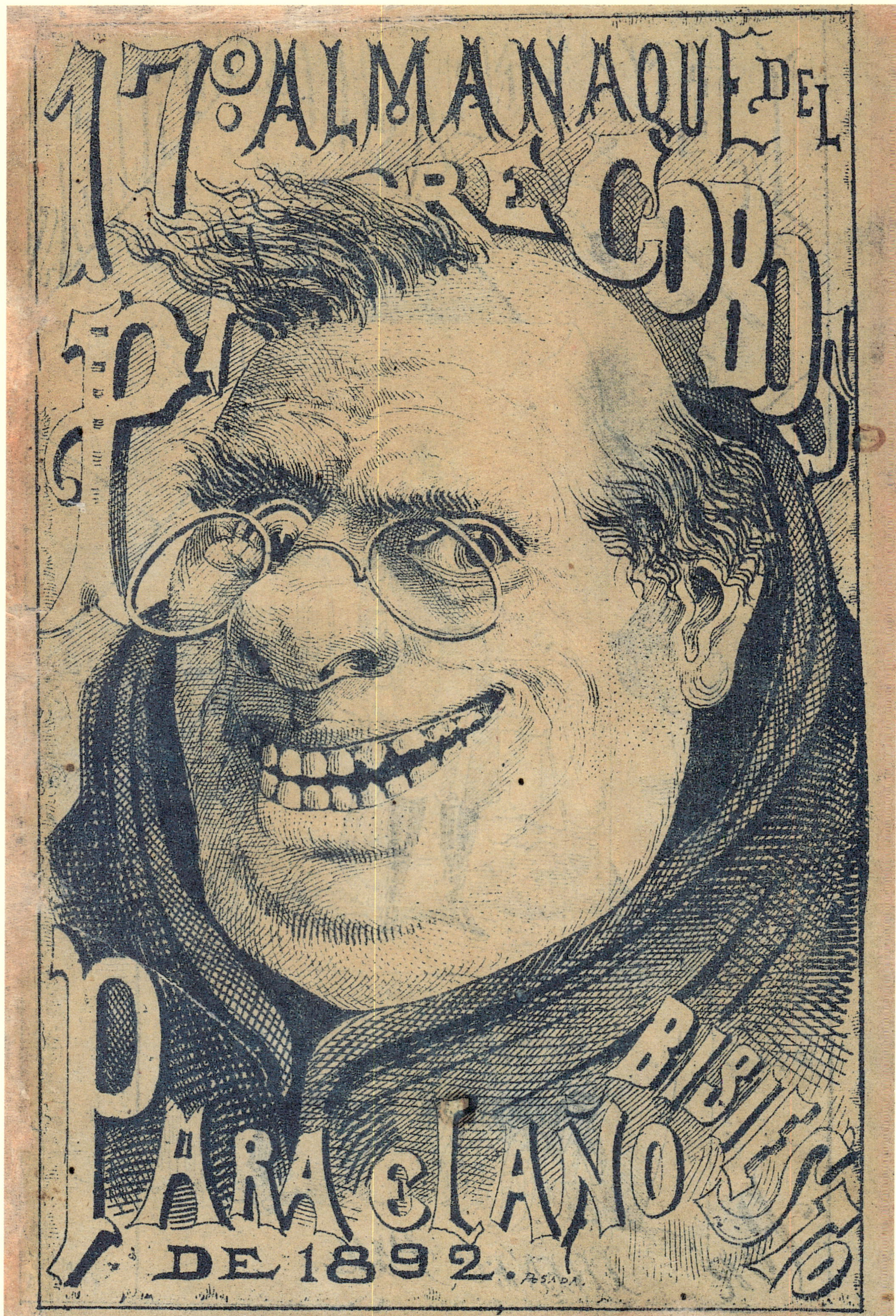

330

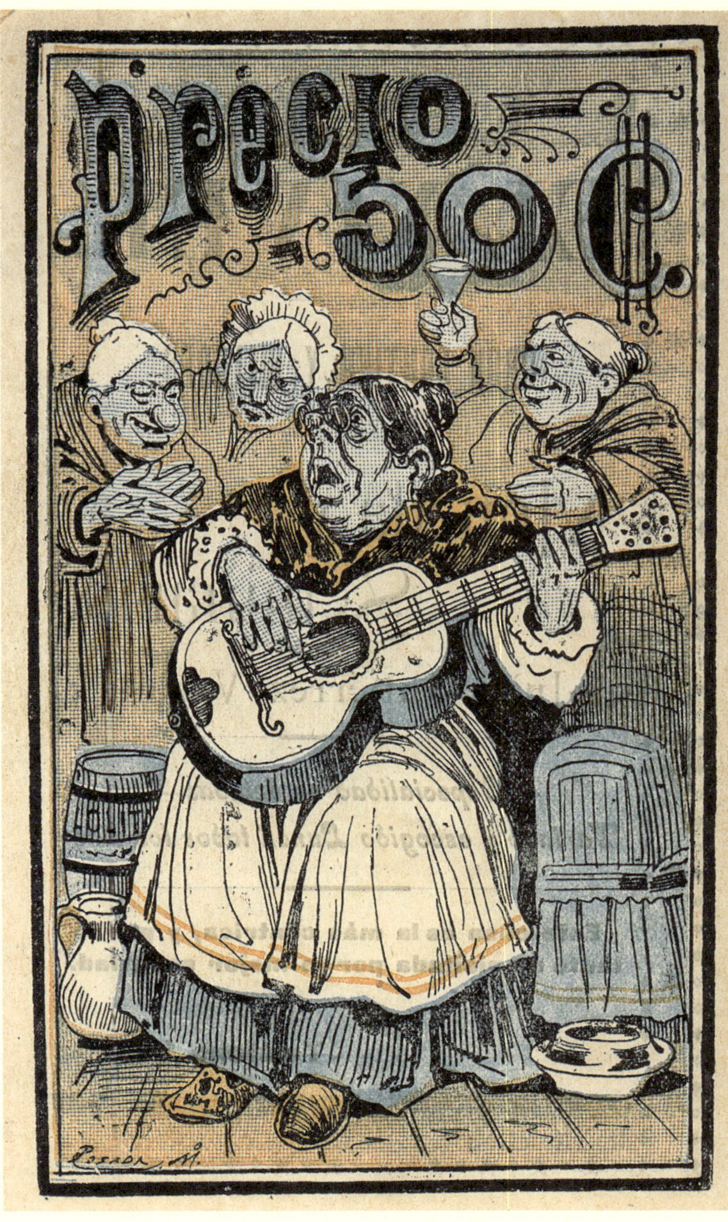

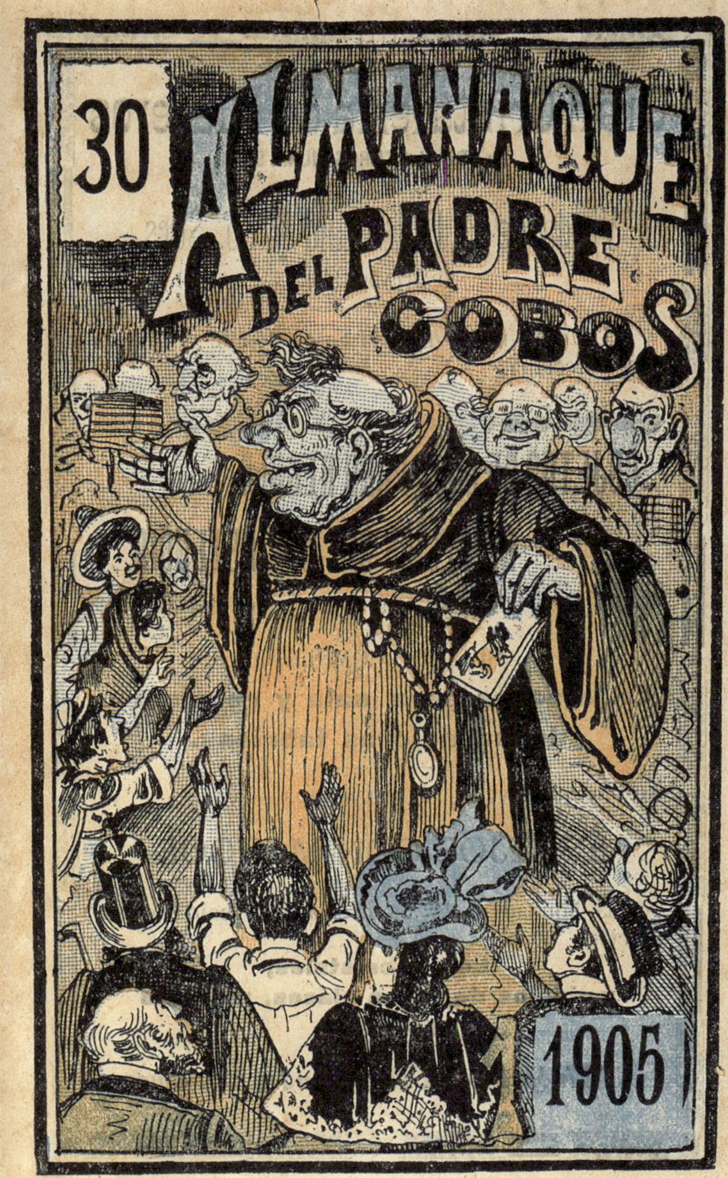

290

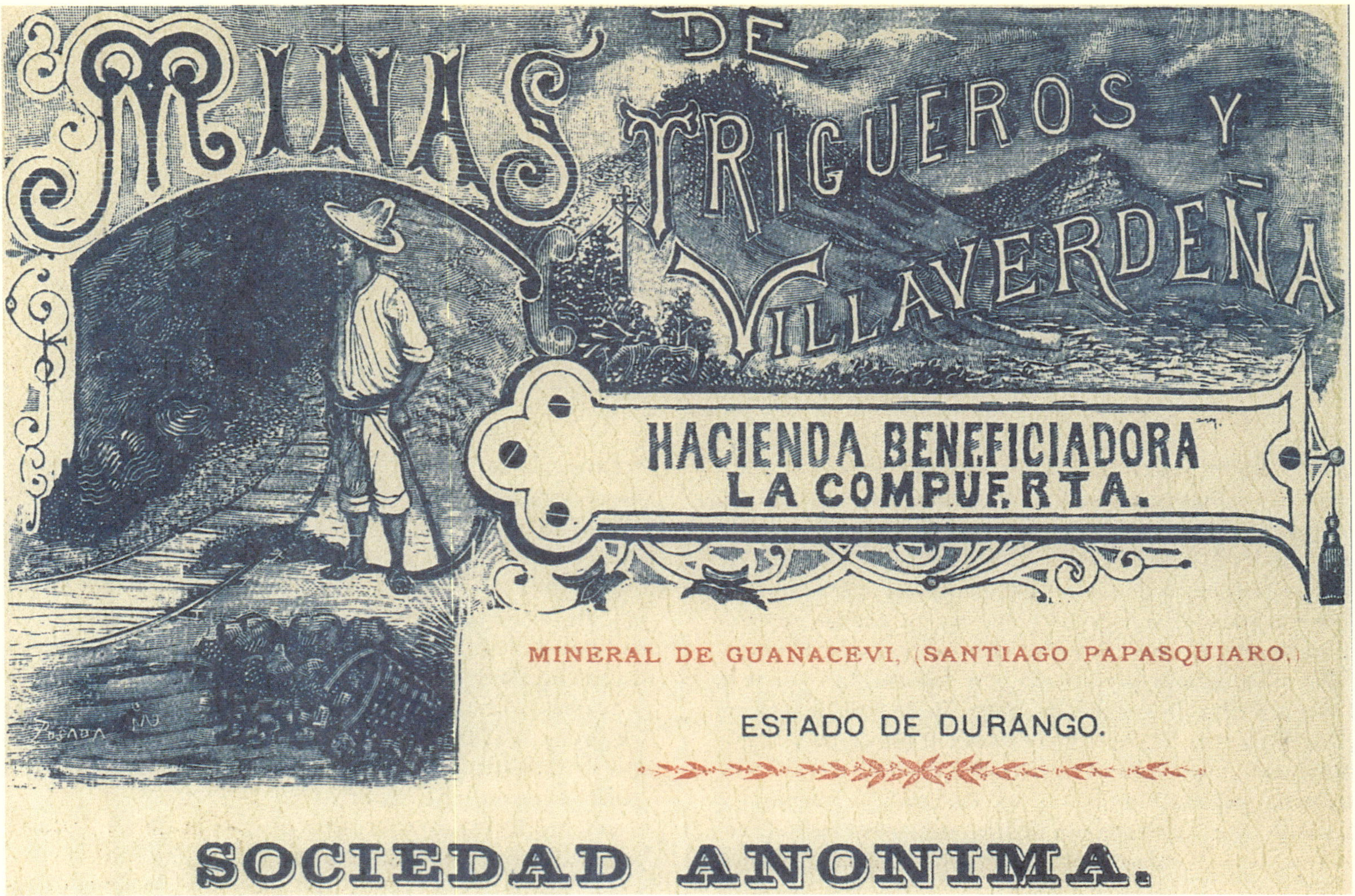

MINAS DE TRIGUEROS Y VILLAVERDEÑA

HACIENDA BENEFICIADORA
LA COMPUERTA.

MINERAL DE GUANACEVI, (SANTIAGO PAPASQUIARO,)

ESTADO DE DURANGO.

SOCIEDAD ANONIMA.

327

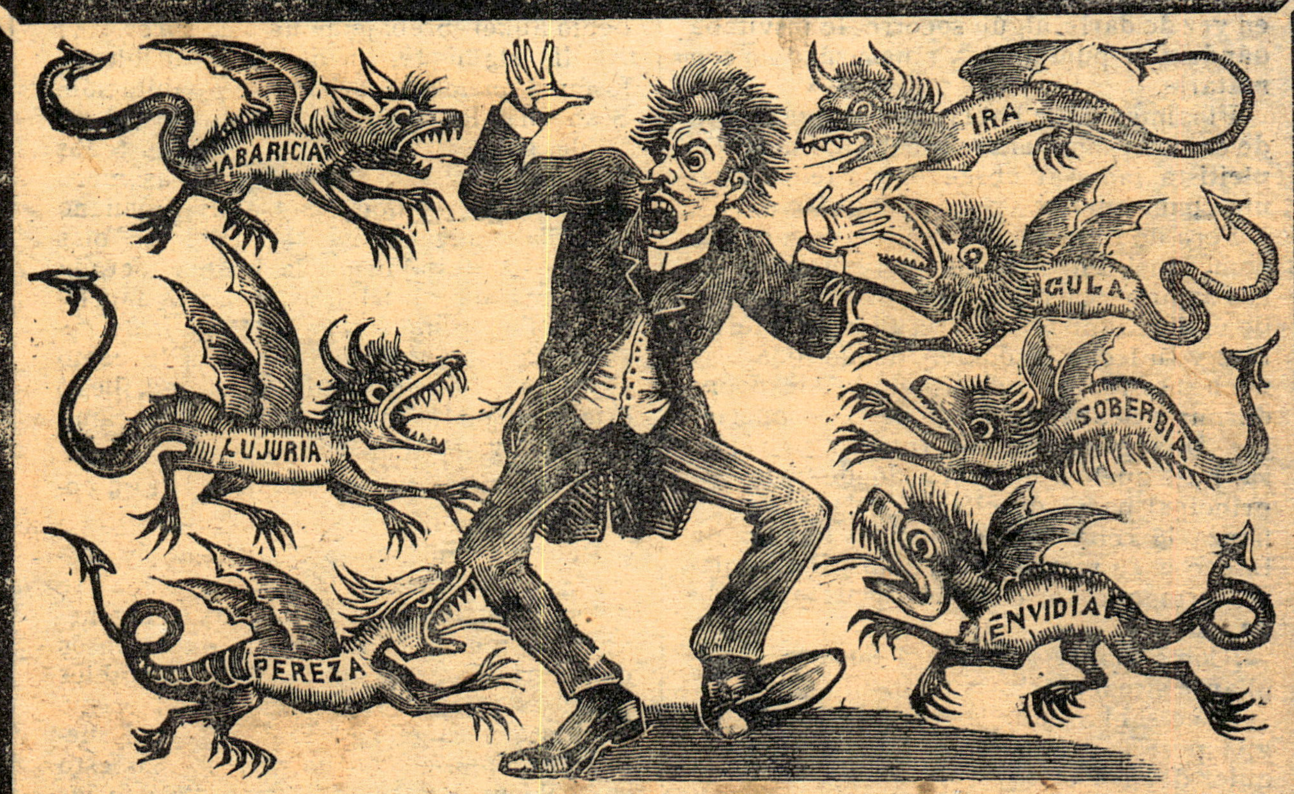

ESPANTOSISIMO

—Y—

TERRIBLE ACONTECIMIENTO

EN LA CIUDAD DE SILAO EN LOS PRIMEROS DIAS DEL SIGLO XX

¡SUICIDIO DE UN RICO ENVIDIOSO!

En la ciudad de Silao, perteneciente al Estado de Guanajuato, vivía un hombre extremadamente rico, tan rico como muy pocos habrá en el mundo. Se llamaba Bardomiano Urrizalde. La exorbitante fortuna de que gozaba, la debía únicamente á la cuantiosa herencia de sus padres y á la desordenada usura que practicó después; ayudado además con todos los medios ilegales y hasta infames que se pusieron á su alcance. Su carácter era digno de censurarse por todos.

Bardomiano no tenía ninguna religión; era materialista y ateo; estas ideas tan arraigadas en su alma trajeron funestas consecuencias, y la envidia fué una de las pasiones más dominantes que tuvo; de este vicio resultaron la avaricia, la gula, la soberbia, la lujuria, la ira y por último, la pereza.

Así pues, los siete vicios rodeaban á este desgraciado y formaron profundas raíces en él.

Por mucho tiempo á Bardomiano no se le negó nada de cuanto deseaba, pues como tenía dinero, éste le facilitaba todo: él mismo salía en busca de personas á quien prestarles dinero con un exagerado premio dejándoles de cobrar por mucho tiempo, y después les cargaba los réditos pretestando que ellos eran los que no le querían pagar y de esta manera les abría juicio y les embargaba sus intereses, quedándose dueño de ellos y dejándolos en la miseria más grande del mundo.

Tenía el vicio de cortejar á las mujeres, engañándolas y, después de conseguir sus infernales deseos, las abandonaba dejándolas en deplorable estado de pobreza.

La mayor parte de las noches se ocupaba de jugar en su casa, para lo cual tenía ciertos individuos amigos suyos, que le servían de convidadores y paleros, quienes les llevaban jóvenes de buenas familias y allí los desplumaban en un abrir y cerrar de ojos.

Al rayar al día para celebrar sus triunfos en el juego, formaba banquetes con sus compañeros de vicio, bebiendo y brindando con ellos y muchas mujeres de mal vivir que estos mismos le conseguían, con todo lo cual se daba por bien satisfecho. Cuando algún mendigo le pedía limosna,

502

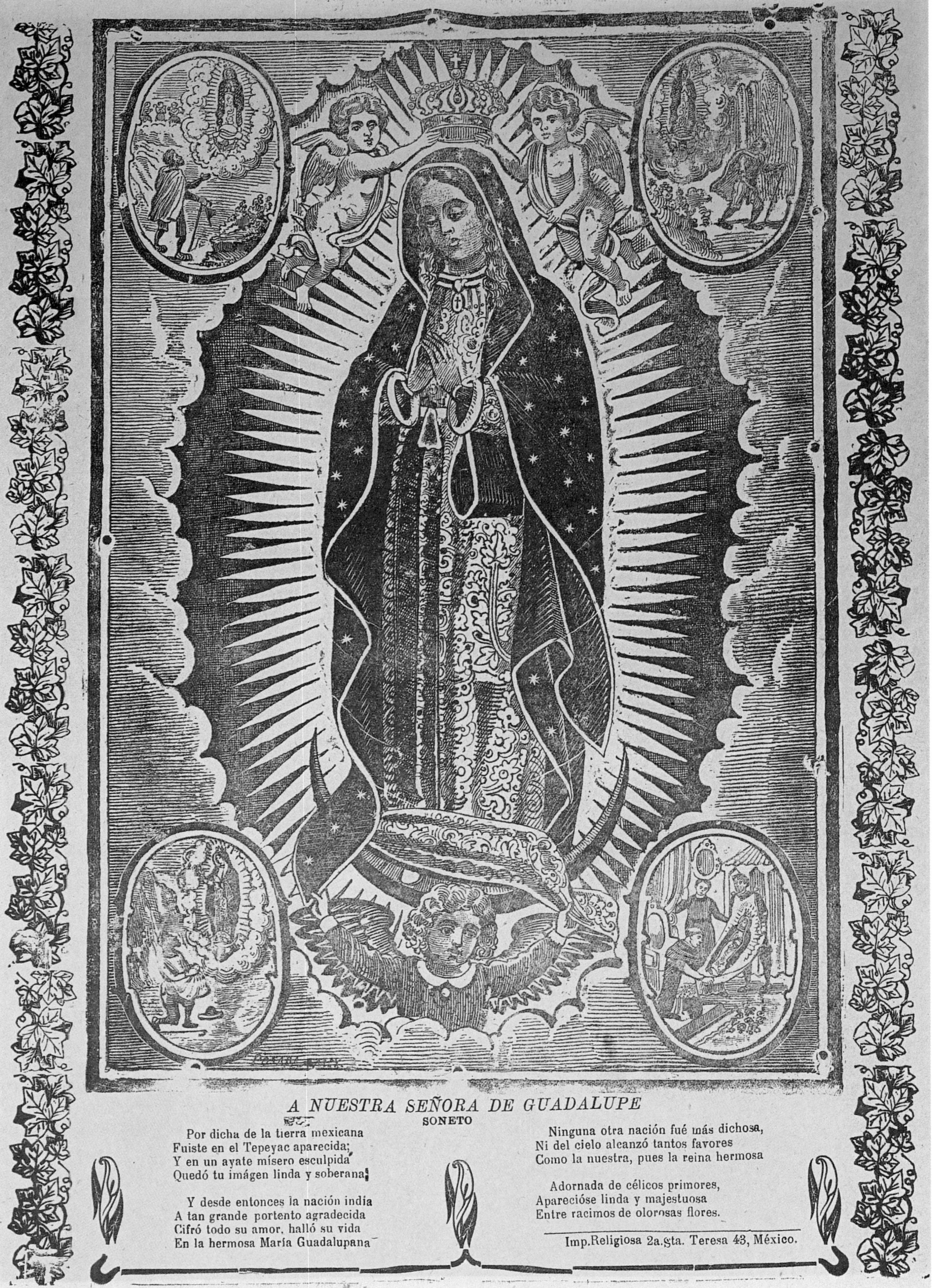
A NUESTRA SEÑORA DE GUADALUPE
SONETO
Por dicha de la tierra mexicana
Fuiste en el Tepeyac aparecida;
Y en un ayate mísero esculpida
Quedó tu imágen linda y soberana!
Y desde entonces la nación india
A tan grande portento agradecida
Cifró todo su amor, halló su vida
En la hermosa María Guadalupana
Ninguna otra nación fué más dichosa,
Ni del cielo alcanzó tantos favores
Como la nuestra, pues la reina hermosa
Adornada de célicos primores,
Aparecióse linda y majestuosa
Entre racimos de olorosas flores.
Imp.Religiosa 2a.gta. Teresa 43, México.

85

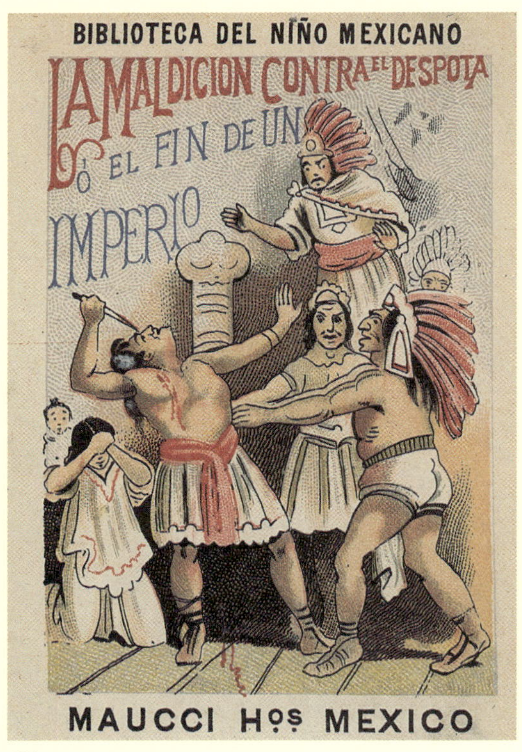

135

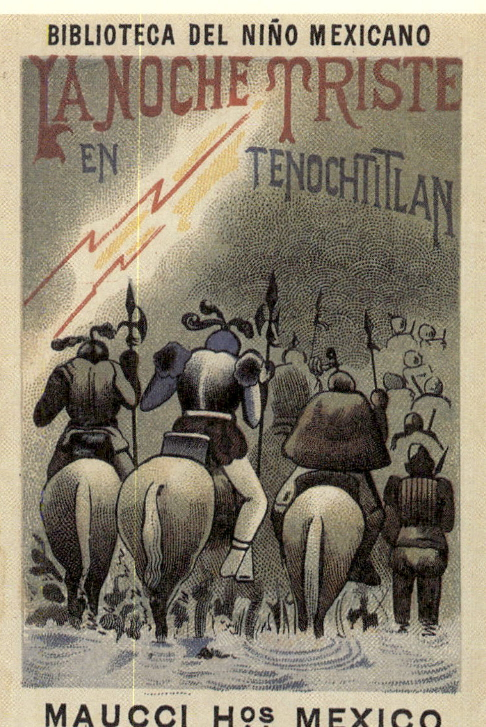

128

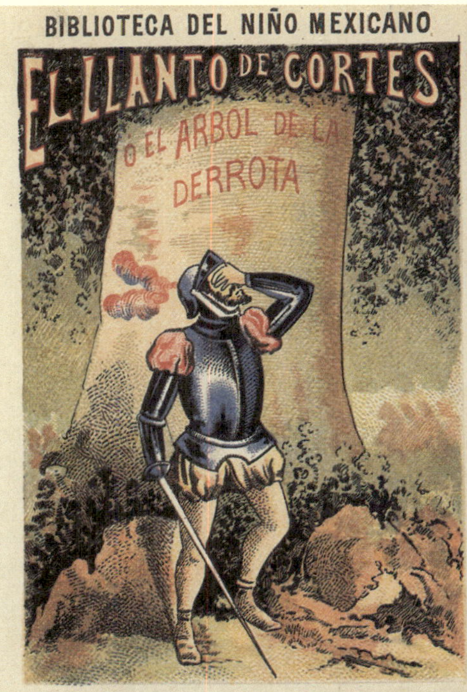

134

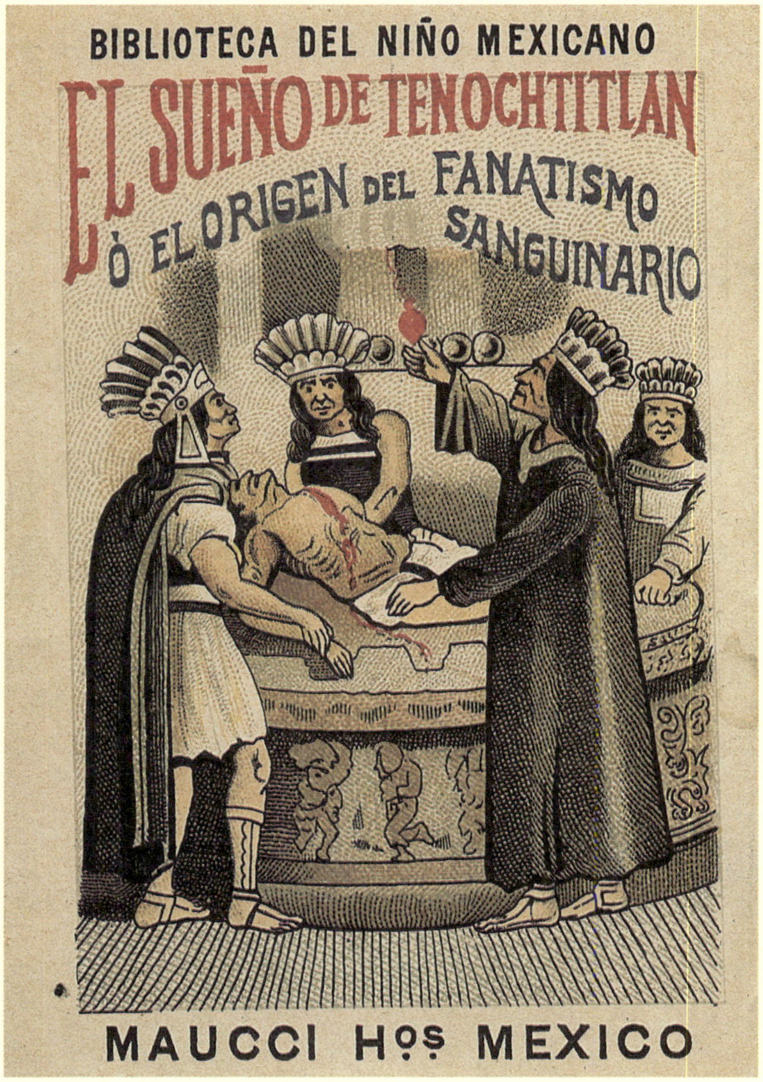

BIBLIOTECA DEL NIÑO MEXICANO
EL SUEÑO DE TENOCHTITLAN
Ó EL ORIGEN DEL FANATISMO SANGUINARIO
MAUCCI Hos MEXICO

136

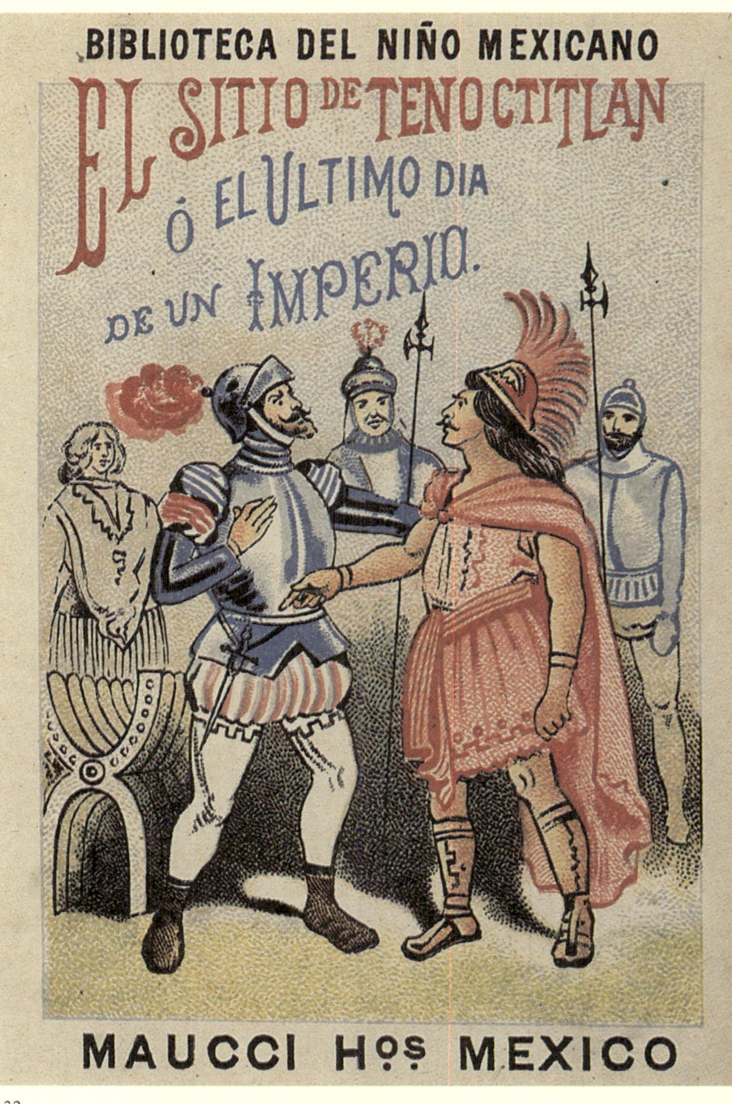

132

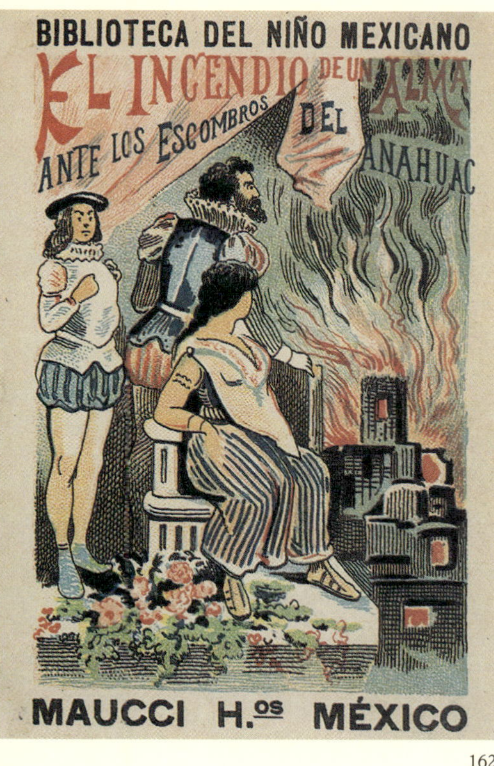

162

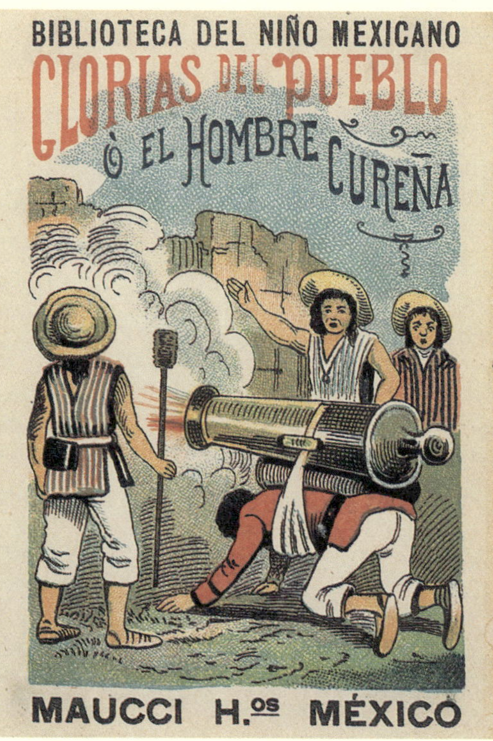

187

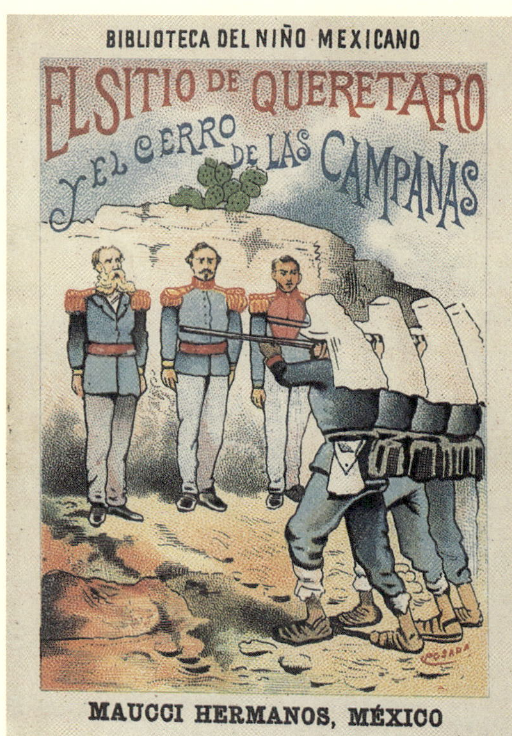

182

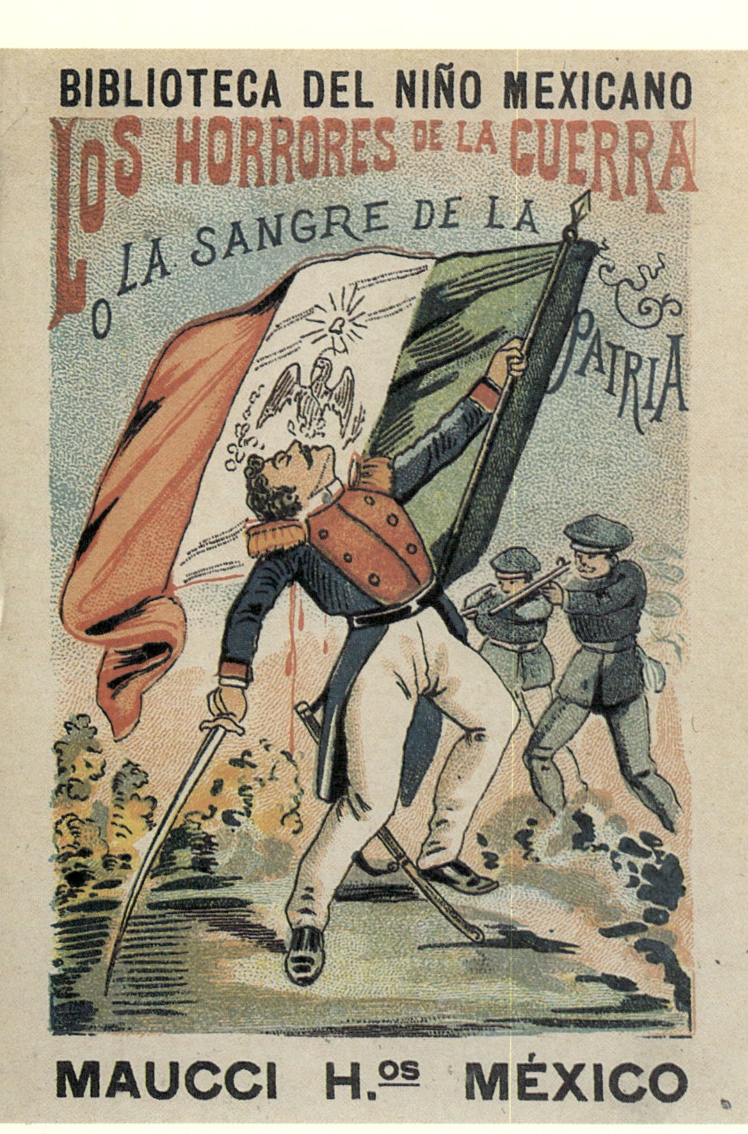

184

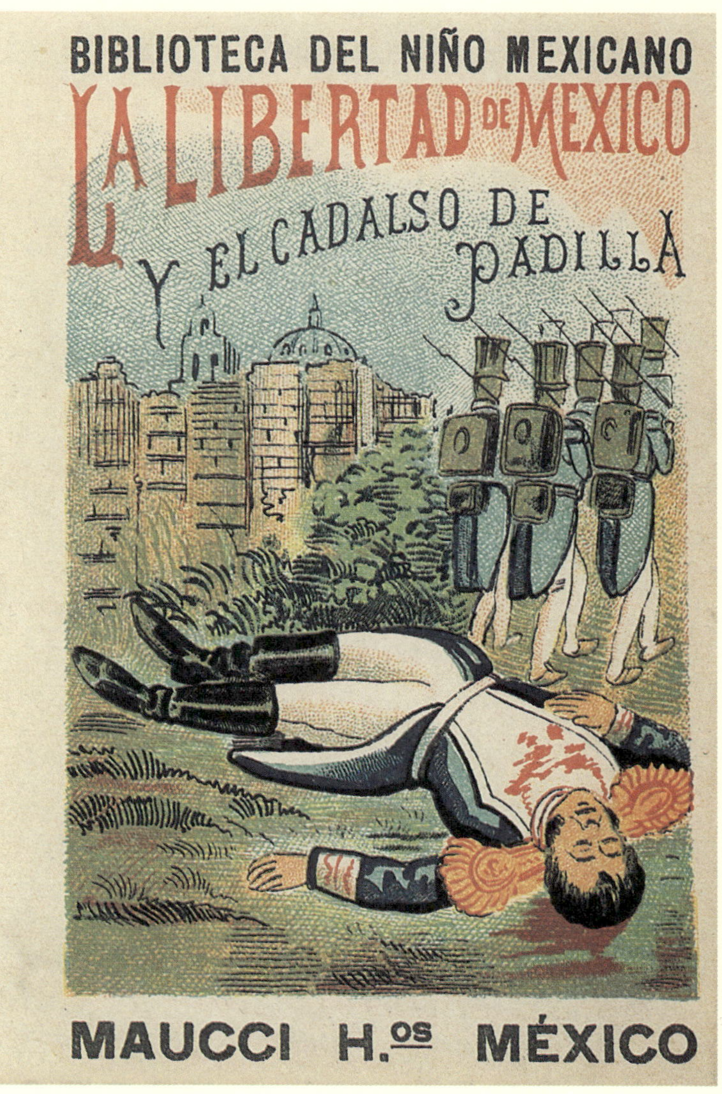

165

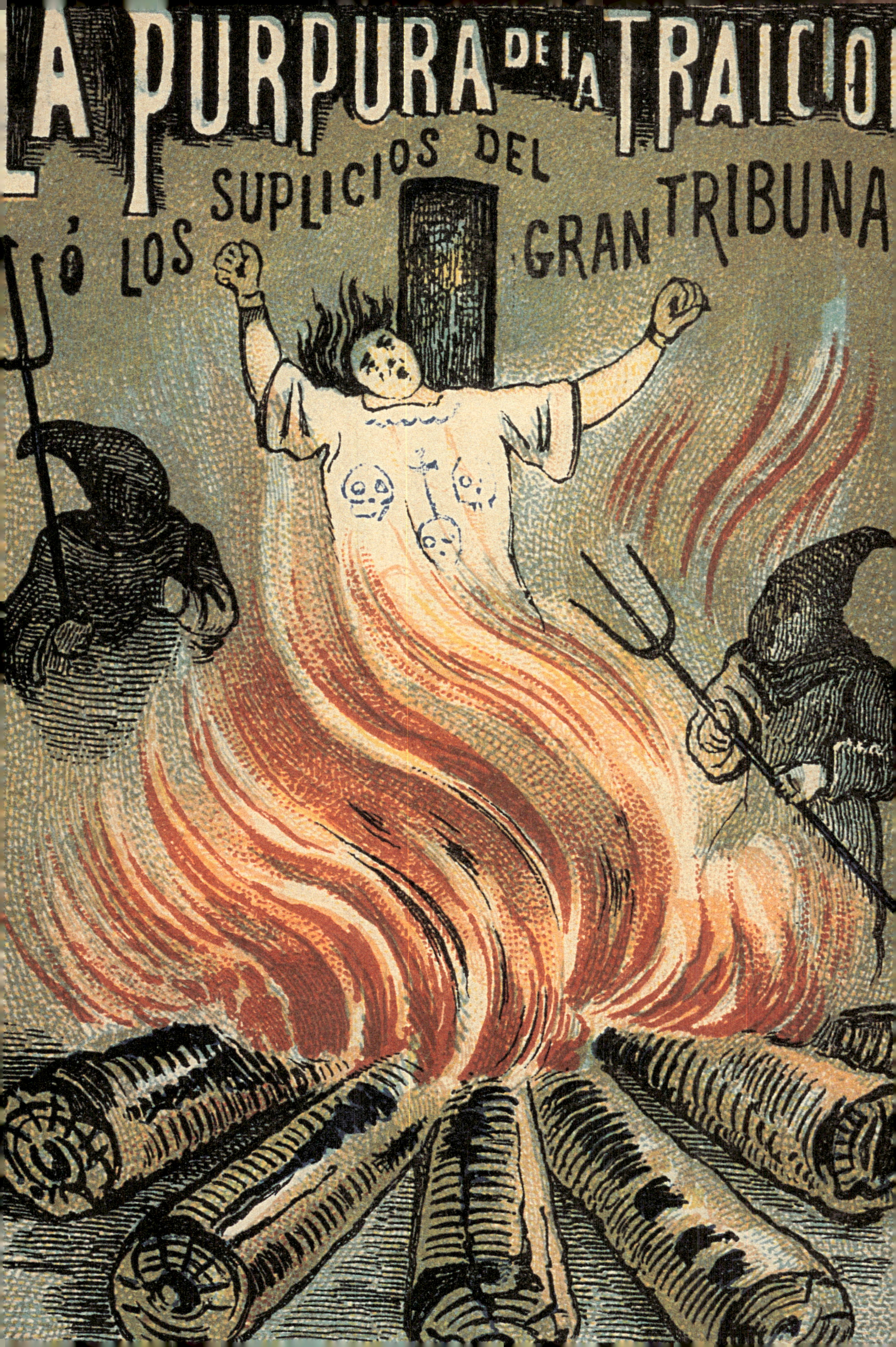
LA PURPURA DE LA TRAICIO
Ó LOS SUPLICIOS DEL GRAN TRIBUNA

POSADA

PROFESSIONAL OF THE IMAGE

Mercurio López Casillas

For Adriana, Ubaldo, and Clemente

The work of the Mexican engraver José Guadalupe Posada evokes pairs of opposites: artisan-artist, archaic-modern, believer-unbeliever, refined-vulgar, sacred-profane, rural-urban, optimistic-tragic, revolutionary-reactionary. A first encounter with these contradictions might lead one to conclude that Posada was an inconsistent, unprincipled, or uncommitted man, but a second glance suggests that the answer is not so clear. Posada was strongly attached to his art, dedicated to the creation of powerful images, and committed to the search for an effective message. The contradictions in his work belong to the age in which he lived. They are the faithful reflection of a period of rapid change: the end of the nineteenth century and the beginning of the twentieth, the splendor and decline of the Porfiriato, with its great social inequalities, the advent of railways and electric light, the nationalism of Mexican society alongside its decidedly French tastes, the imminent Revolution… For many years Posada had a small workshop with signs that read "J. G. Engraving and Lithography" and "Illustrations for newspapers, books, and advertisements." illus. 10 In his shop Posada offered his talents to fulfill any request, however unusual it might be, with singular charm. The client would supply the theme to be dealt with and the engraver would resolve it with mastery. On occasion, quality was conditioned by the urgency of the commission and the price to be paid. Posada could not be selective, either with his clients or subject-matter. His commitment was to deliver a suitable image which might be reproduced thousands of times. His professionalism in dealing with printed images marked the end of one era and the beginning of another.

The present essay is divided into five thematic sections corresponding to the kinds of printed matter that served as a support for Posada's engravings:

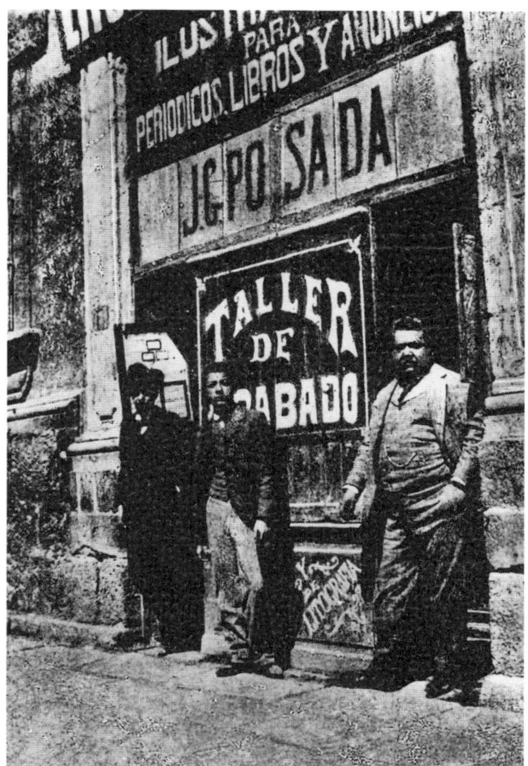

◄ 156

illus. 10

broadsides, chapbooks, periodical publications, posters and programs, and books, brochures, and advertisements.

SENSATIONAL EVENTS: THE BROADSIDES

Antonio Vanegas Arroyo was Posada's principal publisher. From 1889 to 1912, the engraver supplied the printing establishment with thousands of plates for prints, and Vanegas Arroyo made the fullest use of them. Constantly reused, the plates were modified or suffered damage, and yet in spite of the changes, the images continued to function effectively. Posada died in 1913, and Vanegas Arroyo followed him four years later. The printer's heirs continued to run the publishing business, with the entire stock of original prints and plates at their disposal. In the 1920s, the French painter Jean Charlot helped them to understand the significance of the legacy. They made 406 plates available so that the first collection of Posada's work could published in book form. The *Monografía* was remarkable in presenting the engravings for the first time out of their original context, in an art book, carefully printed on good quality paper. Since then, other engravers and printers and the heirs of Vanegas themselves continued to reuse the plates. Prints of Posada's engravings were published from the 1920s through the 1980s, and there are still books circulating today that include prints taken from the original plates.

These images, reprinted indiscriminately, were conceived by Posada for broadsides and chapbooks. Vanegas Arroyo did not invent the broadside, of course; they had been circulating in Mexico for decades and in other countries, such as Italy and Germany, since the sixteenth century. In Spain they were called *pliegos de cordel* and in France *canards*. According to the Spanish scholar Valeriano Bozal, broadsides

> ... constitute the *journalism of the poor*: they do not avoid news –quite the contrary–, but they maintain a sense of time that has little to do with informative graphic journalism. News remains news, even when a great deal of time has passed since the events took place. What is extraordinary takes the place of what is simply interesting, and the extraordinary does not end in a given event, but lasts much longer, becoming a point of reference, something to recall again and again. It grows and is distorted. But now the extraordinary has as much to do with news as fantastical animals and events: a fire, a crime, a flood, a shipwreck are happenings that belong to a stridently cosmic category.[1]

In 1890 Mexico City had a population of 324,360 inhabitants, of whom some 38% knew how to read and write, even if rather poorly in many cases.[2] For most people, a striking narrative image had more significance than an accumulation of words. Vanegas Arroyo was well aware of this, and began to publish broadsides. First he used stereotypical, interchangeable images produced by Manuel Manilla, and later on specific engravings created by Posada in a direct, incisive language, which penetrated the viewer deeply. Posada specialized in these illustrations for broadsides, printed on colored paper of poor quality. The broadsides recount miracles, catastrophes, fires, strange phenomena, remarkable events, crimes, scandals, abuses, legends, rumors, pilgrimages,

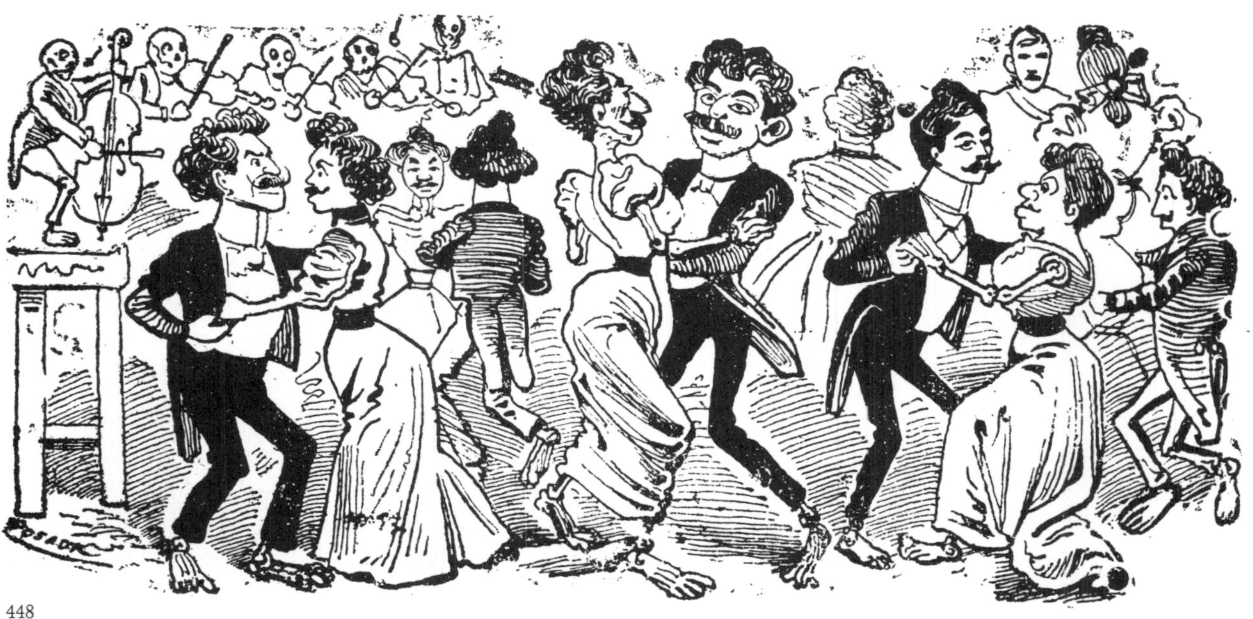

448

sensational trials, and cautionary tales. For these moralizing *exempla* Posada used the devil as a symbol of evil, conceiving human misdeeds as a product of the baneful influence of Lucifer. His rendering of the madness of sinners and the fear of victims is strikingly expressive. In the same vein, Posada illustrated the *Gaceta Callejera* ("This broadside is published whenever some sensational event warrants its appear-
p. 21, cat. 102 ance") published by Vanegas Arroyo with large-format engravings. Other themes and genres treated by Posada in the broadsides were religious images, *calaveras*, or skeleton caricatures, patriotic celebrations, songs, and board games.

The publishing establishment of Vanegas Arroyo met a large part of the demand for religious prints on the part of the city churches. Posada's engravings were printed on large sheets and frequently used to adorn altars in poor homes. All of the people's favorite saints, Madonnas, and Christ figures were produced by Posada, who also illustrated the principal religious feasts of the years, such as Easter Week, Corpus Christi (for an annual publication, as well as for the broadside known as *La Tarasca*), the Day of the Dead, the feast day of Our Lady of Guadalupe, and Christmas. Particularly outstanding among these works were the *calaveras*, or skeleton caricatures, printed for All Saints' and All Soul's
p. 132, cat. 312 p. 133, cat. 99 Days (November 1st and 2nd). Posada created *calaveras* only once a year (for 24 years of his career), and the total number of engravings of skulls and skeleton figures represents only about 2% of his surviving works. Nevertheless, he is known as "the bridegroom of death," famous for his *calaveras* both in Mexico and the world over. The Guatemalan art critic Luis Cardoza y Aragón has written that *calaveras* are "the deepest and most original feature of Mexican popular art … [and] Posada's *calaveras –tzompantles*, fleshless Coatlicues– are the most revealing motif of his art and of him. In the face of the absurdity of death there is no place for tragedy but only for humor,"[3] Posada turns to the *calaveras* to criticize the exercise of power, to portray the common people, to praise friends and colleagues, and to celebrate the inevitable triumph of death over the living. The universal theme of death is treated in a modern festive version of the *Danse Macabre*.

Vanegas Arroyo also supplied prints for the busy calendar of patriotic celebrations. Things started on February 24th, Flag Day, when tricolor crepe paper flags of all sizes circulated, bearing an engraving of the national coat of arms by Posada. On March 21st, there were broadsides with the portrait of Benito Juárez, *Benemérito de las Américas*, with an accompanying biographical text. The battle in which Porfirio Díaz had defeated the French army was celebrated on April 2nd with images of the dictator. For May 5th, Posada produced images of the Battle of Puebla and portraits of the General Ignacio Zaragoza. On September 15th and 16th there were prints illustrating the words of the national anthem and the historic exploits of the heroes of Independence. And since Porfirio Diaz also celebrat- p. 3, cat. 325
ed his birthday on the 15th of the month, his own portrait circulated with that of the father of independence, the parish priest Miguel Hidalgo.

In Vanegas Arroyo's printing establishment it was the broadsides containing *corridos*, or ballads,

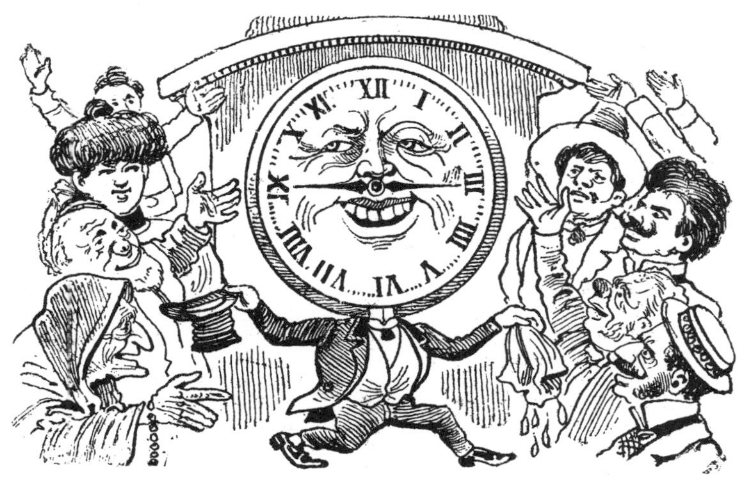
199

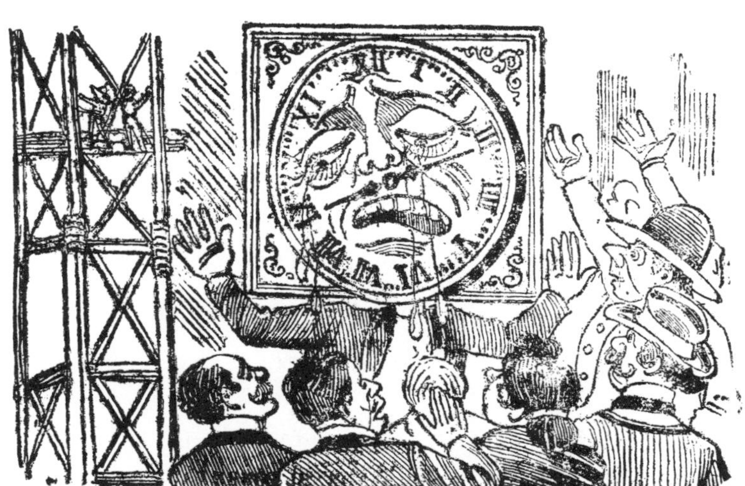
200

illustrated by Posada, that were in greatest demand. They were distributed in the following way: all over the country, popular troubadours would purchase sheaves of their favorite ballads and perform them to guitar accompaniment in the public squares and markets of the cities, and sell the broadsides to listeners thereafter. Since most of the buyers could not actually read the words, Posada made sure to capture the most moving moment of the narration in his engraving. It was during the Mexican Revolution that the *corrido* underwent its fullest development, and Posada was the first artist to depict the early revolutionary
p. 29, cat. 222 caudillos.

Attractive board games were also printed as broadsides, for which Posada employed zincographic techniques: *Corrida de toros*, *Los charros contrabandistas*, *Juego de la oca*, *Toros*, *Batalla del 5 de Mayo*,
p. 74, cat. 423 *El nuevo coyote*, and the lottery game His most suc-
p. 75, cat. 78 cessful interpretations were the *La oca* (a sort of snakes-and-ladders game) and the one called "The *Charro* Smugglers," both played with dice. In the limited spaces of the sixty or so squares of the games, the engraver rendered a variety of characters, animals, and situations of all kinds, from weddings to murders. With their vivid narrative style and mastery of miniaturist technique, the board games represent the very best of Posada's work in the broadside genre.

BRIEF, USEFUL, AND INEXPENSIVE: THE CHAPBOOKS

Posada signed most of the covers of the chapbooks he illustrated for Vanegas Arroyo. This was an achievement in itself, if we consider that his predecessor, Manuel Manilla, was seldom given credit for his work. It was common enough in the popular printing establishments of the period for the illustrators to work anonymously, but Posada insisted on his right to identify his own work. For him, the covers of the chapbooks were important works, to be distinguished not only by his signature, but also by the name of the printer and the country where they were produced, all included at the bottom of the image. To his last name, which he used to sign his work, Posada would sometimes add the word *grabó* ("engraved"), in full or abbreviated form (*g.*, *gó.*, or *gbó.*), occasionally followed by *Méx.*, *México*, or just an *M* with a small circle above it, the same sort of mark as was used by the mint to assert its rights of patent. Posada was careful to sign the covers of the chapbooks, considering them important works in their own right. And he was not mistaken. The covers he produced until 1896, printed with two inks, are among the most extraordinary of his creations.

In the broadsides Posada depicted the morbid aspects of society, but the chapbooks present the intimate and harmonious world of the household. The chapbooks were small volumes of no more than 16 pages, generally by an anonymous author, printed on the same cheap paper as the broadsides, with an attractive cover printed in two inks, and sold for a few centavos. The Mexican version of the popular *livres bleus* in France, they were ideal reading for people of very modest means. Posada illustrated four kinds of chapbooks: manuals, songbooks, children's stories, and religious tracts.

The manuals included collections of recipes, knitting and embroidery samplers, model love

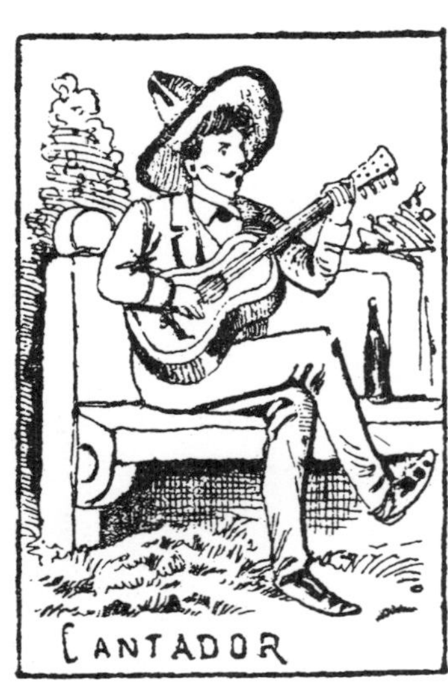

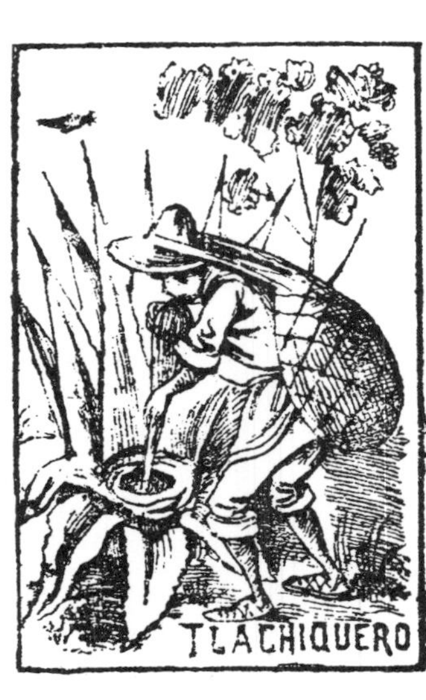

82

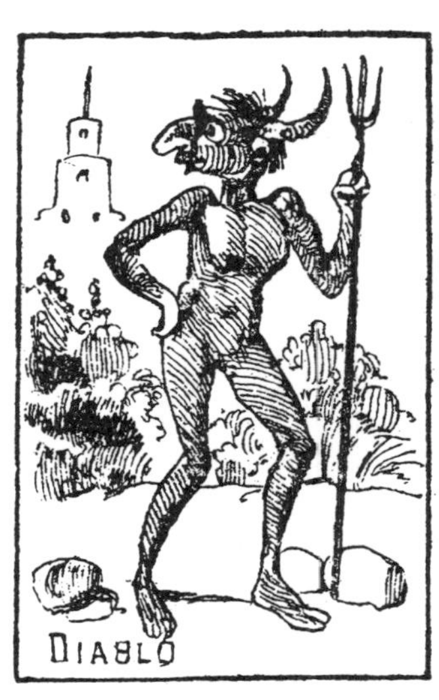

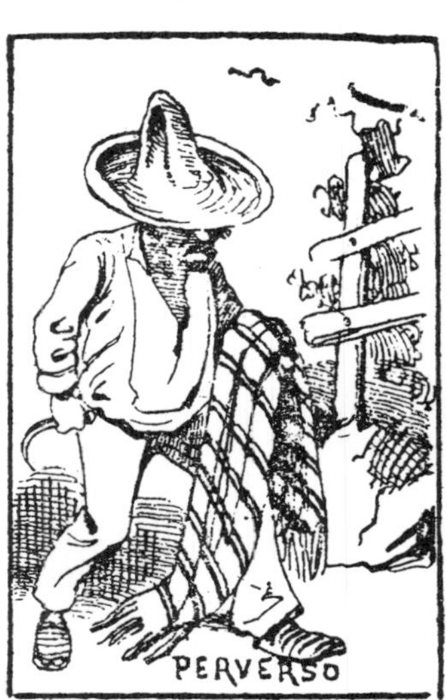

letters, magic tricks, predictions, and verses for recital. In illustrating this material, Posada entered the homes of the readers, depicting many of the settings of their daily lives: the parlor, the study, the garden, the patio, or the kitchen. Married women are depicted sitting in the parlors at a special embroidery table or knitting in an armchair. In the intimacy of the study, young women are embraced p. 10, cat. 73, 74, 76 by angels as they write or read love letters; a magician calls forth a charming fairy, while a woman uses black magic to transform herself into a strange p. 71, cat. 284 being with the wings of a bat and a serpent's tail; an elderly lady reads to a younger woman; or on a balcony overlooking the garden, young maidens in love breathe in the fragrance of the flowers and heave sighs. In the kitchen, women in aprons are busy preparing food; appetizing aromas rise from the clay pots and pans set on bricks above the burning charcoal; a young woman grinds ingredients for the *mole* in a *metate*, while a cook holds up a turkey in the background, next to a barrel and pitcher of delicious *pulque*; a housewife is busy dicing vegetables for the salad, while another is taking fish from p. 66, cat. 69, 70 a basket, ready to fry in the pan. On the patio, the men are engaged in the more strenuous chores: baking bread, preparing conserves, or caring for the domestic animals. In these images, Posada drew a moving portrait of everyday life in Mexico in the final years of the nineteenth century.

Vanegas Arroyo was the first publisher to systematically gather and publish collections of popular songs. Posada's engravings were the perfect complement to his songbooks. All the genres are interpreted in images on the covers of these chapbooks: popular songs, dances, romanzas, *chotis*, barcarolles, pasosdobles, waltzes, and rumbas. Posada engraved almost one hundred covers for seven different collections, producing a portrait of the age through its songs and dances. Angels, flowers, and girls lost in reverie are depicted in the engraver's purest romantic style. The names of the songs provided inspiration for portraying the popular types of the age: *Los patinadores*, *Los lagartijos*, *Los parranderos*, *La Eléctrica*, p. 71, cat. 1, 2, 9 *El machaquito*, *La Mulata*, *La Calandria*, *La Matchicha*, *La Cubanita*, *La Florera*, *El trovador popular*, *La* p. 73, cat. 303 *Juyilona*, *La Ex–moderna*, and *La Maderista*. Posada included portraits of some of the eminent personalities of the day, such as President Porfirio Díaz, the poet Manuel Acuña, and the Cuban leader Antonio Maceo. The capital city provided the setting for covers such as *Adios a México* and *Las bicicletas*. The different regions of Mexico were also represented: dramatically, as in *La inundación de León*; through their architecture, as in *Cantos de Antequera*, *Cantares oaxaqueños*, and *Las torres blancas* (of Guadalajara); or through the typical costumes of the women of different regions, as in *La Chihuahuense*, *La Poblanita*, *La Zacatecana*, *La Tenancigueña*, and *La Tapatía*. p. 73, cat. 7 Posada was especially careful in his rendering of the dress and musical instruments of his characters. Usually the music was provided by a guitar, but there were also pianos, accordions, violins, double basses, mandolins, and drums. Sometime the men are depicted in formal wear and the women in evening gowns, or as traditional Mexican *charros* and *chinas poblanas*. The various elements of feminine are attire repre-

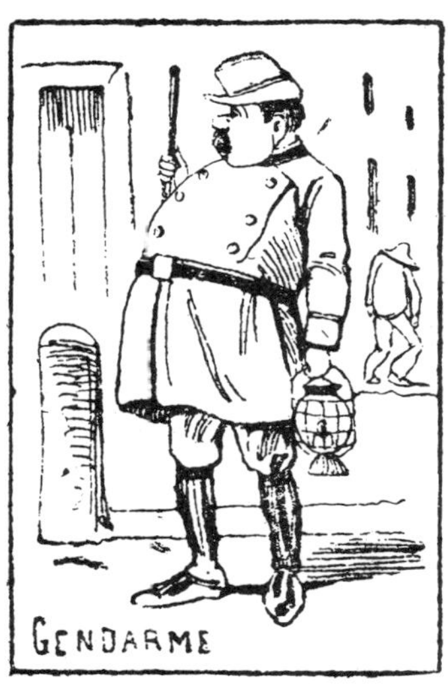

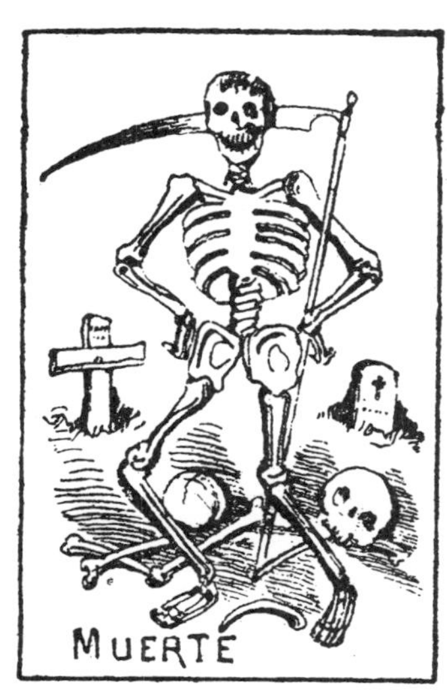

83

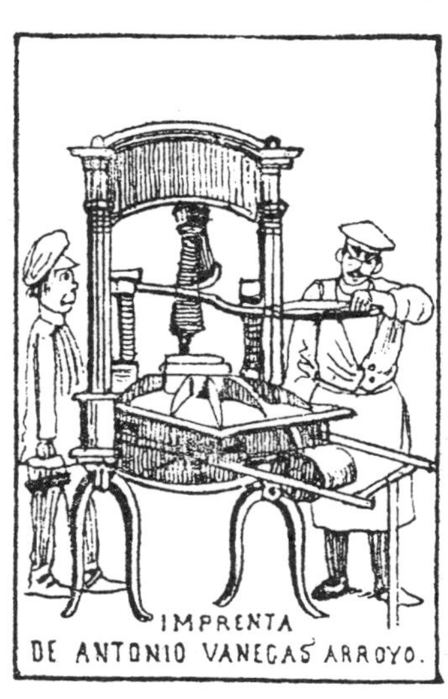

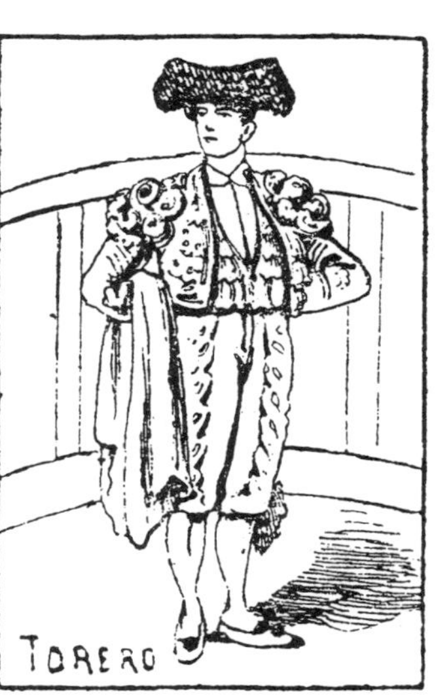

sented: loose-sleeved blouses, mantillas, stoles, capes, rebozos, fans, hats, kerchiefs, and laced boots. Depending on their social status, the men wear top hats, bowlers, or straw hats; suits and ties, plaid jackets, or white cotton shirts and trousers; sporting attire, military dress, or the costume of the *charro* or the bullfighter; and huaraches or shoes with spats.

Posada specialized in the illustration of material for children. He produced some 120 covers for chapbooks containing children's tales, playlets, verses, and riddles. The tales, published in four collections of different sizes, were particularly attractive. Fairies, kings, giants, dwarves, magicians, witches, devils, animals, and children inhabit the stories that Posada interpreted in his engravings. There are classics of p. 77, cat. 309 children's literature, such as *Cinderella*, *Snow White and the Seven Dwarves*, and *Tom Thumb*, as well as other fantastic tales with evocative titles: *El clarinete encantado* (The Enchanted Clarinet), *La hada benéfica* (The Good Fairy), *La ciudad de filigrana* (The p. 76, cat. 17 p. 77, cat. 24 Filigree City), *Don Perabel*, *El hombre de la piel de oso* (The Man in the Bearskin), *El derriba hombres* (The Mankiller), and *Gigante y enano* (Giant and Dwarf). There are animal fables such as *Los ratones tontos y el gato astuto* (The Silly Mice and the Clever Cat), *El león y el grillito* (The Lion and the Cricket), *Cucarachita Mondinga y ratón Pérez* (Mondinga the Little Cockroach and Pérez the Mouse), and p. 77, cat. 20 *El compadre zorro* (Godfather Fox), and tales written to ensure good behavior on the part of their readers: *La calumnia castigada* (Slander Punished), *El niño de dulce* (The Candy Child), *Albertito el descontentadizo* (Little Albert Who Was Never Satisfied), *Por querer ser muñeco* (For Wishing to Be a Doll), *Los amores de un duende o La niña envidiosa* (The Fairy's Love or The Envious Girl), *Los niños jugadores* (The Playful Children), *El espanto espantado* (The Haunted Ghost), and *La pesadilla de Alejito o El almuerzo de azotes* (Alejito's Nightmare or A Whipping for Lunch). Finally, the series entitled "Historical Tales" undertakes to instill patriotic fervor in the young readers: *El hijo del batallón* (The Son of the Battalion), *La hecatombe de Chalchicomula* (The Hecatomb of p. 76, cat. 50 Chalchicomula), *La gorra del cuartel* (The Barracks Cap), *El Cinco de Mayo* (The Fifth of May), and *El renegade* (The Renegade). Since all of the interior illustrations were in black and white, Vanegas Arroyo had them colored by hand with anilines dissolved in gum-water. In the early years of the twentieth century, Posada produced covers for the series entitled "Gallery of Children's Theater: Complete Collection of Plays for Children and Puppets" and "The Joy of Childhood: Collection of Comical Monologues and Dialogues in One Act." In these engravings, he lavished special care on the rendering of the characters, captured at some critical moment of the drama, and of the settings, often well-known places in Mexico City, such as the National Palace, Cinco de Mayo, and the bullring, as well as its cemeteries and tenement houses. Particularly charming as well are the covers Posada created for *El moderno payaso o Clown mexicano*, a chapbook collection of verses and p. 70, cat. 304 comic routines for the circus. He also produced covers for spelling primers, manuals of magic tricks, and the series of collections of riddles entitled "The Little Riddler."

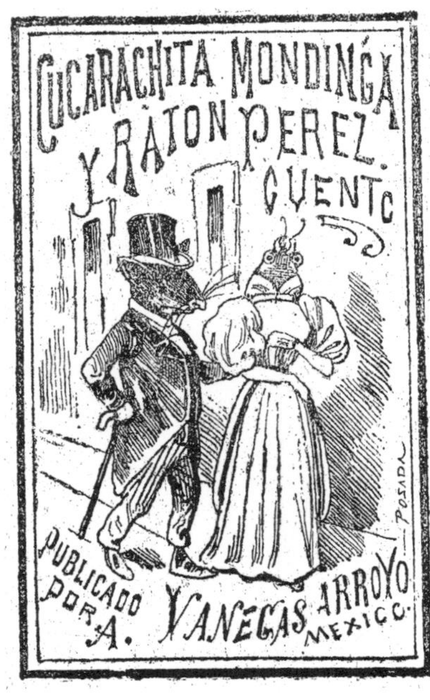

28

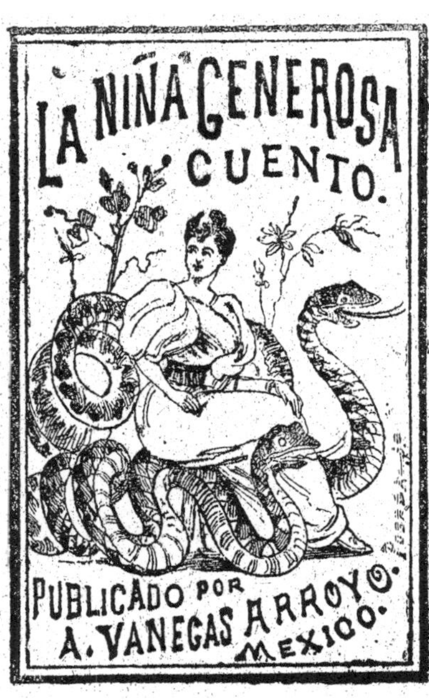

29

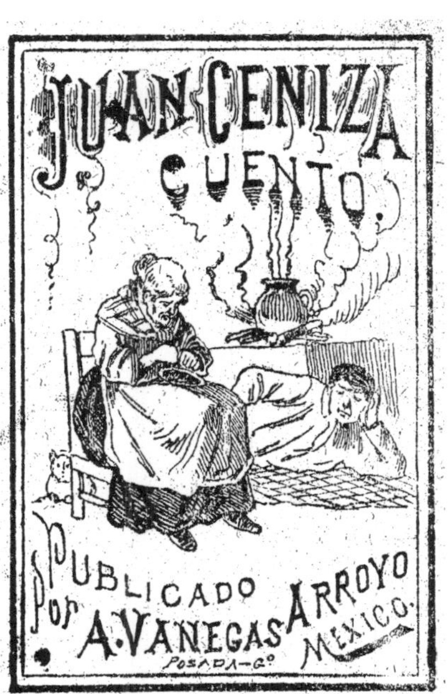

27

Posada illustrated dozen of chapbooks containing prayers, novenas, and litanies. Well acquainted with the religious imagery most in favor among the Mexican people, he used it to good effect in these volumes, which were the smallest published by Vanegas Arroyo. Posada also produced prints and broadsides for the busy Mexican calendar of religious festivals.

ILLUSTRATED, OPPOSITION, AND SERIO-COMICAL PRESS: PERIODICAL PUBLICATIONS

It would be mistaken to imagine Posada as a political cartoonist in the present-day sense of the term. Contrary to the commonly-held view, he never worked exclusively for any one publisher or printing establishment. He was an engraver who offered his services without constraints. He did not work in the presses of any newspaper, almost always engraving and drawing in the privacy of his own workshop. This is why his caricatures are seldom fully integrated with the texts they accompany. He did, however, adapt himself to the demands of each publication.

According to Pablo Miranda:

> In the world of graphic illustration at that period, there existed a wide repertory of images to which Posada did not remain alien. He produced covers, lettering, mastheads and section headings, as well as decorative vignettes. In the area of journalism he illustrated national and international news accounts, drew portraits, bullfights, and political caricatures, and has left various lithographs of urban scenes and customs. He put special emphasis on accounts of crimes and sensational events, depending on the publication, and also made copies of photographs and illustrations that had appeared in other magazines and periodicals.[4]

Over a period of twenty-four years, Posada contributed to almost 60 different periodical publications, including morning newspapers: *El Monitor del Pueblo*, *Gil Blas*, *El Popular*, *El Amigo del Pueblo*, and *Los Sucesos*; afternoon newspapers: *El Chisme* and *El Argos*; monthly reviews: *La Juventud Literaria* and *Revista de México*; annual publications: *Almanaque del Padre Cobos* p. 78, cat. 330
and *La Tarasca*; entertainment reviews: *El Teatro*, *El Fandango Taurino*, and *El Estoque*; humorous magazines: *Don Chepito*, *Gil Blas Cómico*, *El Centavo Perdido*, *La Risa del Popular*, and *El Diablazo*; and both Catholic and anticlerical publications: *La Idea del Siglo*, *El Padre* p. 91, cat. 219
Eterno, and *El Padre Padilla*.

His collaboration was most intense, however, with the worker's weeklies and the "penny press" newspapers. According to the popular legend,

> Posada went to the aid of that courageous press, poor in technical resources but rich in ideas and ideals, which denounced the terrible conditions against which Mexico was struggling. Like a new Atlas, for years he carried on his shoulders the burden of illustrating the modest newspapers and weeklies that inspired the resistance of the people.[5]

The statement is an exaggeration, because Posada did not specifically seek out these newspapers. The editors went to his workshop because they could find no one else who would produce caricatures so cheaply. Although he did not form part of the radicals, Posada was the only caricaturist who remained

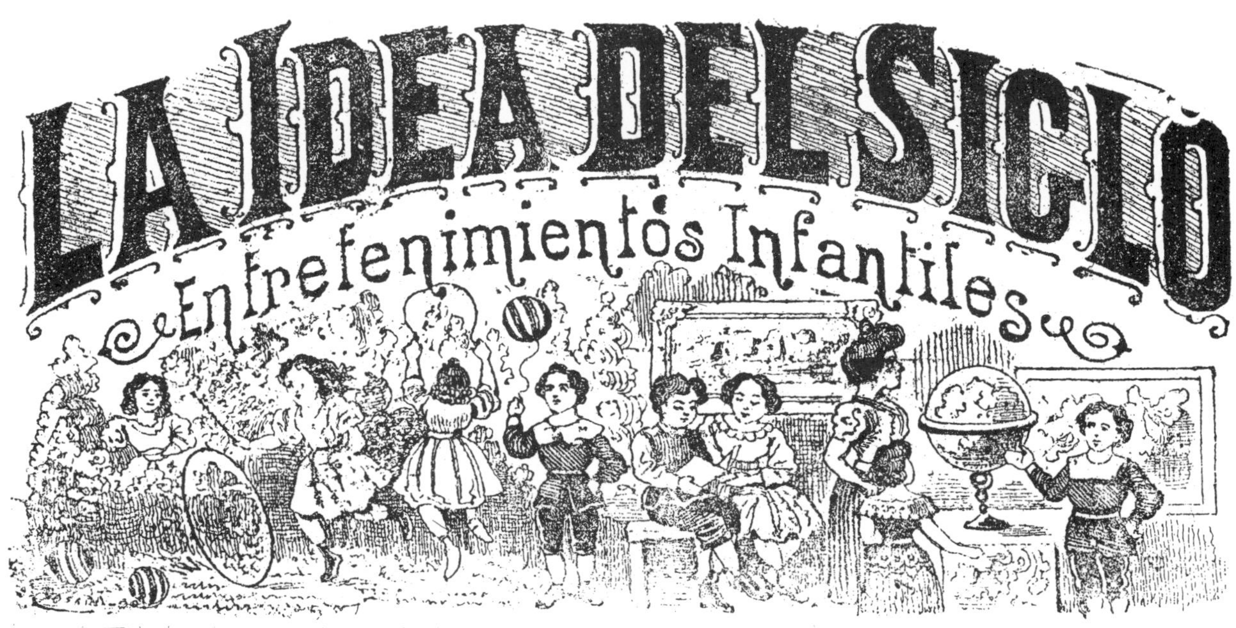

219

active during the most repressive years of the dictatorship of Porfirio Díaz, and he continued until the first years of the Mexican Revolution.

Most of these small publications had brief life spans, but Posada established relationships with various publishers who hired him on repeated occasions: Aurelio Reyes (from 1892 to 1895), Mariano Hourcade (from 1894 to 1895), Rafael R. Rodríguez (from 1902 to 1911), Fernando P. Torrella (from 1905 to 1912), Lorenzo Ras Alfaro (from 1905 to1912), and Agustín V. Hernández (from 1908 to 1909). In the publications of these men, Posada's caricatures were always on the first page, and sometimes he also engraved the masthead and some interior illustrations. The names of these satirical and irreverent publications, usually just four pages long, bore names with a markedly popular flavor, taken from the names of imaginary personages: *El Mero Valedor del Pueblo*, p. 92, cat. 224 *Juan Lanas*, *El Periquillo Sarniento*, *Juan Cuerdas*, *El Malcriado*, *Don Cucufate*, *El Mero Petatero*, *El Chamaco*, *El Duende*, *El Pinche*, *Juan Panadero*, *El Valecito*, and *El Vale Panchito*; of the devil: *El Diablito Rojo*, *El Diablito Bromista*, and *Satanás*; of animals: *El Ave Negra*, *La Guacamaya*, *El Periquito*, *El Papagayo*, *La Araña*, and *El Chango*; of objects: *La Chinampina*, *El Chile Piquín*, *La Tranca*, *La Metralla*, *La Muela del Juicio*, and *La Palanca*; or of fiestas: *El Fandango*, *El Hijo del Fandango*, and *El Fandanguito*.

ENTERTAINMENT FOR THE MASSES: THE POSTERS AND PROGRAMS

The encounter with Posada's work over the years has been a process of constant discovery: the thousands of prints and original plates in the possession of the Vanegas Arroyo family; the early lithographs produced in Aguascalientes and León; the woodcuts; the Biblioteca del Niño Mexicano, the children's collection published by Maucci; the publications of Ireneo Paz and Francisco Montes de Oca: the volumes of "penny press" material in the Genaro García Collection at the University of Texas in Austin; and finally the hundreds of posters preserved in the Mexico City Historical Archive. One hundred and fifty years after his death, Posada continues to surprise. In 2003, the Archive in Mexico City organized an exhibition entitled *El regocijo ilustrado* which presented a small sampling of restored programs and posters from this fantastically rich stock. The works were drawn from two collections of municipal records (Administración de Rentas Municipales [1877-1908] and Subdirección de Ramos Municipales [1909-1917]). The prints have been preserved because, in Posada's time,

> ... the impresarios of public entertainments were required to send a declaration to the tax offices indicating the seating capacity of the venue; the documentation submitted included posters showing the program of the entertainment and the price of the tickets.[6]

These collections make it possible to follow Posada's work in the poster genre day by day for decades. Research on the material is still ongoing, so I will mention just a few examples here.

Posada collaborated in producing posters with more than ten printing establishments from the time

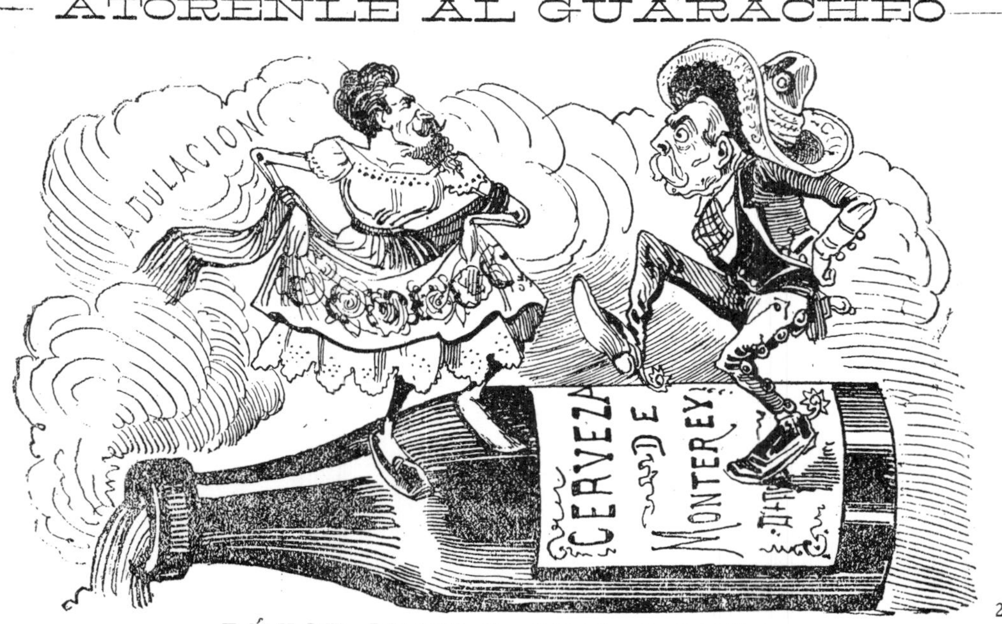

224

of his arrival in Mexico City until his death. He received the largest number of commissions (over a period extending from 1895 to 1912) from an establishment called El Libro Diario. These consisted mainly of images of different types of spectacles: theater, circus, cinema, bullfights, cockfights, sporting events, and dances. Of special interest are the posters divided into several sections, such as the one for Professor Peter and his black magic show. There are also narrative presentations, like the modern comic strip, to announce the first motion pictures shown in Mexico by companies such as Cinematógrafo Pathé. The posters announce a "select and costly repertory of beautiful, long-playing scenes and surprising transformations" from motion pictures such as *La gallina de los huevos de oro* (The Goose That Laid the Golden Eggs), *El Vesubio de Nápoles* (Vesuvius of Naples), *El jardín zoológico* (The Zoological Gardens), and *El hombre mono* (The Monkey Man).

Even more extensive was Posada's poster production for the many theaters in Mexico City: Guillermo p. 70, cat. 503 Prieto, Hidalgo, Apolo, Cervantes, Principal, Popular, Variedades de Invierno, and Recreo de la Hacienda. The plays consists mainly of historical and religious dramas, both foreign and Mexican.

Among the epoch-making nationalistic dramas that Posada illustrated posters for were *Chucho "El Roto," La Llorona*, *Diego Corrientes o el bandido generoso*, and *Don Juan Manuel*. The engraver frequently divided his composition into two, three, four, or even six sections to depict the most critical moments of each work. In *Los seis grados del crimen* (The Six Degrees of Crime), he shows the downward spiral of the protagonist: first, his friends; second, women; third, drink; fourth, gambling; fifth, robbery; sixth, murder. In his poster for *Bruna la Turronera* he gives a caption to each of the sections of the composition: "Death and Robbery," "Baptism," and "Innocence Saved." The moral of the work was also printed on the program: "May Bruna la Turronera, whose rather uncouth manners are drawn from nature, also serve as an example to improve the conditions of our proletariat, making them more congenial in their households, more inclined to good, more determined in their work, and milder in character..."

Certain works were performed again and again all through the Porfiriato: *El judío errante* (The Wandering Jew), *Don Juan Tenorio o el novio de doña Inés* (Don Juan Tenorio or the Bridegroom of Doña Inés), *Julieta y Romeo o el panteón de los Capuleto* (Juliet and Romeo or the Graveyard of the Capulets), *María Antonieta*, *Ana Bolena, reina de Inglaterra*, and *La cabaña de Tom o la esclavitud de los negros* (Tom's Cabin or Negro Slavery). In 1906 Posada executed a pair engravings to announce "two regal premieres" at the Teatro Guillermo Prieto: *La Carcajada* (The Guffaw), and *Julieta y Romeo*. In the first of these a ragged madman is depicted with one hand over his heart and the other hand pointing at the phrase "1,000 francs for my mother's health." In the second, Juliet lies on her deathbed as Romeo weeps beside her.

Posada treated historical themes in posters for dramas such as *El Cinco de Mayo* and *El Cerro de las Campanas*, and religious ones for works such as *La vida de San Juan de Dios* (The Life of St. John of God),

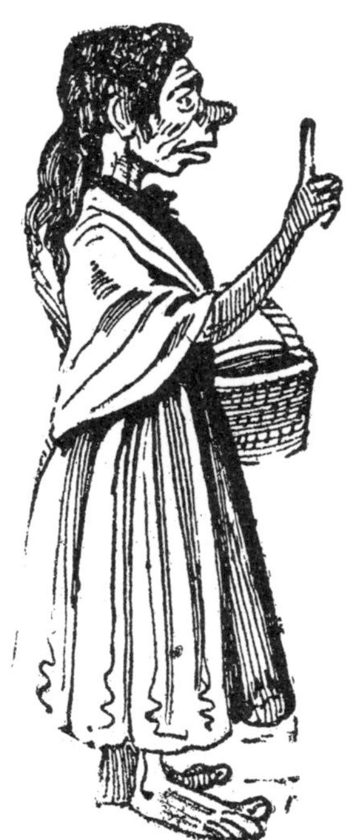

EN RUSIA DEBERIA POPULARIZARSE AMPLIAMENTE EL USO DE **las Pildoritas Antibiliosas** del Doctor Enrique Hernandez Ortiz. Ya verían como todo quedaría en paz. Que aprendan á México, donde la paz es un hecho real, desde que todos usan dichas pildoritas.

De venta en las principales Droguerías y Boticas.

Por correo: Apartado Postal 513.—México.

Prospecto gratis á la persona que lo pida.

Consulta gratis por correo.

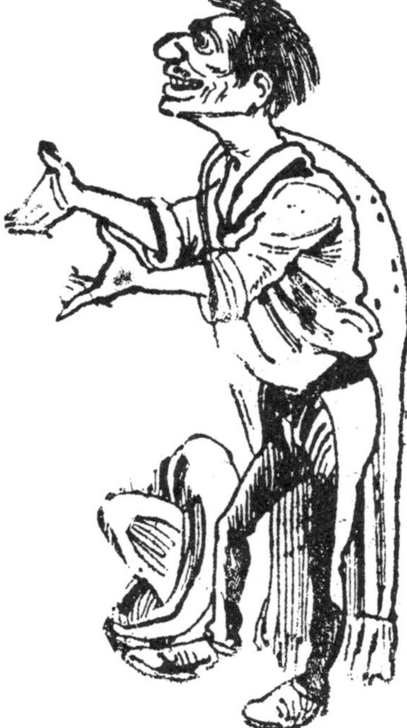

221

Morir en la cruz con Cristo (To Die on the Cross with Christ), *San Dimas el buen ladrón* (St. Dimas the Good Thief), *El hijo pródigo* (The Prodigal Son), and *Miguel y Luzbel pastores* (Michael and Lucifer Shepherds). He combined both subject matters in *Los mártires de la Inquisición* and in *San Felipe de Jesús*.

ANTI-BILE PILLS: ADVERTISEMENTS, BROCHURES, AND BOOKS

There are no streets, plazas, or parks in today's Mexico City that bear the name of José Guadalupe Posada, nor any statue or bust to commemorate him. It would seem the city and those governing it have made a point of denying a place in it to its principal graphic chronicler, pushing him to the periphery, where he spent his life. In 1889 Posada moved from the provinces to the capital, and stayed there the rest of his life. He lived in at least six different places in Mexico City, and after 1906 they were each of them poorer than the last, and farther away from the Zócalo. Even as Posada was creating the portrait of everyday life in the city at the turn of the century, the city itself was pushing him to its outskirts. The stigma still remains, but Posada must someday occupy the place of honor he deserves in the historic center of Mexico City.

It was in this ungrateful city that Posada produced images for dozens of advertisements. Owing to their small size and ephemeral nature, many have not survived, but those that have give us a fair idea of Posada's immense talent for advertising. One of the first works Posada executed for Vanegas Arroyo was a series of lithographic portraits of famous bullfighters, including Diego Prieto ("Cuatro Dedos"), Fernando Hernández, and the recently deceased p. 69, cat. 424, 440 Lino Zamora and Bernardo Gaviño. These broadsides bore the portrait on the front, and an announcement of the printing establishment's publications on the back side, along with notice of a change of address of its premises. In this series Posada clearly demonstrates his virtuosity in portraiture and his mastery of the grease pencil. He also created four advertisements which appeared on the backs of some of the chapbooks published by Vanegas Arroyo, showing the presses in action, the retail outlet and its customers, and one or two hands holding cards printed with information about the different kinds of printed matter produced by the establishment. Posada also engraved some small images to by printed on pieces of cardboard used to request a bonus on certain holidays, such as the 15th and 16th of September, the 1st and 2nd of November, December 24th, and January 1st. These commissions were executed with varying levels of quality. Posada was able to do very fine, detailed work, engraved with the burin and printed in blue ink, in which the image is fully integrated with the lettering. A good example is the stock certificate of the Durango mining operation "Minas de Trigueros y Villaverdeña. Hacienda Beneficiadora La Compuerta." p. 78, cat. 327 Hastier work can be observed in the advertisements for the "Anti-Bile Pills" of Doctor Enrique Hernández Ortiz, in which Posada supplied only the image, the lettering being added later. He also produced labels, p. 93, cat. 221 as for example one for a Hohner harmonica, advertised in connection with the celebration of the centennial of Mexican independence.

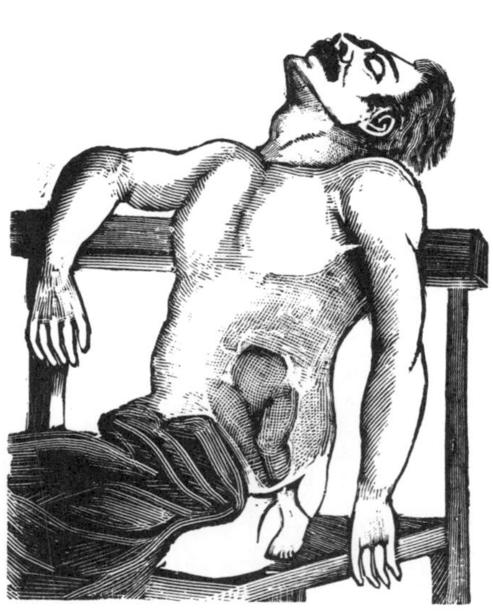
332

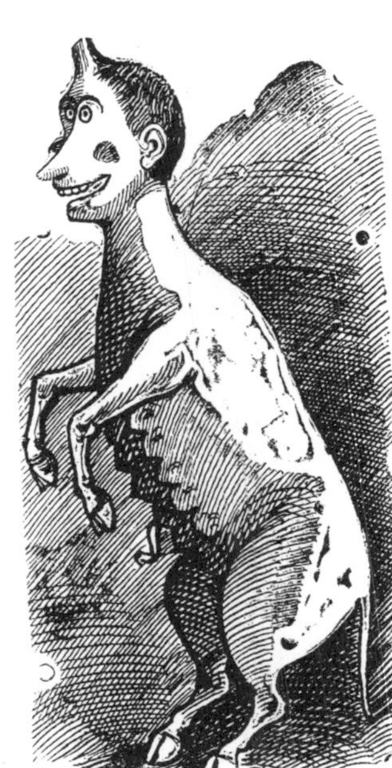
122

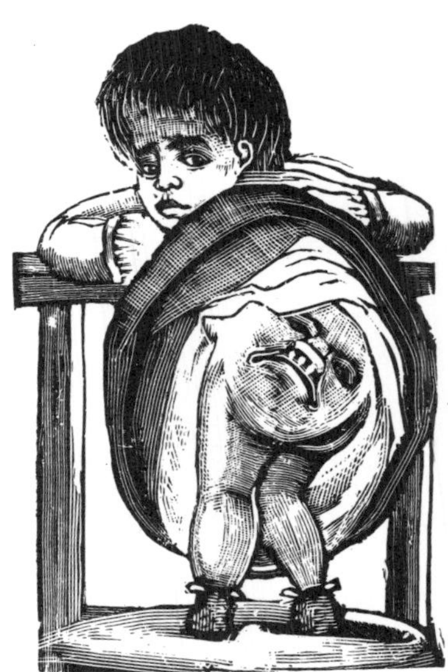
385

The children's collection known as the Biblioteca del Niño Mexicano, written by Heriberto Frías and illustrated by Posada, deserves special mention. The collection is divided into five series: "Ancient Mexico," "Discoveries and Conquests," "After the Conquest," "Independence," and "The Present Day." Posada's signature appears on only a few of the covers, but there is not doubt as to his authorship. What happened is that the publisher took Posada's engravings to Spain for a three-year period –1899 through 1901–, where they were printed by chromolithographic techniques. In the process, however, his illustrations were "softened" by some Spanish draftsman. Be that as it may, the covers of the collection attest to Posada's mastery of lettering, composition, conception, characterization, and setting. It is the last series (Posada probably insisted to Maucci on being given credit) which bears his signature. The publisher presented the collection in the following terms:

pp. 82-85, cat. 128 132, 134-136, 156 162, 165, 182, 184, 187

> In the library of the Mexican child all of the historical episodes of our nation are faithfully recounted. Heriberto Frías, an unequalled connoisseur of the glorious history of Mexico, to which he has dedicated long and conscientious study, living in familiar acquaintance with the heroes of yesteryear, gifted with a rich and pensive imagination, evokes the legendary caudillos on their foundations of stone and presents them to his little readers. This beautiful collection consists of one hundred and ten tales. The editions are produced with the highest quality. Every tale has a magnificent chromolithographic cover depicting the principal scenes of our nation's history. Each tale is also illustrated with three artistic engravings which enhance these marvelous stories.

In these stories Posada depicts a nation of heroes and epics. Pre-Hispanic Mexico is idealized and bloody; the brutal Conquest is a martyrdom for the defeated; the colonial period is full of missionary friars, legends, and victims of the Holy Inquisition; the caudillos of the Independence movement are accompanied by a motley rabble; independent Mexico is ravaged by two wars of intervention, American and French; and then, finally, there is the Porfirian "peace." Posada takes special delight in hair-raising scenes, perhaps because, as the French painter Jean Charlot wrote, "[an] essential element of indigenous life is to be found in the work of Posada: the love of tragedy, of blood, and of death, not out of cruelty but because the strong races can only be nourished by strong emotions."[7]

For Ireneo Paz, the publisher of *La Patria Ilustrada* and *El Almanaque del Padre Cobos*, Posada illustrated two books with lithographs: the novel *Sofía* by Arturo Paz and a translation of Schiller's poem *The Song of the Bell*, with 28 illustrations copied from the Spanish edition. Then he produced 20 zincographs for *Libro primero de lectura*, a reading primer compiled by Arturo Paz, in which images of buildings, landscapes, children, animals, and various objects accompany the elementary readings. In spite of the poor print quality, the views of Chapultepec Castle, the Mexico City Cathedral, the City Hall, the College of San Ildefonso, and the Palacio de Minería are outstanding for their correct perspective, achieved in a space no larger than 10 centimeters.

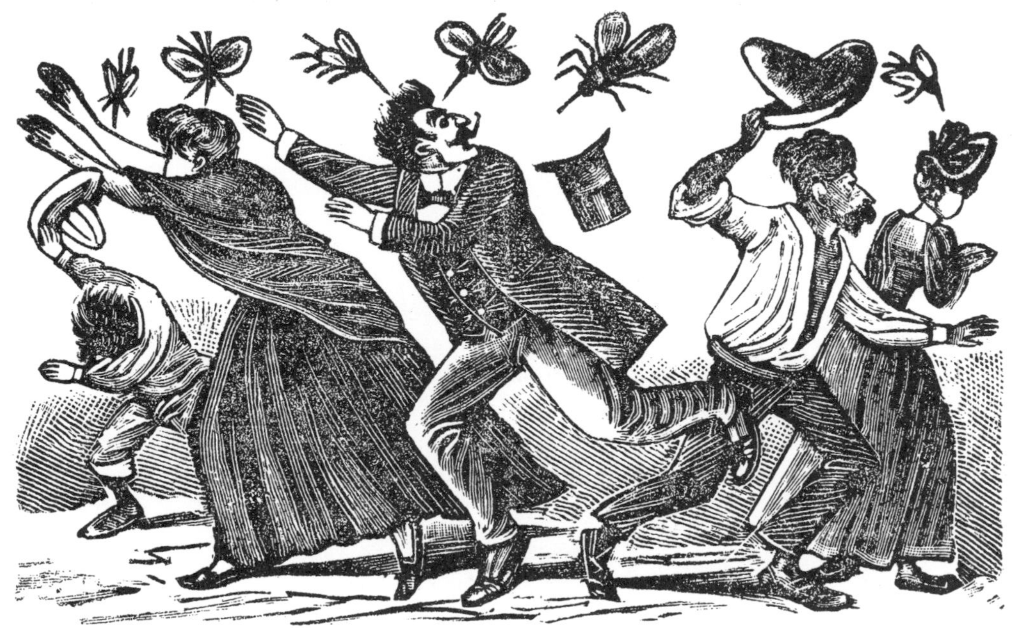

275

In 1893 Posada executed his most important commission as an illustrator, a Mexican edition of the classic French cookbook by Jules Gouffé, the former chef at the Jockey Club in Paris. The publishers Rodríguez and Dublán obtained the rights to reprint the Spanish-language edition, which had been published in 1885 by Librerías de A. de San Martín. The Mexican edition was augmented by an appendix of more than 400 pages of Mexican and Spanish recipes. The only problem for Rodríguez and Dublán was the images. The original edition contained 25 chromolithographs and 161 woodcuts done from life by M. Ronjat. The importance of these illustrations p. 64, illus. 8 was underlined by Gouffé. "These drawings have been done not only for ornament and good effect, but in order to contribute directly to the work of culinary instruction."[8] The color plates were eliminated and Posada was commissioned to copy, almost identically, kitchen utensils, rabbit, fowl, pork, veal, goat, fish, eggs, fruit, vegetables, desserts, garnishes, and a large variety of dishes. He executed a total of 128 engravings, most of which have little to do with the pp. 64-65, cat. 287 contents of the book. Posada's copies are not simply imitations; every image attests to his skill, precision, and technical mastery. A comparison of the two editions shows that Posada possessed blunter burins, incapable of tracing the fine lines of the original, but he made up for any shortcomings by his unique virtuosity. The commission was successfully fulfilled, and Posada added two full-page lithographs copied p. 64, illus. 9 from the chromos of the original.

Posada also produced some covers and illustrations for books published in installments, such as *La guerra de África* (The African War), published in a newspaper and later to form part of the Biblioteca de Gil Blas, and the *Historia de Santa Mónica. El padre nuestro meditado. La hermana de la caridad* (The Story of St. Monica: The Our Father Considered: The Sister of Charity), published by Casa Editora de Manuel Galindo y Bezares. His last works as an illustrator were two books of the occult sciences: *El diccionario infernal* and *El libro infernal*. No copies of them are known to have survived, but their existence can be inferred from an announcement for them which appeared in *Los Sucesos Ilustrados*.

Posada never gave titles to his engravings, and he was probably not involved in the printing of thousands of copies of them. He received the name of the image along with the order for it, and the owner of the final print could change or modify it as he saw fit. As an independent, specialized artisan, Posada limited himself to drawing and engraving, after which he would deliver an original plate to the client. The way the lettering was combined with the image did not depend on him. Nor did he determine the number of prints that would be drawn, so that many of his images could be reused in dozens of prints, with different titles and texts. The owner of the image, and of the plate itself, was not Posada but the publisher, who might retouch it even to the point of eliminating the signature of the engraver. Posada knew all this and did not much care, for he was a generous man. Thanks to this detachment, he left us a marvelous legacy which continues to be reproduced.

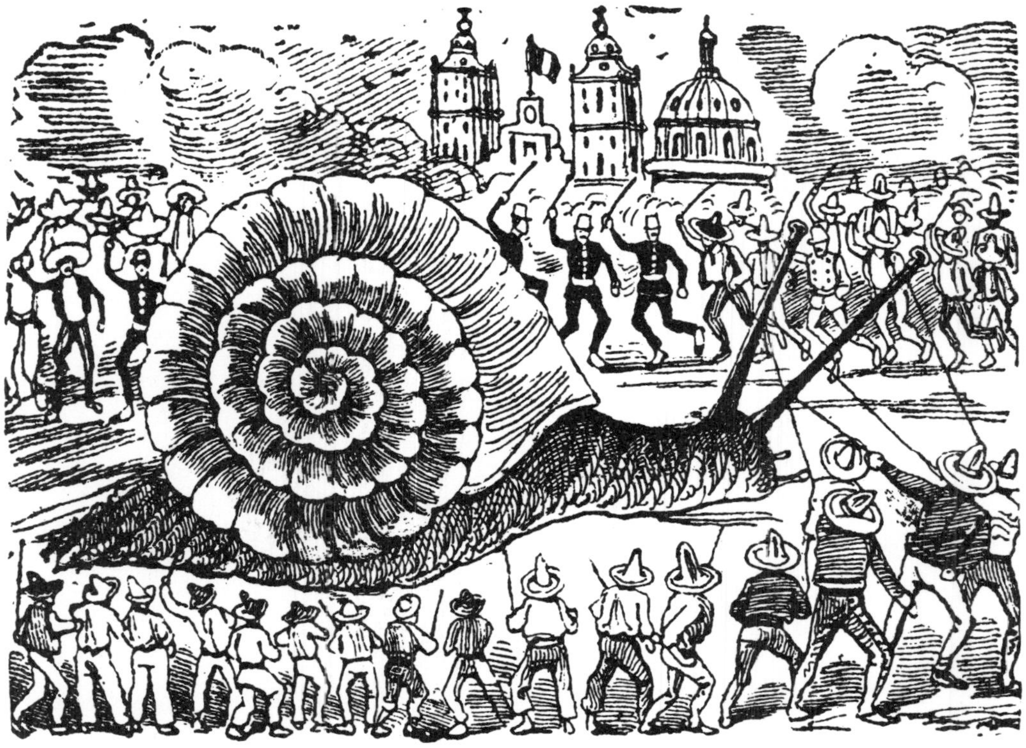

370

NOTES

1 Valeriano Bozal, "Horribles crímenes y terribles catástrofes," in *Historia del arte*, vol 40 (Madrid: Grupo 16, n.d.), p. 76.
2 Moisés González Navarro, *Estadísticas sociales del porfiriato 1877-1910* (Mexico City: Secretaría de Economía, 1956), pp. 7 and 123.
3 Luis Cardoza y Aragón, *José Guadalpe Posada* (Mexico City: Universidad Autónoma de México, 1963), p. 21.
4 In *Posada y la prensa ilustrada: signos de modernización y resistencias* (Mexico City: Museo Nacional del Arte / Instituto Nacional de Bellas Artes, 1996), p. 27.
5 *José Guadalupe Posada. Ilustrador de la vida mexicana* (Mexico City: Fondo de la Plástica Mexicana), 1963, p. 48.
6 Nahuatzen Ávila Díaz, *El regocijo ilustrado*, brochure text (Mexico City: Archivo Histórico del Distrito Federal, 2003), p. 2.
7 Jean Charlot, "Un precursor del arte moderno: El grabador Posadas [*sic*]," *Revista de Revistas*, no. 799, p. 13.
8 Jules Gouffé, *Libro de cocina* (Mexico City: Rodríguez, Dublán y Compañía), 1885, p. XI.

CHRONOLOGY

1852. José Guadalupe Posada Aguilar is born on Thursday, February 2nd to Germán Posada Serna and Petra Aguilar Portillo, in the San Marcos neighborhood of the city of Aguascalientes. On the 14th of the same month he is baptized in the parish church.

1858-1866. Grows up in a family of tradesmen. His father is a baker, his uncle Manuel a potter, and his half-brother Pablo de la Trinidad a shoemaker. Young José Guadalupe helps his older brother José Cirilo, a schoolteacher, to attend to his pupils. With a definite propensity for drawing, in his spare time he copies images of saints and playing cards, or does portraits of the schoolchildren.

1867. At the age of fifteen, in the General Census of the Residents of the Ninth Quarter of Aguascalientes, Posada is enrolled as a painter by trade.

1868-1869. It is possibly during these years that he attends the prestigious Municipal Academy of Arts and Trades, where he receives formal training in drawing under Francisco Semería and Antonio Varela.

1870. Joins, as an assistant, the workshop of José Trinidad Pedroza, a well-known printer and the nephew by marriage of José María Chávez. Learns various commercial applications of drawing. Pedroza teaches him lithography and engraving. Posada produces religious prints, portraits, circulars, receipts, maps, visiting cards, invitations, stamps, and caricatures.

1871. Begins to do political caricature for the opposition newspaper *El Jicote*, "A Talkative but Not Dissembling Newspaper, Written by a Swarm of Wasps," which publishes its first issue on June 11th. Posada is influenced by the caricatures of Santiago Hernández of the Mexico City newspaper *La Orquesta*. *El Jicote* appears for only nine issues. The engraver signs as "G. R. Posada" or simply "Posada," surrounded by an oval. On September 16th his father dies of dysentery.

1872. Posada and Trinidad Pedroza leave Aguascalientes to set up a printing and lithography establishment in León de los Aldamas, Guanajuato. Posada continues to produce religious prints and lithographic work for 28 different tobacco factories in the region.

1873. Assumes responsibility for the León operation when his employer Trinidad Pedroza returns to Aguascalientes.

1874. Illustrates packaging for matchsticks, liquors, and patent medicines. On a more personal level, he produces bookplates, portraits, birthday cards, invitations, visiting cards, and baptism announcements. His commercial lithographs can be found in León, Mineral de la Luz, San Francisco del Rincón, Silao (in Guanajuato), Lagos de Moreno, Arandas (in Jalisco), and Aguascalientes.

1875. On September 20th, in the Parroquia del Sagrario in León, he marries María de Jesús Vela, a sixteen-year-old native of the city. His younger brother Ciriaco serves as godfather.

1876. He begins his career as an illustrator with two books. The first, a book of "moral readings" forming part of the collection of the Catholic Library, is entitled *Libro de moral práctica o selecta colección de preceptos y bellos ejemplos destinados para la lectura*, by T. H. Barrau, in a translation by Lic. Jesús González. Published by Manuel García Moyenda, the volume has a beautiful cover printed in two inks and several interior lithographs. The second is *El Mártir del Gólgota* by Enrique Pérez Escrich, with a frontispiece and four illustrations. Trinidad Pedroza sells the León establishment to Posada, who invites his brother Ciriaco to collaborate with him. Together they found a printing and lithography operation called Imprenta y Litografía de Guadalupe Posada y Hermano. The business is located in the building where they lodge at Honda (now Hermanos Aldama) no. 126. Posada wins prizes in various calligraphy competitions.

1877-1880. It is probably around this time that Posada's only child, who would die at a young age, is born. A great deal of his production and other documentation from this obscure period in his life was destroyed in the León flood of 1888.

1881-1883. Contributes, as of issue no. 129, to an illustrated publication entitled *La Gacetilla*, "Everything but Politics," published by David Camacho "for the fair sex" in León.

1884-1885. Appointed "practice professor" of lithography at the School of Secondary Instruction, where he earns a monthly salary of fifteen pesos. Illustrates four volumes of *Efemérides guanajuatenses, o Datos para formar la historia de la ciudad de Guanajuato*, by P. Lucio Marmolejo, published by the printing establishment of the College of Arts and Trades in Guanajuato, under the supervision of Francisco Rodríguez.

Contributes to a publication called *El Pueblo Católico*. With his lithography students (Ramón España, Luis Cruces, Francisco Aguirre, José S. Zepeda, Jesús Bravo, Jesús Nito, and Enrique Aranda), he produces a remarkable map and directory of the city of León. Contributes to the newspaper *La Educación*.

1886. Publishes a fine portrait of Miguel Hidalgo y Costilla in the September 15th issue of *La Educación*, which demonstrates a complete mastery of the many-pointed burin.

1887. Contributes a finely executed portrait of Celestino González to his volume of *Poesías*, published by the Antigua Imprenta de Aleriano in Lagos de Moreno. Toward the end of the year Posada visits Mexico City and collaborates in the first version of *El Monitor del Pueblo*.

1888. The terrible flooding of the city of León begins on the night of July 18th. A total of 177 city blocks, containing 2,232 houses, are destroyed. The flooding causes at least 203 deaths (counting only those whose bodies were recovered) and leaves some 20,000 people homeless. Posada loses his home, printing press, property, and livelihood. He returns in dejection to Aguascalientes for a brief period. On his return to León, he sends contributions to *La Patria Ilustrada* in Mexico City. Ireneo Paz, the editor of the publication (and the grandfather of the poet Octavio Paz), prepares the ground for Posada's imminent arrival in the capital, introducing him in *La Juventud Literaria* as the man destined to become "Mexico's foremost caricaturist and draftsman."

1889. At the beginning of the year he signs his last pay receipt as a professor of lithography and moves to Mexico City. He contributes headings, illustrations, and portraits to the weekly publication *Revista de México* (continuing to do so until 1891), as well as illustrations for two volumes published by the magazine: *Sofía*, a novel by Arturo Paz, and a translation of Schiller's poem *The Song of the Bell*. Posada begins his long collaboration with the printing and binding establishment (Tipografía y Encuadernación) of Antonio Vanegas Arroyo, for which he will produce work in countless genres: broadsides recounting miracles, catastrophes, fires, strange phenomena, remarkable events, crimes, scandals, abuses, legends, rumors, pilgrimages, and sensational trials, or bearing *calaveras*, ballads, cautionary tales, and patriotic stories; illustrations for chapbooks containing songs, toasts, recipes, poems, riddles, model letters, speeches, and prayers; and a variety of magic manuals, spelling primers, storybooks, farces, and Nativity playlets. He also does metal engravings for posters published by the Imprenta Tipográfica de Corchero no. 2.

1890. The printing and lithography establishment of Ireneo Paz publishes the *Almanaque del Padre Cobos* no 15, refurbished by Posada. In May he quits *La Patria Ilustrada*, though he will continue to work for Paz on other projects until 1907.
He engraves the masthead and executes some portraits for *El Monitor del Pueblo* (formerly *La Política*). He soon acquires a reputation in press circles for his mastheads and lettering.

1891. Contributes starting in March to the Sunday magazine *El Teatro*, "A Comical Entertainment Weekly." Does engravings for *La Tarasca*, a broadside published yearly by Vanegas Arroyo on the Feast of Corpus Christi, and for *Don Chepito*, "A Humorous Newspaper Dedicated Exclusively to Doing Away with Sour Looks," published by José Rodríguez.

1892. Establishes a workshop with a view of the street on the premises in which he lives, at Cerrada de Santa Teresa no. 2 (now Licenciado Verdad). Begins his definite collaboration with the opposition in May, contributing caricatures to *El Fandango*, "A Weekly Dedicated Exclusively to the Defense of the Working Class," published by Aurelio Reyes. Continues his contributions until 1895. Does engravings for *La Gaceta Callejera*, a broadside published sporadically by Vanegas Arroyo, whenever some sensational event so warrants. Starting on July 17th, and continuing until 1911, contributes the attractive masthead and section headings to *Gil Blas*, "A Serio-Comical Illustrated Newspaper," published by Francisco Montes de Oca.

1893. Illustrates *La guerra de África*, published in installments, and a Spanish translation of Jules Gouffé's French cookbook. Contributes to *El Mero Petatero*, a newspaper published by Arcadio Sepúlveda, *El Mero Valedor del Pueblo*, "A Bi-Weekly Dedicated to Defending the Interests of the People," published by Mariano Hourcade (until 1894), and *El Fandanguito*, published by Pedro C. Hernández.

1894. Engraves with burin the letterhead and stock certificate of the Durango mining operation "Minas de Trigueros Villaverdeña. Hacienda Beneficiadora La Compuerta." Contributes caricatures to *El Chamaco*, published by "Lucas, the Wild Boar." Contributes material to the bullfighting publications *El Fandango Taurino* of Aurelio Reyes and *El Estoque* of Abel Kader (until 1895). Executes engravings for posters published by the Casas y Compañía printing establishment.

1895. Contributes to Francisco Montes de Oca's *Gil Blas Cómico*, which circulates until May 13th. Works in zincography for the first time. Contributes caricatures to the penny press newspapers *El Periquito* and *Juan Lanas*, published by Mariano Hourcade and Ángel T. Montalvo, respectively. Produces posters for the printing establishments El Libro Diario (until 1912), El Fénix (until 1906), Callejón de Verdeja, and Calle Carrizo. Moves his workshop to Santa Teresa no. 9 (now Templo Mayor).

1896. Contributes to *El Centavo Perdido*, published by Vanegas Arroyo.

1897. Participates in Francisco Montes de Oca's new ventures: *El Popular*, "A Modern, Independent, Illustrated, Political Newspaper," (until 1907) and the weekly *La Risa del Popular* (until 1898). Contributes caricatures to *El Amigo del Pueblo*, "Politics and Information," *El Diablazo*, "A Literary Weekly," and *El Paladín* (formerly *El Español*), "A Combative Newspaper, Dedicated to the Defense of the Latin Race and the Interests of Commerce, Industry, and Agriculture." (until 1912). Executes the cover of *Historia de Santa Mónica* and other religious titles published in installments by the Casa Editora de Manuel Galindo y Bezares.

1898. Contributes to *El Diablito Rojo*, "A Workers' Opposition Newspaper," published by Régulo Rodríguez (until 1910), and *Juan Cuerdas*, "An Independent Newspaper by the People for the People."

1899. Moves his workshop to Santa Inés no. 5 (now Moneda), where the famous photograph of Posada in the door of his shop is taken. Contributes caricatures to *El Chisme*, "A Serio-Comical Afternoon Newspaper," published by Carlos Montes de Oca (until 1910). Illustrates a reading primer by Arturo Paz. The Spanish publisher Carlos Maucci, the writer Heriberto Frías, and Posada join their talents to produce the 110 installments of the Biblioteca del Niño Mexicano, a series of patriotic Mexican tales and legends (until 1901).

1900. Contributes caricatures to *El Malcriado*.

1901. Works for the printing establishment of E. Guerrero, illustrating broadsides containing songs and ballads, and chapbooks such as a spelling primer and a collections of Mexican recipes. Contributes to the weeklies *El Ave Negra*, published by Francisco Basail, *El Diablito Bromista*, "An Organ of the Working Class, Scourge of the Bourgeoisie, and Bogey of Bad Government," published by Antonio de P. Escárcega (until 1907), and *El Hijo del Fandango*, "Serio-Comical Weekly, Defender of the Working Class and a Friend of Truth, etc.," published by Rafael R. Lledias.

1902. Contributes to *El Periquillo Sarniento* of Odilón Castañeda R. (until 1903) and *La Guacamaya*, "Of the People and by the People. A Talkative, Good-Humored Newspaper," published by Rafael R. Rodríguez and later by Fernando P. Torroella (until 1912). Executes a couple of headings for *La Idea del Siglo*, "Children's Entertainments. A Catholic Newspaper with Varieties. By permission of the ecclesiastical authorities." Illustrates advertising for "Anti-Bile Pills" in *El Paladín*.

1903. Contributes to *El Morrongo* of Teodoro Miró and the sensationalist crime gazette *El Argos*, "An Illustrated, Serio-Comical Afternoon Newspaper" (until 1906).

1904. Provides illustrations to the Marcial Ibarra photoengraving workshop. Contributes to *La Araña*, "An Independent Weekly Addressed to the Workers," and *El Papagayo*, "Of the People and for the People. An Independent Weekly, Scourge of the Bourgeoisie and Unconditional Defender of the Working Class," both published by Fernando P. Torreolla, to Carlos Ezeta's *El Chango*, Leoncio A. Nava's *El Duende*, Esteban Cabrera's *El Moquete*, Alfonso Cerro Lara's *El Pinche*, "A Culinary Newspaper Which Will Cook Any Bad Public Official in Stew," to *La Palanca*, "For Union, Justice, and Progress. An Independent Weekly of and for the Workers," published by Agustín B. González, and to Pedro Hagelsten's *Los Sucesos*, "A Newspaper of Absolute Independence. By Reason or by Force." Engraves posters for the printing establishment of the Correctional School.

1905. Lives in a tenement house on Cuadrante de Santa Catarina no. 14, unit 21 (now Nicaragua). Contributes caricatures to *El Malcriado*, published by Cutberto L. Aroche, *La Chinapina* of Pedro M. Ramírez, *Satanás*, and *El Chile Piquín*, "A Humorous Weekly," published by Lorenzo Ras Alfaro. Provides advertising for Doctor Enrique Hernández Ortiz's "Anti-Bile Pills" to *El Colmillo Público*. Executes posters for the Compañía Impresora Mexicana.

1906. Moves out of his workshop on Santa Inés, perhaps because he is unable to pay the rent. Works thereafter out of his home, doing the rounds of the printing establishments in the morning to offer his services. Contributes to *La Chintatlahua* of Pilar de la O, to *La Tranca*, "Independent Weekly of Attack and Defense," of Pedro Arnal Frontela, to *Don Cucufate*, "An Independent, Serio-Comical Political Weekly," of J. Peñalosa, and to *La Metralla*. His engravings are used on the posters published by the printing establishment of José Rivero.

1907. Contributes political cartoons to *San Lunes*, "A Weekly for Everybody," published by Serafín Díaz (until 1910), and to *La Muela del Juicio*.

1908. Contributes to *El Padre Eterno*, "Instructor of the People and Scourge of the Clergy," published by Agustín V. Hernández.

1909. Illustrates the *Cancionero Popular*, a broadside containing popular songs published sporadically by Vanegas Arroyo (until 1911). Contributes to Agustín V. Hernández's *El Padre Padilla*, "Founded to Combat Bad Government, the Ignorance of the People, and Clerical Corruption," and to the local version of *Juan Panadero*, "An Independent Newspaper Dedicated to the Defense of the States of the Republic." Provides engravings for the posters of José Figueroa's printing establishment.

1910. Moves his residence and workshop to the Calle del Carmen no 47, ground floor. Provides advertising labels for Hohner harmonicas. The publication *Los Sucesos Ilustrados* announces two books on occult subjects with covers illustrated by Posada: *El diccionario infernal* and *El libro infernal. Tesoro de las ciencias ocultas*.

1911. Moves to a tenement house of more than three hundred rooms on Avenida de La Paz no. 6 (now Jesús Carranza) in the Tepito neighborhood. Provides illustrations for the "Cantos populares maderistas," a series of broadsides containing pro-Madero revolutionary songs published by Vanegas Arroyo. Contributes to the anti-Madero weeklies *El Valecito*, "Of the People and for the People," of Rafael R. Rodríguez, and *El Vale Panchito*, "A Popular Weekly with Caricature," of Federico García y Alva. Provides illustrations for Ricardo Durán's *El Perico*.

1912. Now a widower, Posada suffers ever more severe economic difficulties and personal unhappiness. Produces few engravings. In December, he begins his annual drunken spree.

1913. On the morning of January 20th, Posada dies of acute enteritis (inflammation of the intestines) and is buried in a pauper's grave by two neighbors and a printer friend. His principal publisher, Antonio Vanegas Arroyo, for whom he had worked for twenty years, learns of his death three days later.

593

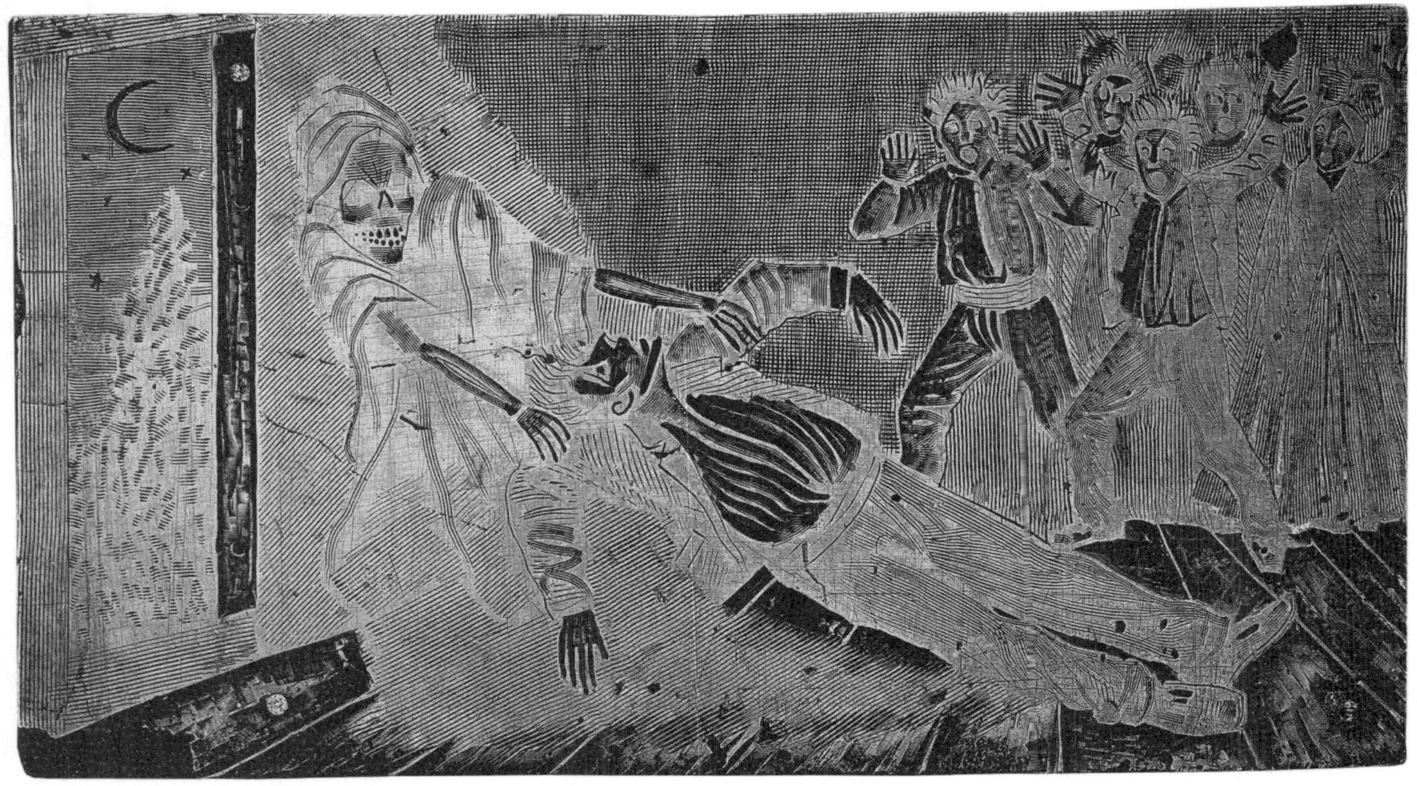

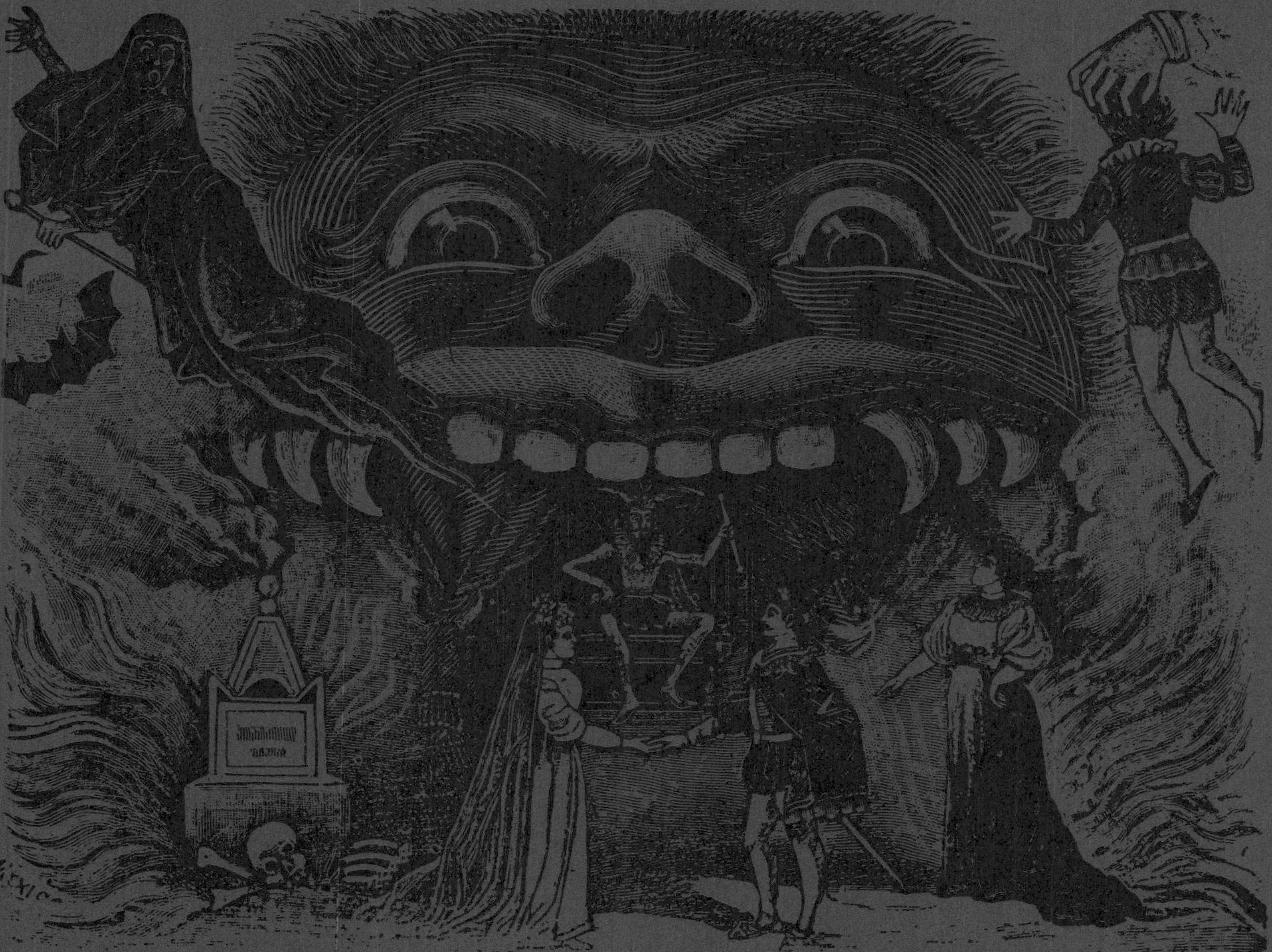

509

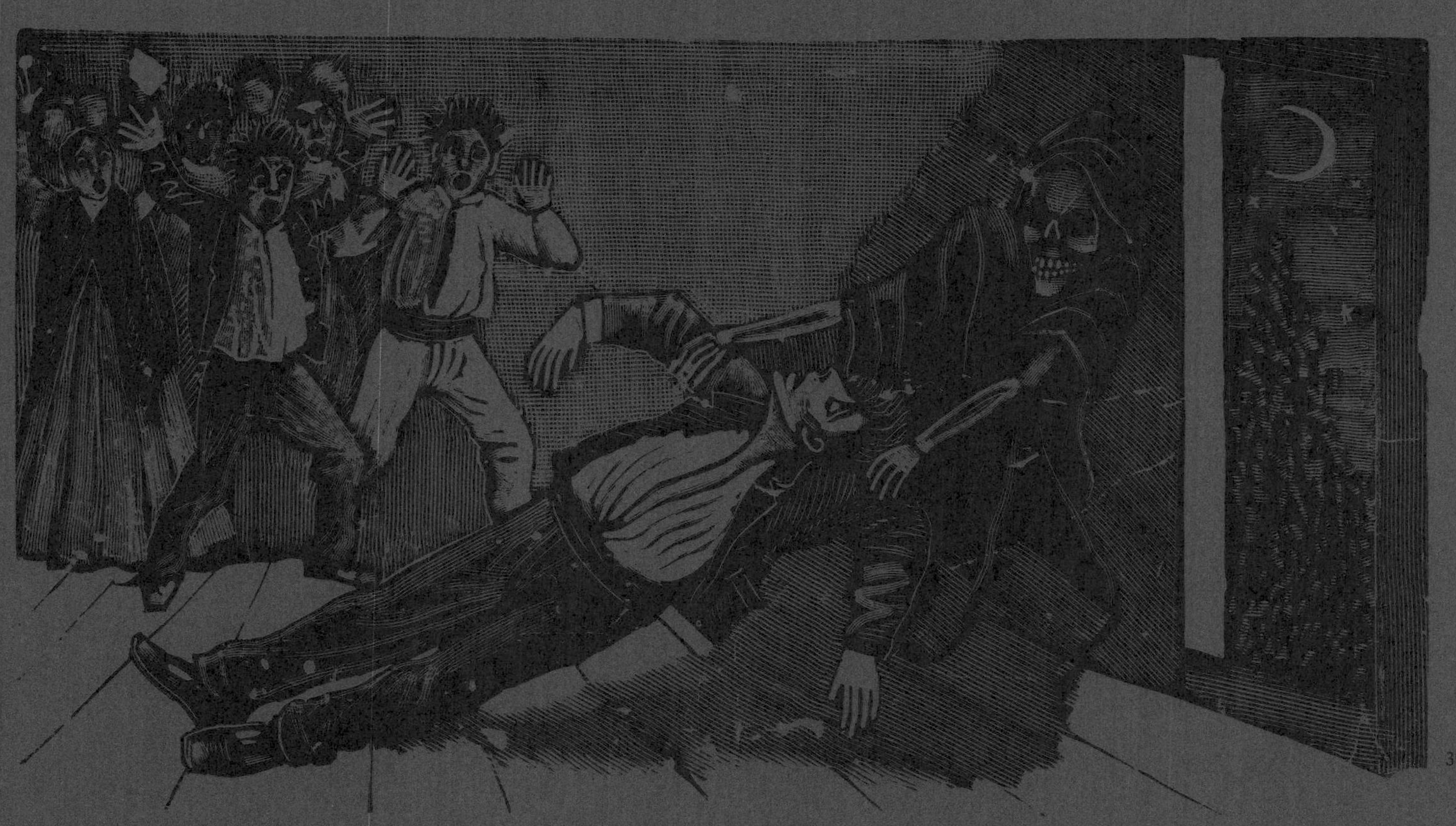

391

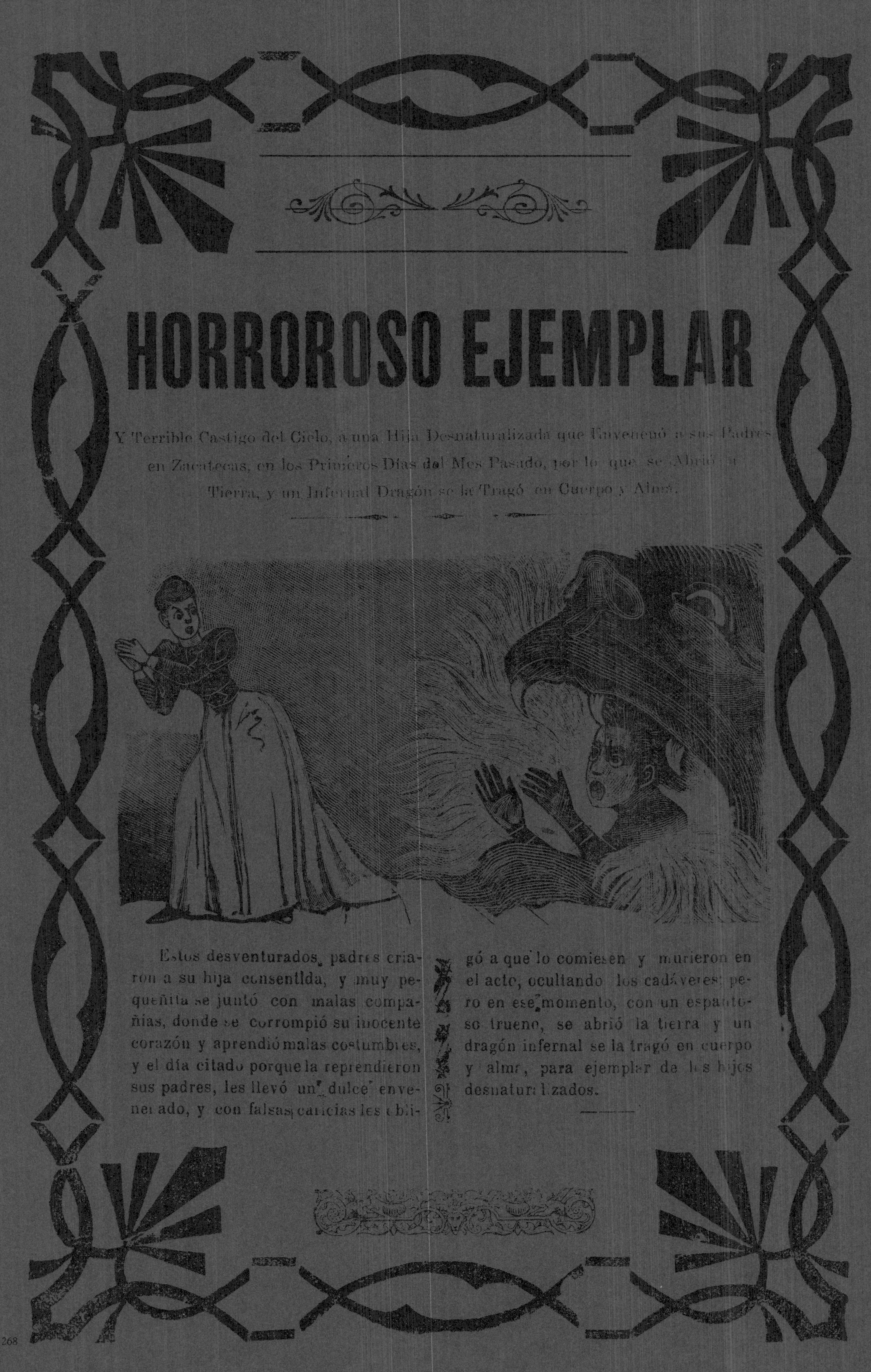

HORROROSO EJEMPLAR

Y Terrible Castigo del Cielo, a una Hija Desnaturalizada que Envenenó a sus Padres en Zacatecas, en los Primeros Días del Mes Pasado, por lo que se Abrió la Tierra, y un Infernal Dragón se la Tragó en Cuerpo y Alma.

Estos desventurados padres criaron a su hija consentida, y muy pequeñita se juntó con malas compañías, donde se corrompió su inocente corazón y aprendió malas costumbres, y el día citado porque la reprendieron sus padres, les llevó un dulce envenenado, y con falsas caricias les obligó a que lo comiesen y murieron en el acto, ocultando los cadáveres; pero en ese momento, con un espantoso trueno, se abrió la tierra y un dragón infernal se la tragó en cuerpo y alma, para ejemplar de los hijos desnaturalizados.

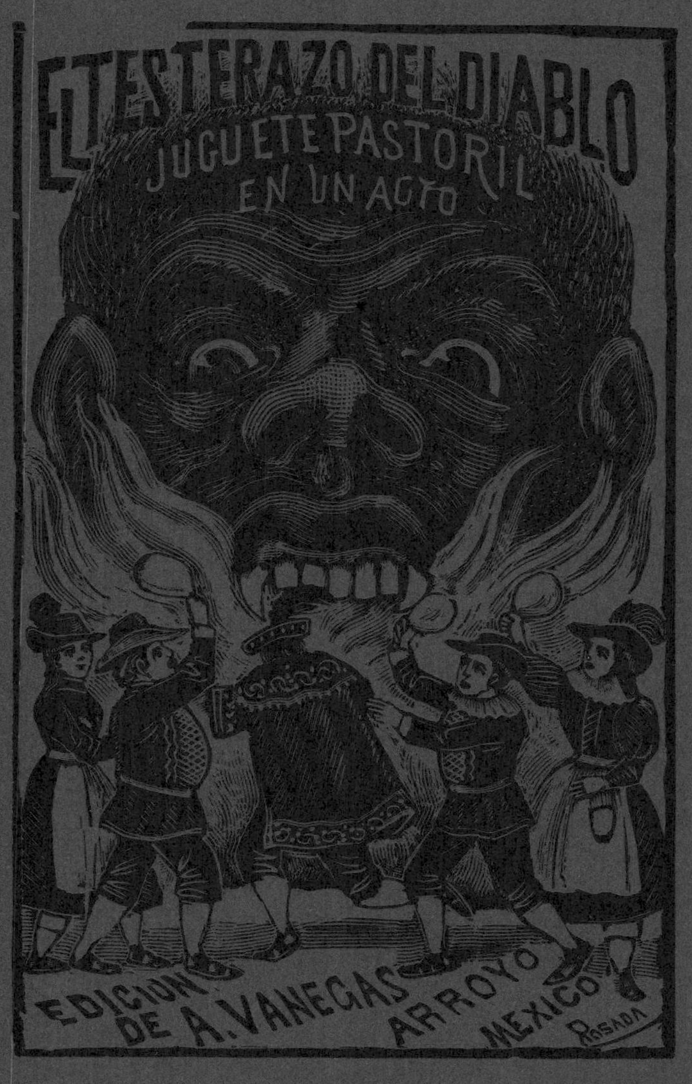
EL TESTERAZO DEL DIABLO
JUGUETE PASTORIL
EN UN ACTO
EDICION DE A. VANEGAS ARROYO
MEXICO
POSADA

66

¡¡EJEMPLAR ACONTECIMIENTO.!!

Un Espíritu maligno en figura de mujer bonita

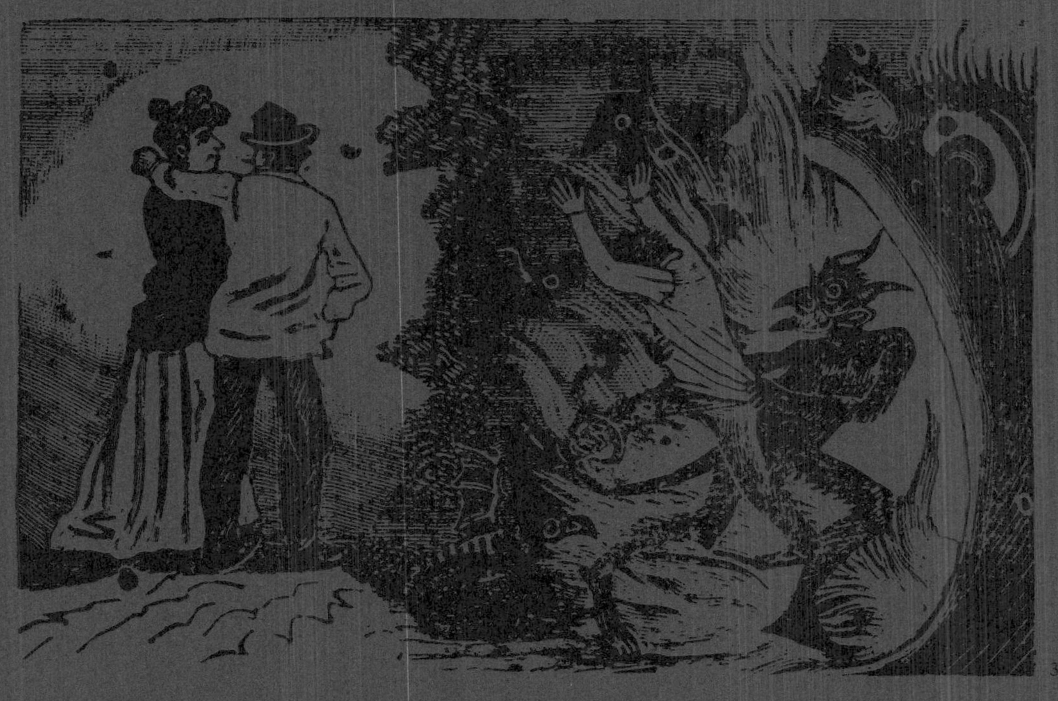

319

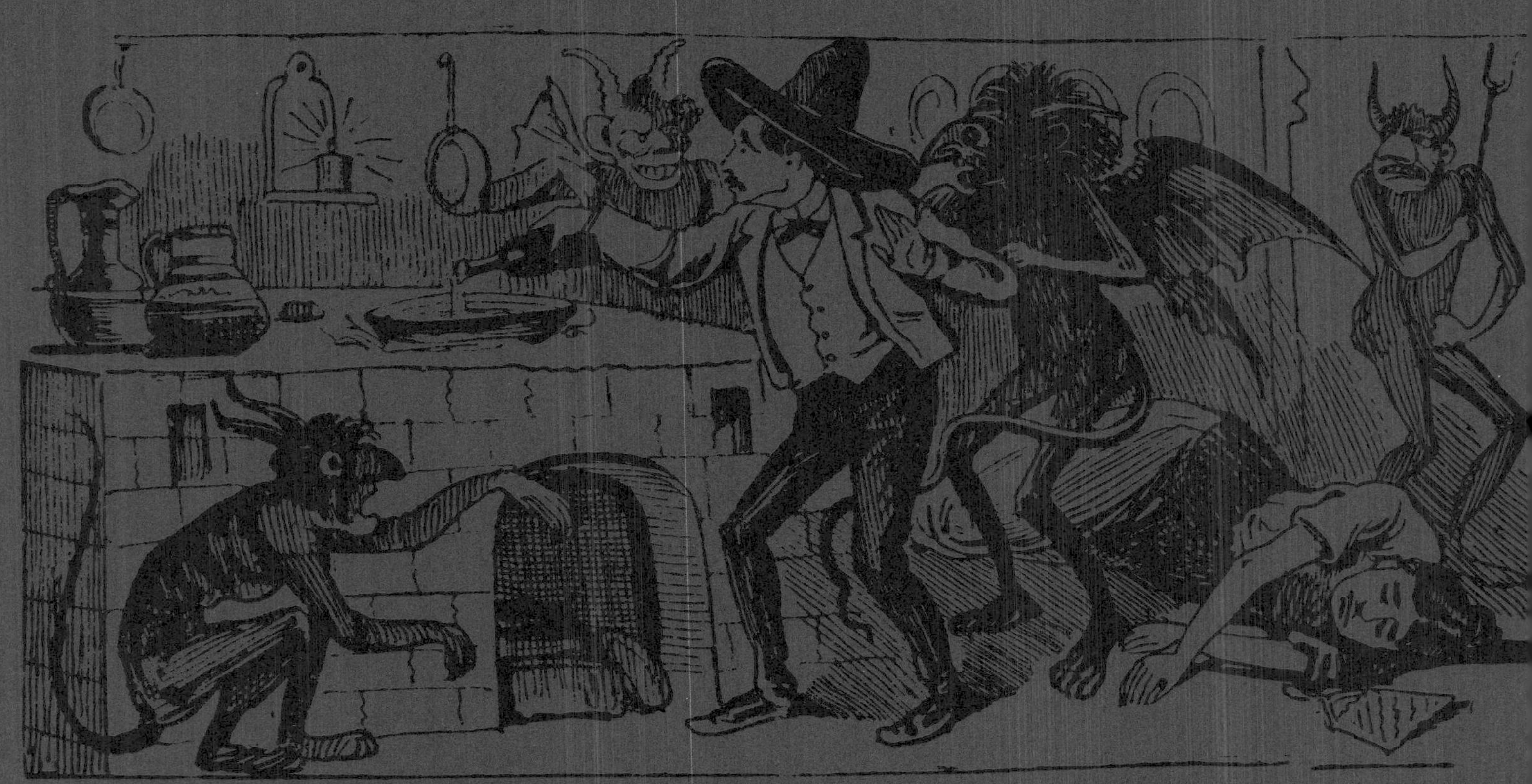

116

¡TERRIBILISIMO EJEMPLAR!

¡¡¡¡Una Niña calumniadora, á quien se lleva el Demonio!!!!

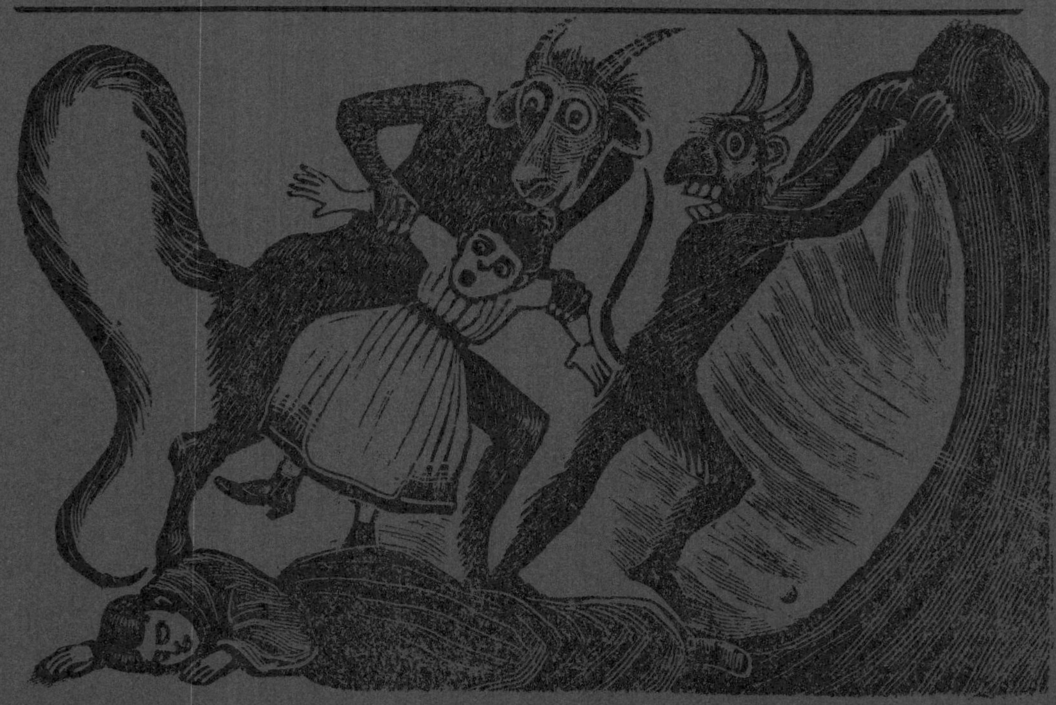

En la ciudad de San Cristobal las Casas, Estado de Chiapas, vivía con su mamá una niña de doce años de edad, llamada Cenobia. La madre llamábase Dña, Mariana. La niña mencionada había quedado huérfana de padre, desde la edad de 3 años. La madre no se ocupó nunca de educar á Cenobia ni en la moral ni en nada. Con las niñas y niños y hasta con la gente grande andaba siempre en chismes y revolturas; su gusto era poner á reñir á todos, diciéndoles que hablaban mal á unos de otros La calumnia era *su cuerda principal* como dicen. Y como estaba tan consentida por la madre, esta nunca la castigaba, á pesar de conocer muy bien sus malísimas costumbres. Ni siquiera le daba consejos. Dña. Mariana pensaba que aquellas maldades de calumniar y predisponer á las gentes, era resultado de su viveza. Y naturalmente, aquella niña cada dia estaba peor; varias veces hasta se habían registrado crímenes por causa de sus chismes y calumnias. Las personas á quienes les decía mentiras para que se peleasen, pensaban erroneamente como la generalidad en aquel refrán tonto que dice: «Los locos y los muchachos dicen las verdades» Y esta creencia la sostenían siempre dándole completo crédito. No reflexionaban que es todo lo contrario, pues los locos y los muchachos son los que mienten mas.

Pero vamos ya á narrar el espantosísimo caso que tuvo lugar como palpable ejemplo, tanto para las niñas como para las madres. La última calumnia inventada por Cenobia fué la que la llevó á la completa perdición de su alma. Sucedió que en la casa donde Cenobia vivía con su mamá, habitaba á la vez un matrimonio sin hijos, el esposo se llamaba Raymundo y era sastre; la esposa, Eduwiges. Raymundo era muy celoso con su mujer y esto lo sabía muy bien Cenobia. Antes de continuar diremos, que esta niña tenía alcances y comprensión de gente grande así es que estaba al tanto de la vida privada de los vecinos. A Eduwiges no la quería nada, le era antipática porque esta Señora no le hacía aprecio

270

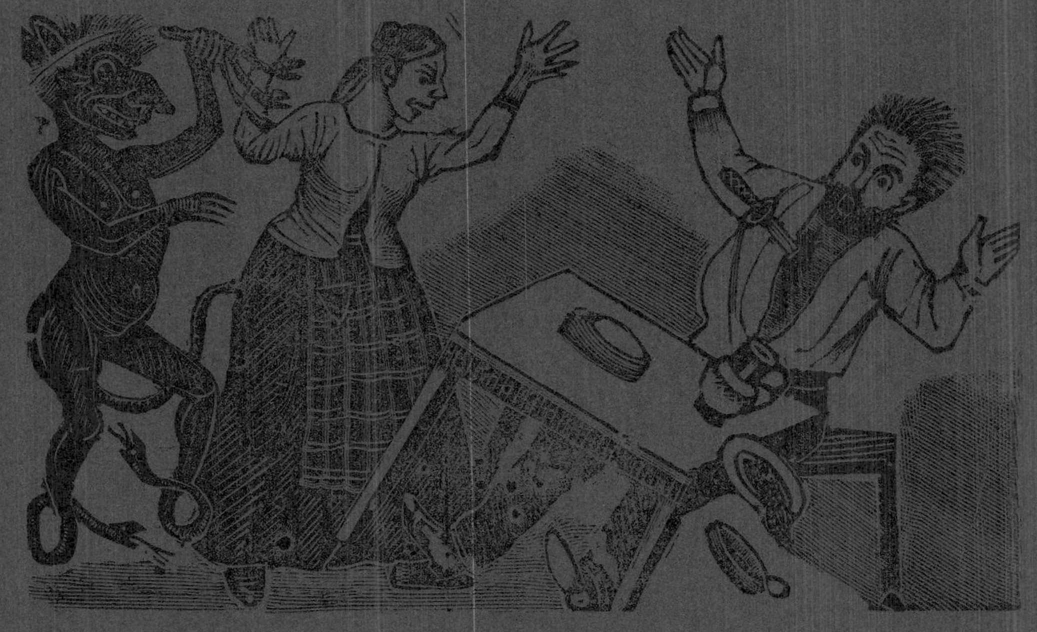

269

ASOMBROSO SUCESO

Acaecido en San Miguel del Mezquital, ¡Espantoso huracán! ¡Horrible asesinato! Una vil hija le quita la existencia á sus padres. ¡Justo y ejemplar castigo del cielo!

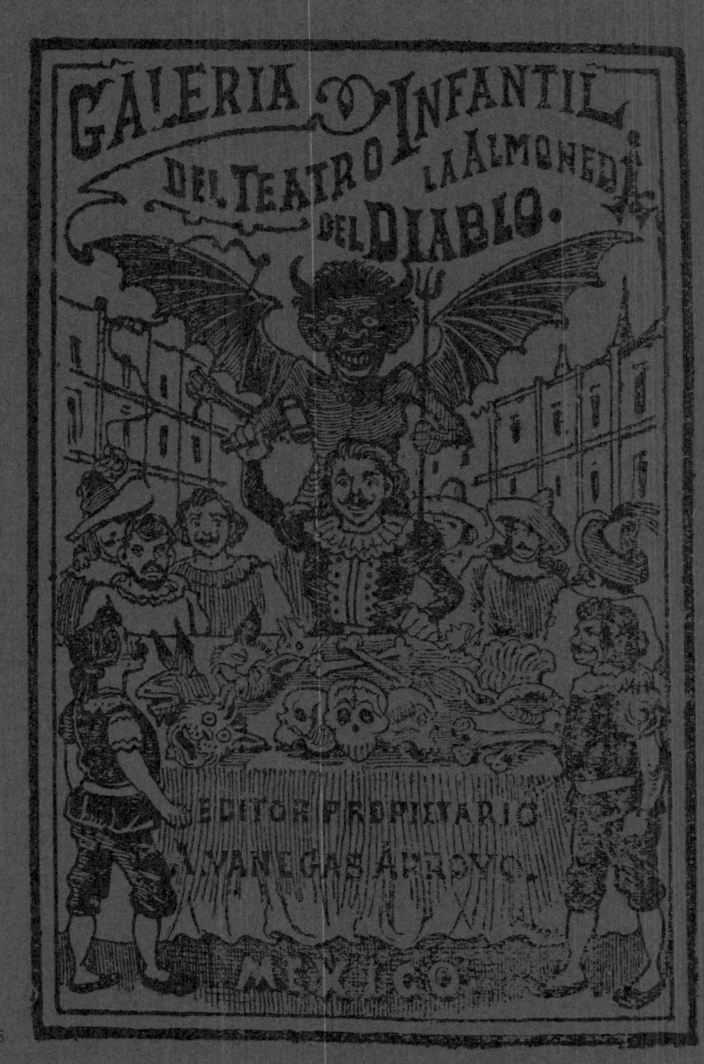

45

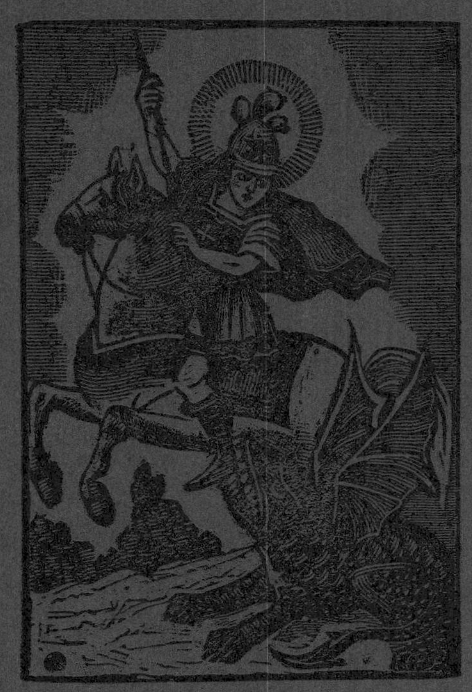

62

HORROROSA NOTICIA.

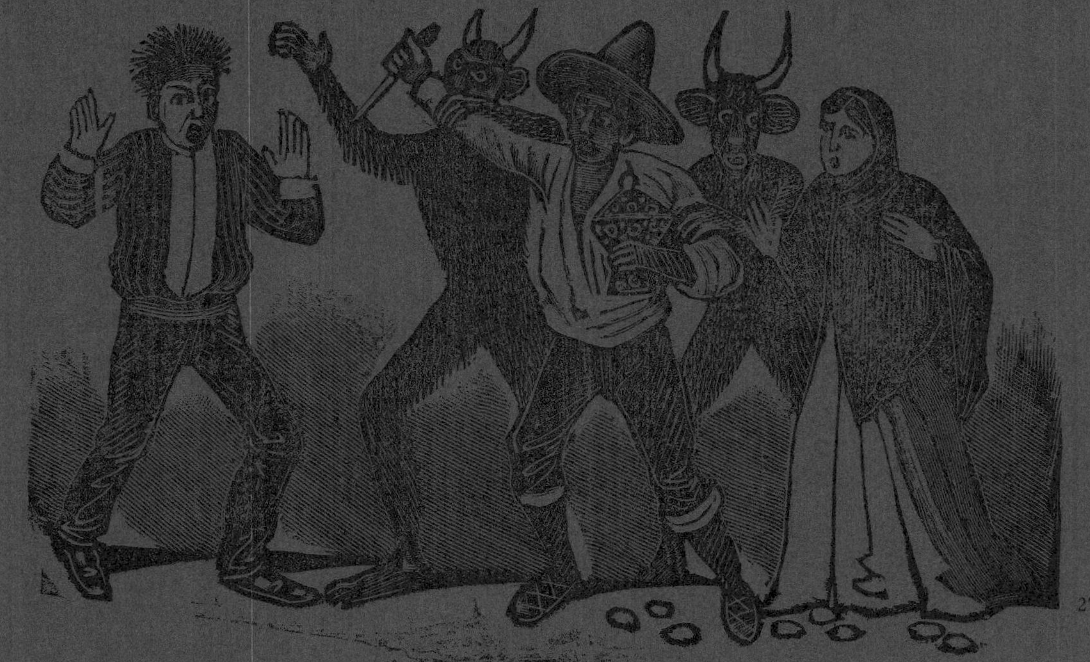

273

ROBO SACRILEGO

y asesinato del Señor Cura, en la Iglesia Parroquial
del pueblo de Zahuaya,
cometidos por un impío llamado Celso Flores.

EL HIPNOTISMO

AL

ALCANCE DE TODOS.

BREVE TRATADO PARA MAGNETIZAR
Á UN INDIVIDUO CON GRAN FACILIDAD Y SIN
RIESGO ALGUNO, CONTENIENDO

**SORPRENDENTES ADIVINACIONES
Y ADMIRABLES EQUILIBRIOS**

EN

EL PERIODO DE LA CATALEPSIA

Por C. S. Suarez.

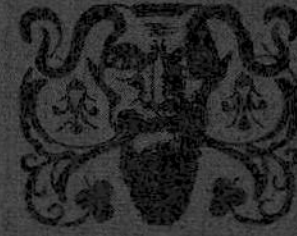

MÉXICO.
IMPRENTA DE ANTONIO VANEGAS ARROYO,
Calle de Santa Teresa número 1.

es la comunicación del fluido nervioso de un individuo á otro, produciendo en el hipnotizado el sueño y efectos análogos al sonambulismo natural; es decir, cuando una persona duerme y sin embargo habla, lleva una conversación con un despierto y se levanta á hacer sus ejercicios acostumbrados en estado normal. Para hipnotizar á una persona se comienza por establecer el silencio en torno de él, pues habiendo ruido se destruiría la atención de uno y

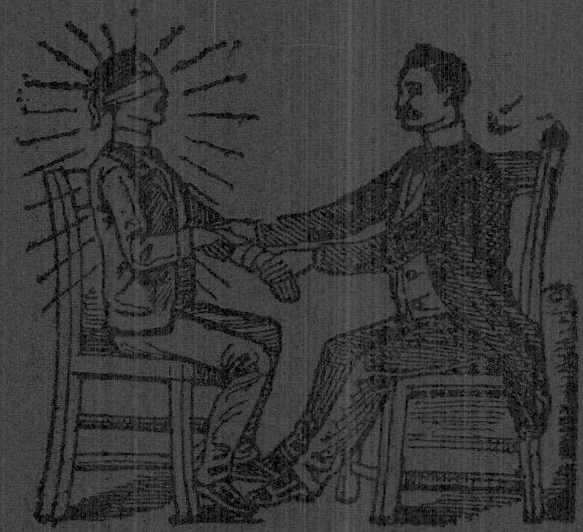

otro; luego se hace sentar en una silla con respaldo cómodo; se aproxima el hipnotizador al sentado en otra silla pegando sus

6

ha puesto en equilibrios y el hipnotizado queda sin caerse ni desviarse un punto; por ejemplo, se toman dos barras de madera, como de cuatro varas de largo, ya

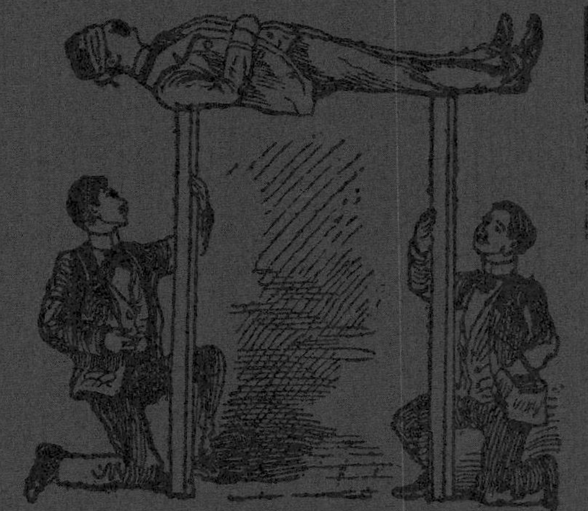

sean redondas ó cuadradas; dos individuos las sostendrán fuertemente en el suelo y el hipnotizador ayudado de otra persona tomarán al cataléptico, colocándolo en las puntas de estas barras, las que han de quedar verticales; una barra lo apoyará de la espalda, en el centro de los homóplatos ó paletas y la otra de las pantorrillas, abrazando estas dicha barra; esta operación se hará con gran tiento y calma, procurando

7

no se resbale el cuerpo hipnotizado, y ordenándole á éste tenga mucha rigidez ó tiesura. Las barras han de tener de grueso siquiera seis dedos con una tablita bien fijada para que abracen bien las pantorrillas, luego se bajará el cuerpo del hipnotizado del mismo modo que se subió, esto es, con mucho cuidado.

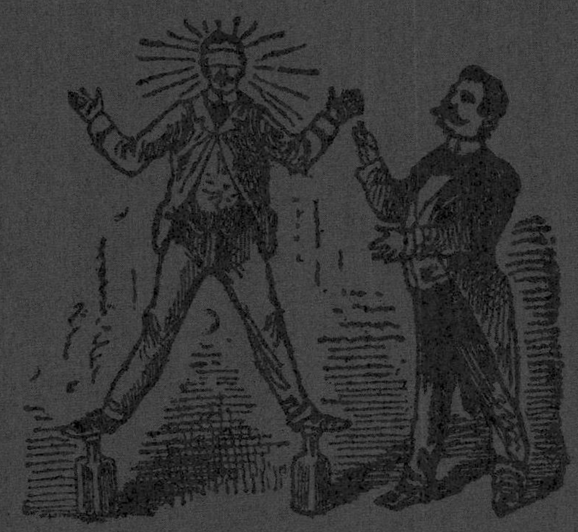

Otro equilibrio admirable es el de colocarlo parado entre dos botellones bastante grandes y anchos de boca. Se hace lo mismo casi que en el anterior, colocándole ambos piés en las bocas de dichos botellones, y quedando como lo indica el graba-

8

do. Luego se baja de estos aparatos y se coloca en un pié sobre de uno de los mismos botellones, ayudado el hipnotizador de otro individuo á colocarlo en aquel equilibrio, cuidando, como en el anterior, también de que el pié quede firme y bien asentado en la boca del botellón.

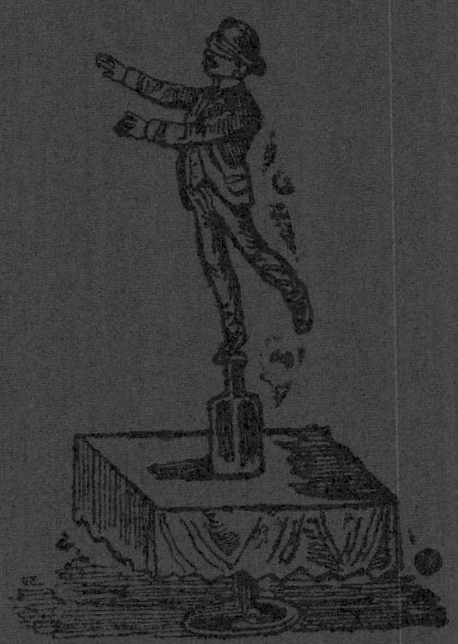

Para hacer este equilibrio se colocará el botellón sobre una mesita firme y maciza. El tiempo que duren todos estos equilibrios debe ser muy corto para no fatigar al hipnotizado, y ha de mediar un intermedio,

11

de su rededor con un sombrero ó pañuelo; moverle el cuerpo, darle dos ó tres palmadas en el vientre y soplarle la cara; al despertar no se acuerda de nada y es como si por primera vez viera el mundo; esto dura poco; luego la memoria vuelve á su estado propio; pero de lo que no conserva recuerdo es de las preguntas y demás experiencias que se le hicieron. Hay veces que cuesta mucho trabajo volver en sí al hipnotizado y entonces hay que sacarle la lengua soplándosela fuertemente, darle á tomar agua, hacer que aspire amoniaco, frotándole brazos, cabeza y pecho, con violencia.

NUEVO ORACULO DEL SIGLO XX.

1. Revistete de gracia y pronto te casaras
3. No pero apresurate á conquistar tu novio.
6. Llegara á ser sastre
10. Cuida tus costillas porque será carnicero de profesion
15. Quien al cielo escupe en la cara le cae asi cuidate mucho
21. Si eres áspera y dominadora y ¿no se deja......
28. Si, pues ella le ha seducido con su buen caracter
35. Si, en el otro mundo
42. Muy desgraciada si te fias de la conformidad con la suerte de tu marido

2. Hermosa como eres? nunca!!
5. No tengas de ello la menor duda
9. Por sus exitos en politica debe por fuerza ser mar[illegible]nero.
14. El mal que al projimo se desea se vuelve en contra nuestra
20. Indudablemente y muy breve
27. Tal vez si pues que te has descuidado en agradarle
34. Seguramente y bien!!
41. Si, si te casas en martes
48. Trabajando.

4. Despojate de tu orgullo y no será así
8. A los 12 años de vivir contigo, llegara á presidente
13. Encargale tu negocio á un tinterillo y ya veras la ganancia
19. No porque el no está bien seguro de ti.
26. Tienes conciencia de ser la unica en su pensamiento.
33. Pierde las esperanzas
40. Lo amas bastante?
47. La mediania en todo es buena.
55. Arrepientete y vuelvele en amor la honra.

7. Sus aptitudes lo hacen propio para gendarme
12. No se hace en un año [illegible] en un dia se paga
18. Con otro que ni sospechas siquiera
25. Educate para buena esposa y no temas.
32. Si cuando no hagas falta á tu familia
39. Reflexiona bien pues tiene sus defectos
46. Si, por herencia
54. No confies tu secreto a tus amigas pues ellas te denunciarian
63. Si te agrada ser bigotuda

11. Hay quien va por lana y vuelve trasquilado
17. Si, pero quiebra con el sustituto.
24. Si tu lo mereces no escaparas.
16. Si, si te haces valer y le haces creer que tienes capital
23. Si, ya veras que tundas te da
31. Si, y bien pronto.
22. No porque la dulzura doma á las fieras
30. Su inquietud te dice que por ti la abandona
38. Jamas en la vida.

1 / 2 **5** 3 / 4	2 / 1 **3** 4 / 5	2 / 1 **4** 5 / 3
5 / 3 **2** 4 / 1	3 / 2 **4** 1 / 5	5 / 4 **1** 3 / 2
5 / 4 **3** 1 / 2	3 **1** 2 / 5	2 **5** 3 / 4

53. Usando de discrecion nada sabrá
62. Si, serás por eso mas feliz
71. Si
61. No, ocupa el lugar que por tu sexo debes ocupar
70. Masque tu Cigarrito
78. Si despues de haber pasado una temporada en San Hipólito
69. Naturalmente Pues si tu todo lo mereces
77. Si el no lo es, tu lo haras entrar en razon
84. Vieja, pero muy rica.

29. Cumple con tu deber y no te metas en honduras
37. Consulta tu corazon
45. Muy feliz pues que encontrarás en él quien endulce tu luna de miel
52. Si, y su venganza será terrible
60. Los ojos de el te lo dicen
68. Has todo lo que sea necesario para conseguirlo
76. Esto tendrá menos eso
83. Podra ser tu abuelo, pero tu lo querras mucho
89. Algunos te pretenden hasta la Luna de miel.

36. Si, pues nada mas á ti te quiere
44. Si, pues tu esposo que será astrónomo te hara ver las estrellas
51. Las paredes tienen oidos y lo que hoy se hace con el tiempo se paga
59. Siempre que te pintes menos la cara
67. Si, apesar de tus defectos
75. Confórmate con un macho y una hembra
82. Que te importa con tal que tenga con quibus
88. En el Paraiso si te encuentras un Adan antes del pecado
93. [illegible]

43. Seras feliz, puesto te tocará en suerte un manso de corazon
50. Si, siempre que divide el librito de 20 hojas.
58. Tu bien lo sabes puesto que te ama
66. No solo se burla de ti
74. Ni uno solo siquiera
81. Entre dos luces: es decir ni viejo ni joven.
87. En el Purgatorio si vas con tus hermanos politicos.
92. No, si haces de rebeltosa
96. La Justicia

49. Economiza y guarda
57. Si, pero siempre que seas aseada
65. El no sera tan tonto para dejarse mandar de ti
73. Si les deseas para hacerles utiles... si
80. Entre azul y buenas noches
86. Si vives junto con tu suegra no preguntes mas en el Infierno
91. Segun tu vida y si tu conciencia no te remuerde
95. Practicando la virtud no tengas duda en ello
98. La Probidad

56. En tu rostro no; pero en tu alma si.
64. Si, pero te arrepentirás de serlo.
72. Tantos...... como si fueras pajarera
79. Puede alguno serlo á tu lado?
85. Quince años menos que tú
90. Por ser el tan inteligente [illegible] cerca de la puerta
94. Si, tan dichosa como pobre
97. Indigencia
99. La dicha hasta la muerte

UTIL ADVERTENCIA.

Para obtener el verdadero resultado en este Oráculo, es de todo punto necesario, en el momento de formular la pregunta, hacer un acopio completo de fé ciega é seguridad ciertísima de que la respuesta será positiva en todos sentidos. Sin este importante

NUEVOS Y DIVERTIDOS VERSOS

DE LA

CUCA

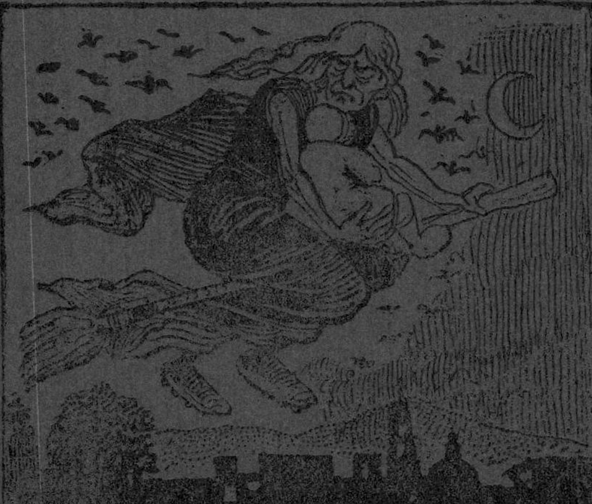

RACHA

VIAJERA

214

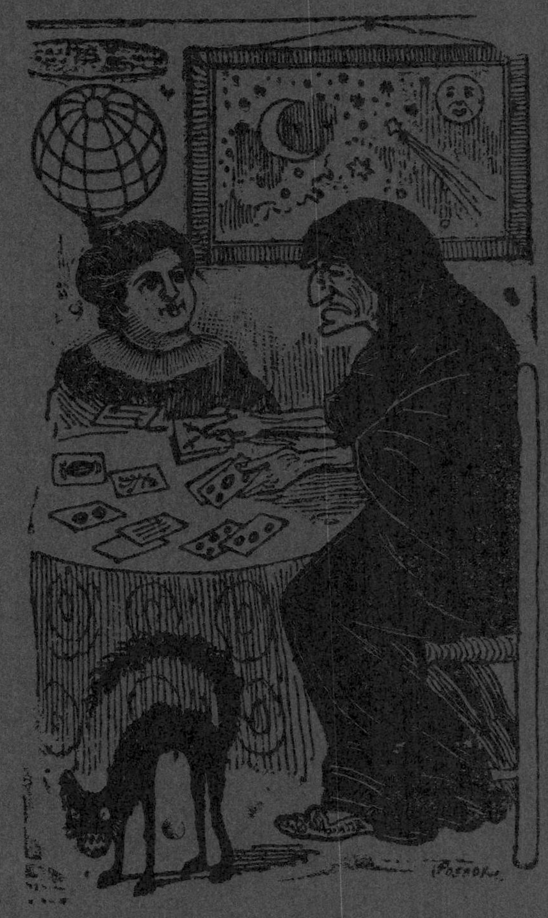

REGLAS PARA TIRAR

La Baraja Mexicana

ó

ARTE ADIVINATORIO

DEL

Presente y el Porvenir

—Y—

INTERESANTES Y DIVERTIDOS

JUEGOS DE NAIPES

—Propiedad del Editor—

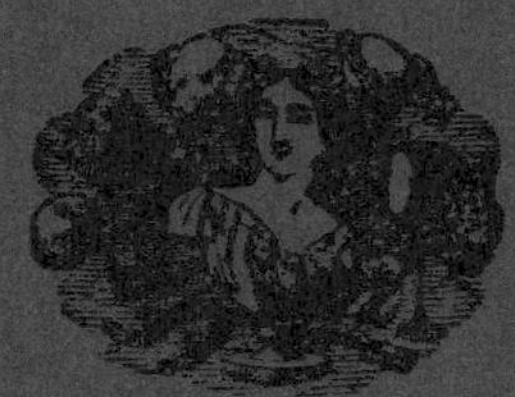

Imprenta de Antonio Vanegas Arroyo

MEXICO 1906

◄ 81 3

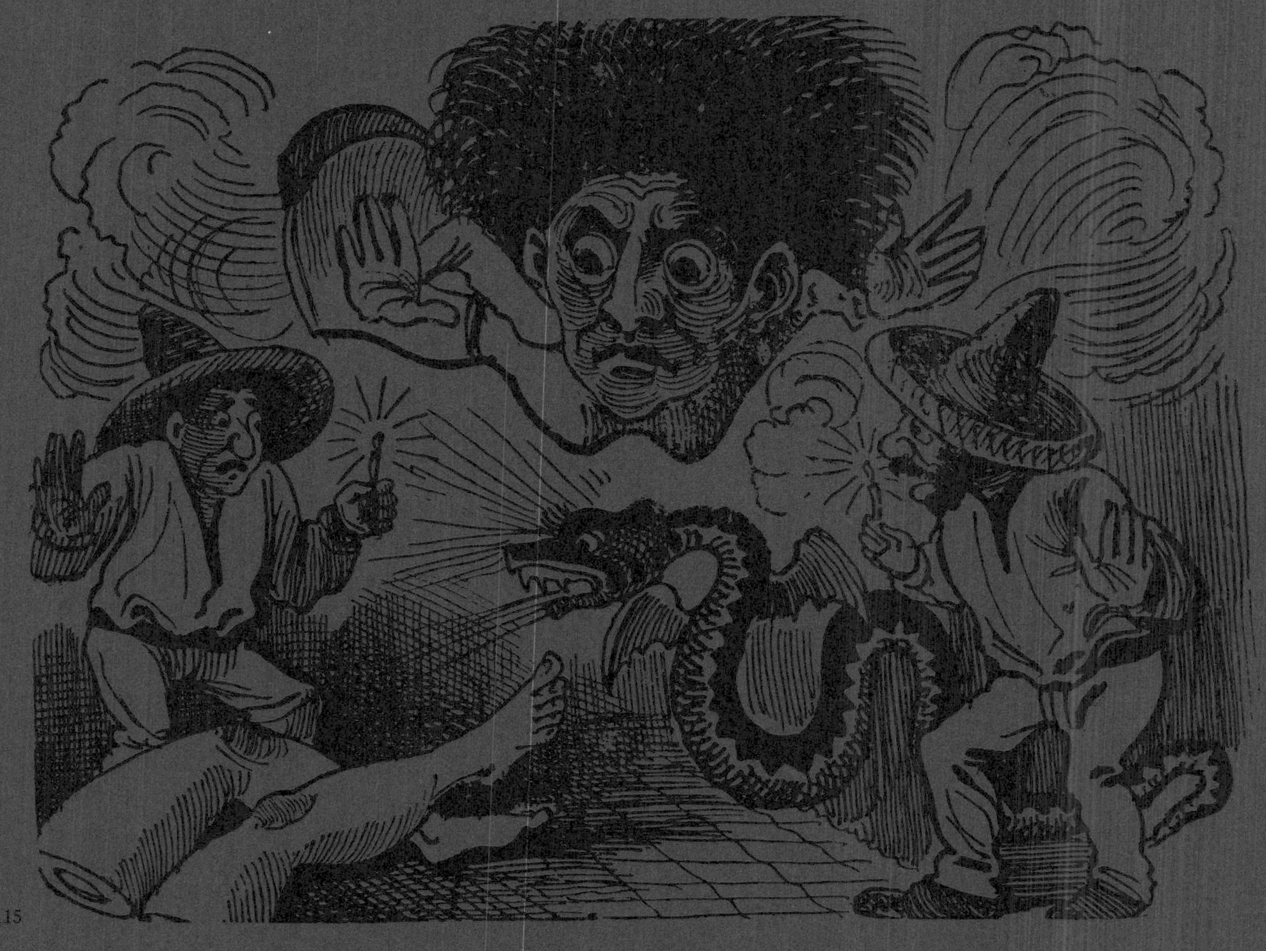

115

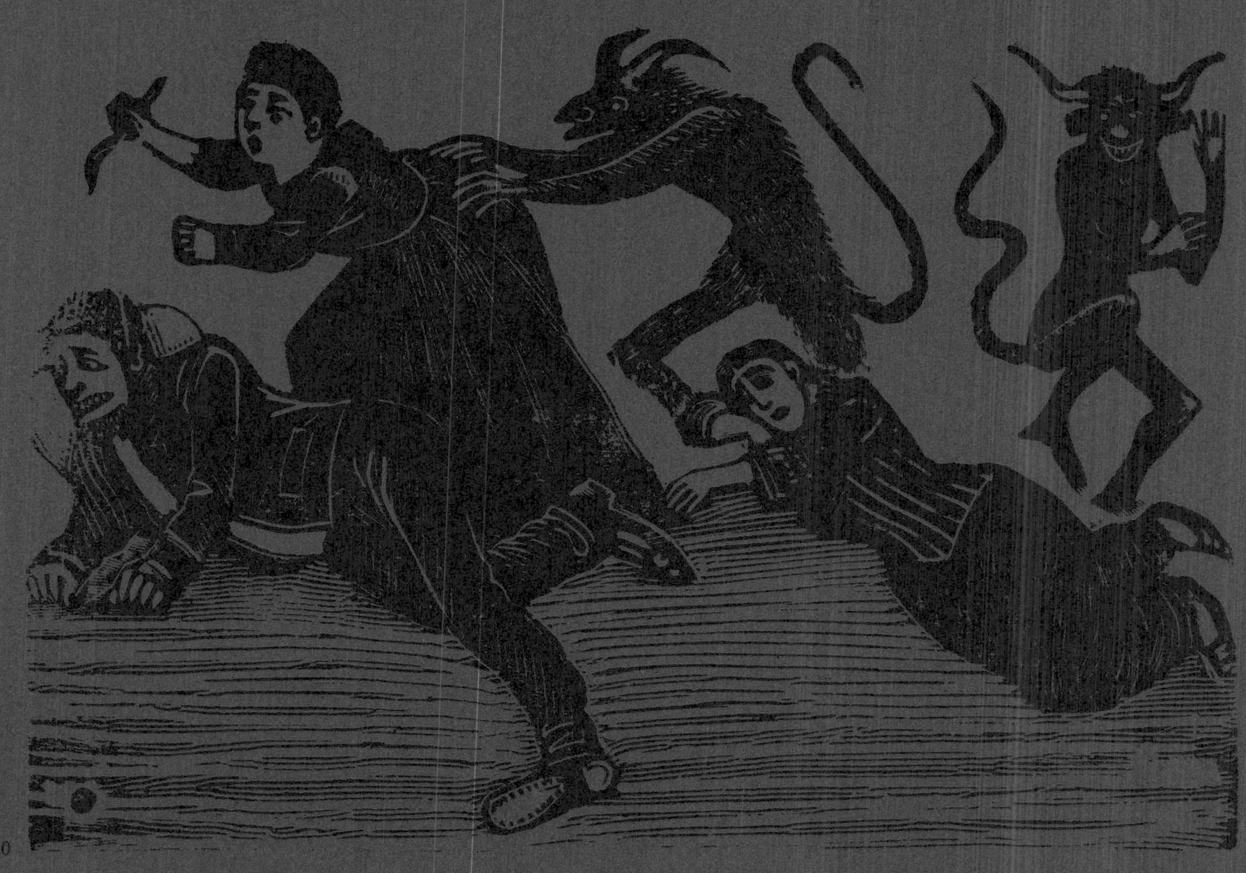

520

ESPANTO GENERAL

Los Efectos del Espiritismo.

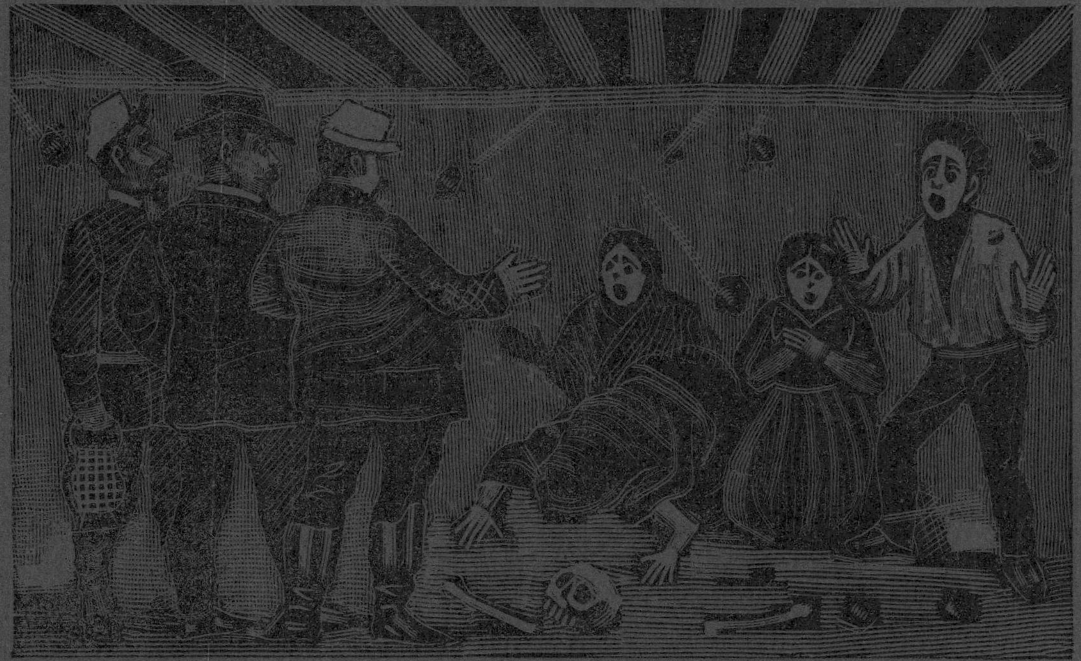

Las autoridades apedreadas.
Dueño y curiosos después de las pedradas aterrorizados.

EN LA CALLE DEL PUENTE DE SAN PABLO LETRA S.

Una escena curiosa y digna de estudio de los científicos y de los fanáticos.

Hay fenómenos verdaderamente inexplicables por efectos del Espiritismo, y uno de ellos es el que se manifestó el sábado en la casa letra S de la calle del Puente de San Pablo, en una accesoria en la que vivian como jefe de la casa José Guadalupe Pacheco, hombre perteneciente, á la clase humilde, su esposa y su hija; él dedicado á sus labores y ellas á los quehaceres domésticos, cuando de repente un acontecimiento vino á sembrar el terror y el pánico.

Como hemos dicho ántes, el sábado, después que cenó Pacheco con su familia y ya dispuesto para descansar, fué herido en la espalda por un pedruzco. Como era natural, aquel inesperado acontecimiento le llamó la curiosidad, pues la casa aunque vieja y destartalada por la parte exterior en lo interior está compuesta y blanqueada, de manera que no pudo suponer nada ni de paredes, ni de techo, puesto que todo estaba en perfecto estado; sin embargo, por estas circunstancias pensó Pacheco, que algún desocupado ó enemigo, al pasar frente á la accesoria ó por el patio, porque tiene comunicación con él, le hubiera arrojado semejante pedrada; buscó y á nadie vió; entónces cerró su habitación y se dispuso á dormir. Y aquí de lo mejor. Al comenzar á desnudarse, de los muros y del techo comenzó á caer una lluvia de piedras que no le fué posible indagar el lugar de su partida, porque las veía surgir indistintamente de las paredes y que caian con estrépito al suelo, rebotaban, y sin que en las paredes ni en el techo se notara hendidura ni nada que demostrara la disgregación de la materia. El fenómeno era real.

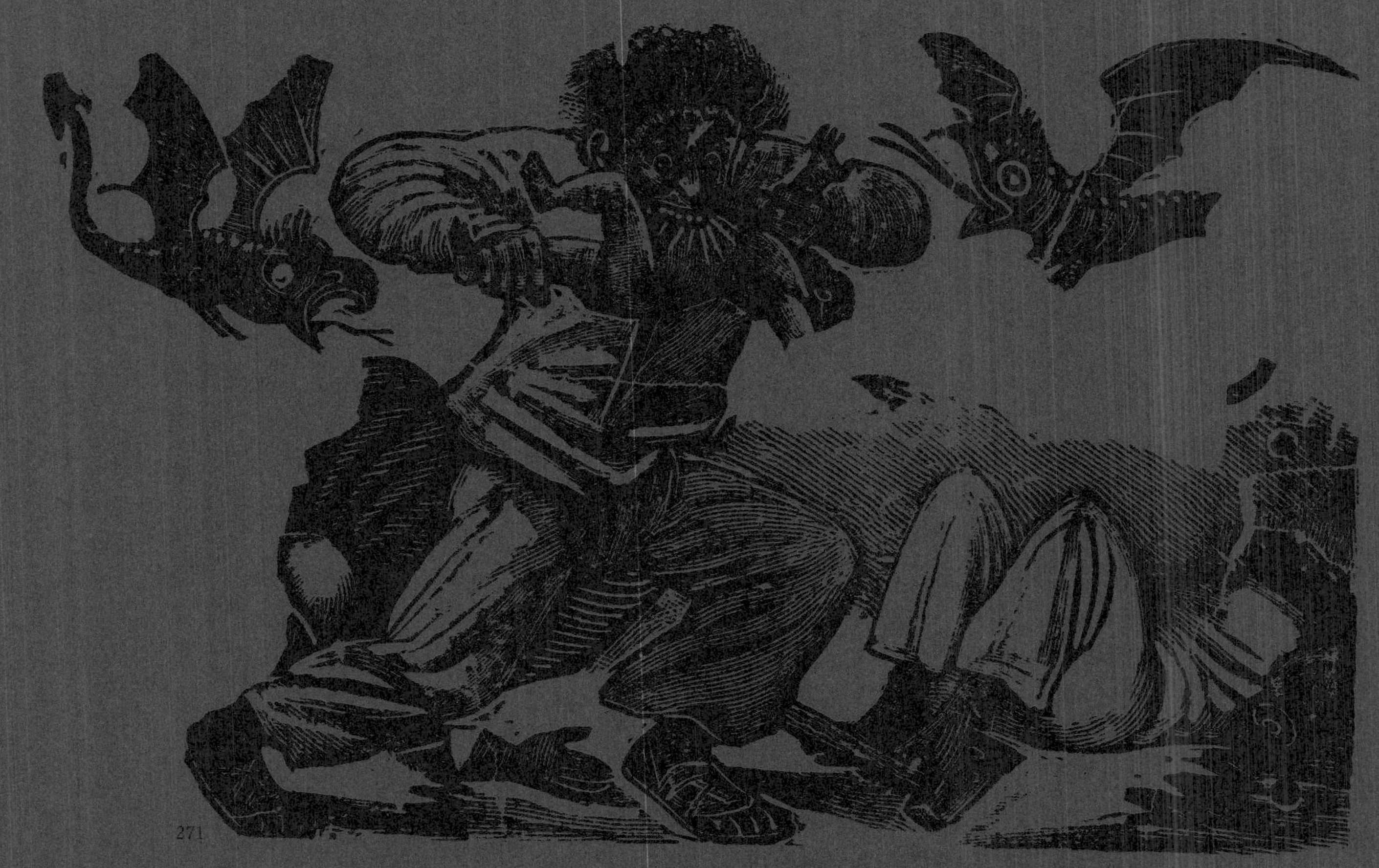

271

CRIMEN NU

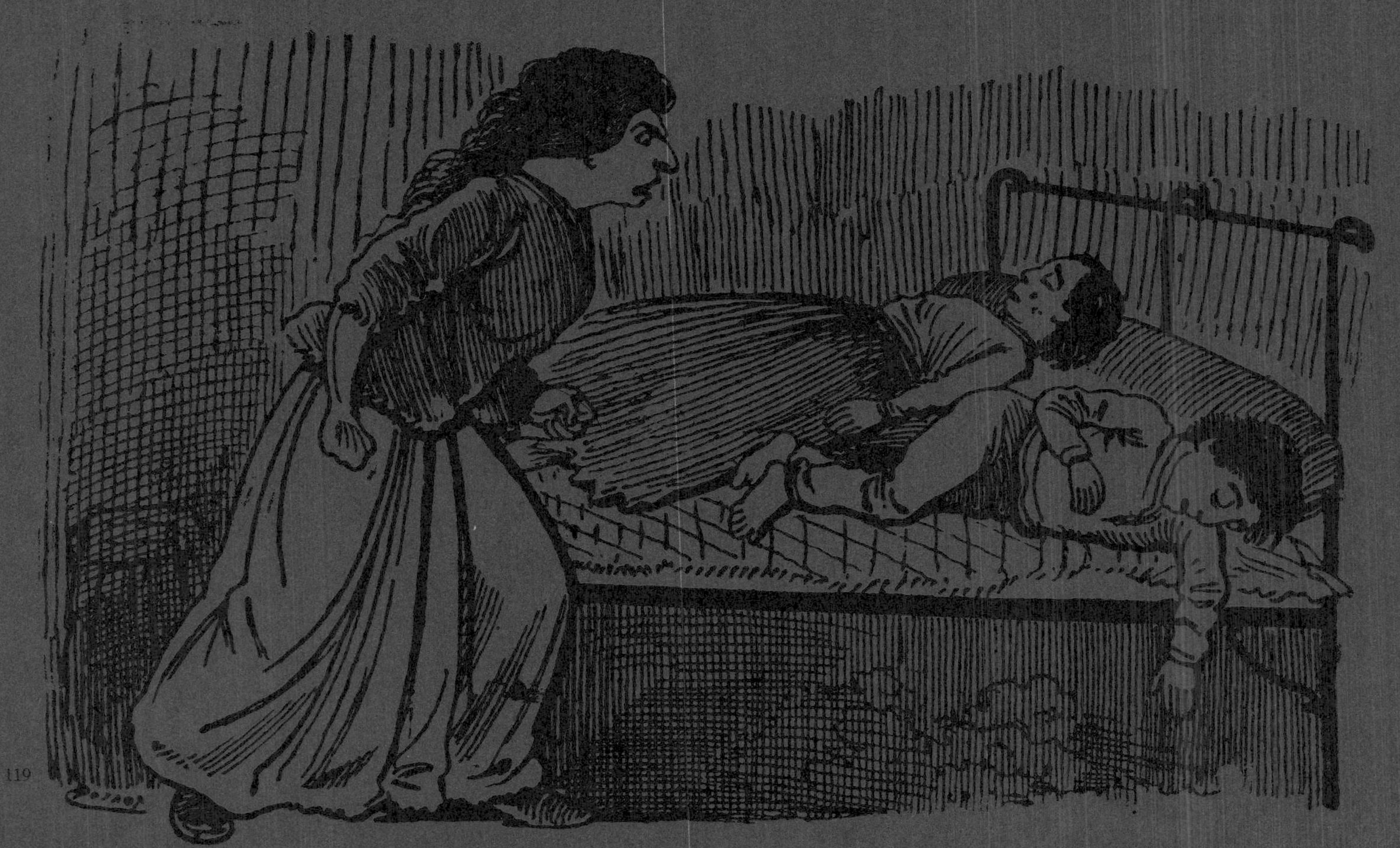

119

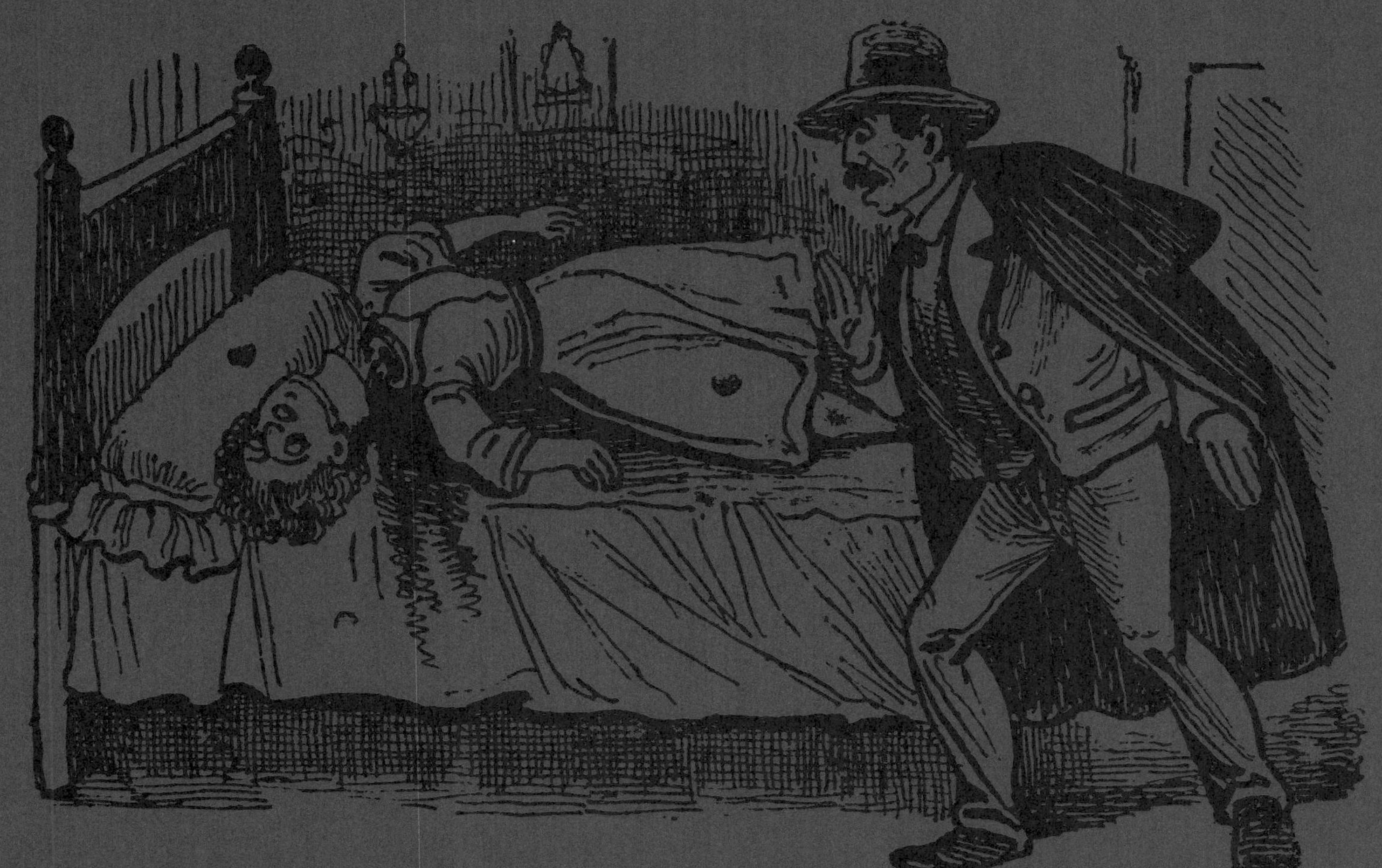

117

NCA VISTO!

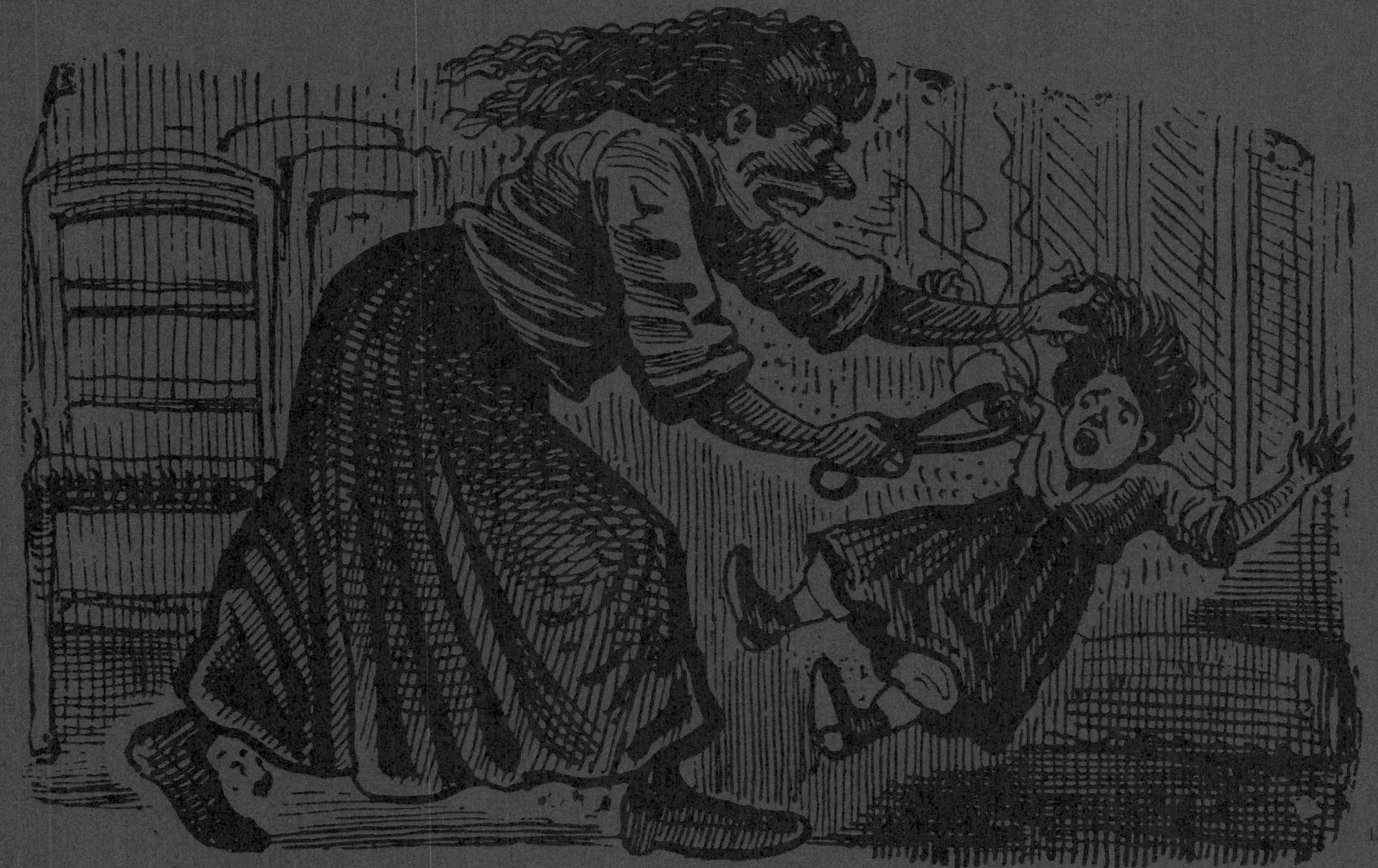

120

Horrible y Singular Ejemplo,

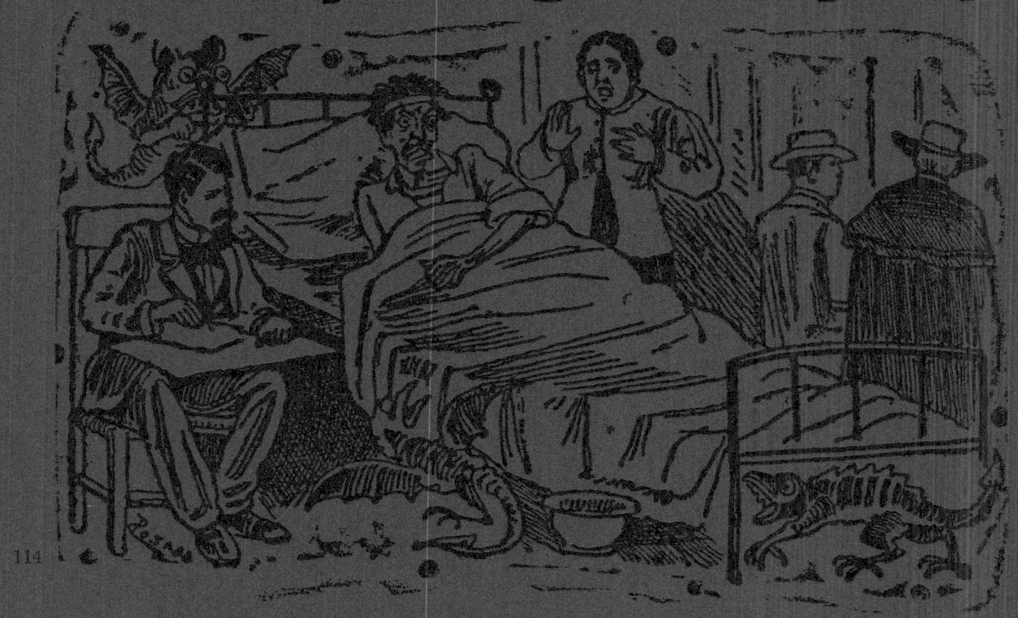

114

Tomado de una Plática Religiosa y cuyo asunto se refiere
AL RICO AVARIENTO JUAN PEREZ.
Util para todos aquellos que tienen el abominable vicio de la avaricia.
Sus fatales consecuencias.

HORRIBLES TEMORES
DE LAS MADRES POR UNA TERRIBLE
"SOCIEDAD" DE ROBA CHICOS.

HOJA NUMERO 41.

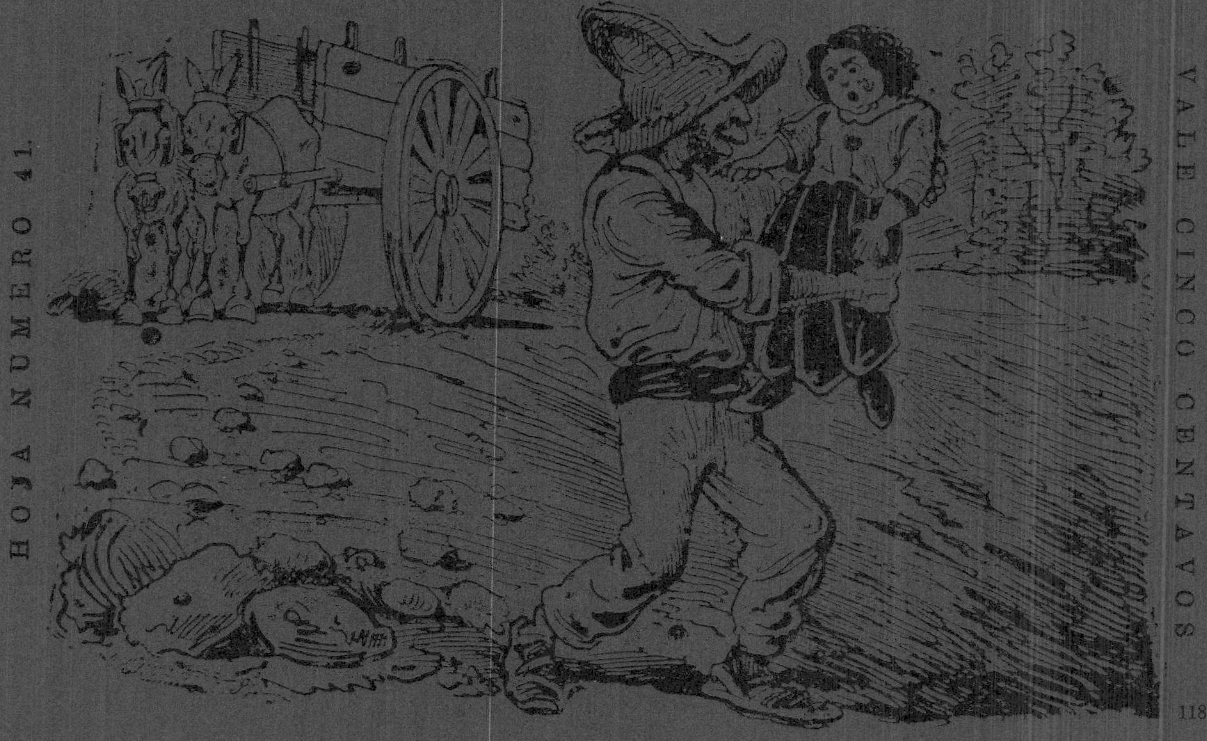

VALE CINCO CENTAVOS

118

112

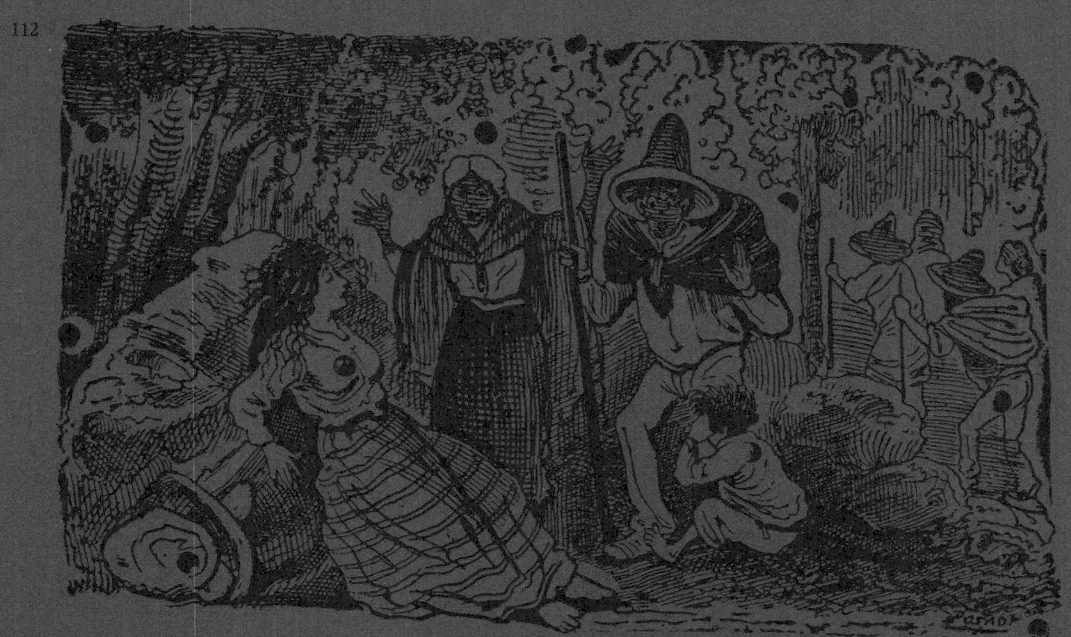

INCREIBLE SUCESO
UNA MUJER
QUE SE CONVIERTE EN PIEDRA
Relato traído de San Juan de los Lagos.

121

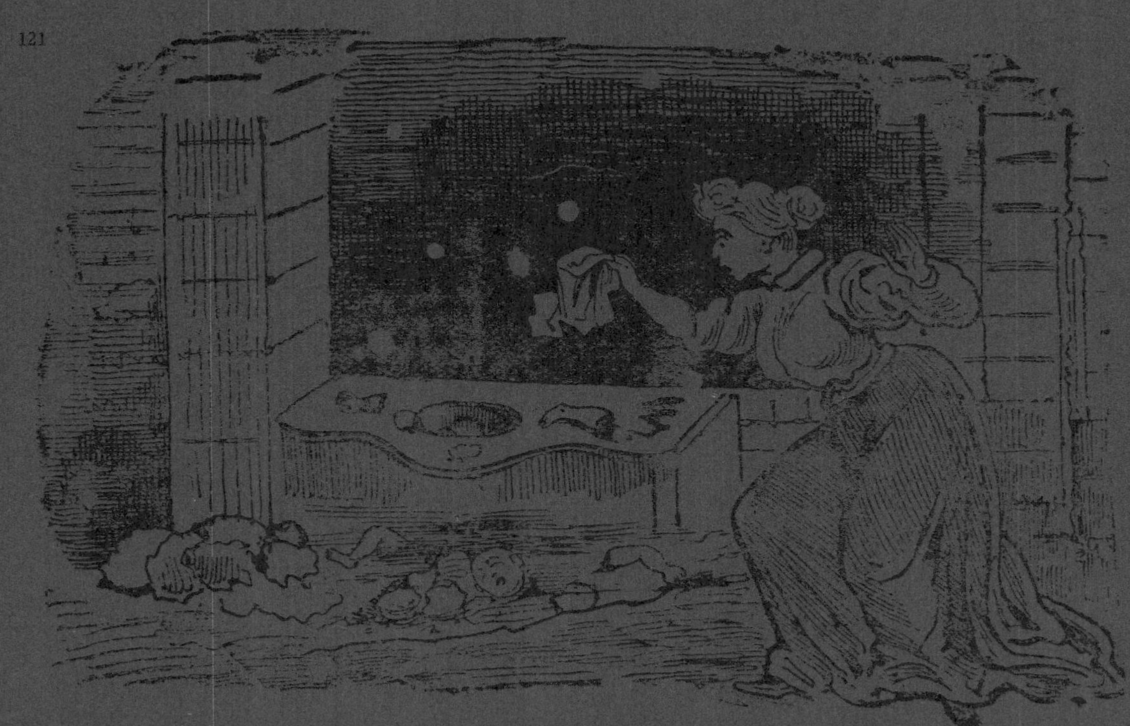

¡Horripilantísimo Suceso!
Una madre que descuartiza á su hijo recien nacido en dieciocho pedazos, el Martes 15 de Agosto de 1905.

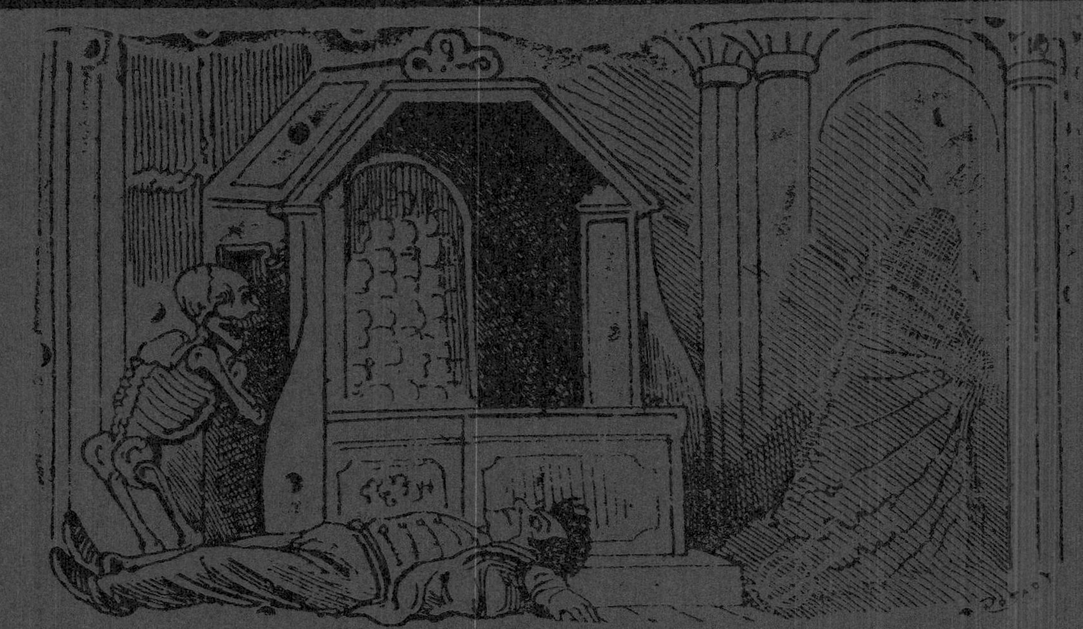

SENSACIONAL NOTICIA

LA CONFESION DE UN ESQUELETO

UNA ALMA EN PENA

DENTRO DEL TEMPLO DEL CARMEN

El suceso extraordinario que vamos á narrar tuvo verificativo el lunes 21 del mes de Septiembre de 1903 a las seis de la tarde. Es el caso que el sacristán del Templo del Carmen, Jose Reyes se pro veyó según costumbre diaria para cerrar la Iglesia de un gran manojo de llaves, y después de sonarlas con muchísimo estré pito para indicar que iba á cerrar, registró minuciosamente uno por uno todos los rincones del mencionado templo, dirigiendo indagadoras miradas al interior de los confesionarios para convencerse de esta manera que no quedaba alma viviente en aquel recinto. Dirijíase ya Reyes á la sacristía, cuando divisó á los amortiguados rayos de una lámpara á una viejecilla especie de momia, con las facciones muy vagas, la cual andaba con paso menudo y casi deslizándose en dirección de la puerta principal. Mientras andaba, se iba persignando y rezando entre dientes. El sacristán díjole á la viejecilla: "Voy ya á cerrar." Está muy bien hermanito, ya salgo contestó la beata. Nuevamente abrió el sacritán las puertas, pues ya las había cerrado y aquella extraña mujer á gran prisa se fué perdiéndose luego entre las sombras nocturnas. Vuelve otra vez Reyes á atravesar la nave de la Iglesia, arrodillase frente á un altar y reza unas oraciones; tomando después rumbo á la sacristía. Terminaba de cerrar las puertas de este segundo departamento, cuando escuchó clara y distintamente un congojoso gemido que venía del interior del Templo. Figurándose que aquel ruido extraño se producía por alguna corriente de aire al tamizarse por las rendijas, no hizo aprecio y ya se iba cuando vuelve á oir más cerca y más claramente otro gemido ó lamento tristísimo el que repitióse dos, tres, cuatro, cinco, seis y siete veces; á tales manifestaciones el Sacristán tiembla de pies á cabeza como un azogado, siente que sus cabellos se le erizan y que un calosfrío horrible recorre todos sus nervios. Como pudo, encendió una linternita y con ella, penetró al Templo, dominando cuanto le fué posible el gran pánico de que era poseído. Con la linterna en la mano, marchaba por la anchurosa nave central del Carmen, y luego que la recorrió en todo su largo y nada miró regresaba ya á la sacristía por una de las naves laterales, cuando he aquí que deja escapar un inexplicable grito de pavor, y cae al suelo soltando la linterna la cual se apagó, quedando en consecuencia rodeado todo el templo de la obscuridad más grande. Reyes casi arrastrándose, pues no podía andar del terrible susto, pudo llegar á las

110

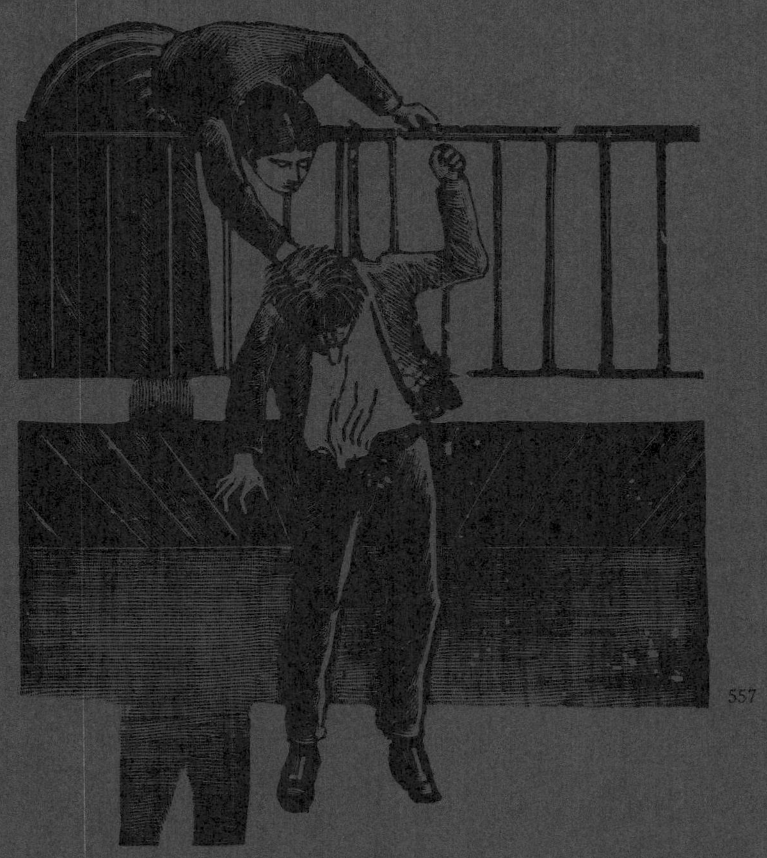

557

373

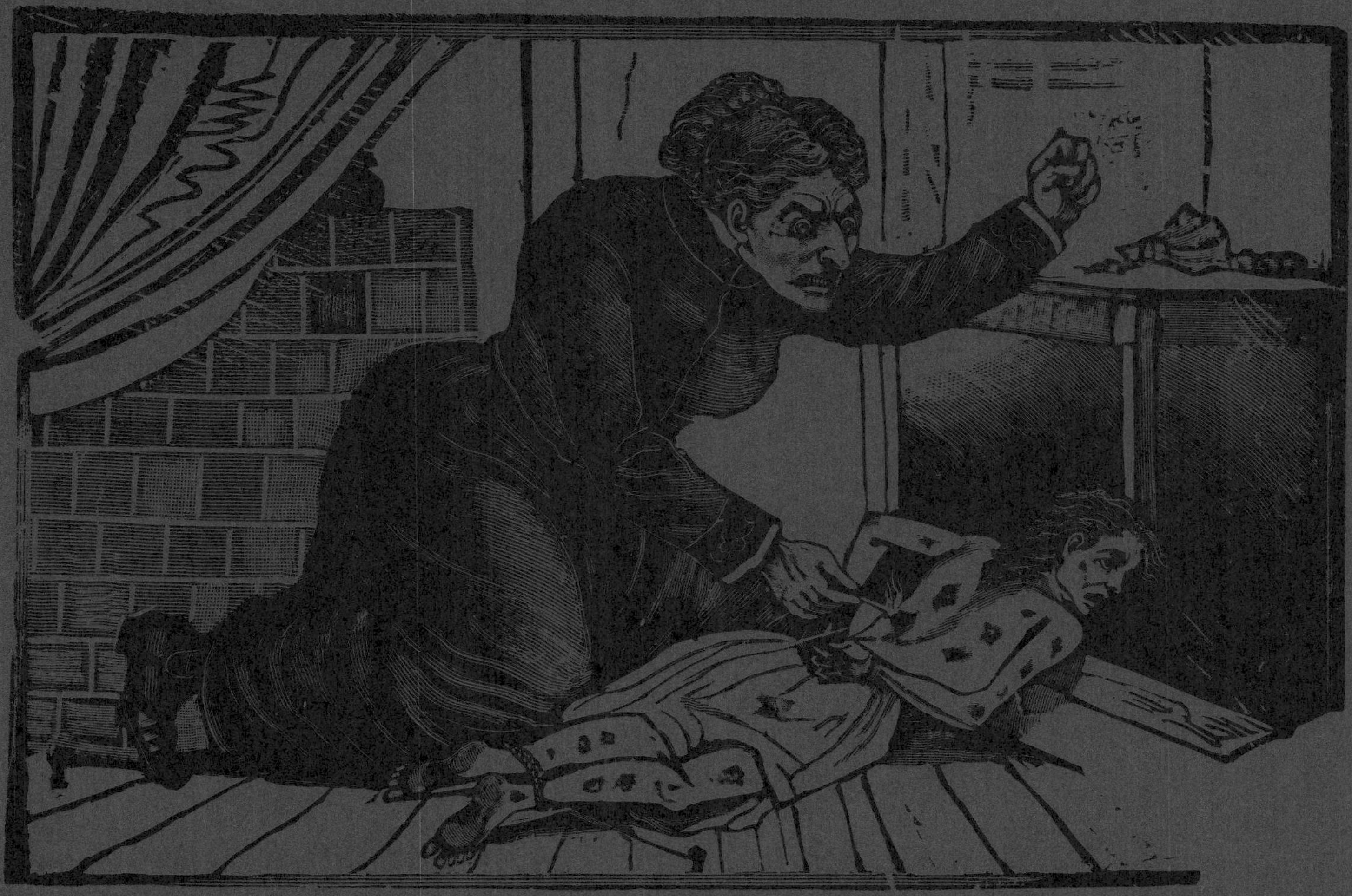

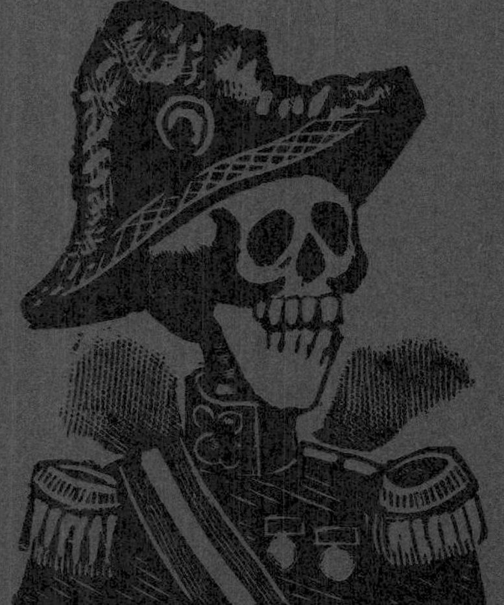

428

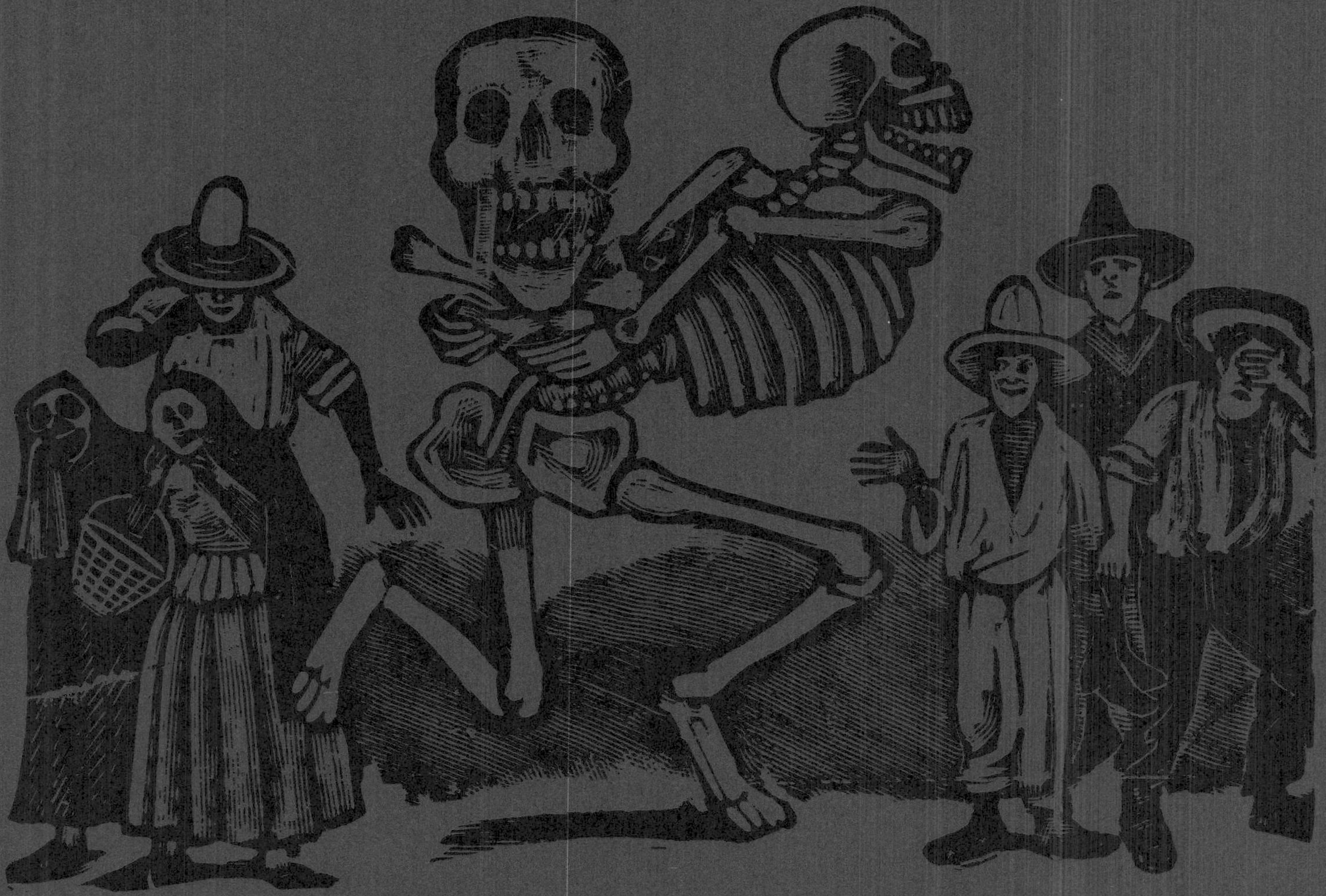

360

88 ➤

Yo soy Don Juan Tenorio y sin Quimeras

HARÉ PLATOS DE VUESTRAS CALAVERAS.

Que el mundo me admiró por mis hazañas,
Encuentros, amoríos y malas mañas.

Así es que mi valor es sempiterno,
Y no temo batirme en el Infierno.

DOÑA INES

¡Calma!, Ten calma don Juan.
Que estás en el Purgatorio
¡Y esa fama de Tenorio
Aquí no te la darán!
Corriste con loco afán
Por el mundo entre placeres.
Te burlaste de mujeres
Tan débiles como yo,
Mas tu fama aquí acabó
Aunque así tú no lo quieres.

DON JUAN

¡Oh! ¡Inés de mi corazón!
Jamás burlarme de tí
Pensé desde que te ví
Aunque perdí la razón!
La dulce satisfacción
De amarte fué mi locura
Y aunque en horrible tortura
Viví yo desde tu muerte,
Al fin me tocó la suerte
De entrar en tu sepultura.

Desde entonces no se qué
Forjose en mi fantasía
Y corrí tras la alegría
Y hasta al Diablo desafié,
Que es un pedante, lo sé,
El tal Diablo en su bravura,
Pues no lo juzgues locura
Al yo entrar en el Infierno
Me lo agarré por un cuerno
Y lo aventé á la basura.

Al ver él mi atrevimiento
Luego me brindó amistad,
Y se portó con lealtad
En su noble ofrecimiento;
Bebimos que fué un contento
Cognac, whiskey y aguardiente,
Y la diabólica gente
Que en el infierno vivía
Nombróme desde ese día
Ministro del Presidente.

El Presidente es allí
Un diablo de grandes cuernos
El terror de los Avernos
Como en el Mundo yo fuí
—No hay pues quien me tosa á mí.
Dijo una tarde, ya mono,
Y riéndome por el tono
Con que habló aquel fanfarrón,
Le dí un sendo pescozón
De mayor cuenta en abono.

Entonces se armó la bola
Aun con el mismo Luzbel,
Y yo hice bien mi papel
Pues lo jalé de la cola;
Junto á mí una diabla sola
Contemplaba mi osadía,
Y reconozco á Lucía,
La criada de Ana Pantoja,
Tuerta y de una pata coja
Que hasta la desconocía.

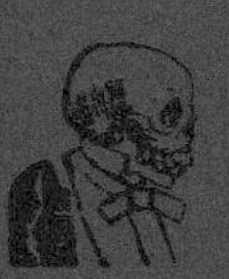

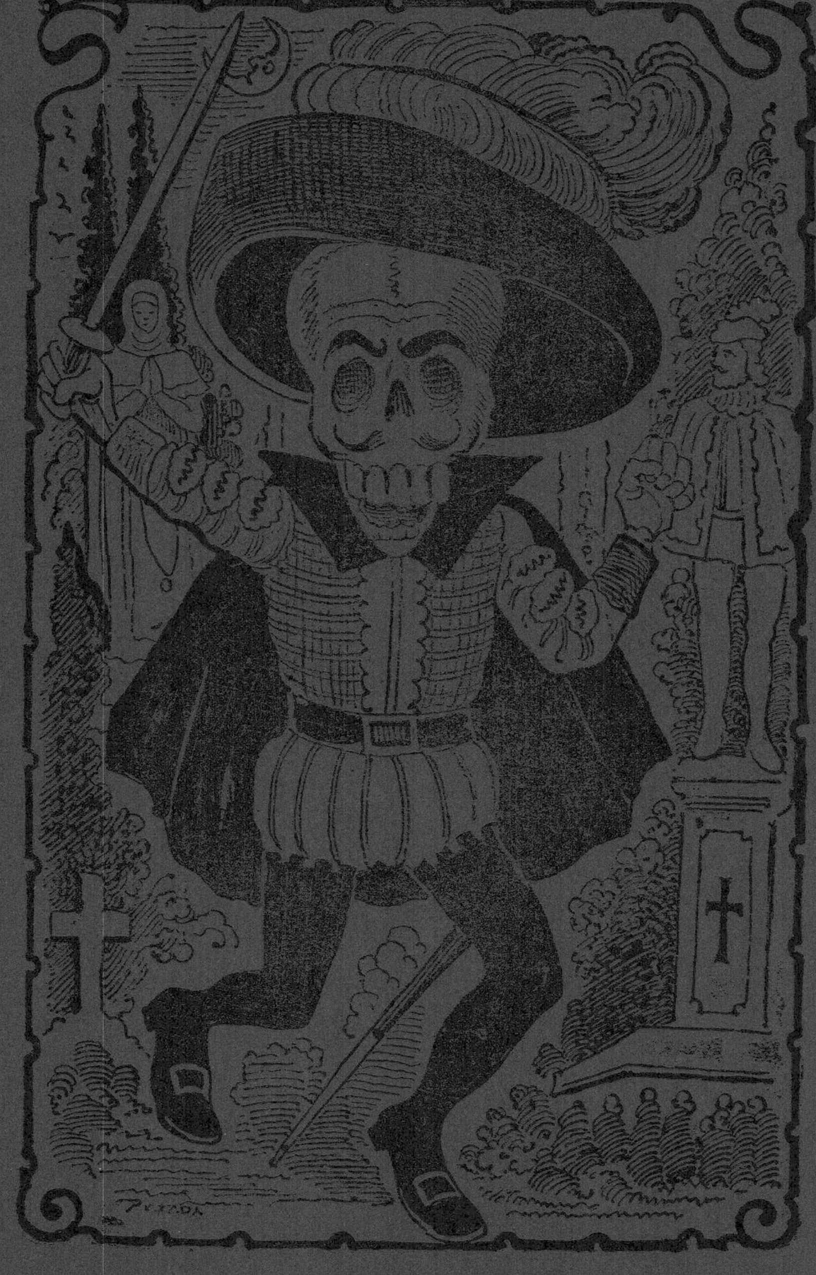

—¿Qué haces tú aquí? pregunté
Aun por la duda asombrado
—Por usted me han condenado
Porque la llave entregué;
Ana con usted se fué
A cenar. . . . y al otro día
Llegó el bravo Luis Mejía
Buscando á su prometida,
Y al no hallarla, á la otra vida
De una estocada me envía.

Yo quise gritar, fué vano;
Dos diablos me asustaron
Y una pierna me quebraron
Y me asentaron la mano,
Y como si un cirujano
Quisiera el ojo sondar,
Así lo hicieron saltar
De mi calavera tosca,
Y desde entonces ni mosca
En mi ojo ha podido entrar.

Pero el principal asunto
Que me trae cerca de usted
Es este oficio en el que
Le dicen punto por punto,
Que desde que usted es difunto
Aquí, pues, se le alojó;
Pero Luzbel no tomó
En cuenta su ingratitud
Y que aunque aquí no hay virtud
De traerlo se arrepintió.

Al echarme del Infierno
A mi sepulcro volví
Á los muertos yo les dí,
De nuevo un saludo tierno.
—Ya estoy aquí; del Averno,
He vuelto, pobres taimados;
Ya veis, pues, que no hay pecados
Que me castiguen allá,
Don Juan azote será
De muertos resucitados.

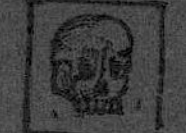

La misma espada que fué
Conmigo, vuelve á pincharos.
Al fin no puede dejaros
En paz, eso me lo sé;
No habrá calavera en pié
Que atreva su voz á alzar;
Quien al Panteón venga á entrar
Vendrá á vérselas conmigo,
Yo soy, pues, un enemigo
A quien deben respetar.

A mi voz, el esqueleto
De un bravo se levantó,
Y con su estoque me dió
Un golpe sin más respeto:
—¡Así me gusta el sujeto!
¡Ya encontré bravo adalid!
Grité y en la fiera lid
Nos batimos muy deveras
Sobre muchas calaveras,
Viendo entre ellas la del Cid.

Muchas veces escuché
De mí esqueleto en rededor:
—¡Aquí está el comendador!
—¡Don Luis aquí está!—escuché
—¡Osados! también grité;
Si queréis siga el jolgorio
Salid del lecho mortuorio
Y armad, pues, la pelotera:
Daos prisa, que aquí os espera,
De nuevo Don Juan Tenorio.

Mil esqueletos vinieron
Sobre mí, más con mi espada
Me defendí y en la nada
Al fin pues me confundieron.
No sé de mí lo que hicieron
Pues que la razón perdí,
Y cuando yo vuelvo en sí
De mi fatal paroxismo,
Sin explicarlo yo mismo
Entre tus brazos me ví.

Desde tu lecho mortuorio
Volamos á esta mansión
Donde con resignación
Se encuentra tu Juan Tenorio;
Las penas del purgatorio
Que son para el que te adora,
Aquí la piedad implora
De ese Dios que está en los cielos
Y aquí vivimos sin celos
Amándonos á toda hora.

Cesaron ya mis locuras,
Pues no encontraba los ojos
En que me veo sin enojos
En mis tristes desventuras,
Al fin cesan mis torturas,
Cesó ya mi loco afán,
Ahora mirar á Don Juan,
En treatros y diversiones,
Y sabed: tu[illegible]o calzones
Para cualquiera patán.

A. E.

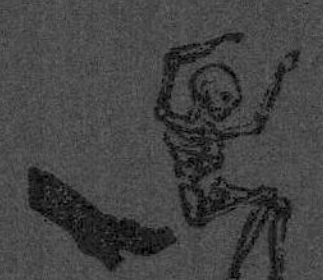

Imprenta de A. Vanegas Arroyo.—2ª de Santa Teresa núm. 43.—México.

LA BRAVA CALAVERA DEL CINEMATOGRAFO.

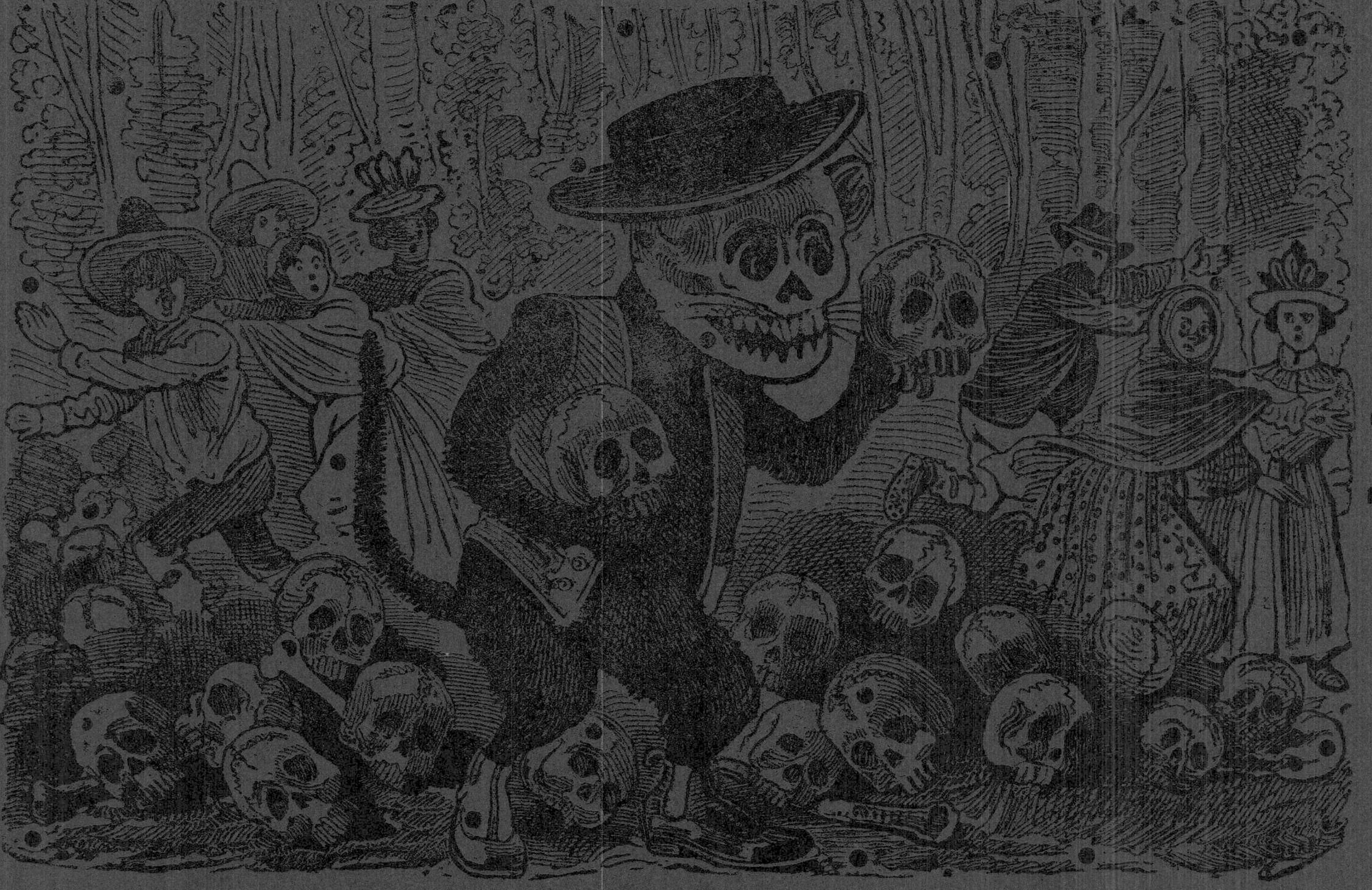

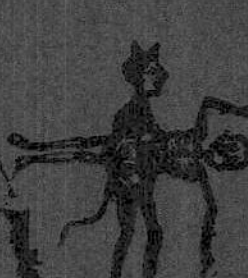

Presente esta ya muy rápida
La Calavera del Cinematógrafo
Para lanzarse á la crítica
Y ver chuela á cualquier prójimo.

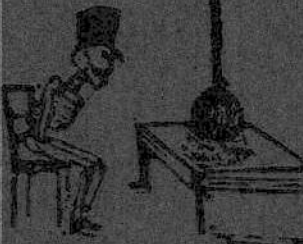

A todos ataca hidrófoba
Y no es que se encuentre báquica
Sino que le cuadra el trabajo,
Y á la gente pegar cóleras.

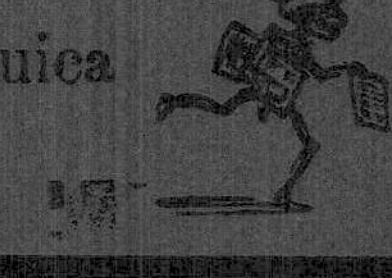

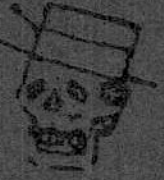

UN LAGARTIJO VIEJO.

En Plateros este tipo
Por florear á las simpaticas
Se ha vuelto ya calavera
Del Cinematógrafo.

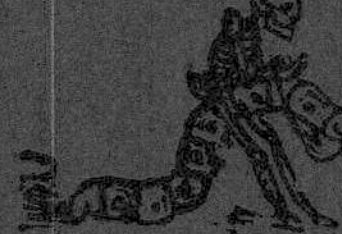

UN FUEREÑO EMBOBADO.

En las fiestas del 16
Llegó este fuereño atónito
Pá volverse calavera
Del Cinematógrafo.

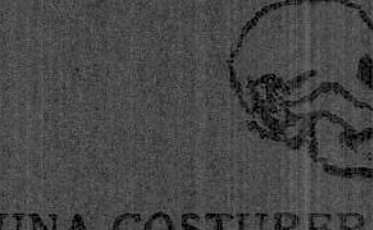

UNA COSTURERA ALEGRE.

Catorce novios tenía,
Pero eran todos cadáveres
Que la hicieron calavera
Del Cinematógrafo.

Imprenta de Antonio Vanegas Arroyo Calle de Santa Teresa, núm. 1.--México.-- 1906.

100

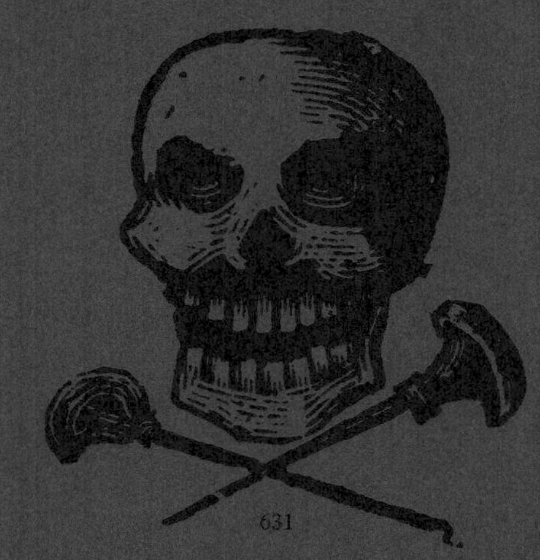
631

La Calavera del Cólera Morbo.

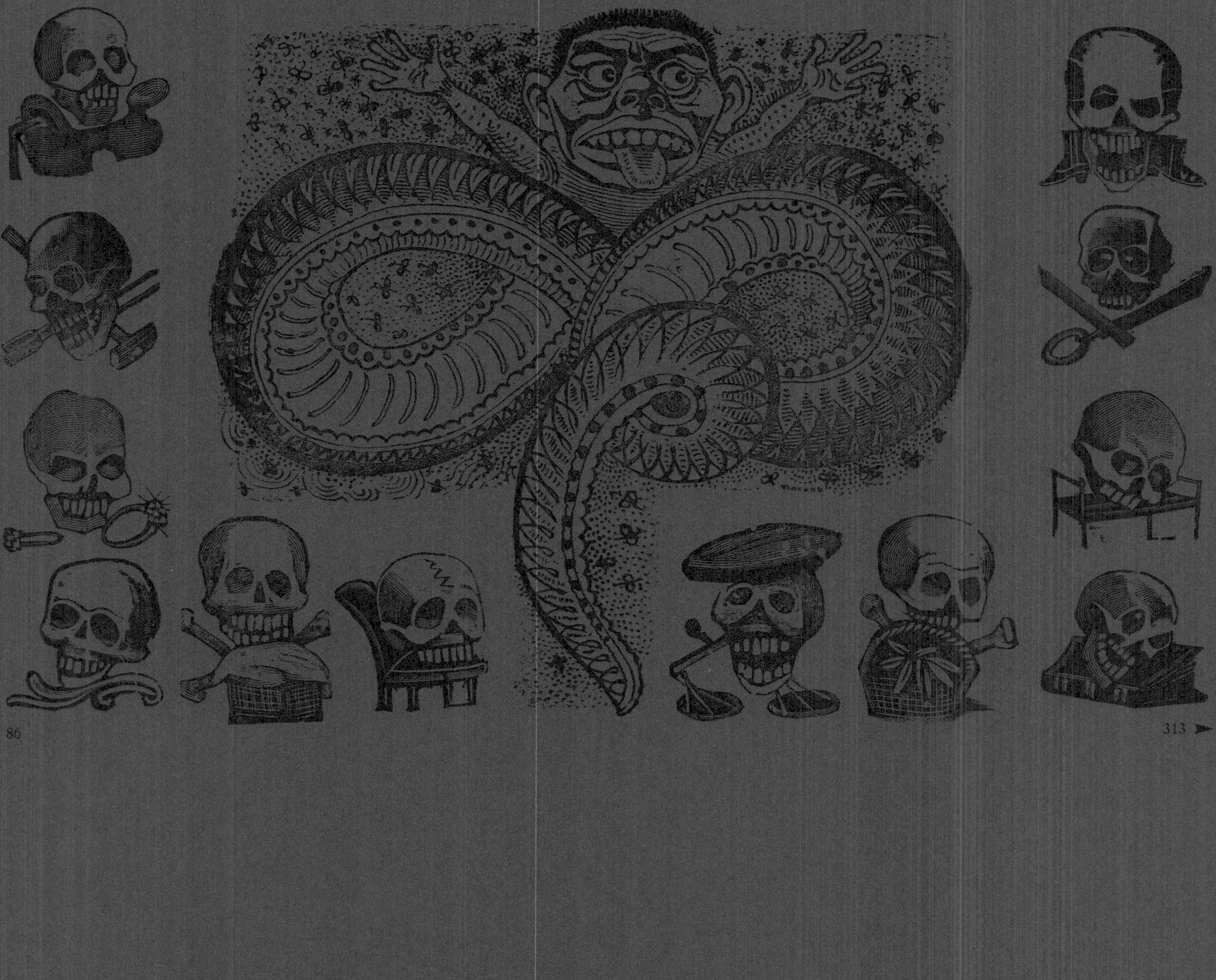

86

313 ►

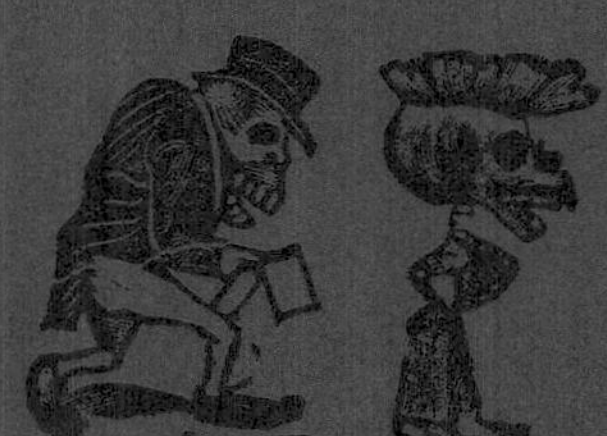

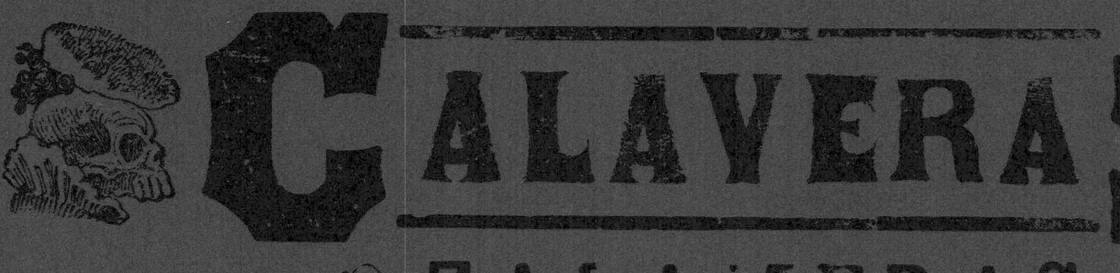

CALAVERAS

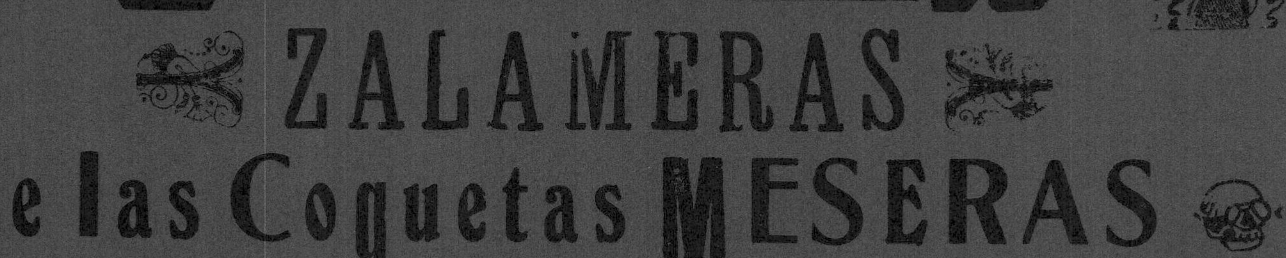

ZALAMERAS

De las Coquetas MESERAS

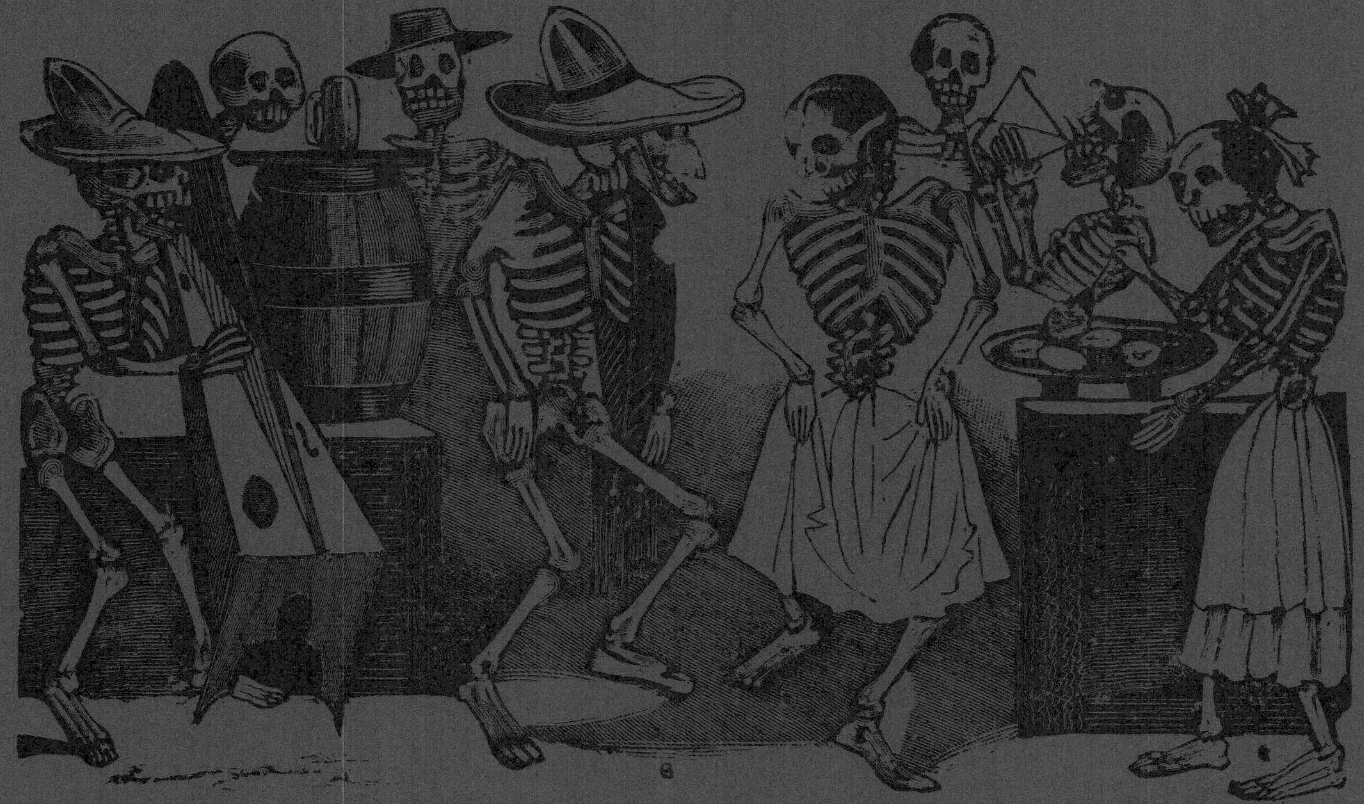

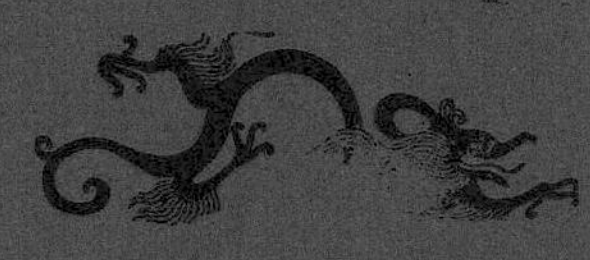

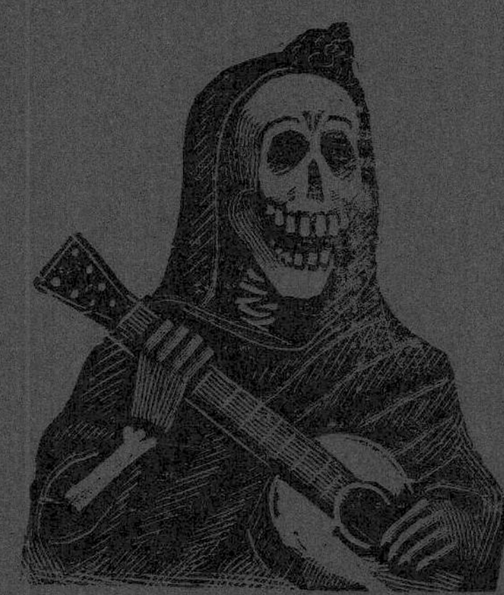

La muerte por los cafés,
Neverías y restaurants,
Les va cortando los pies
A cuantas meseras hay.
Por Tacuba se pasea
Mirando las picardías,
Que en las muchas neverías
La mesera galantea.
Pobrecita de la fea,
Nació para trabajar;
La guapa para flirtear.....
Mal haya quien no lo crea.

Son las fifís garbanceras
De mandilito bordado,
Las más chulas calaveras
Que al panteón habrán llegado.

Mamás tan consentidoras
Que a vuestras hijas mimáis,
Grande contingente dáis
A esa turba que a estas horas.

Forma el cincuenta por ciento
De *niñas* del desparpajo;
Que le huyen al trabajo
Que debía ser su elemento.

Hay que buscar el sustento
Aunque no sea de....calaveras,
Que más ganan las meseras
Que en la labor el jumento

¿Y la *niña* que camina
Sobre fuego......sin quemarse (?)
Y que suele dedicarse
Á m...era de cantina?

!Oh, la pobre meserita!
Y qué de cosas aguanta...,
!Oh, pobre calaverita
Ni lo más soez le espanta!

¿Y aquellos gabinetitos
Que titulan *reservados*?
¡Qué desplumar de pollitos!
¡Que de soportar pelados!

Pero la chamba *deja*
Y se *vive* menos mal.....
¿Qué adelanta quien se queja?
¿Se come con la moral?

Además, ¿tienen la culpa
Estas pobres calaveras.
De venir de gente inculta
Que ha olvidado las escuelas?

!Oh, madres consentidoras
Que os descuidáis de tal modo!
Flores criáis a estas horas
Se pisotean por el lodo.....

Entre tanto hay que vivir
Y gozar con esas flores
Cuyos prestados olores
No se pueden definir,

Las simpáticas meseras
Poco entiende del Deber,
No quieren ser calaveras
De fábrica o de taller.

¡Viva la juerga, mu...as,
Vi... el amor, la alegría!
A... en la difuntería
No estén las fosas muy anchas.

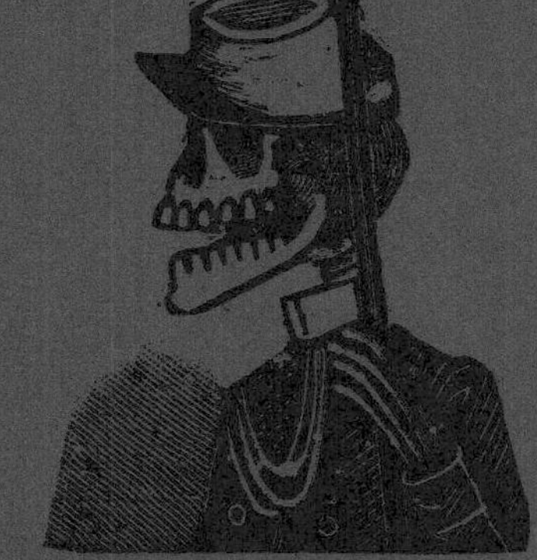

Cuando seamos calaveras
Que Dios quiera sea muy lejos,
Recordarán mis consejos
Las simpáticas meseras
Tiempo habrá de pensar en cosas (buenas
Mientras llega la muerte tan temida
Entre tanto, olvidar todas las pe- (nas
Hay que vivir y gozar de la vida.

Œ

Publicadas por la Testamentaría de A. Vanegas Arroyo. Méxic...

5 Centavos.

LA CALAVERA DE LOS CAMIONES

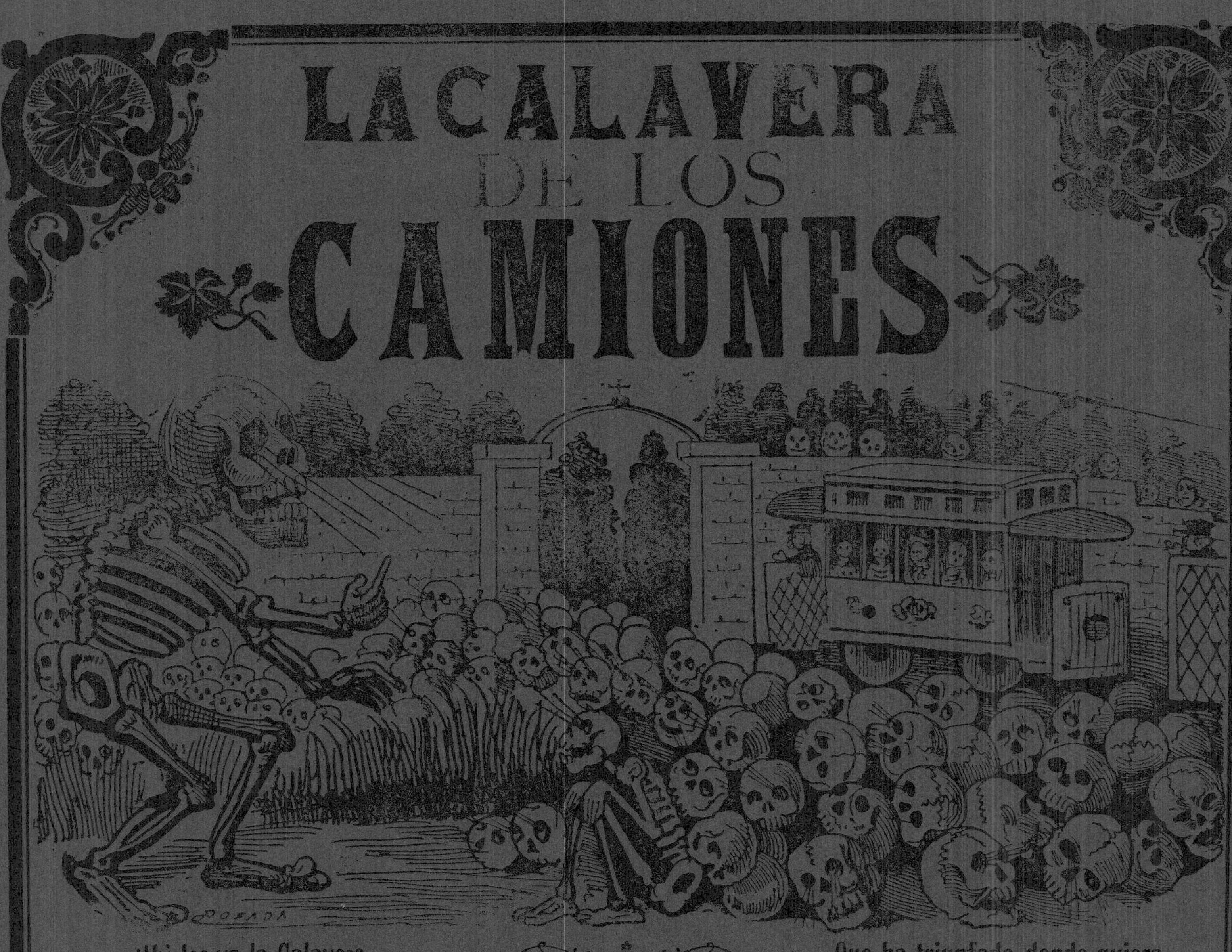

¡Ahi les va la Calavera
De los meros copetones
Que ha triunfado donde quiera,
Y es la de los Camiones.

Calaveras paseaderas
Difuntos parrandeadores,
Muertecitas voladoras
Cadáveres corredores:
Todos en grata reunión
Se van a dar una vuelta,;
Que tienen la reata suelta
Para paseár en camión.
La huesuna comitiva
Va a recorrer la ciudad;
Prevengan la gasolina
No se les vaya a acabar.
Sin miedo y sin dilaciones
Vámonos a Tacubaya;
Suba toda la canalla
Que están listos los camiones.
Suena ronca la bosina
Al darle vuelta al volante,
Y por detrás y adelante
La nube de gasolina.
Nos envuelve y nos asfixia
Y se arranca el armastote,
Y nos hace masacote
¡Oh, viajar es mi delicia!
Al correr por la calzada
Más parece exhalación,
Va como ánima escapada
El demonio de camión.
Las canillas de los muertos
Que viajan en la trasera,
Se sacuden y están ciertos
De perder la calavera.
Un esqueleto amarillo
Que era un general poblano,
Afianza su escueta mano
Del fierro del ventanillo.
Después de ruda batalla
Y trescientos mil sentones,
Llegan los pobres camiones
Polvosos a Tacubaya.
Se bajan las calaveras
Del cajón que las encierra,
Los dientes llenos de tierra
Y abolladas las traseras.
Se van a dar su paseada
Por los Talleres Fabriles
Y entre trapos y fusiles
Dan su parrandeada.
Todo Tacubaya ven
Las calaveras sin seso,
Y después, para el regreso,
Deciden tomar el tren.
Se sientan todas molidas,
Magulladas y apestosas,
Qué esas y otras muchas cosas
Las tienen muy aburridas.
En el tren viajan paradas
Los asientos se acabaron,
Y allí son bien maltratadas
Pues los boletos tiraron.
Por un conductor borracho
Que quiere otra vez cobrarles,
Y que se atreve a mandarles
Al mismísimo caracho.
Al calor de la disputa
Olvidan asirse al cuero,
Y el motorista, un recluta
Que fué un tiempo zapatero.
Pasa en seco y sin aviso....
Ruedan todos por el suelo....
Se levantan, se acomodan,
Pagan de nuevo y al pelo.
Tres horas ahí parado
El *rápido* permanece,
Cuando menos lo ha pensado
Arranca con ciento trece.
Al jalón tan repentino
Vuelven a rodar en masa
Las calaveras, sin tino,
Sin saber lo que les pasa.
¡Oh, motoristas chambones,
Estáis matando a la Empresa!
Esa es la causa, esa, esa,
De que triunfen los camiones.
¡Con esos fuertes jalones
Que nos quiebran las costillas,
Y que llenan los panteones
De huesos y de canillas!
El del camión enojado
Porque ve la comitiva
De muertos, que ha despreciado
Su apestoso a gasolina.
Con todo furor avanza
Y ya a aventajarle empieza...
Y quiere tomar venganza
Y sin más...¡se le atraviesa!
¡Jesús, qué horrible suceso!
Todos se han hecho papilla....
No queda sano ni un hueso,
Ni un diente, ni una canilla.
En horrible confusión
Las tablas del tren sepultan,
A los heridos que insultan
Al intrépido camión.
Y pasa un «Colonia Roma»
Y un «Guerrero» presuroso,
Allí la muerte se asoma
En los rostros sudorosos....
Sentones al por mayor
Ahogados en gasolina,
Y al último un revolcón
Al doblar cualquier esquina.
Se llevan a los difuntos
A curar al hospital....
Y los heridos van juntos
En un hoyo al muladar.
Los muertos siguen viajando
Pero los que quedan «vivos» -
Subían otra vez... [illegible]
Que ya van escarm[illegible]
¡A ver, a ver quién se atreve
A correr una calzada
En camión... ¡que se lo lleve
La puritita tostada!
Es el fin de los camiones
Correr con locura cierta,
Darnos la mar de sentones
Y dejar la gente muerta.
Pero el caso es tener auto
Y darnos tono y viajar,
Como alma que lleva el diablo
Con peligro de valsar..
Así va la calavera
De los meros copetones,
Que ha triunfado donde quiera
Pues es la de los camiones.

---.ES PROPIEDAD.--- ---Tip. de la Test. de A. Venegas Arroyo. 2a. de Sta. Teresa Núm. 40. México.--- PRECIO: 5. cs. Æ.

318

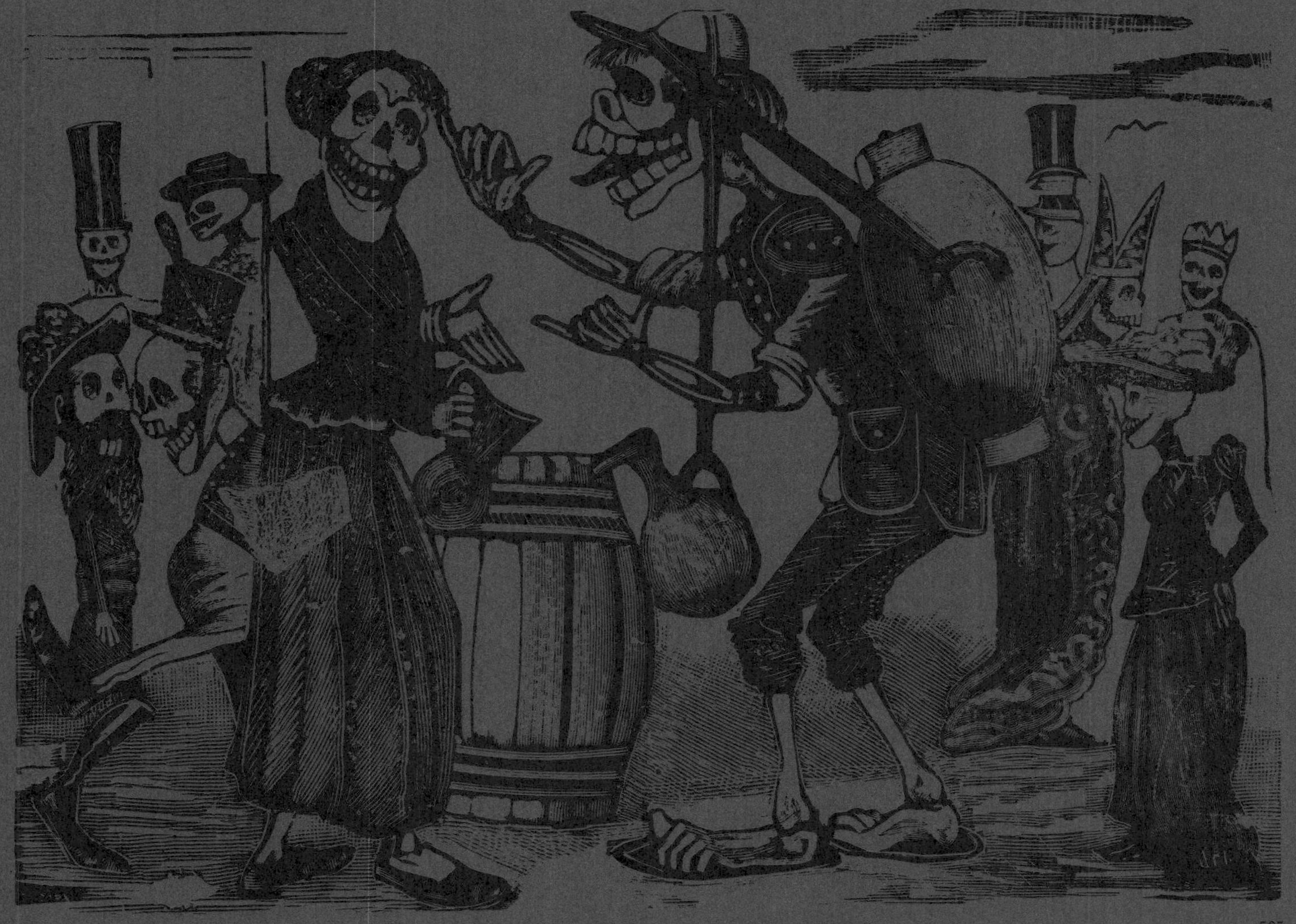

505

LOS PATINADORES

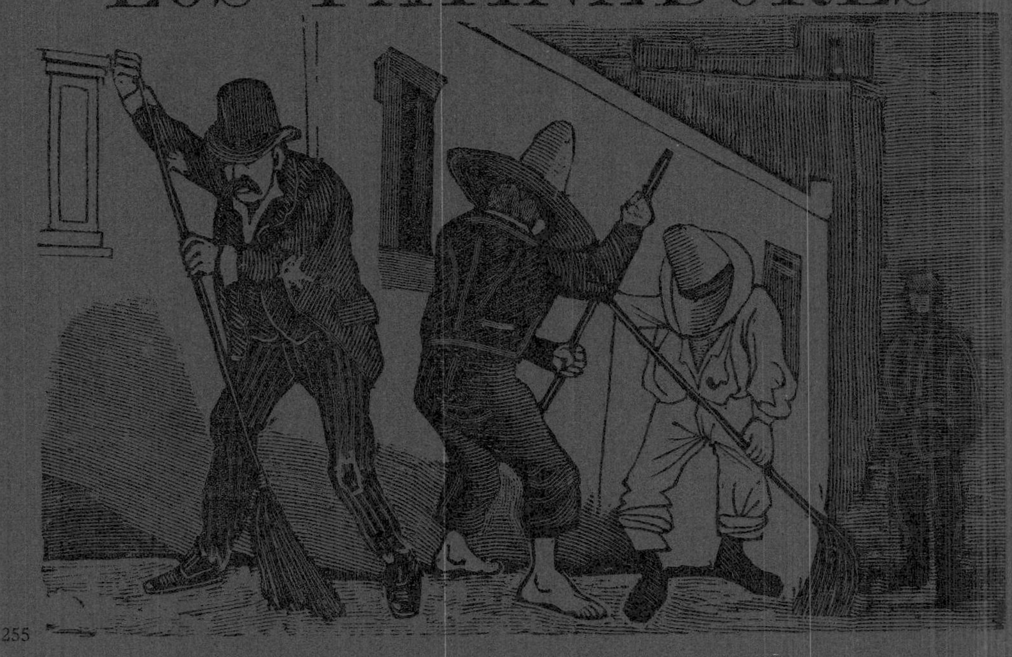

255

346

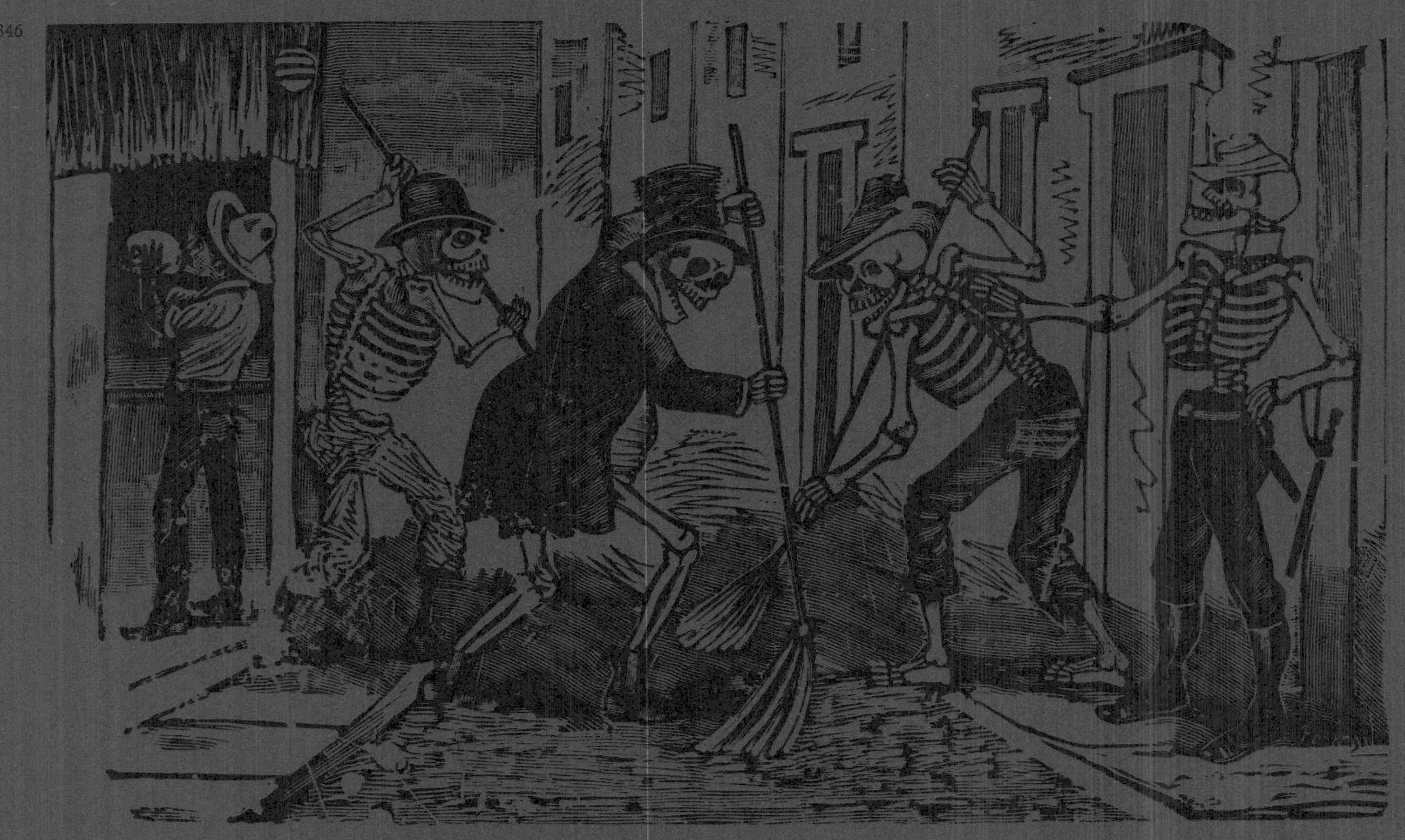

LAS
REVUELTAS CALAVERAS

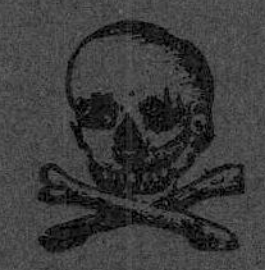

Calaveras a monton,
De muchachas casaderas
Que se fueron al panteón
A volverse calaveras.

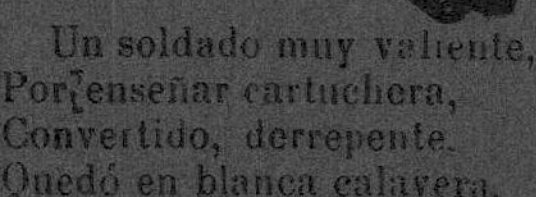

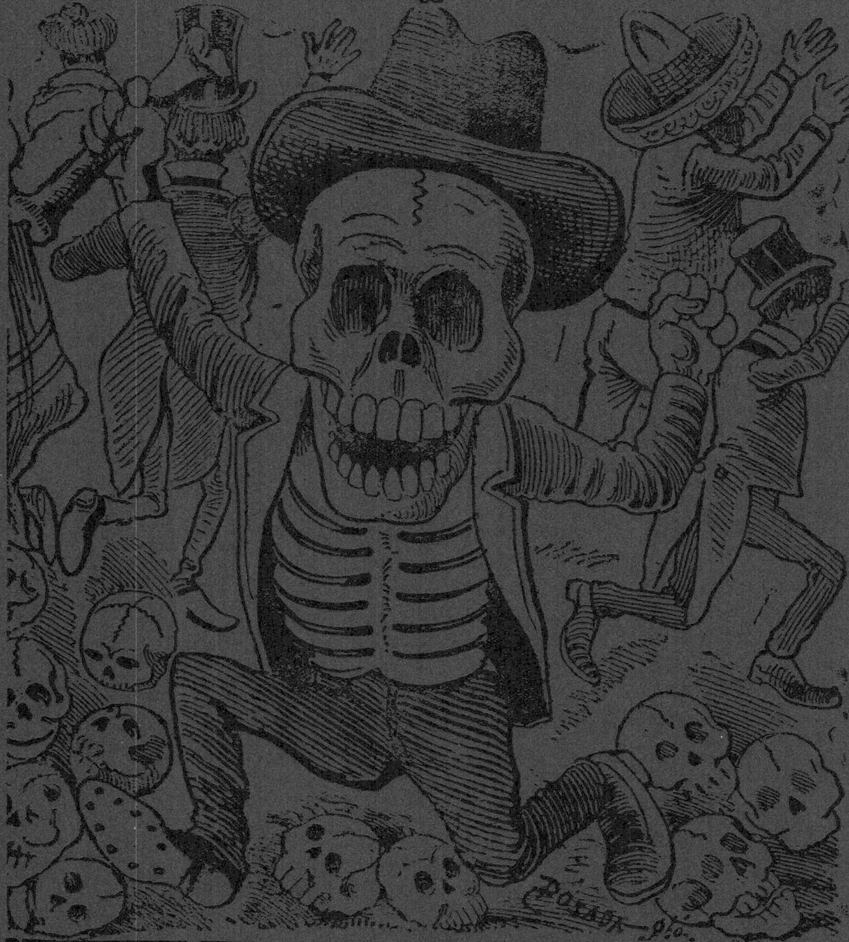

Un antiguo trovador,
Que vivió triste en la tierra
Y al entregarse al amor,
Se convirtió en calavera.

—

Un político chiflado,
Que cambiaba su bandera,
Cuando perdió el estofado
Se convirtió en calavera.

—

Una muchacha bonita,
Que era buena costurera,
Paseando por Santa Anita
Se convirtió en calavera.

—

Una joven que vivía
De taquígrafa parlera
Cuando a su casa volvía,
Se quedó de calavera.

—

Un amante motorista,
Que iba con mucha carrera,
Como era de poca vista
Se convirtió en calavera.

—

Un tenorio de Tepito,
Por pelar pava en la acera,
Quedó tieso el pobrecito
Convertido en calavera.

—

Una simpática tiple,
Por andar de modernista
Y cantando con voz triple
Le dió muerte un motorista.

—

Un matasiete de barrio,
Que mató veinte en la tierra,
Se fué también al osario
A volverse calavera.

—

Un maestro pacienzudo
Que jamás hacía una mohina
La muerte dejólo mudo
Muy cerca de una cantina.

—

Un gendarme dormilón,
Que roncaba allí en la acera,
Un decidido matón
Lo convirtió en calavera.

—

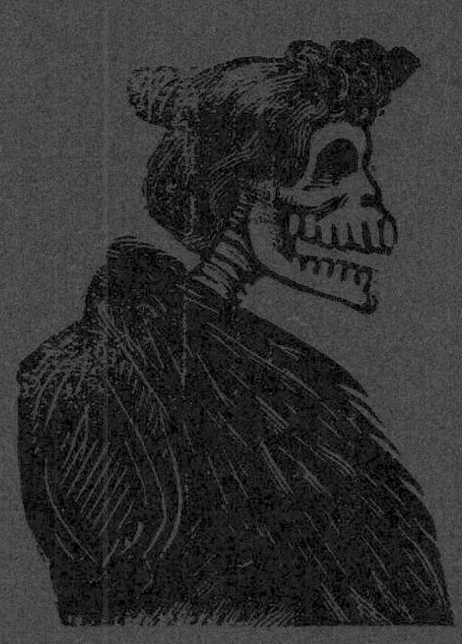

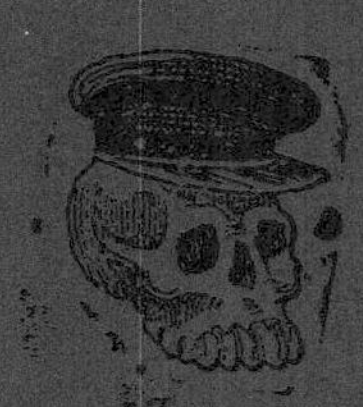

Una suegra peliomera
Teniendo grandes furores
Se convirtió en calavera
Yendo a vivir a Dolores.

—

Un general retirado,
De magnífica carrera,
Un catarro malhadado
Lo convirtió en calavera.

—

Un dulcero ¡muy ladrón!
Teniendo un hambre matrera,
En oportuna ocasión
Se convirtió en calavera.

—

Un lagartijo, simpático,
Que amaba mucho a cualquiera
Por ser al trabajo apático
Se convirtió en calavera.

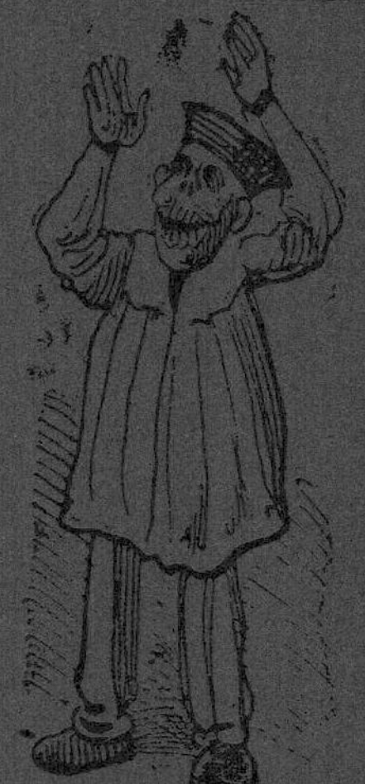

Una erótica muchacha,
Amante de un picador
Por andar de mala facha
En muerte volvió el amor.

—

Un antiguo reservista,
Por seguir otra bandera,
Al pasar un motorista
Lo convirtió en calavera.

—

Una muchacha sutil,
Muy amante de la guerra,
Por disparar su fusil
Se convirtió en calavera.

—

Un notable cantador
De teatros y cafés,
En calavera, el amor,
Lo cambió en dos por tres.

Un soldado muy valiente,
Por enseñar cartuchera,
Convertido, derrepente.
Quedó en blanca calavera.

—

Un poeta muy borracho
Por deshonrar la poesía,
En un literario empacho
El destino muerte hacía

—

Un elocuente orador,
Que arremetía con cualquiera,
Y se entregaba al amor
Se convirtió en calavera.

—

Un comerciante muy "tranco,"
Amando una costurera,
Por quererla tanto. . . . tanto. . . .
Se convirtió en calavera.

—

Un bardo muy trovador
Inspirado por Cupido,
Por entregarse al amor
En muerte fué convertido.

—

Un tendero muy valiente,
Detrás de su mostrador,
Convertido, derrepente
Fué en calavera, lector.

—

Un ciclista correlón,
Siempre a completa carrera,
En una triste ocasión
Le convirtió en calavera.

—

Un borrachín hablador,
Por amar la borrachera,
Dió el borrachazo mejor,
¡Se convirtió en calavera!

—

Y tú querido lector,
Que vives en esta tierra
En tiempo malo o peor
Te volverás calavera.

Imprenta
de
Antonio Vanegas Arroyo,
2a. de Santa Teresa número 43,
México. - Octubre de 1912.

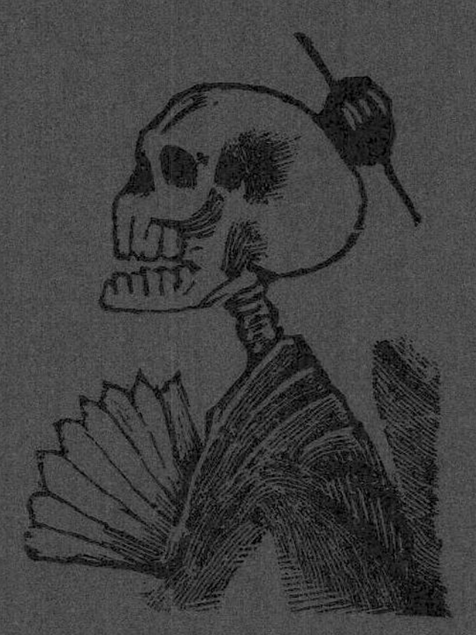

93

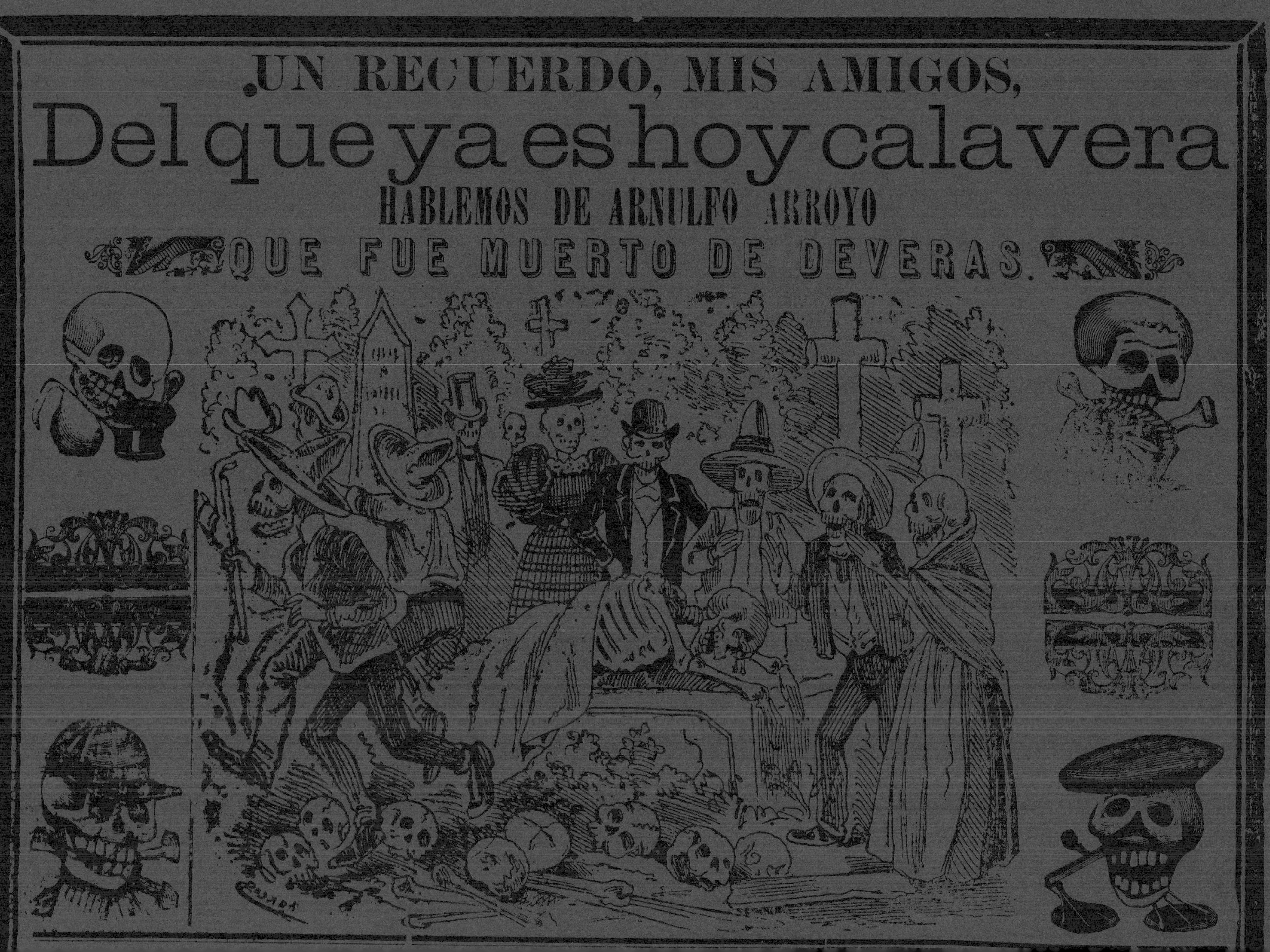
UN RECUERDO, MIS AMIGOS,
Del que ya es hoy calavera
HABLEMOS DE ARNULFO ARROYO
QUE FUE MUERTO DE DEVERAS.

Un padre nuestro por él
Y que su alma en paz descanse.
Porque lo hizo calavera
Su buen amigo Velazquez.

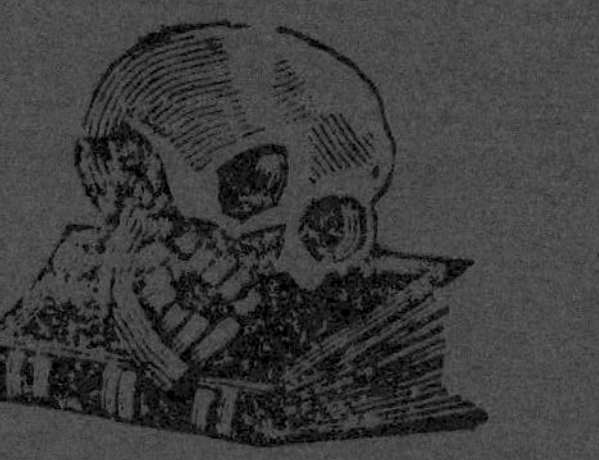

Un responso también á éste,
Pues después se arrepintió
Y se fué á alcanzar á Arroyo
Para pedirle perdón.

Hizo dos años que Arnulfo
Al otro mundo marchó,
Por hacerse calavera,
Velazquez lo sentenció.

Es cierto que cometió
Un delito criminal,
Pues le asestó al Presidente
Un golpe acaso mortal,

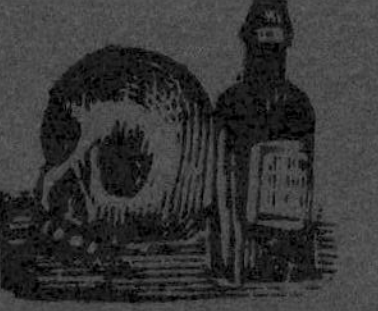

Borracho dicen que estaba
Con tequila y con chorrera,
No contaba con la huésped
De que sería calavera.

Pobre de Arnulfo, en verdad.
Pues cometió ese atentado;
Prisionero fué al momento
Y á Velazquez entregado.

Los dos eran muy amigos,
Y Arroyo nunca creyó
La red que le había tendido
De vileza y de traición.

Velazquez formó un complot
Con gendarmes disfrazados,
Yestos viles asesinos
En la noche lo mataron.

¡Ay que triste y que horroroso
Fué este crimen de deveras,
Sólo al estarlo contando
El cuerpo se escarapela.

Ya debían ser calaveras
Estos grandes criminales,
Donde dieron á probar
No ser más que unos cobardes.

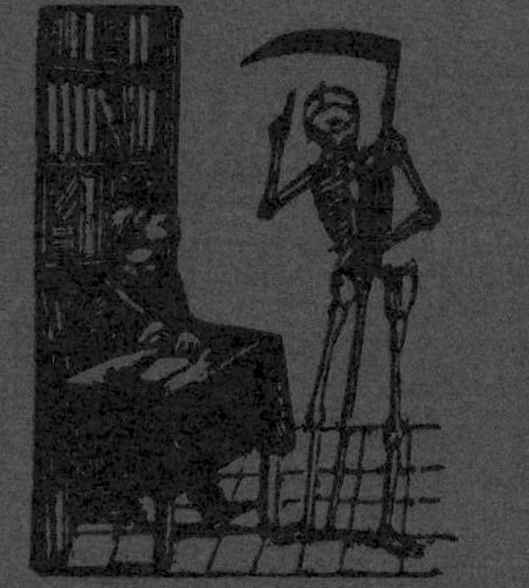

Desinquieto debe estar
Arroyo allá en el Panteón,
Pidiendo que la Justicia
Pronto los mande al zanjón.

Velazquez fué criminal,
Pero hay otros tres ó cuatro
Que por hacerle la barba
Con Arroyo se ensañaron:

El que con fierro matare
Con fierro debe morir
Y volverlos calaveras
Por su corazón tan vil.

Han de estar como teleles,
Siempre en la muerte pensando
Pues dicen que ya muy pronto
Vuelven á estar en Jurado.

Que la ley sea muy pareja
Y la justicia severa,
Y que paguen su delito,
Volviéndolos calaveras.

La muerte anda en bicicleta
Y es de por sí muy matrera
Y á estos bravos asesinos
Ya huelen á calaveras

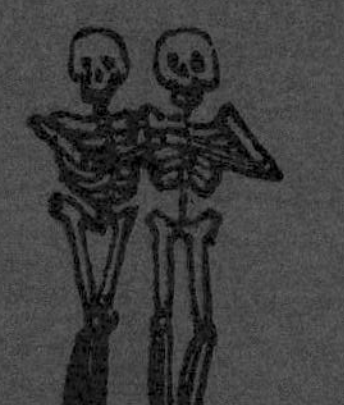

Dicen que están todos tristes
Y aunque ya dos años hacen
Les manda decir Arroyo:
Que los está ya esperando.

Han de estar arrepentidos
De su crimen tan fatal,
Perdieron á sus familias,
De paso su libertad.

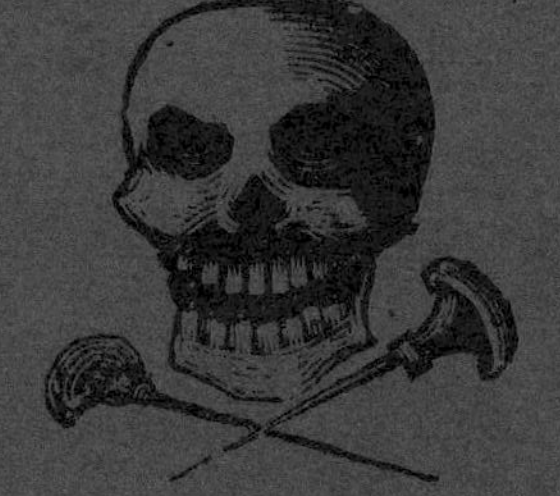

La cosa está de piquitos
Y de picotes está,
Pronto serán calaveras
De á medio y también de á real.

Este crimen se lo deben
Al Diablo que fué picudo,
Los empinó de cabeza
Y al infierno van seguro.

En fin, aunque esto ha pasado
A ninguno se le olvida,
Que la justicia sea recta
Y estos tengan el castigo.

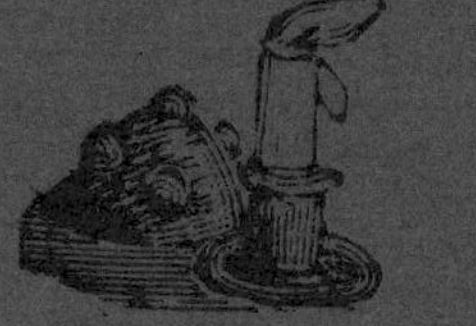

Ya que Arnulfo se murió,
Y ahora que es calavera,
Recémosle una estación
Encendiéndole una vela.

IMPREMTA DE ANTONIO VANEGAS ARROYO, CALLE DE SANTA TERESA NÚM. 1.—MEXICO.

CALAVERA DE LA
DE LA PRENSA

TONCHO VANEGAS ARROYO, ***allá desde el profundo hoyo***
en todo está, en todo piensa; ***escribe para la Prensa.......***

Y les manda sus saludos
más expresivos y atentos
al «Demócrata» y «Excelsior»
y a los diarios oportunos,

«Don Quijote,» «Universal,»
«El Monitor Comercial».
«Arte Gráfico,» «Opinión,»
«El Popular,» «Rebelión.»

«Monitor Republicano,»
igual «La Prensa Asociada,»
«Revista Mundial,» «Alianza»
«El Hogar», El Mexicano».

Y a «Revista de Revistas»
como al «Heraldo de México»
y al «Boletín Financiero»
les saluda. A esos prensistas.

Esos rápidos cajistas
que no temen rotativas,
y que les dan el quién "chilla"
a los hoy linotipistas.

A todos los que en los tipos
saben darse tipo y garbo,
su calavera les mando
para que calmen sus hipos.

A los relajos y raspas
como "El Fifí" y "El Chiquito"
me prestan para mi... ahorrito
tres "cuartillas" y un tostón;

Abranse todos de capas,
"El Mosquito," y sus pendencias,
que aquí les vá «MENUDENCIAS»
un periódico sazón.

"Menudencias" al «Diablito"
Bromista» mandó al infierno...
¿Qué se esperará "El Chiquito"
¡Que lo ensarten como a yerno?

Por léperos y maloras,
y alborota-garbanceras,
verán terminar sus horas,
volviéndose calaveras.

Todos irán al Panteón,
todos se verán difuntos,
unos de esos de ocho puntos
y otros puro clarendón.

Con todo y componedor,
con todo y cajas y plecas,
serán calaveras secas
de glosilla y entre dos.

Esos prensistas chambones
que en prensas de pié chambearon,
todos también se pelaron
por flojos y por rajones.

Esos fatuos correctores
que llegan a revisar,
cuando es hora de formar
empiezan sus correcciones.

Esos tan........ linotipistas
que el hígado les cociera
la hirviente y feroz caldera
del plomo .. si no andan listas,
Atontadas calaveras.
se les pasan los renglones
y por verlos en galeras
cuando los rotos molones,

Van a recojer las pruebas
ponen con perfidia cursi,
tantas notas como enmiendas,
que parece mapa mundi.
Los fachosos formadores,
pretensiosos remiendistas,
apenas anunciadores
son de los pobres cajistas.

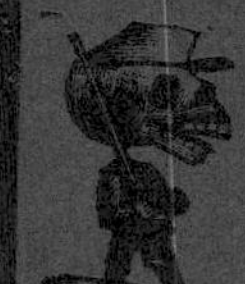

También a los periodistas,
por sus rígidas maneras,
serán todos calaveras....
¡Al panteón con sus "Revistas"
Y esos colaboradores,
serán montón de canillas;
son sólo emborronadores
de desdichadas cuartilas.

Escriben barbaridades,
con desplante y osadía.
y todas sus necedades
no tienen ni ortografía.
Por todas estas tonteras
la Parca infalible piensa
el hacerlos calaveras
del gran Panteón de la Prensa.

312 CHONFORO VICO.—1919. Talleres Gráficos de la Test. de Antonio Vanegas Arroyo,—Sta. Teresa 40.—México, D. F. CINCO CENTAVOS

CALAVERAS EN MONTON
AL PRECIO DE UN DECIMAL
COMO NUNCA SE HABRA VISTO
EN TODA ESTA CAPITAL.

Es una verdad sincera
Lo que nos dice esta frase;
Que solo el ser que no nace
No puede ser calavera.

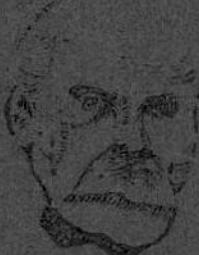

Esto es una ensaladilla
Para todos los mortales,
Porque hasta los militares
Les ha de dar pesadilla.

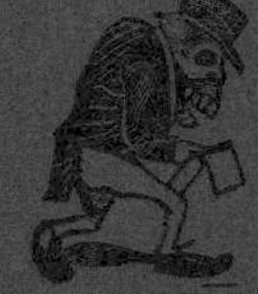

Es calavera el inglès,
Calavera, sí señor,
Calavera fué el francés
Y Faure y Sadi Carnot
El Chino, el Americano,
El Papa y los Cardenales
Reyes, Duques, Concejales
Y el jefe de la Nación,
En la tumba son iguales
Calaveras del montón

Calavera el general
Y todos sus ayudantes,
Coroneles, comandantes
Y el furioso capitán.
Los subalternos serán
Calaveras en dos tiempos;
En uno son los sargentos,
Los cabos en peloton,
Los soldados son por cientos
Calaveras del montón.

Toditos los comerciantes
Vendrán á ser calaveras,
Porque ahora sí es deveras
se acabó la Jauja de antes
Los cómicos resabidos
Que en todo son presumidos,
Huesos roidos y podridos;
Los dueños de tendajón
Y todo dueño de giros,
Calaveras del montón.

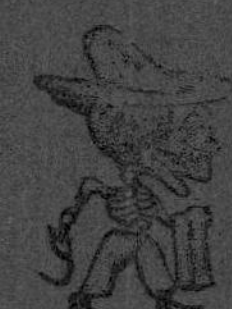

Calvera el maromero
De cualquier circo en función
Dueños de fonda ó mesón,
De botica ó de allí enfrente.
Todo el que engaña á la gente
Quevende todo barato;
El baratillero ingrato
Por egoista y por ahorcón
El empeñero y el beato
Calaveras del montón.

México. Año de 1906—Imprenta de Antonio Vanegas Arroyo. Calle de Sta. Teresa núm. 1.

276

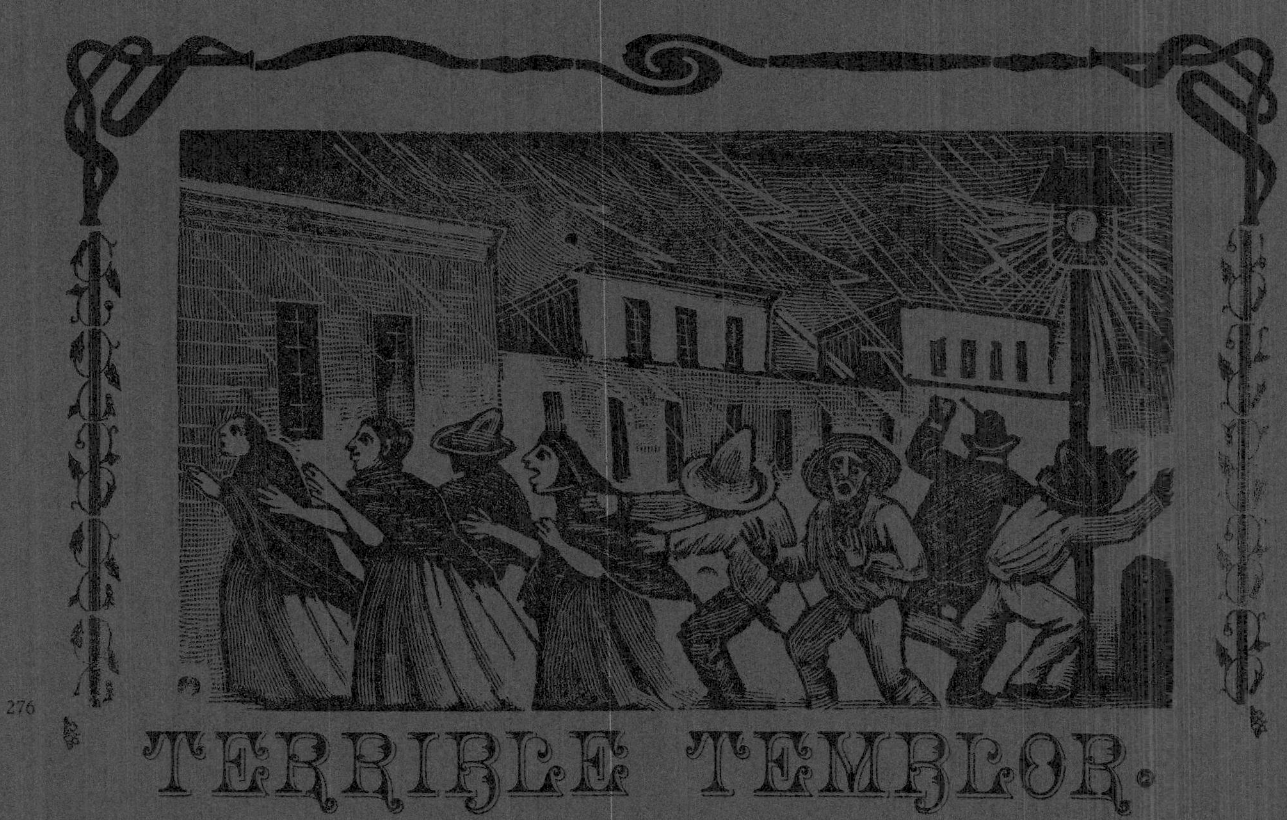

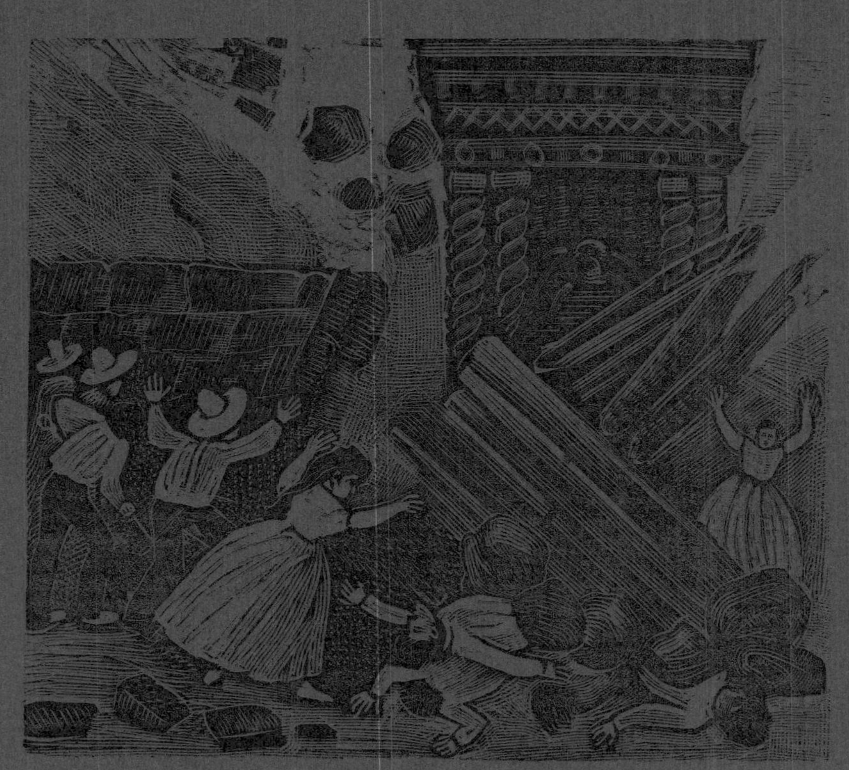

91

EJEMPLAR Y CIERTISIMO SUCESO

EN LA REPUBLICA MEXICANA.

LAS VERDADERAS CAUSAS DEL TEMBLOR

DEL DIA 2 DE NOVIEMBRE DE 1894

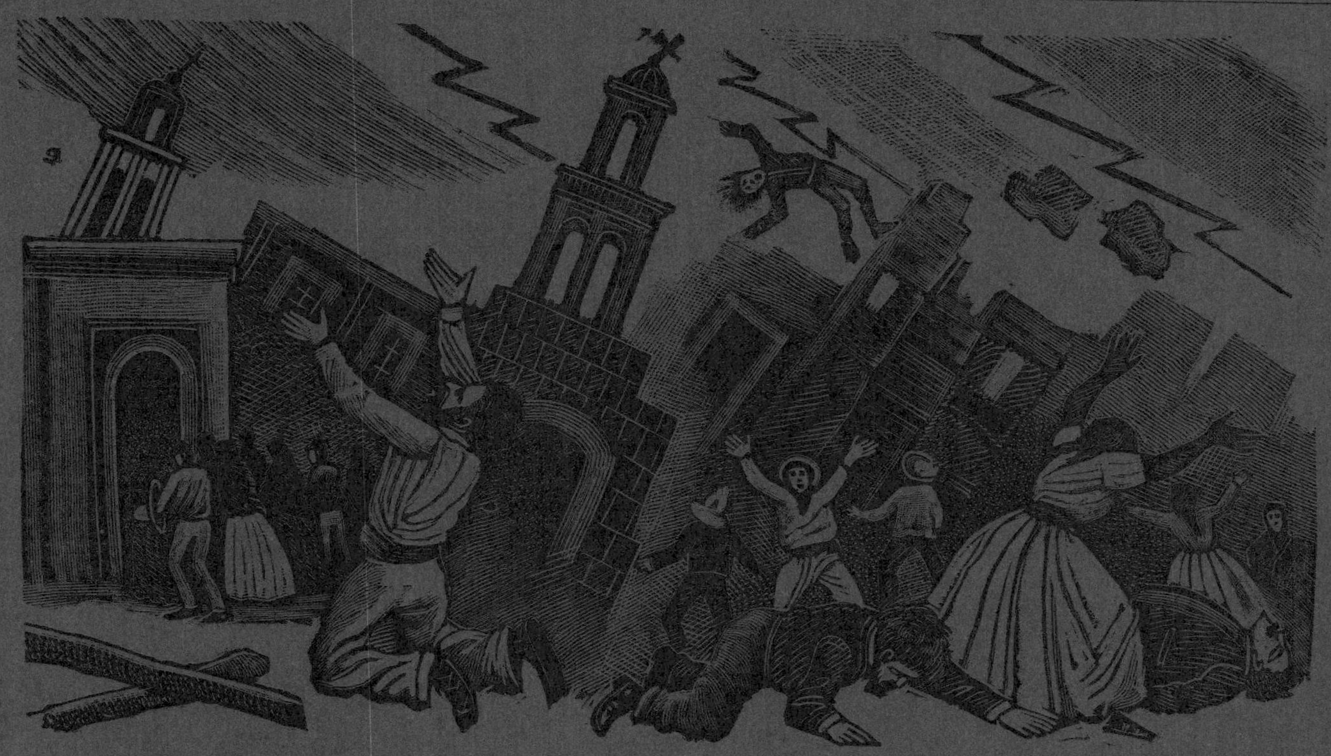

A LOS PADRES Y MADRES DE FAMILIA.

Parece increíble que la Providencia divina castigue en todas sus criaturas la criminal conducta de algunos de sus hijos; pero nos lo demuestra los patentes hechos que hoy vamos á narrar y que sin duda han dado motivo á los recientes temblores acaecidos en toda la República; y como si no fueran bastantes los hechos que á continuación narramos, bastaría sin duda la burleta que los hombres vivientes hacen frente á los sepulcros de los muertos en pleno día de difuntos, almorzando y emborrachándose en el santuario de la muerte, en vez de elevar sus preces y oraciones al Dios de las misericordias por el eterno descanso de las almas de los que fueron.

En el pueblo de Chalchihuites, un hijo desnaturalizado, la mañana del día 30 de Octubre llegó á la casa de sus buenos y ancianos padres en estado escandaloso de ebriedad, y reconvenido que fué por su anciana madre, el miserable borracho contestó con palabras duras á la autora de sus días; el padre de este miserable, ya decrépito, llegaba en los momentos del altercado con la débil madre, y entonces quiso corregir al hijo altanero, pero éste le amenazó con una daga, queriéndolo matar; entonces toda la familia dió voces, los vecinos ocurrieron, y el hijo infame fué llevado entre policías á la cárcel de ciudad, donde recibirá el consiguiente castigo.

La segunda noticia nos da á conocer otro crimen sacrílego. El curato de Amaninalco es bastante pobre y por lo mismo se sostiene únicamente de las limosnas de sus feligreses. Necesitado el señor Cura, mandó suplicar á un rico hacendado de las cercanías que le facilitara algunos recursos para el culto, y entonces el bribón hacendado contestó su petición con una carta bastante burlesca y con una cola y unos cuernos de toro como ofrenda de los diezmos y primicias. El Señor Cura lo recibió pacientemente y vendió, no obstante, á buen precio aquellos dos restos del animal, como si Dios hubiera querido probar al miserable hacendado que se había desprendido de algo que valía el dinero. Este hecho pasó el día 1° de Noviembre.

Las dos últimas noticias, son también de importancia, por lo que nos han dejado sorprendidos: Un robo sacrílego, verificado en un pueblo de las cercanías de Chihuahua, en donde los ladrones saquearon una iglesia, llevándose hasta las alfombras del pavimento del altar mayor, y haberse burlado un padre lujurioso de su tierna hija de seis años, en Calimaya, verificándose estos dos criminales acontecimientos de que tenemos noticia el mismo día 2 de Noviembre, momentos antes de la terrible conmoción de tierra que sentimos en todo el país.

Por último, la población de Santa Cruz, en el Estado de Tlaxcala, acaba de ser teatro de un sangriento drama que conmovió hondamente á sus habitantes.

El viernes 2 de Noviembre llegó á la casa que habitaba en una las dependencias de la fábrica de «Trinidad» el joven Ramón Moranchel.

En ella le esperaba su anciana madre con alguna inquietud, pues ya eran las seis y quince minutos de la tarde, hora en que ya debía estar de regreso.

Lo primero que hizo al entrar fué pedir su pistola, pero la madre, temiendo alguna riña ó desafío, se resistió á entregarle aquella arma.

El hijo hecho una furia con aquella resistencia, amenazó á la autora de sus días; mas como ésta insistiera en no darle la pistola, tomó un palo y con él el infame la golpeó brutalmente.

Después de esta acción sin nombre, se apoderó de la pistola y con ella en la mano se lanzó á la calle.

Una vez allí, disparó el arma sobre un joven que acertaba á pasar en esos momentos por aquel lugar.

Por fortuna el proyectil no le hirió, yéndose á incrustar en una pared.

El furioso criminal huyó después, desapareciendo de aquella localidad, sin que se haya logrado aprehenderlo hasta ahora.

Estos hechos, estos delitos alarmantes, son sin duda alguna las causas de tan terribles temblores, con los cuales la Providencia Divina castiga el descuido de los padres para la educación de los hijos.

¡Padres y madres de familia! ¡mirad que la responsabilidad que tenéis ante Dios es terrible! ¡La educación de los hijos está en vuestras manos, y si no cuidáis de ella, las penas eternas no tendrán fin para vosotros!

El temblor que acabamos de sentir el 2 de Noviembre de 1894, deberá servir de escarmiento para todos.

Ante tan espantosos delitos, no nos extrañe que la Misericordia de Dios se haya ausentado por unos momentos de nuestra gran nación y

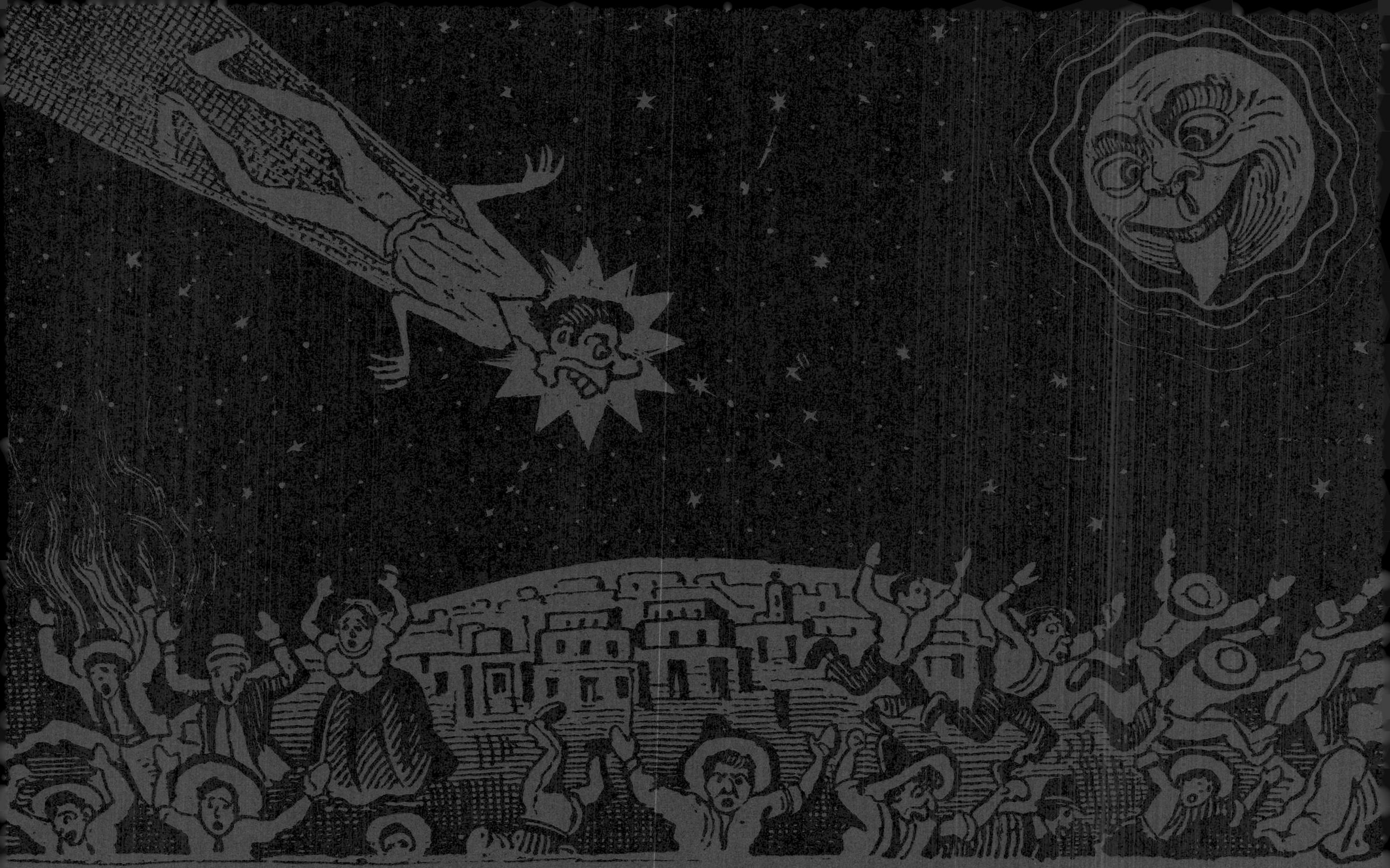

559

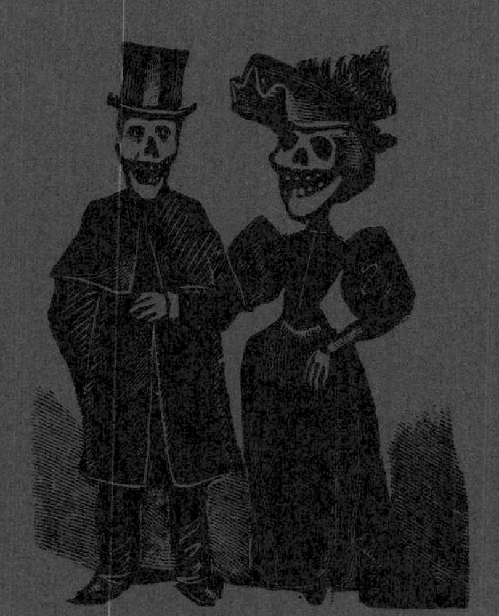
568

BIBLIOGRAPHY

100 Original Woodcuts by Posada. Preface by Jean Charlot. Mexico City: A. Vanegas Arroyo; Colorado Springs: Taylor Museum, Colorado Springs Fine Arts Center, 1947.

25 Prints of José Guadalupe Posada. Mexico City: La Estampa Mexicana, 1942.

36 grabados. Mexico City: A. Vanegas Arroyo, 1943.

50 grabados de José Guadalupe Posada. Mexico City: Instituto Nacional de Bellas Artes, 1952.

Antúnez, Francisco. *Primicias litográficas del grabador J. Guadalupe Posada. Aguascalientes, León: 1872-1876*. Aguascalientes: Taller de Francisco Antúnez, 1952.

Berdecio, Roberto and Stanley Appelbaum, eds. *Posada's Popular Mexican Prints*. New York: Dover Publications, 1972.

Bonilla Reyna, Helia Emma. "José Guadalupe Posada: el intento de una biografía más fidedigna y la inserción del grabador dentro de la gráfica satírica y la caricatura en la prensa mexicana." B.A. thesis, Universidad Nacional Autónoma de México, 1995.

Brenner, Anita. *Idols behind Altars*. New York: Payson & Clarke, 1929.

Brenner, Anita and George R. Leighton. *The Wind that Swept Mexico: The History of the Mexican Revolution, 1910-1942*. Austin: University of Texas Press, 1971.

Cardoza y Aragón, Luis. *José Guadalupe Posada*. Mexico City: Universidad Nacional Autónoma de México, 1963.

Carrillo Azpeitia, Rafael. *Posada y el grabado mexicano*. Mexico City: Panorama Editorial, 1991.

Charlot, Jean. *Mexican Art and the Academy of San Carlos, 1785-1915*. Austin: University of Texas Press, 1962.

_______. *The Mexican Mural Renaissance, 1920-1925*. New Haven: Yale University Press, 1963.

_______. *Posada's Dance of Death*. New York: Pratt Graphic Art Center, 1964.

Covantes, Hugo, ed. *El grabado mexicano en el siglo xx. 1922-1981*. Mexico City: privately printed, 1982.

Cuentos de puro susto. Presentation by Alfonso Morales. Mexico City: Editorial limusa / Secretaría de Educación Pública, 1986.

Díaz de León, Francisco. *Gahona y Posada, grabadores mexicanos*. Mexico City: Fondo de Cultura Económica, 1968.

_______. *Grabado mexicano: siglos xvi al xx*. Mexico City: Seminario de Cultura Mexicana, 1973.

Fernández, Justino. "El grabado popular. José Guadalupe Posada." In *Arte moderno y contemporáneo de México*. Mexico City: Imprenta Universitaria, 1952.

Frank, Patrick. *Posada's Broadsheets. Mexican Popular Imagery 1890-1910*. Albuquerque: University of New Mexico Press, 1998.

Frías, Heriberto. *Biblioteca del Niño Mexicano 1899-1902*. Mexico City: Miguel Ángel Porrúa Librero Editor, 1987. Facsimile collection of 85 issues.

Galí Boadella, Montserrat. "José Guadalupe Posada: l'artiste et le mythe." In *L'image au Mexique: usages, appropriations et transgressions*. Paris: L'Harmattan / cemca, 2001.

Gómez Serrano, Jesús. *José Guadalupe Posada testigo y crítico de su tiempo. Aguascalientes, 1866-1876*. Mexico City: Universidad Autónoma de Aguascalientes / Secretaría de Educación Pública, 1995.

González Leal, Mariano. *La producción leonesa de José Guadalupe Posada*. 28 plates. León and Mexico City: Lito Offset Lumen, 1971.

González Melo, Renato. "Posada y sus coleccionistas extranjeros." In *México en el mundo de las colecciones de arte*, vol. iv. Mexico City: Editorial Azabache, 1994.

Grabados de José Guadalupe Posada. Buenos Aires: Fondo de Cultura Económica, 1975.

Gretton, Thomas. "Interpretando los grabados de Posada: la modernidad y sus opuestos en imágenes populares fotomecánicas." In *Arte, historia e identidad en América. Visiones compartidas*, vol. iii. Mexico City: Universidad Nacional Autónoma de México, 1994.

Haeb, Armin. *Posada und die Mexikanische Druckgraphik 1930 bis 1960*. Nuremburg: Albrecht Dürer Gesellschaft, 1971.

Haces, Carlos and Marco Antonio Pulido. *Los toros y José Guadalupe Posada*. Mexico City: Secretaría de Educación Pública, 1985.

_______. *Posada y el amor para iluminar*. Mexico City: Secretaría de Educación Pública, 1984.

Hiriart, Hugo. *El nombre del juego es Posada*. Mexico City: Fondo de Cultura Económica, 2005.

_______. *El universo de Posada*. Mexico City: Martín Casillas / Secretaría de Educación Pública, 1982.

Jähn, Hannes, ed. *The Works of José Guadalupe Posada/Das Werk von José Guadalupe Posada*. Frankfurt am Main: Zweitausendeins, 1976.

José Guadalupe Posada. Exhibition catalogue. Texts by Fernando Gamboa and Víctor M. Reyes. Mexico City: Secretaría de Educación Pública, Palacio de Bellas Artes, 1943.

José Guadalupe Posada. Brno, 1973.

José Guadalupe Posada. Exhibition catalogue. Texts by Arsacio Vanegas Arroyo, Adrián Villagómez, Francisco Díaz de León, Luis Cardoza y Aragón, Antonio Rodríguez, Fernando Benítez, and Carlos Monsiváis. Mexico City: Instituto Nacional de Bellas Artes / Museo del Palacio de Bellas Artes, 1980.

José Guadalupe Posada. Introduction by Hans F. Secker. Dresden: Verlag der Kunst Dresden, [n.d.].

José Guadalupe Posada. Monclova: Museo Biblioteca Pape, 1977.

José Guadalupe Posada. 50 aniversario de su muerte. Exhibition catalogue. Texts by Paul Westheim, Justino Fernández, and José Julio Rodríguez. Mexico City: Instituto Nacional de Bellas Artes, Museo de Arte Moderno, 1963.

José Guadalupe Posada, grabador continental. Exhibition catalogue. Texts by Américo Sánchez Hernández, Gloria Zea, and Mercurio López Casillas. Bogotá: Museo de Arte Moderno de Bogotá, 2003.

José Guadalupe Posada. Ilustrador de la vida mexicana. Mexico City: Fondo Editorial de la Plástica Mexicana, 1963.

José Guadalupe Posada. Ramillete de carátulas. Mexico City: Universidad Nacional Autónoma de México, 1967.

La obra de José Guadalupe Posada y Antonio Vanegas Arroyo. Ciudad Juárez: Museo de Arte e Historia, 1978.

López Casillas, Mercurio. *José Guadalupe Posada: Illustrator of Chapbooks*. Mexico City: Editorial RM, 2003.

Macazaga Ramírez de Arellano, Carlos and César Macazaga Ordoño, eds. *Posada y las calaveras vivientes*. Mexico City: Editorial Cosmos, 1977.

México 68. The Dreams and Engravings of José Guadalupe Posada. Mexico City: Comité Organizador de los Juegos de la xix Olimpiada, 1968.

Murillo Reveles, José Antonio. *José Guadalupe Posada*. Mexico City: Secretaría de Educación Pública, 1963.

Muyaes, Jaled, ed. *La Revolución mexicana vista por José Guadalupe Posada*. Mexico City: Talleres Policromía, 1960.

Olea, Héctor R. *Supervivencia del litógrafo José Guadalupe Posada*. Mexico City: Editorial Arana, 1963.

Olivares Santana, Enrique et al. *Posada*. Mexico City: Grupo Banobras / Museos del Instituto Nacional de Bellas Artes en Provincia, 1979.

Posada y la prensa ilustrada: signos de modernización y resistencias. Exhibition catalogue. Texts by Pablo B. Miranda Quevedo and Beatriz Berndt León Mariscal, Jesús Gómez Serrano, Fausto Ramírez, María de los Ángeles Sobrino F., María Elena Díaz, Renato González Melo and Ana Laura Cué, Thomas Gretton, Ricardo Pérez Escamilla, and Carlos Monsiváis. Mexico City: Museo Nacional de Arte / Instituto Nacional de Bellas Artes, 1996.

Posada. Monografía de 406 grabados. Introduction by Diego Rivera. Mexico City: Mexican Folkways, 1939.

Posada: Printmaker to the Mexican People. Exhibition catalogue. Texts by Fernando Gamboa, Carl O. Schniewind, and Hugh L. Edwards. Chicago: Art Institute of Chicago, 1944.

Rius (Eduardo del Río). *Posada el novio de la muerte*. Mexico City: Editorial Grijalbo, 1996.

Robles, Antonio. *José Guadalupe Posada*. Mexico City: Secretaría de Educación Pública, 1969.

Rodríguez, Antonio. *Posada: el artista que retrató una época*. Mexico City: Editorial Domés, 1977.

Rodríguez, Artemio. *José Guadalupe Posada. 150 años*. Los Angeles: La Mano Press, 2003.

Rothestein, Julian. *José Guadalupe Posada: Mexican Popular Prints*. London: Redstone Press, 1988.

_______. *Posada: Messenger of Mortality*. New York: Moyer Bell Limited, 1989.

Sánchez González, Agustín. *José Guadalupe Posada un artista en blanco y negro*. Mexico City: Consejo Nacional para la Cultura y las Artes, 1996.

Seoane, Luis, ed. *Las calaveras y otros grabados*. Buenos Aires: Editorial Nova, 1943.

Stanford, Thomas E. *El villancico y el corrido mexicano. Dibujos de José Guadalupe Posada y hojas sueltas de corridos mexicanos*. Mexico City: Instituto Nacional de Antropología e Historia, 1974.

Tibol, Raquel. "José Guadalupe Posada." In *Historia del arte mexicano*, vol. 9. Mexico City: Salvat / Secretaría de Educación Pública, 1982.

Tinker, Edward Larocque. *Corridos y Calaveras*. Austin: University of Texas Press, 1961.

Toor, Frances, Pablo O'Higgins, and Blas Vanegas Arroyo, eds. *Posada, grabador mexicano*. Introduction by Diego Rivera. Mexico City: Talleres Gráficos de la Nación, 1930.

Tyler, Ron et al. *Posada's Mexico*. Washington, D.C.: Library of Congress / Amon Carter Museum, 1978.

Westheim, Paul. *La calavera*. Mexico City: Ediciones Era, México, 1971 [first published 1953].

Zuno Hernández, José Guadalupe. *Posada y la ironía plástica*. Guadalajara: Biblioteca de Autores Jaliscienses Modernos, 1972.

PERIODICAL PUBLICATIONS

"Arte. El gran Posada," *Tiempo*, 9 April 1943.

"Arte. Calaveras mexicanas," *Tiempo*, 6 November 1942.

"José Guadalupe Posada: breves datos biográficos. Opiniones sobre la obra de José Guadalupe Posada," *El Nacional, La Cultura en México*, January-June 1943.

Alvarado, José, "Posada, un artista combatiente," *Futuro*, May 1943.

Arreola, Juan José, "La estética del disloque, introducción a José Guadalupe Posada," *Novedades, México en la Cultura*, no. 157, 10 February 1952.

Beals, Carleton, "Pictures for Songs," *Nation*, 21 January 1931. Review of *Posada, grabador mexicano*, edited Frances Toor, Pablo O'Higgins y Blas Vanegas Arroyo, with an introduction by Diego Rivera.

Brenner, Anita, "A Mexican Prophet," *Arts*, 14 July 1928.

_______, "A Mexican Renaissance," *Arts*, 8 September 1925.

_______, "Mexican Ballads," *Mexican Folkways*, no. 5, February-March 1926

Crespo de la Serna, Jorge J., "Omnipresencia de Posada," *Novedades*, 4 April1975.

Charlot, Jean, "Notes on Posada," Print Review, no. 7, 1977.

_______, "Un precursor del movimiento del arte mexicano," *Revista de Revistas*, August 1925.

Gamboa, Fernando, "Calaveras.," *México en el Arte*, 5 November 1948.

_______, "José Guadalupe Posada, su vida y su época," *Artes de México*, no. 21, January-February 1958.

Gaya, Ramón, "El grabador Posada (1852-1913)," *El Hijo Pródigo*, no. 1, April 1934.

Henestrosa, Andrés, "Primer centenario del natalicio del grabador, gran artista del pueblo, José Guadalupe Posada," *Espacios*, no. 9, 1952.

Larrea, Juan, "Posada," *Cuadernos Americanos*, 3 May 1943.

López Casillas, Mercurio, "José Guadalupe Posada ilustrador," *Galera. Revista de Bibliofilia y Arte Mexicano*, year 4, no. 30, Spring 2002.

Meouchi M., Edmundo, "Dos demagogias distintas sobre la obra del grabador José Guadalupe Posada," *Cuadernos Hispanoamericanos*, 29 May 1952.

Moss, Roberto, "José Guadalupe Posada: The Greatest of Popular Mexican Printmakers," *Graphis*, no. 29 (1973-1974).

Ontañón, Mada, "México en los grabados de Posada," *Hoy*, 24 April 1943.

Rangel, Nicolás, "El alma popular y Vanegas Arroyo," *Revista de Revistas*, 25 March 1917.

Rivera, Diego, "José Guadalupe Posada," *Universidad*, December 1936.

Rodman, Seldon, "What's Mexican in Mexican Art?," *Art in America*, no. 51, June 1963.

Rodríguez, Antonio, "La Sociedad de Grabadores rinde un homenaje a Posada," *El Nacional*, 15 January 1952.

_______, "Posada, el grabador más grande del siglo XIX," *Así*, 3 April 1943.

Sánchez, José, "Sobre las técnicas de Posada," *El Alcavarán*, vol. ii, no. 5, April-June 1991.

Stallings, W. S., Jr., "Print-Maker Posada Really 'Prophet of the Revolution'," *Colorado Springs Gazette-Telegraph*, 23 December 1945.

Toor, Frances, "Guadalupe Posada," *Mexican Folkways*, no. 3, vol. 4, July-September 1928.

Westheim, Paul, "José Guadalupe Posada, dibujante del pueblo," *Hoy* April 1943.

Zárate, Armando, "Posada o el testigo de la superioridad de la muerte," *Revista de la Universidad de Córdoba*, year 3, no. 3, July-August 1962.

LIST OF WORKS*

MERCURIO LÓPEZ CASILLAS COLLECTION

1 **Los lagartijos. Colección de Canciones Modernas para 1896, núm. 21.**
Direct typographical print
14.4 x 9.6

2 **Los parranderos. Canciones Modernas para 1898, núm. 44**
Direct typographical print
14.2 x 9.2

3 **La de los claveles dobles. De la Nueva Colección de Canciones Modernas para 1900, núm. 9**
Direct typographical print
14.4 x 9.6

4 **Eterno sufrir. Nueva Colección de Canciones para 1895, núm. 23**
Direct typographical print
14.5 x 9.3

5 **La locomotora. Canciones Modernas para 1895, núm. 27**
Direct typographical print
14.3 x 9.7

6 **La serpentina. Colección de Canciones Modernas, 1894, núm. 29**
Direct typographical print
15 x 10.3

7 **La Zacatecana. Colección de Canciones Modernas para 1895, núm. 28**
Direct typographical print
15.1 x 10.3

8 **Ponte la peluca**
Direct typographical print
14.3 x 9.7

9 **Los patinadores. Colección de Canciones Modernas, 1891, núm. 14**
Direct typographical print
15 x 10.4

10 **El veterinario**
Direct typographical print
14.5 x 9.8

11 **Juan Soldado. Canciones Modernas para 1900, núm. 4**
Direct typographical print
14.2 x 9.9

12 **La mano blanca. Colección de Canciones Modernas para 1897, núm. 20**
Direct typographical print
14.5 x 9.7

13 **El abanico. Colección de Canciones Modernas para 1895, núm. 34**
Direct typographical print
14.9 x 10.8

14 **56 adivinanzas del pequeño adivinador, núm. 3**
Direct typographical print
14.4 x 9.7

15 **Colección de Himnos Nacionales**
Direct typographical print
14.6 x 9.9

16 **El rey y sus tres hijos. Cuento**
Direct typographical print
15.2 x 10.2

17 **La ciudad de filigrana. Cuento**
Direct typographical print
19 x 14.5

18 **Amor libre**
Direct typographical print
14.3 x 19.4

19 **El muchacho de la vaquita. Cuento**
Direct typographical print
14.9 x 10.4

20 **El compadre Zorro. Cuento**
Direct typographical print
14.9 x 9.6

21 **Selecta recopilación de canciones modernas para el presente año, 3ª parte**
Direct typographical print
18.8 x 14.2

22 **Juan pelotero. Cuento**
Direct typographical print
15 x 9.9

23 **Las niñas vendidas. Cuento**
Direct typographical print
15.1 x 10.1

24 **Dn. Perabel. Cuento**
Direct typographical print
14.3 x 9.5

25 **Juan Soldado. Cuento**
Direct typographical print
14.7 x 9.8

26 **El Clown Mexicano, cuaderno núm. 6**
Direct typographical print
15.1 x 10.8

27 **Juan Ceniza. Cuento**
Direct typographical print
11.1 x 8.2

28 **Cucarachita Mondinga y ratón Pérez. Cuento**
Direct typographical print
13.4 x 9.9

29 **La niña generosa. Cuento**
Direct typographical print
12.9 x 8.9

30 **La pesadilla de Alejito o El almuerzo de azotes. Cuento**
Direct typographical print
11.7 x 8.3

31 **Los niños jugadores. Cuento**
Direct typographical print
12.6 x 8.6

32 **Gigante y enano. Cuento**
Direct typographical print
12.7 x 8.6

33 **Cuando el amor muere. Nueva Colección de Canciones Modernas para el presente año**
Direct typographical print
14 x 9.6

34 **La Poblanita. Cuarta Colección de Canciones para el presente año**
Direct typographical print
14.4 x 9.5

35 **Los parranderos. Quinta Colección de Canciones para el presente año, núm. 3**
Direct typographical print
14.2 x 9.2

36 **El sarape nacional. Moderna Colección de Canciones para el presente año**
Direct typographical print
13.9 x 9.6

37 **La Ex Moderna. Sexta Colección de Canciones para el presente año**
Direct typographical print
14.1 x 9.4

38 **Machaquito. Moderna Colección de Canciones para el presente año**
Direct typographical print
14.6 x 9.6

39 **Los celos del negro con don Folias. Galería del Teatro Infantil. Colección de Comedias para Niños o Títeres**
Direct typographical print
14.6 x 10.5

40 **Don Juan Tenorio. Galería de Teatro Infantil. Colección de Comedias para Niños o Títeres.**
Direct typographical print
12 x 9.4

41 **La revoltosa. Galería de Teatro Infantil**
Direct typographical print
14.2 x 9

42 **Frégoli. Colección de Monólogos**
Direct typographical print
14.8 x 9.7

43 **La rosa encantada. Galería del Teatro Infantil, 2ª parte**
Direct typographical print
13.8 x 9.6

44 **La rosa encantada. Galería del Teatro Infantil, 1ª parte**
Direct typographical print
13.8 x 10.7

45 **La almoneda del diablo. Galería del Teatro Infantil**
Direct typographical print
14.5 x 9.7

46 **Una corrida de toros o El amor de Luisa. Galería del Teatro Infantil**
Direct typographical print
15 x 10.4

47 **Ramillete de Felicitaciones, cuaderno núm. 2**
Direct typographical print
14.8 x 20.5

48 **Ramillete de Felicitaciones, cuaderno núm. 3**
Direct typographical print
15 x 10.1

49 **Ramillete de Felicitaciones**
Direct typographical print
15 x 10.1

50 **La hecatombe de Chalchicomula**
Direct typographical print
14 x 9.8

51 **El Moderno Pastelero, cuaderno núm. 1**
Direct typographical print
14.3 x 9.8

52 **El hipnotismo**
Direct typographical print
14 x 9.5

53 **Nuevo oráculo o sea El libro del porvenir. Oráculo**
Direct typographical print
15.1 x 10

54 **Las pesadillas y los sueños con sus verdaderas explicaciones. Relatos de Ultratumba**
Direct typographical print
14.5 x 9.8

55 **Oráculo Mignon**
Direct typographical print
14.9 x 10.1

56 **La gitana del siglo XX**
Direct typographical print
14.3 x 9.3

57 **Oración y alabanzas dedicadas a María Santísima de los Ángeles para la hora de la muerte**
Direct typographical print
9.4 x 7.4

58 **Pésame a María Santísima**
Direct typographical print
9.4 x 7.4

59 **Oración y alabanzas dedicadas a la S. Virgen de S. Juan de los Lagos**
Direct typographical print
13.5 x 8.5

60 **Visita, salutacion y despedida a la Stma. Virgen de los Remedios**
Direct typographical print
12 x 9

61 **Oración y alabanzas a la Madre de Dios**
Direct typographical print
13.5 x 9

62 **Novena dedicada al ínclito y valeroso mártir Señor San Jorge**
Direct typographical print
15 x 10

63 **Silabario metódico**
Direct typographical print
10 x 15

64 **Las nueve jornadas de los Santos Peregrinos**
Direct typographical print
14.3 x 9.7

65 **Las nueve jornadas de los Santos Peregrinos**
Direct typographical print
14 x 9.5

66 **El testerazo del diablo. Juguete pastoril en un acto**
Direct typographical print
14.5 x 9.6

67 **Los chascos de Bato y Bras**
Direct typographical print
15 x 10.5

68 **La aurora del nuevo día en los campos de Belén**
Direct typographical print
14.5 x 9.6

69 **La Cocina en el Bolsillo, núm. 1**
Direct typographical print
14.5 x 9.2

70 **La Cocina en el Bolsillo, núm. 2**
Direct typographical print
15 x 10.1

71 **Muestras para Bordado Moderno, núm. 8**
Direct typographical print
14.5 x 9.6

72 **Equivalencias. Pesas, medidas y valores**
Direct typographical print
14 x 9.3

73 **Colección de Cartas Amorosas, cuaderno núm. 7**
Direct typographical print
14.5 x 9.6

74 **Colección de Cartas Amorosas, cuaderno núm. 1**
Direct typographical print
14.5 x 9.6

75 **Cartas Amorosas, Colección núm. 1**
Direct typographical print
15.2 x 10.2

76 **Colección de Cartas Amorosas, cuaderno núm. 3**
Direct typographical print
15.2 x 10.2

77 **Cartas amorosas, Colección núm. 5**
Direct typographical print
14.4 x 9.2

78 **La Batalla del 5 de Mayo. Juego de mesa**
Direct typographical print
40 x 31

79 **El Juego de la oca**
Fotograbado de medio tono
30.5 x 46

80 **Los charros contrabandistas**
Direct typographical print
30 x 40.5

81 **Nuevo oráculo del siglo XXI**
Direct typographical print
40.4 x 30.5

82 **Lottery cards. (el tlachiquero • el cantador)**
Direct typographical print
34 x 29.4

83 **Lottery cards. (el burro • el yunque)**
Direct typographical print
34 x 29.4

84 **Los viajes del señor D. Francisco I. Madero a través de la República**
Direct typographical print
38 x 28

85 **A nuestra Señora de Guadalupe. Soneto**
Direct typographical print
38.6 x 26.6

86 **La calavera del cólera morbo**
Direct typographical print
43 x 30

87 **El rebumbio de calaveras de catrines y borrachos**
Direct typographical print
40 x 26

88 **Yo soy don Juan Tenorio y sin quimeras haré platos de vuestras calaveras**
Direct typographical print
37.3 x 27.1

89 **Sangrienta y horrible mortandad en las calles de la ciudad de México**
Direct typographical print
37.5 x 28

90 **Juego de lotería**
Direct typographical print
27.3 x 40.5

91 **Ejemplar y ciertísimo suceso en la República mexicana. Las verdaderas causas del temblor**
Direct typographical print
40 x 29.3

92 **Dialoguitos y monólogos de aquellas almas en pena que en esta noche de muertos se pasean por la verbena**
Direct typographical print
38.5 x 26.9

93 **Las revueltas calaveras**
Direct typographical print
38.3 x 30.4

94 **Calavera carrancista**
Direct typographical print
37 x 29

95 **Calavera de actualidad**
Direct typographical print
36 x 26.5

96 **La calavera de Cupido**
Direct typographical print
37.5 x 38

97 **La calavera de Emiliano Zapata**
Direct typographical print
38.3 x 30.1

98 **Un calaverón enteco soñaba en noche fatal, lo que pudo comprobar que ya no hay estado seco**
Direct typographical print
39 x 30

99 **Calaveras en montón al precio de un decimal como nunca se habrá visto en toda la capital**
Direct typographical print
40.1 x 30.7

100 **La brava calavera del Cinematógrafo**
Direct typographical print
38.2 x 26

101 **Balazos en la calle de San Hipólito en un tren de las corridas de Atzcapozalco. Gaceta Callejera**
Direct typographical print
37.7 x 27.5

102 **Escándalo de balazos en la calle de las Escarillas**
Direct typographical print
40 x 30

103 **Nuestra Señora María Santísima de Guadalupe que se venera en la colegiata de este nombre**
Direct typographical print
37.5 x 28.3

104 **Verdadero retrato del Señor del Hospital que se venera en Salamanca**
Direct typographical print
40 x 29.2

105 **El C. General Porfirio Díaz, Presidente de la República Mexicana**
Direct typographical print
60 x 35.2

106 **Los rurales. Biografía y origen de la formación de esos cuerpos**
Direct typographical print
60 x 37

* All dimensions are in centimeters.

107 **El inmortal Benito Juárez**
Direct typographical print
60 x 37

108 **Horrible tragedia en Pachuca**
Direct typographical print
30 x 21

109 **Tremendo atentado. Un infame asesino, sacrílegamente intenta dar muerte a un venerable canónigo de la Basílica de Roma**
Direct typographical print
30.2 x 20.2

110 **Sensacional noticia. La confesión de un esqueleto, un alma en pena dentro del templo del Carmen**
Direct typographical print
28 x 19

111 **Ejemplar acontecimiento. Una legión de demonios tras de un ebrio**
Direct typographical print
26.9 x 19.3

112 **Increíble suceso. Una mujer que se convierte en piedra**
Direct typographical print
30 x 20

113 **Horrible suceso fraguado por el demonio y destruido por el admirable y portentoso milagro de Nuestra Señora de Guadalupe**
Direct typographical print
28.9 x 20.1

114 **Horrible y singular ejemplo. Tomado de una plática religiosa y cuyo asunto se refiere al rico avariento Juan Pérez**
Direct typographical print
29.5 x 20

115 **Suceso nunca visto. Rosa la Bruja, una mujer que se divide en dos mitades convirtiéndose en serpiente y en esfera de fuego**
Direct typographical print
29.8 x 20

116 **Horrible y espantosísimo acontecimiento. Un hijo infame que envenena a sus padres y a una criada en Pachuca**
Direct typographical print
28.5 x 19.5

117 **Crimen nunca visto. Tomás Sánchez, barbero que está establecido en Saltillo, degüella a su tierna e indefensa hija**
Direct typographical print
30 x 20

118 **Horribles temores de las madres por una terrible sociedad de robachicos**
Direct typographical print
30 x 21

119 **Espantosísimo crimen. Dos niños estrangulados la noche del 2 de diciembre del presente año en la casa núm. 2**
Direct typographical print
30 x 18

120 **Espantoso crimen nunca visto. Mujer peor que las fieras. Una niña con la ropa cosida al cuerpo**
Direct typographical print
27 x 24

121 **Horripilantísimo suceso. Una madre que descuartiza a su hijo recién nacido en dieciocho pedazos, el martes 15 de agosto de 1905**
Direct typographical print
39 x 19.7

122 **Extraño y nunca visto acontecimiento. Un cerdo con cara de hombre, ojos de pescado y un cuerno en la frente**
Direct typographical print
29.9 x 20.1

123 **La gran destrucción y terrible incendio de la plaza de toros de Puebla**
Direct typographical print
27.6 x 20.1

124 **La mujer de cien maridos como alfileres prendidos. Tengo en lista muchos novios**
Direct typographical print
30.3 x 20.1

125 **El ranchero y el gavilán**
Direct typographical print
28.8 x 19

126 **Versos muy extravagantes divertidos y fabulosos de reír y pasar el rato para todos los curiosos**
Direct typographical print
27.9 x 18.5

127 **Verdaderos versos de Macario Romero**
Direct typographical print
29.8 x 19.7

128 **La Noche Triste en Tenochtitlán**
Photolithograph
12 x 8.3

129 **La sirena blanca y el tritón negro**
Photolithograph
12 x 8.3

130 **El fusilamiento del soldado Rafael Méndez en los llanos de La Vaquita**
Direct typographical print
29.1 x 20

131 **La hija de Xicoténcatl o El bautismo del jardín de amores**
Photolithograph
12 x 8.5

132 **El sitio de Tenochtitlán o El último día de un imperio**
Photolithograph
12 x 8.3

133 **La piedra contra el emperador o La sublimidad de un héroe**
Photolithograph
12 x 8.5

134 **El llanto de Cortés o El árbol de la derrota**
Photolithograph
12 x 8.3

135 **La maldición contra el déspota o El fin de un imperio**
Photolithograph
12 x 8.3

136 **El sueño de Tenochtitlán o El origen del fanatismo sanguinario**
Photolithograph
12 x 8.3

137 **Las auras de la Independencia o El extertor de una víctima**
Photolithograph
12 x 8.3

138 **Jesús Negrete (a) el Tigre de Santa Julia, fusilado en la cárcel de Belén**
Direct typographical print
29.3 x 19.7

139 **El sensasionalísimo jurado de Jesús Negrete o sea el Tigre de Santa Julia**
Direct typographical print
27.3 x 18.3

140 **Las alegrías en la víspera de la matanza**
Photolithograph
12 x 8.5

141 **La barca de la traición o Los españoles en México**
Photolithograph
12 x 8.3

142 **La voz del heroísmo o El desengaño de la ambición**
Photolithograph
12 x 8.5

143 **El subterráneo de oro o El pueblo en las tinieblas**
Photolithograph
12 x 8.3

144 **La cólera del pueblo o La ciudad en erupción**
Photolithograph
11.9 x 8.1

145 **Las dos princesas sublimes o El subterráneo de la gloria**
Photolithograph
12 x 8.3

146 **El castigo espantoso o La lluvia de sangre**
Photolithograph
12 x 8.3

147 **El palacio de Coyoacán o Los tesoros del imperio**
Photolithograph
12 x 8.4

148 **Las infamias de la ambición o La cruz de la aurora**
Photolithograph
12 x 8.3

149 **El temazcal de Nezahualcóyotl en la noche ante Hernán**
Photolithograph
12 x 8.6

150 **El último teocalli o La primera capilla de la paz**
Photolithograph
12 x 8.5

151 **Fray Bartolomé de las Casas o La protección de los indios**
Photolithograph
12 x 8.4

152 **La infamia del rey Tzintzicitla o La entrega de Michoacán**
Photolithograph
12 x 8.5

153 **El fin de un héroe azteca o La eterna maldición**
Photolithograph
12 x 8.3

154 **El fantasma carnicero o El pavor de los verdugos**
Photolithograph
12 x 8.5

155 **Los virreyes de la Nueva España**
Photolithograph
12 x 8.3

156 **La púrpura de la traición o Los suplicios del gran tribunal**
Photolithograph
12 x 8.4

157 **La formidable catástrofe o El tiunfo del patriotismo**
Photolithograph
12 x 8.3

158 **El rayo de Satanás o Por el amor de una hija**
Photolithograph
12 x 8.3

159 **Los crímenes de la ambición o El antema de la víctima**
Photolithograph
12 x 8.3

160 **Los crímenes y las epopeyas de México colonial**
Photolithograph
12 x 8.3

161 **México ante la Independencia nacional o La preparación del Grito**
Photolithograph
12 x 8.5

162 **El incendio de un alma ante los escombros del Anáhuac**
Photolithograph
12 x 8.3

163 **El año fatal o Los desastres de la patria**
Direct typographical print
12.1 x 8.5

164 **Reglas para tirar la baraja mexicana**
Direct typographical print
14.5 x 9.5

165 **La libertad de México o El cadalso de Padilla**
Direct typographical print
12 x 8.5

166 **La conspiración del Marqués del Valle**
Photolithograph
12 x 8.3

167 **El Héroe de Cuautla, José Ma. Morelos**
Photolithograph
12 x 8.3

168 **El Rayo de la Guerra, Don Francisco Javier Mina**
Photolithograph
12 x 8.3

169 **El principio del siglo en México**
Photolithograph
12 x 8.3

170 **El grito de libertad o Viva la Independencia**
Photolithograph
12 x 8.3

171 **Miguel Hidalgo y Costilla, Padre de la Independencia**
Photolithograph
11.9 x 8.5

172 **La Guerra de los Tres Años y la batalla de Calpulalpan**
Photolithograph
12.2 x 8.7

173 **Once años de guerra o El pueblo contra el tirano**
Photolithograph
12 x 8.5

174 **El Héroe del Sur y el abrazo de Acatempan**
Photolithograph
12 x 8.3

175 **El Genio de la guerra en México**
Photolithograph
12 x 8.1

176 **Los voluntarios del Bajío o Las jornadas heroicas**
Photolithograph
12 x 8.5

177 **La guerra de Texas y la heroica Veracruz**
Photolithograph
12 x 8.3

178 **Una noche de diez años o El albor de la libertad**
Photolithograph
12 x 8.3

179 **La victoria de Tampico y el mártir de Cuilapa**
Photolithograph
12 x 8.3

180 **La campana sinestra o Las derrotas gloriosas**
Photolithograph
12 x 8.3

181 **El triunfo del Coloso y los tratados de paz**
Photolithograph
12 x 8.3

182 **El sitio de Querétaro y el Cerro de las Campanas**
Photolithograph
12 x 8.3

183 **Maximiliano de Austria o El imperio efímero**
Photolithograph
12 x 8.3

184 **Los horrores de la guerra o La sangre de la patria**
Photolithograph
12 x 8.3

185 **El Cinco de Mayo de 1862 o El sitio de Puebla**
Photolithograph
11.9 x 8.4

186 **Las ambiciones de Napoleón III**
Photolithograph
12 x 8.5

187 **Glorias del pueblo o El hombre cureña**
Photolithograph
12 x 8.3

188 **La ciudad subterránea o La llanura de Texcoco**
Photolithograph
12 x 8.2

189 **La invasión norteamericana. Primeras batallas**
Photolithograph
12.1 x 8.5

190 **El Sol de la Paz**
Photolithograph
12 x 8.5

191 **El tazón de oro lleno de sangre**
Photolithograph
12 x 8.5

192 **Versos de Valentín Mancera traídos del estado de Guanajuato**
Direct typographical print
29.1 x 20

193 **Nuevos y divertidos versos del univaliente del Bajío a sus valedores**
Direct typographical print
29.7 x 20.3

194 **Corrido del diestro banderillero Antonio Soriano (a) Maera Chico**
Direct typographical print
30 x 19.7

195 **El cadavér de Antonio Montes convertido en carbón en el depósito del Panteón Español de la capital de México**
Direct typographical print
31 x 20.4

196 **Edición especial: Gaona se muere y no!**
Direct typographical print
30 x 20.5

197 **La riesgosa cogida de Rodolfo Gaona**
Direct typographical print
28.2 x 19.8

198 **La venganza de María del Pilar Moreno**
Direct typographical print
27.5 x 20.4

199 **Triste y divertido desprendimiento del reloj de la Catedral de México**
Direct typographical print
30.4 x 20.1

200 **Las tristísimas reminiscencias que en México quedan ya, del más antiguo relox que estaba en la catedral**
Direct typographical print
30.8 x 20.2

201 **El último desprendimiento al relox de la Catedral de México**
Direct typographical print
28.5 x 19.7

202 **La campana de la Independencia**
Direct typographical print
30 x 19.7

203 **La verbena mexicana**
Direct typographical print
28.6 x 19.7

204 **Unas lindas *Mañanitas* a las muchachas bonitas (segunda parte)**
Direct typographical print
30 x 19

205 **Tristísimas lamentaciones de un enganchado**
Direct typographical print
30.3 x 20

206 **Triste fin que tuvo en México, pues fue presto fusilado, don Gustavo el fatídico, el famoso Ojo Pardo**
Direct typographical print
29.7 x 19.9

207 **Devota salutación, tiernas alabanzas a la milagrosa imagen de Nuestra Señora de San Juan de los Lagos**
Direct typographical print
30.3 x 20

208 **Oración y tierno despedimiento del Señor de Cuesala del Progreso**
Direct typographical print
30.5 x 20.2

209 **Maravillosa aparición del Señor de Chalmita**
Direct typographical print
30 x 20

210 **Sanguijuelas de agua dulce**
Direct typographical print
29.5 x 19.5

211 **Ven y ven, el balanceo Zaraza**
Direct typographical print
27.5 x 19

212 **Los fifís**
Direct typographical print
29 x 20

213 **Corrido jarocho**
Direct typographical print
30.5 x 20.1

214 **Nuevos y divertidos versos de la Cucaracha Viajera**
Direct typographical print
27.5 x 18.6

215 **Después del baile. Parodia después de la velada**
Direct typographical print
26 x 30

216 **Gran corrido de los indios mayas con el 28 Batallón**
Direct typographical print
26 x 30

217 **La coronación de María Santísima de Guadalupe**
Direct typographical print
30 x 21

218 **Visita y desprendimiento al Señor de Ixtapalapa**
Direct typographical print
30 x 20

219 **La Idea del Siglo. Entretenimientos infantiles**
Direct typographical print
29.3 x 20

220 **El automóvil de Emiliano Zapata... ¡y no!**
Direct typographical print
28 x 18.5

221 **En Rusia debería de popularizarse ampliamente el uso de las píldoritas antibiliosas**
Direct typographical print
32 x 21

222 **El famoso caballo de batalla de Emiliano Zapata**
Direct typographical print
29.3 x 22

223 **La muerte de Eufemio Zapata**
Direct typographical print
30 x 20

224 **Juan Cuerdas**
Direct typographical print
30 x 24

225 **El fandango del bautismo del hijo de Emiliano Zapata**
Direct typographical print
27.7 x 19

226 **Siempre se muere D. Emiliano Zapata**
Direct typographical print
27.5 x 18.5

227 **Emiliano Zapata herido en un combate**
Direct typographical print
28 x 19.1

228 **Salida de los voluntarios al mando del teniente coronel Alberto Branif**
Direct typographical print
27.1 x 20

229 **Pascual Orozco en campaña**
Direct typographical print
29.8 x 20

230 **El fusilamiento del brigadier honorario Francisco Villa**
Direct typographical print
30 x 21

231 **Reaprehensión del bandolero Francisco Villa**
Direct typographical print
29.8 x 20.3

232 **La noble valentía de Esperanza Chavarría**
Direct typographical print
27.5 x 18

233 **Despedida de un maderista a su triste amada**
Direct typographical print
27.6 x 16.6

234 **Gran marcha triunfal**
Direct typographical print
29.7 x 20

235 **Madero victorioso**
Direct typographical print
27.4 x 17.4

236 **Cantos populares maderistas, hasta la tierra tembló**
Direct typographical print
30 x 19.7

237 **Nota sensacional. Huelga de motoristas**
Direct typographical print
28.3 x 19

238 **Guerra en Ciudad Juárez**
Direct typographical print
29.7 x 20

239 **Fusilamiento de zapatistas en el pueblo de Ozumba, Estado de México**
Direct typographical print
32 x 21

240 **Corrido de Rodolfo Gaona y otros toreros. El Cancionero Popular**
Direct typographical print
29.9 x 19.9

241 **Nuevos couplets del Gumbale y de los Chichicuilotes. El Cancionero Popular**
Direct typographical print
31 x 19.9

242 **Canción del pulquero. El Cancionero Popular**
Direct typographical print
27.4 x 18.2

243 **El nuevo corrido patriótico presidencial. El Cancionero Popular, núm. 11**
Direct typographical print
30 x 21

244 **Tiburcia o La estación de Morelos. El Cancionero Popular, núm. 3**
Direct typographical print
29.9 x 19.2

245 **Jesús Negrete. El Cancionero Popular**
Direct typographical print
28.6 x 18.8

246 **El Cancionero Popular, núm. 1**
Direct typographical print
29.7 x 20

247 **Corrido de Juan Dimio**
Direct typographical print
33 x 20.2

248 **El Valiente de Guadalajara**
Direct typographical print
30.3 x 20.1

249 **Versos del temblor**
Direct typographical print
28 x 18.2

250 **Versos de Valentín Mancera traídos del estado de Guanajuato**
Direct typographical print
30 x 22

251 **Aquí tienen ya al Valiente, asombro de Guanajuato**
Direct typographical print
27.8 x 18

252 **El pagaré o sea la mujer chismosa de la vecindad**
Direct typographical print
31 x 20.5

253 **Mi grandota. Nuevas y divertidas décimas para reír y pasar el rato**
Direct typographical print
28 x 20

254 **Lamentos que dirige un huérfano ya desvalido**
Direct typographical print
30 x 20

255 **Los patinadores (La golondrina)**
Direct typographical print
30 x 21

256 **Un paseo de lo mejor en la nación mexicana por San Juan el Volador por la Palma y Santana**
Direct typographical print
27.3 x 17.5

257 **Que preciosa eres, Panchita, ¡oh, que pie tan pequeñito! no he visto otro más bonito por vida de mi nanita**
Direct typographical print
28 x 19.1

258 **Loa dicha por un petatero y una tortillera en honor del Señor de las Maravillas**
Direct typographical print
30 x 25

259 **Un diálogo divertido en casa de vecindad entre Pancha la Pabilos y Luisa la Tía Ruindad**
Direct typographical print
29 x 20.3

260 **Loa dicha por Sancho Panza a doña Cenobia**
Direct typographical print
29 x 19.5

261 **Pleito de casados que siempre están enojados**
Direct typographical print
29.9 x 19

262 **Repelito de catrines que les gusta enamorar**
Direct typographical print
27.6 x 18.5

263 **Derrota de Emiliano Zapata en el mineral de Huautla**
Direct typographical print
30 x 19.7

264 **Fusilamiento del soldado Bruno Apresa**
Direct typographical print
29.7 x 19.8

265 **Fusilamiento de Antonio Navarro, soldado del 1er Regimiento de Caballería**
Direct typographical print
26.1 x 17.3

266 **Sensacional noticia. Horroroso, ejemplar y tremendo castigo del cielo**
Direct typographical print
30 x 23

267 **Las derrotas de los alzados carrancistas**
Direct typographical print
27.5 x 19.8

268 **Horroroso, ejemplar y terrible castigo del cielo a una hija desnaturalizada que envenenó a sus padres**
Direct typographical print
30.2 x 19.7

269 **Asombroso suceso acaecido en San Miguel del Mezquital**
Direct typographical print
28.5 x 19

270 **Terribilísimo ejemplar. Una niña calumniadora a quien se lleva el demonio**
Direct typographical print
27.4 x 18.1

271 **Muy interesante noticia de los cuatro asesinatos por el desgraciado Antonio Sánchez**
Direct typographical print
26.9 x 19

272 **Espantoso suceso. Pedro Lara fue arrebatado por un huracán por el capricho de vivir en amasiato con su comadre de bautizo**
Direct typographical print
25.2 x 16.2

273 **Horrorosa noticia. Robo sacrílego y asesinato del señor cura en la iglesia parroquial del pueblo de Zahuaya**
Direct typographical print
34.4 x 20

274 **Horrible suceso fraguado por el demonio y destruido por el admirable y portentoso milagro de Nuestra Señora de Guadalupe**
Direct typographical print
28 x 20

275 **El Mosquito Americano**
Direct typographical print
28.1 x 18.8

276 **Terrible temblor, más de 60 víctimas y varios derrumbes en la ciudad**
Direct typographical print
30.1 x 20.1

277 **Espanto general, los efectos del espiritismo**
Direct typographical print
24.6 x 18.2

278 **Interesante noticia. Castigo del cielo para los que ofenden la dignidad de los ministros de Dios**
Direct typographical print
30 x 21

279 **Horas de luto después del baile**
Direct typographical print
30 x 20.5

280 **Canción callejera. Las desventuras de un lagartijo**
Direct typographical print
30 x 20.5

281 **Verdaderos versos de Macario Romero**
Direct typographical print
30 x 20.5

282 **Selecta Recopilación de Canciones Modernas para el presente año, 4a. parte, 1901**
Direct typographical print
20 x 15

283 **El nuevo oráculo o sea El libro del porvenir**
Direct typographical print
15.5 x 19.6

284 **Magia blanca y magia prieta**
Direct typographical print
16.2 x 20.6

285 **Historia de Santa Mónica, el padre nuestro meditado, la hermana de la caridad**
Direct typographical print
21 x 14

286 **Coloquio para celebrar las cuatro apariciones de la Virgen de Guadalupe**
Direct typographical print
17 x 13

287 **Libro de cocina**
Planographic print
22 x 15

288 **Retrato de Celestino González**
Lithograph
20.5 x 13.3

289 **Libro de lectura**
Direct typographical print
22.2 x 14.7

290 **Almanaque del Padre Cobos**
Direct typographical print
22.1 x 16

291 **Hombre con sombrero**
Plate
2.[illegible] x 3

292 **Hombre con bigote grande**
Plate
2.[illegible] x [illegible].3

293 **Hombre con barba grande**
Plate
2.3 x 3.3

294 **Hombre con pipa**
Plate
2.3 x 3.2

295 **Señora**
Plate
2.2 x 3.3

296 **Hombre viendo a la derecha**
Plate
2.4 x 3.1

297 **Hombre nariz prominente**
Plate
2.4 x 3.1

298 **Calavera**
Plate
2.3 x 3.8

299 **Calavera militar**
Plate
2.2 x 4

300 **Calavera militar gorro chico**
Plate
2.2 x 3.8

301 **Coplas del fonógrafo**
Direct typographical print
25 x 30

301a **Las inundaciones de León. Colección de Canciones Modernas para 1900, núm. 40**
Direct typographical print
14.[illegible] x 10.1

302 **El Pequeño Adivinadorcito, núm. 5**
Direct typographical print
15.[illegible] x 9.9

303 **La Cubanita. Colección de Canciones para 1899, núm. 22**
Direct typographical print
15 x 10.3

304 **El Moderno Payaso. Escogida recopilación de versos y entreactos cómicos para circo**
Direct typographical print
14.4 x 9.3

305 **El Moderno Payaso. Escogida recopilación de versos y entreactos cómicos para circo**
Direct typographical print
14.7 x 9.5

306 **El Clown Mexicano. Colección de Versos, 2a. parte**
Direct typographical print
14 x 9.3

307 **Selecta recopilación de canciones modernas para el presente año, 1a. parte**
Direct typographical print
19.2 x 14.3

308 **Selecta recopilación de canciones modernas para el presente año, 2a. parte**
Direct typographical print
19.[illegible] x 14.2

309 **La Cenicientilla o El escarpín de cristal. Cuento**
Direct typographical print
1[illegible] x 9.9

310 **El Pequeño Adivinadorcito. 41 adivinanzas, cuaderno núm. 7**
Direct typographical print
14.5 x 9.3

RAMÓN REVERTÉ COLLECTION

311 **La imagen de la Soledad pasada al Monte de Piedad**
Direct typographical print
60 x 40
312 **Calavera de la Prensa**
Direct typographical print
40 x 30
313 **Calaveras zalameras de las coquetas meseras**
Direct typographical print
40.2 x 30.1
314 **El nuevo coyote**
Direct typographical print
40 x 30
315 **El panteón de las pelonas**
Direct typographical print
40 x 30
316 **Jesús Bruno Martínez en las bartolinas de Belén. Últimas noticias de S. Juan de Ulúa. Las alhajas de Treffiel**
Direct typographical print
40 x 30
317 **Corrido de Rodolfo Gaona y otros toreros. El Cancionero Popular**
Direct typographical print
27 x 17
318 **La calavera de los camiones**
Direct typographical print
37.5 x 27.5
319 **Ejemplar acontecimiento. Un espíritu maligno en figura de mujer bonita**
Direct typographical print
29.5 x 20.1
320 **La calavera oaxaqueña**
Direct typographical print
40 x 29.5
321 **El cometa del Centenario de la Independencia, 1810. México, 1910**
Direct typographical print
28.2 x 18.7
322 **Muerte de Aurelio Caballero por el vómito, en Veracruz**
Direct typographical print
36.7 x 28
323 **Nuestra Señora de San Juan de Los Lagos**
Direct typographical print
40.5 x 30
324 **Visita y despedimiento al Señor de Ixtapalapa que se venera en dicho pueblo**
Direct typographical print
30 x 18.7
325 **Viva el 16 de septiembre de 1810. Himno nacional mexicano. Coro**
Direct typographical print
35.5 x 27
326 **Viva el ejército nacional. Gloria al ejército**
Direct typographical print
35.5 x 23
327 **Minas de Trigueros y Villaverderña (stock certificate)**
Zincograph
33 x 22.6

COLLECTION OF THE CENTRO NACIONAL DE CONSERVACIÓN Y REGISTRO DEL PATRIMONIO ARTÍSTICO MUEBLE, INBA-CONACULTA

328 **Ámame por compasión**
Zincograph
8 x 6.5
329 **Amador Salazar**
Zincograph
16 x 5.5
330 **Almanaque del Padre Cobos, núm. 17**
Zincograph
19 x 12.5
331 **Alegoría fiestas del Centenario**
Zincograph
9 x 12
332 **Fenómeno con pies en el abdomen**
Zincograph
12 x 10
333 **Aparición**
Zincograph
8 x 13
334 **Aparición del Ángel de la Paz**
Zincograph
13 x 14.5
335 **Aquí la calavera está señores, de todos los buenos valedores**
Zincograph
6 x 8.5
336 **Artilleros federales**
Zincograph
9.7 x 16.5
337 **Asalto a la casa de Aquiles Serdán**
Zincograph
13 x 13.5
338 **Asesinato por el Chalequero**
Zincograph
13 x 18
339 **Ataque a México**
Zincograph
7.8 x 14.6
340 **Ataque a Puebla**
Zincograph
10 x 22
341 **Baño de regadera de don Chepito**
Zincograph
7 x 5.5
342 **Boxeador**
Zincograph
4.5 x 6.5
343 **Bruno Arruza**
Zincograph
11 x 17
344 **Calavera con guitarra**
Zincograph
6.5 x 5.5
345 **Calavera criminal**
Zincograph
27 x 14
346 **Calavera de los Patinadores**
Zincograph
12 x 20.5
347 **Calavera de los Papeleros**
Zincograph
15 x 23
348 **Calavera de don Juan Tenorio**
Zincograph
19 x 12
349 **Calavera de Don Quijote**
Zincograph
15.5 x 28
350 **Calavera La patera**
Zincograph
11.5 x 9
351 **Calavera Francisco I. Madero**
Zincograph
17.5 x 12
352 **Calavera huertista**
Zincograph
21.7 x 21.7
Author Unknown
353 **Calavera La pollera**
Zincograph
7.5 x 5.3
354 **Calavera Marinero**
Zincograph
8 x 3
355 **Calavera Molera**
Zincograph
8 x 6.5
356 **Calavera oaxaqueña**
Zincograph
14.5 x 25
357 **Calavera La tortillera**
Zincograph
10 x 7.5
358 **Calavera maderista**
Zincograph
15 x 10
359 **Calavera Revuelta**
Zincograph
10.5 x 17
360 **Calavera del Siglo XX**
Zincograph
8.5 x 13
361 **Calavera soldadera**
Zincograph
20.3 x 12.6
362 **Calavera tamalera**
Zincograph
8 x 6.5
363 **Asesinato de la Malagueña**
Zincograph
9 x 14
364 **Calavera vendedora de enchiladas**
Zincograph
9.5 x 8
365 **Calavera vendedora de pescado**
Zincograph
8 x 6
366 **La cogida de Antonio Montes**
Zincograph
9.5 x 14.5
367 **Cartel taurino**
Zincograph
14 x 7
Author Unknown
368 **El día 8 de febrero del presente año**
Print
26 x 16.5
369 **La bicicleta**
Zincograph
7.7 x 12
370 **Corrido del Caracol**
Zincograph
9 x 12.5
371 **Genovevo de la O**
Zincograph
19.3 x 7
372 **El crimen de Eleuterio Mirafuentes**
Zincograph
9 x 13.5
373 **El crimen de la Bejarano**
Zincograph
16 x 25
374 **El crimen de Santa Julia**
Zincograph
12 x 12
375 **El gachupín millonario**
Zincograph
26.9 x 17
376 **El Grito de Dolores**
Zincograph
21 x 14
377 **El paseo de la Reforma**
Zincograph
11 x 25
378 **El ranchero y el gavilán**
Zincograph
5.5 x 14.5
379 **El sentenciado a muerte**
Zincograph
9.5 x 13
380 **El suicida**
Zincograph
8.5 x 20
381 **El Valiente de Guadalajara**
Zincograph
8.5 x 13
382 **El Valle Nacional**
Zincograph
12.5 x 17
383 **Eleuterio Martínez mata a su hermana**
Zincograph
14 x 20
384 **Entrada de Madero a México**
Zincograph
10.5 x 16
385 **Fenómeno con una cara en las asentaderas**
Zincograph
12 x 8
386 **Fenómeno con 4 piernas y 2 cabezas**
Zincograph
9 x 14
387 **Formidable choque, un muerto que resucita**
Zincograph
10 x 15
388 **Gran calavera eléctrica**
Zincograph
11.5 x 25.5
389 **Gran Plaza de Occidente**
Print
53.5 x 16
390 **Jesús Bruno Martínez en las bartolinas de Belén**
Zincograph
13 x 17.5
391 **La Alfajorera o Los espantos de doña Panchita**
Zincograph
11.5 x 20.5
392 **La Andaluza**
Zincograph
13.5 x 9
393 **La Bejarano, 2ª. parte**
Zincograph
11.5 x 18
394 **La hija que mata a su anciana madre**
Zincograph
10 x 12.5
395 **La mujer de 100 maridos**
Zincograph
8.9 x 16.1
396 **Lino Matadas**
Zincograph
9 x 5.2
397 **Llegada del cadáver del general Manuel González**
Zincograph
11 x 19.5
398 **México se hunde, terrible noticia**
Direct typographical print
27.1 x 16.8
399 **Milagro de la aparicion de la Virgen a Casimira Rivera**
Zincograph
9 x 14
400 **Milagro de la Virgen de Guadalupe al panadero Nicolás Gutiérrez**
Zincograph
9 x 14
401 **Nefasto infanticidio por la mujer hiena**
Zincograph
14 x 9
402 **Ntra. Sra. de la Soledad de Sta. Cruz que se venera en México**
Zincograph
36 x 26
403 **Robo a bordo de un tranvía**
Zincograph
11.5 x 11
404 **Ataque a México o Saqueo zapatista a la ciudad de México**
Zincograph
10 x 15
405 **Bandido**
Zincograph
5.8 x 6.8
406 **Sin título**
Zincograph
7.9 x 6.3
407 **Últimos momentos de un sentenciado a muerte**
Zincograph
8.5 x 14.5
408 **La Madrileña**
Zincograph
16 x 6.5
409 **Untitled**
Zincograph
10.5 x 13.7
410 **Untitled**
Zincograph
2.7 x 5.4
411 **El pequeño prestidigitador**
Zincograph
4.2 x 6.5
412 **La presentación**
Zincograph
6.7 x 6.9
413 **Untitled**
Zincograph
12.5 x 3.8
414 **Untitled**
Zincograph
7.4 x 5.1
415 **Untitled**
Zincograph
4 x 8
416 **Mi aguinaldo**
Zincograph
5.3 x 8.7
417 **Untitled**
Zincograph
7.7 x 4.8
418 **Untitled**
Zincograph
7 x 6.2
419 **Sin titulo**
Zincograph
7 x 5
420 **Sorprendente milagro. 2ª. aparición de Nuestra Señora la Virgen Santa**
Zincograph
9 x 12
421 **Calaveras aftosas con medias de nylon**
Direct typographical print
35.5 x 26
Author: Taller de Gráfica Popular
422 **Calaveras estranguladoras**
Planographic print
38.5 x 32.5
Author: Taller de Gráfica Popular
423 **El nuevo coyote**
Planographic print
35 x 25.5
424 **Fernando Hernández**
Lithograph
9.5 x 5.5
425 **Fusilamiento de Bruno Martínez**
Zincograph
15 x 24
426 **Fusilamiento del soldado Bruno Apresa**
Zincograph
9 x 13.5
427 **Gallo**
Zincograph
14.3 x 12.8
428 **General que fue de suerte**
Zincograph
6.5 x 5
429 **Despedida del reloj de Catedral**
Zincograph
10 x 14.5

430 **Genovevo de la O**
Zincograph
16.5 x 6.5

431 **Gran comelitón de calaveras**
Zincograph
14.5 x 18

432 **Hombre serpiente**
Zincograph
14.5 x 16

433 **Indulto de Francisco Villa**
Zincograph
8 x 14

434 **Juan Diego**
Zincograph
15.5 x 8.5

435 **Emiliano Zapata**
Zincograph
21.5 x 8

436 **Entrada de los zapatistas a México**
Print
11.3 x 16.5

437 **El Tigre de Santa Julia**
Zincograph
17 x 6

438 **Calavera carnicera**
Zincograph
10.5 x 7.5

439 **El reloj de la Catedral**
Zincograph
10.5 x 14

440 **Diego Prieto (Cuatro Dedos)**
Lithograph
9.5 x 6

441 **Don Chepito cartero**
Zincograph
8 x 12

442 **Don Ferruco y su amor**
Zincograph
8.1 x 6.4

443 **Alma afligida a los pies de María Santísima**
Zincograph
9.5 x 6.8

444 **La aparición de la Virgen de Guadalupe en Los Remedios**
Zincograph
18 x 12

445 **Perra brava**
Zincograph
11 x 21
Author: Manuel Manilla

446 **La Soledad de Oaxaca**
Zincograph
8.5 x 15

447 **Las Tres Gracias**
Zincograph
10 x 15

448 **Los 41 maricones encontrados en un baile**
Zincograph
8.5 x 18

449 **Los excesos del clero**
Zincograph
9.5 x 16

450 **Macario Moreno**
Lithograph
10.5 x 14.5

451 **Muerte de un revolucionario**
Zincograph
18 x 14.5

452 **Muerte de uno de los asesinos en el crimen de La Profesa a causa del vómito negro**
Zincograph
13 x 18

453 **La comadre que mata a su compadre**
Zincograph
8.2 x 13.2

454 **Diálogo de calaveras**
Zincograph
7.5 x 6.5

455 **Patio de la penitenciaría**
Zincograph
10.5 x 9

456 **La comadre que mata a su compadre**
Plate
8.2 x 13.3

457 **Pleito de catrines**
Zincograph
11 x 16

458 **Pleito de vecindad**
Zincograph
7.5 x 13.3

459 **Atentado al general Arnulfo Arroyo**
Plate
8.6 x 13.4

460 **Portada inconclusa para el cuento Cinco de Mayo**
Zincograph
13.7 x 8.7

461 **Reniego del matrimonio**
Zincograph
8 x 7

462 **Sancho Panza**
Zincograph
9.5 x 13

463 **Rompecabezas**
Zincograph
19 x 8.5

464 **Linchamiento de Arnulfo Arroyo**
Zincograph
8.3 x 12.3

465 **Sangriento encuentro entre federales y zapatistas**
Zincograph
15 x 9.5

466 **La hecatombe de Chalchicomula**
Zincograph
7.4 x 6.9

467 **Tiene una queja**
Zincograph
6 x 14

468 **Heraclio Bernal**
Plate
13.5 x 9

469 **Campesinos prisioneros de los rurales**
Zincograph
9 x 14.5

470 **Después del baile**
Zincograph
5.8 x 6.2

471 **La jota aragonesa**
Zincograph
9 x 12

472 **Carlos Coronado**
Zincograph
9 x 15

473 **Casa de enganches, contratas voluntarias**
Zincograph
10 x 16.5

474 **Cogida de don Chepito torero**
Zincograph
8.5 x 16

475 **Corrido en el Puente Blanco**
Zincograph
8.2 x 14

476 **Pulquería**
Zincograph
9 x 10

477 **Colección de... para 1892, núm. 13**
Zincograph
13.5 x 8.5

478 **Calaveras de la guerra**
Zincograph
43.5 x 30
Author: Taller de Gráfica Popular

479 **Regalo de calaveras en prueba de amor puro**
Direct typographical print
37.5 x 26

480 **Calavera del cafetero**
Zincograph
7.5 x 6

481 **José Guadalupe Posada y Vanegas Arroyo**
Linoleum print
27.5 x 60.2
Author: Leopoldo Méndez (1902-1969)

482 **El ahorcado de Mixcalco**
Zincograph
8 x 14

483 **Calavera catrina**
Zincograph
14.6 x 5.7

484 **Calavera catrina**
Zincograph
12.8 x 18.3

485 **Calavera del gato Morrongo**
Zincograph
15 x 23

486 **Calavera La quesera**
Zincograph
8 x 6.5

487 **Calavera zapatista**
Zincograph
23.5 x 21.5
Author Unknown

488 **Caricatura del mineral de Pachuca**
Plate
15 x 8.6

489 **Condenado a muerte**
Plate
8.8 x 8.8

490 **El Morrongo**
Plate
7.5 x 13.4

491 **El Nahual**
Plate
15.1 x 9.5

492 **El pequeño presdigitador**
Plate
4.3 x 6.4

493 **El reloj de Catedral**
Plate
13.2 x 10.2

494 **Fiestas patrias**
Plate
8.7 x 13.5

495 **Matracas y Judas**
Plate
16.3 x 9.7

496 **La miseria reinante**
Plate
8.3 x 14.7

497 **Muerte de un revolucionario**
Plate
10.9 x 17.1

498 **Paseo de Santa Anita**
Plate
9.1 x 14.9

499 **Peregrinación a San Juan de los Lagos**
Plate
10.4 x 15.9

500 **Suicida**
Plate
6.5 x 13

501 **Torero**
Plate
9 x 10

502 **Suicidio de un rico envidioso**
Direct typographical print
24.9 x 16.3

503 **Teatro Apolo. Las maravillas trasatlánticas**
Planographic print
55.5 x 22

504 **Fachada de iglesia**
Plate
5 x 4.5

505 **Disputas del aguador**
Zincograph
15.5 x 22

506 **El cólera o peste en el campo**
Zincograph
7 x 12.5

507 **Los petateros**
Zincograph
9.5 x 16

508 **Fandango de Santa Anita**
Zincograph
8.2 x 17

509 **Flora y Gil perseguidos por su contrario Luzbel**
Zincograph
23.1 x 17.4
Author: Manuel Manilla

510 **El fusilamiento de los asesinos del general Barillas**
Zincograph
8.5 x 15

511 **Crimen de las Rosas. Gaceta Callejera**
Zincograph
6 x 5.4

512 **Esta es la segunda parte de los versos de Ponciano Díaz**
Direct typographical print
24.9 x 16.6
Author: Manuel Manilla

513 **Este es el perro Huerta que tanta guerra nos dio**
Direct typographical print
25.3 x 16.5
Author Unknown

514 **Gendarme de profesión**
Zincograph
6 x 5

515 **Don Chepito en trajinera**
Zincograph
6.5 x 6.5

516 **La hecatombe en el mineral de San Dimas, Dgo.**
Zincograph
8 x 13

517 **El hijo desobediente**
Zincograph
8 x 13.5

518 **Hombre fallecido sobre butacas en un palco del Teatro Abreu**
Zincograph
8 x 11

519 **Imprenta de A. año 1880**
Zincograph
13.5 x 9

520 **Hija que mata a sus padres**
Zincograph
9 x 14

521 **Juan Ortiz, asesino de su mujer y su anciano padre**
Zincograph
8 x 13

522 **Fenómeno con piernas en lugar de brazos**
Zincograph
8.3 x 12.7
Author Unknown

523 **Satanás**
Zincograph
6 x 7

524 **Don Chepito bailando con seis personas alrededor**
Zincograph
7 x 13

525 **Don Chepito en la Alameda**
Zincograph
7.5 x 13

526 **Mirando la aparición del cometa**
Zincograph
4.5 x 16.5

527 **La charrita mexicana**
Zincograph
9 x 14

528 **La miseria**
Zincograph
8 x 5.4

529 **Antonio Sánchez, el que se comió a sus hijos**
Zincograph
9 x 14.5

530 **En altamar**
Zincograph
7.5 x 11.3

531 **Crimen pasional**
Zincograph
7 x 11

532 **Asalto nocturno con catrín**
Zincograph
10.5 x 16.5

533 **La mal cornada**
Zincograph
10 x 16

534 **Alegoría de revolucionarios**
Zincograph
12.3 x 19

535 **El ahorcado**
Zincograph
18.6 x 8

536 **Soldadera**
Zincograph
16.2 x 7

537 **Los siete pecados**
Zincograph
9 x 15

538 **La tierra se traga a José Sánchez por dar muerte a sus hijos y a sus padres**
Zincograph
8.5 x 14

539 **La miseria reinante**
Zincograph
9.5 x 14

540 **Los 41 maricones encontrados en un baile**
Zincograph
7.5 x 11.5

541 **Calavera fifí**
Zincograph
6 x 4.5

542 **Josefina Lara**
Zincograph
9 x 13.4

543 **Norberta Reyes**
Zincograph
8.7 x 13.9

544 **El acaparador**
Zincograph
10 x 16

545 **Don Chepito en Santa Anita**
Zincograph
8.5 x 9

546 **La despedida**
Zincograph
15 x 8

547 **Juan Polainas o Danza del cancán**
Zincograph
7 x 12

548 **Don Chepito en una carreta tirada por burros**
Zincograph
6.5 x 11

549 **Don Chepito. Por amar a una mujer casada, 4ª. parte**
Zincograph
7.7 x 10.7

550 **Don Chepito orador**
Zincograph
9.5 x 15.5

551 **Don Chepito. Por amar a una mujer casada**
Zincograph
10 x 12.5
552 **Don Chepito presencia el boxeo de un hombre blanco y negro**
Zincograph
8 x 12
553 **Hijo Desobediente (ejemplo)**
Zincograph
8.8 x 13.3
554 **El brindis de un hombre vestido de charro y una mujer de china**
Zincograph
6 x 4.5
555 **El Chalequero**
Zincograph
13 x 18
556 **El guía de los niños**
Zincograph
4.5 x 11
557 **El suicida**
Zincograph
12 x 10
558 **La adúltera**
Zincograph
12.7 x 11.5
559 **Corrido del fin del mundo**
Zincograph
9 x 14
560 **El jarabe de ultratumba**
Zincograph
12 x 20.5
561 **Mujeres bailando tras las ventanas**
Zincograph
7.5 x 11
562 **Fusilamiento del Tigre de Santa Julia**
Zincograph
9 x 15
563 **Quien de sorbete y bastón camina por la acera**
Zincograph
7 x 5
564 **Rebumbio de calaveras**
Zincograph
11.5 x 18
565 **Marinero**
Zincograph
10.7 x 4
566 **Torero**
Zincograph
16 x 6.5
567 **Una aparición**
Zincograph
8 x 12
568 **Usted no sabe de amores...?**
Zincograph
8.5 x 6.5
569 **El terror de Ixtapalapa**
Zincograph
11 x 10
570 **Los efectos de la embriaguez**
Zincograph
8.5 x 17.2
571 **La niña prodigiosa**
Zincograph
6 x 7
572 **La noche venturosa o La reina, Blas y Bato**
Zincograph
13 x 9
Author: Manuel Manilla
573 **El jurado del capitán Martínez**
Zincograph
7 x 14
574 **La danza de los apuros**
Zincograph
8.5 x 10.6
574a **La rumba**
Zincograph
8.5 x 15
575 **Condenado a muerte**
Plate
8.8 x 8.8
576 **El fin del mundo llegó, lluvia de estrellas y cometa**
Zincograph
8.5 x 12
577 **Mujer enterrada viva**
Zincograph
9 x 13.5
578 **El judío. Colección de Canciones, 1ª parte**
Zincograph
13.7 x 10
579 **Gran Plaza de Occidente**
Planographic print
53.5 x 16

COLLECTION OF THE MUSEO JOSÉ GUADALUPE POSADA, INBA-CONACULTA

580 **Andrea y Agustín. León, 1876**
Zincograph
17.5 x 16.2
581 **Biblioteca Católica. León, 1876**
Zincograph
12.5 x 17.5
582 **Cadáver**
Zincograph
8 x 12
583 **Matchbox. León 1875**
Zincograph
16.6 x 21.3
584 **Calavera del Morrongo**
Plate
15.5 x 23.7
585 **Calavera clerical**
Zincograph
7 x 6
586 **Calavera del Terror de Sur**
Plate
23 x 21.5
Author Unknown
587 **Calavera de Don Quijote**
Plate
15.5 x 28
588 **Señor San Pedro**
Offset print
6.5 x 6
589 **Calavera huertista**
Plate
22 x 22
Author Unknown
590 **Calavera japonesa**
Plate
8 x 3.3
591 **Calavera revolucionaria o maderista**
Plate
15 x 6.5
592 **El crimen de Eleuterio Mirafuentes**
Plate
9 x 14
593 **Panchita la Alfajorera**
Plate
11.5 x 21
594 **Brujería**
Zincograph
5.9 x 7
595 **La Catrina**
Plate
11 x 15.7
596 **Lamento de Bruno Martínez**
Plate
13 x 18
597 **Disputas del aguador**
Zincograph
15.5 x 22
598 **Satanás**
Plate
7 x 5.9
599 **Serpiente**
Zincograph
5.1 x 6.8
600 **Serpiente**
Plate
5.1 x 6.8
601 **La Santa Misa**
Lithograph
5.5 x 6.5
Author Unknown
602 **Uno que se lo traga la tierra**
Plate
9 x 14
603 **Mujer serpiente**
Plate
9.5 x 14
604 **Hija que mata a sus padres**
Plate
9.5 x 13.5
605 **A la cuerda los que quieran echar una maroma para caer parados**
Lithograph
15.3 x 21.7
606 **Nefasto infanticidio por la mujer hiena**
Plate
9 x 14
607 **Nuestra Señora de la Soledad**
Zincograph
15.2 x 22
608 **Orla de diablitos**
Zincograph
24.5 x 17
609 **Papa León XIII**
Plate
6.9 x 5.3
610 **Pico de Orizaba**
Zincograph
10 x 14.2
611 **Robo a bordo de un tranvía**
Plate
11.5 x 11
612 **Rompiendo juguetes**
Plate
4.5 x 6
613 **Cartas Amorosas**
Plate
13.5 x 9.2
614 **Colección de Himnos Nacionales**
Zincograph
13 x 8.7
615 **China poblana**
Plate
13.5 x 8.5
616 **Calavera de los patinadores**
Plate
12 x 20.5
617 **Gran calavera eléctrica**
Plate
26.5 x 11.6
618 **Pleito de casados que siempre están enojados**
Zincograph
9.4 x 14
619 **Imprenta y Litografía**
Zincograph
31 x 42.5
620 **Jerez Seco. León 1876**
Zincograph
5.5 x 7.5
621 **La Botica de la Salud**
Zincograph
4.4 x 6
622 **Botica de la Salud. León 1876**
Zincograph
1 x 8.5
623 **Mujer serpiente**
Zincograph
9.5 x 14
624 **El 5 de Mayo. Fábrica de Puros y Cigarros. León 1872-76**
Zincograph
8.7 x 14.7
625 **El Jicote, núm. 1**
Zincograph
15.9 x 19.5
626 **El Jicote, núm. 2, Aguascalientes, 1871**
Zincograph
12.4 x 19.2
627 **El Jicote, núm. 4, Aguascalientes, 1871**
Zincograph
15.3 x 21.6
628 **El Jicote, núm. 7, Aguascalientes, 1871**
Zincograph
14.9 x 21
629 **El que come mi cuerpo y bebe mi sangre vivirá eternamente**
Zincograph
12.5 x 16.5
630 **Matchbox. León 1875**
Zincograph
14 x 32
631 **Calavera con buriles**
Planographic print
33 x 25
632 **Casino de León**
Zincograph
6.7 x 10.5
633 **Productos Químicos y Farmacéuticos. León 1876**
Zincograph
2.2 x 10
634 **La Corona León. León 1872-76**
Zincograph
2.6 x 10.5

COLLECTION OF THE MUSEO NACIONAL DE ARTE, INBA-CONACULTA

635 **Ataque**
Zincograph
6.6 x 7.1
636 **N. V. Vesally, León**
Offset print
5.3 x 7.2
637 **El gran panteón amoroso**
Direct typographical print
37.2 x 18.7
638 **Simulacro de guerra en los llanos de San Lázaro**
Planographic print
39.5 x 26
639 **Palestina. León**
Offset print
6.2 x 8.1
640 **Remate de calaveras alegres y sandungueras**
Direct typographical print
43.5 x 31.3
641 **Cantor**
Zincograph
6 x 6
642 **Ntra. Sra. de la Soledad de la Sta. Cruz**
Offset print
40.6 x 30.5
643 **Nueva y segunda parte de versos**
Direct typographical print
24.7 x 16.3

COLLECTION OF THE MUSEO NACIONAL DE LA ESTAMPA, INBA-CONACULTA

644 **Al paredón**
Zincograph
5.6 x 7
645 **Corrida de toros**
Direct typographical print
39 x 28
646 **Colección de Himnos Nacionales**
Plate
13.5 x 9.2
647 ***Calavera* of the penny press publisher Antonio Venegas Arroyo**
Zincograph
34.2 x 25.5

COLLECTION OF THE MUSEO DE ARTE MODERNO, INBA-CONACULTA

648 **Aquí la calavera señores de todititos los buenos valedores**
Direct typographical print
40 x 30
649 **Las calaveras del montón**
Offset print
40 x 30

ILLUSTRATIONS

1 *Chanzoneta al Santísimo Sacramento...* Con licencia en Sevilla en la Imprenta de los Riojas y Gamboas, en calle de Génova, donde se hallarán Libros, Comedias, Relaciones, Entremeses sueltos, y otras menudencias. (Seville, n/d.)

2 Pedro de Fuentes, *Doña Francisca la Captiva Dase Quenta de un Portentoso Milagro que obró la Virgen Santísima del Carmen...* Con Licencia en Sevilla, en la Imprenta Real de D. Diego López de Garo. Y por su Original, en la Puebla, Por la Viuda de Miguel Ortega. Año de 1745.

3 *El crimen de una muger*, Calle de la Palma de Sta. Catarina. *Romance* with woodcut illustrations printed in Barcelona in the mid-nineteenth century.

4 Masthead of *canard*. Woodcut from the Quillot workshop en Angers, *circa* 1840.

5 Anonymous woodcut from the second half of the eighteenth century, used repeatedly to illustrate prayer books. Several years after Mexican independence it was used again in a brochure circulated in protest against the tax on *chinguirito*.

6 *El sepulcro. Canción amorosa y tierna*, print published by Roca, Barcelona (n/d.).

7 Sentencing and execution on 4 January 1879 of the regicide Juan Oliva Moncusi... Print by P. C., Sta. Mónica, 26.

8 "Rabbit on the grill". Woodcut by E. Ronjat from the cookbook by Jules Gouffé, Madrid, Librerías de A. de San Martín, editor, 1885.

9 "Turkey galantine", plate XIX. Chromolithograph by E. Ronjat, printed in Genoa, Italy, by Armanino; from the cookbook by de Jules Gouffé, Madrid, Librerías de A. de San Martín, editor, 1885.

10 Photograph of José Guadalupe Posada (on the right) in his workshop on the Calle de Santa Inés no. 5, accompanied by his son (in the middle) and probably the writer Constancio S. Suárez, *circa* 1900.

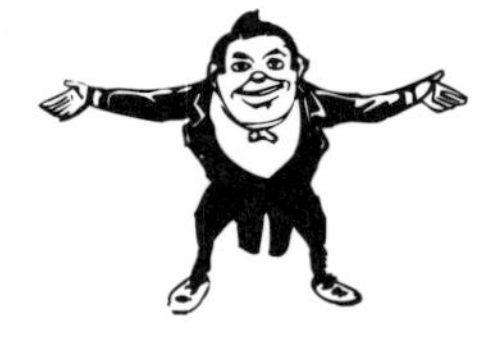

A C K N O W L E D G E M E N T S

Consejo Nacional para la Cultura y las Artes • Instituto Nacional de Bellas Artes • Instituto Cultural de Aguascalientes • Museo José Guadalupe Posada • Museo de Arte Moderno • Museo Nacional de Arte • Museo Nacional de la Estampa • Centro Nacional de Conservación y Registro del Patrimonio Artístico Mueble • Archivo Fotográfico Casasola • Fototeca Nacional del Instituto Nacional de Antropología e Historia • Centro de la Imagen • Centro Integral de Fotografía • Filmoteca de la Universidad Nacional Autónoma de México • Fototeca Antica • Fundación Carmen Toscano • Mercurio López Casillas • Ramón Reverté Mascó

P O S A D A   M E X I C A N   E N G R A V E R

Was printed in April 2008 by Everbest Printing Co. Ltd., with a print run of two thousand two hundred copies. It has been set in digital types of the PonchoVia, ITC Cushing, and Clarendon families. § § § § § Seville, SPAIN § § § § § Mexico City, MEXICO § § § § § MMVIII § § § § §